Christian Kühr Steuerhandbuch für Vereine und Verbände

Steuerhandbuch für Vereine und Verbände

von Diplom-Volkswirt
Dr. Christian Kühr
Steuerberater

Luchterhand

CIP-Titelaufnahme der Deutschen Bibliothek
Kühr, Christian:
Steuerhandbuch für Vereine und Verbände / Christian Kühr. –
Neuwied : Luchterhand, 1991
ISBN 3-472-00208-5

Teilausgabe aus:
Reichert/Dannecker/Kühr
Handbuch des Vereins- und Verbandsrechts
4. Auflage

Satz: Lichtsatz Heinrich Fanslau, Düsseldorf
Druck, Binden: Neuwieder Verlagsgesellschaft mbH, Neuwied
Printed in Germany

Vorwort

Vereine und Verbände unterliegen grundsätzlich der Steuerpflicht. Auch im Vereins- und Verbandsleben ist deshalb sorgfältig zu prüfen, ob ein Vorgang, ein Handeln oder ein Unterlassen zu steuerlichen Folgen führen kann.

Das vorliegende Buch erscheint aus Anlaß der umfangreichen Neuregelungen der Vereinsbesteuerung (und damit auch der Verbandsbesteuerung) und der Vorschriften über die Gemeinnützigkeit durch das Gesetz zur Verbesserung und Vereinfachung der Vereinsbesteuerung – sog. Vereinsförderungsgesetz – vom 18. Dezember 1989 (BGBl. 1989 I S. 2212).

Das Buch ist eine überarbeitete Fassung des Steuerrechtsteils des bereits 1987 in der 4. Auflage erschienenen Handbuchs des Vereins- und Verbandsrechts und wird nunmehr aus aktuellem Anlaß als steuerrechtliche Sonderausgabe publiziert.

In der vorliegenden Darstellung werden insbesondere Fragen des Allgemeinen Steuerrechts, schwerpunktmäßig des weitgefächerten Bereichs der steuerlichen Gemeinnützigkeit, der für Vereine und Verbände in Frage kommenden Einzelsteuern mit den entsprechenden Sonderregelungen und schließlich des Spendenrechts behandelt. Zahlreiche Beispiele aus Rechtsprechung und Verwaltungspraxis ergänzen die Ausführungen und fördern das Verständnis für die oft komplizierte Rechtsmaterie.

Neuwied im Oktober 1990 *Christian Kühr*

Inhaltsübersicht

Abkürzungsverzeichnis

a. A.	anderer Ansicht
a. a. O.	am angegebenen Ort
Abs.	Absatz
Abschn.	Abschnitt
AEAO	Anwendungserlaß zur Abgabenordnung
a. F.	alte Fassung
AfA	Absetzungen für Abnutzung
Anh.	Anhang
Anl.	Anlage
Anm.	Anmerkung
AO	Abgabenordnung (ab 1977)
Art.	Artikel
Aufl.	Auflage
AVO	Ausführungsverordnung
BAnz	Bundesanzeiger
BB	Der Betriebsberater
Bd.	Band
BddW	Blick durch die Wirtschaft
BdF	Bundesminister der Finanzen
BdF-Erl.	Erlaß des Bundesministers der Finanzen
BdF-Schr.	Schreiben des Bundesministers der Finanzen
BewDV	Durchführungsverordnung zum Bewertungsgesetz
BewG	Bewertungsgesetz
BewRGr	Richtlinien für die Bewertung des Grundvermögens
BewRL	Richtlinien zur Bewertung des land- und forstwirtschaftlichen Vermögens
BFH	Bundesfinanzhof
BFHE	Sammlung der Entscheidungen und Gutachten des Bundesfinanzhofs
BFH-NV	Sammlung amtlich nicht veröffentlichter Entscheidungen des Bundesfinanzhofs
BGB	Bürgerliches Gesetzbuch
BGBl.	Bundesgesetzblatt
BGH	Bundesgerichtshof
BMF	Bundesministerium der Finanzen
BSG	Bundessozialgericht
BSHG	Bundessozialhilfegesetz
BStBl.	Bundessteuerblatt
BT-Drucks.	Drucksachen des Deutschen Bundestages
Buchst.	Buchstabe
BVerfG	Bundesverfassungsgericht
BVerwG	Bundesverwaltungsgericht
bzw.	beziehungsweise
DB	Der Betrieb

d. h.	das heißt
DM	Deutsche Mark
DStR	Deutsches Steuerrecht
DStZ-A	Deutsche Steuer-Zeitung
DStZ-E	Deutsche Steuer-Zeitung, Eildienst
DVO	Durchführungsverordnung
EFG	Entscheidungen der Finanzgerichte
Einf.	Einführung
Einl.	Einleitung
einschl.	einschließlich
entspr.	entsprechend
Erg.	Ergänzung
Erl.	Erlaß
EStDV	Einkommensteuer-Durchführungsverordnung
EStG	Einkommensteuergesetz
EStR	Einkommensteuer-Richtlinien
e.V.	eingetragener Verein
ff.	folgende
FG	Finanzgericht
FGO	Finanzgerichtsordnung
FinMin	Finanzministerium
FR	Finanz-Rundschau
Fußn.	Fußnote
GBl.	Gesetzblatt
gem.	gemäß
GenG	Genossenschaftsgesetz
Ges.	Gesetz
GewStG	Gewerbesteuergesetz
GewStR	Gewerbesteuer-Richtlinien
GG	Grundgesetz
ggf.	gegebenenfalls
gl.A.	gleicher Ansicht
GmbH	Gesellschaft mit beschränkter Haftung
GrStG	Grundsteuergesetz
GrStR	Grundsteuer-Richtlinien
GVBl.	Gesetz- und Verordnungsblatt
GW-StRK	Grundwerk zur Steuerrechtsprechung in Karteiform (ausgewählte RFH-Entscheidungen)
Halbs.	Halbsatz
HFR	Höchstrichterliche Finanzrechtsprechung
HGB	Handelsgesetzbuch
i.d.F.	in der Fassung
i.d.R.	in der Regel
i.V.m.	in Verbindung mit
i.w.S.	im weiteren Sinne
K.	Karte

Kap.	Kapitel
KHG	Krankenhausfinanzierungsgesetz
KStDV	Körperschaftsteuer-Durchführungsverordnung
KStG	Körperschaftsteuergesetz
KStR	Körperschaftsteuer-Richtlinien
LStDV	Lohnsteuer-Durchführungsverordnung
LStR	Lohnsteuer-Richtlinien
m.a.W.	mit anderen Worten
MBl.	Ministerialblatt
m.E.	meines Erachtens
M-Kartei	Mrotzek-Kartei (Sammlung der Rechtsprechung des Reichsfinanzhofs)
m.w.N.	mit weiteren Nachweisen
n.F.	neue Fassung
Nr.	Nummer
NRW	Nordrhein-Westfalen
nv	nicht veröffentlicht
NWB	Neue Wirtschafts-Briefe
o.ä.	oder ähnlich
OFD	Oberfinanzdirektion
OFH	Oberster Finanzhof
OVG	Oberverwaltungsgericht
PartG	Parteiengesetz
R.	Rechtsspruch
RAO	Reichsabgabenordnung (gültig vor 1977)
RBerG	Rechtsberatungsgesetz
RdErl.	Runderlaß
Rdnr.	Randnummer
Rdz.	Randziffer
RFH	Reichsfinanzhof
RGBl.	Reichsgesetzblatt
Rhld-Pf.	Rheinland-Pfalz
rkr.	rechtskräftig
Rspr.	Rechtsprechung
RStBl.	Reichssteuerblatt
Rz.	Randziffer
S.	Seite
sog.	sogenannte(r)
Sp.	Spalte
st.	ständig
StAnpG	Steueranpassungsgesetz (vor 1977)
StBerG	Steuerberatungsgesetz
Stbg	Die Steuerberatung
StBp	Die steuerliche Betriebsprüfung
StEd	Steuer-Eildienst

StEK	Steuererlasse in Karteiform
StGB	Strafgesetzbuch
StRK	Steuerrechtsprechung in Karteiform
str.	streitig
Tz.	Textziffer
u.a.	unter anderem
u.a.m.	und anderes mehr
u.ä.	und ähnlich
u.dergl.	und dergleichen
U-Kartei	Umsatzsteuer-Kartei (zum UStG 1951)
UR	Umsatzsteuer-Rundschau
UStDV	Umsatzsteuer-Durchführungsverordnung
UStG	Umsatzsteuergesetz
USt-HA	Umsatzsteuer-Handausgabe
USt-Kartei	Umsatzsteuer-Kartei (zum UStG ab 1967)
UStR	Umsatzsteuer-Richtlinien
usw.	und so weiter
u.U.	unter Umständen
VG	Verwaltungsgericht
vgl.	vergleiche
v.H.	vom Hundert
VO	Verordnung
VStG	Vermögensteuergesetz
VStR	Vermögensteuer-Richtlinien
v.T.	vom Tausend
z. B.	zum Beispiel
Ziff.	Ziffer
ZPO	Zivilprozeßordnung

I. Allgemeines Steuerrecht

1. Steuerliche Pflichten

a) Vorbemerkungen

Vereine unterliegen grundsätzlich der Steuerpflicht, soweit sie nach den Ein- 1
zelsteuergesetzen eine Steuer als Steuerschuldner zu entrichten haben (vgl. § 33 AO).

Ob dies der Fall ist, richtet sich danach, ob der Tatbestand verwirklicht ist, an den das jeweilige Einzelsteuergesetz die Steuer knüpft (vgl. § 38 AO).

Die wichtigsten Steuern, die im Vereinsleben eine Rolle spielen, sind

a) die Körperschaftsteuer (vgl. Tz. 411 ff.),
b) die Gewerbesteuer (vgl. Tz. 534 ff.),
c) die Vermögensteuer (vgl. Tz. 560ff:),
d) die Grundsteuer (vgl. Tz. 602 ff.),
e) die Umsatzsteuer (vgl. Tz. 647 ff.),
f) die Lohnsteuer (vgl. Tz. 835 ff.).

Auch im Vereinsleben – und zwar unabhängig von der Größe, der Art und 2
der Zielsetzung des Vereins – ist deshalb stets sorgfältig zu prüfen, ob ein Vorgang, ein Handeln oder ein Unterlassen zu steuerlichen Folgen führen können und welcher Art diese sein werden. Über diese Fragen werden die folgenden Abschnitte eingehend informieren. Zunächst sind aber einige allgemeine steuerliche Pflichten zu beachten, denen auch die Vereine unterliegen.

b) Melde- und Anzeigepflichten

Vereine müssen ihrem zuständigen Finanzamt bestimmte Ereignisse mel- 3
den. Hinsichtlich einer Steuer vom Ertrag, vom Vermögen oder vom Umsatz sind solche Ereignisse zu melden, die eine persönliche Steuerpflicht begründen, ändern oder beendigen (§ 137 Abs. 1 AO).

Beispiele: 4

(1) Die persönliche Steuerpflicht eines Vereins wird begründet, wenn ein Verein gegründet wird und er Tätigkeiten entfaltet, die nach Einzelsteuergesetzen steuerpflichtig sind.

(2) Die persönliche Steuerpflicht eines Vereins wird geändert, wenn die bisherige Gemeinnützigkeit (vgl. Tz. 67 ff.) durch Satzungsänderung weggefallen ist, oder umgekehrt, wenn durch eine Satzungsänderung der Verein die Voraussetzungen der Gemeinnützigkeit erfüllt.

(3) Die persönliche Steuerpflicht eines Vereins endet, wenn der Verein sich auflöst und er jede Betätigung einstellt.

Zuständig für solche Meldungen ist das Finanzamt, in dessen Bezirk sich der 5
Sitz des Vereins befindet (vgl. § 20 AO). Die Meldungen müssen innerhalb

von einem Monat seit Eintritt des meldepflichtigen Ereignisses erstattet werden (§ 137 Abs. 2 AO). Vereine, die einen land- oder forstwirtschaftlichen Betrieb oder einen Gewerbebetrieb eröffnen, müssen diese Tatsache binnen einem Monat ebenfalls melden. Seit 1. 1. 1987 muß diese Meldung auf amtlich vorgeschriebenem Vordruck der Gemeinde mitgeteilt werden, in der der Betrieb oder die Betriebsstätte eröffnet wird (§ 138 Abs. 1 Satz 1 AO); die Gemeinde unterrichtet dann unverzüglich das zuständige Finanzamt. Diese Meldepflicht gilt entsprechend auch bei Einstellung eines Betriebs. Wird die Eröffnung, Aufgabe oder Verlegung eines Betriebs oder einer Betriebsstätte nicht ordnungsgemäß angezeigt, so kann das Finanzamt nach § 328 AO Zwangsmittel anwenden. Die Anwendung von Zwangsmitteln durch die Gemeinden richtet sich nach den jeweiligen landesrechtlichen Vorschriften (vgl. Abschn. 7 Abs. 2 GewStR).

6 Unverzügliche Anzeigepflicht an die Finanzbehörde entsteht, wenn ein Steuerpflichtiger vor Ablauf der Festsetzungsfrist erkennt, daß eine Steuererklärung oder eine andere Erklärung gegenüber einer Finanzbehörde unrichtig oder unvollständig ist und daß die Unrichtigkeit oder Unvollständigkeit zu einer Verkürzung von Steuereinnahmen führen kann (vgl. § 153 Abs. 1 AO). Dieser Anzeigepflicht, der ohne besondere Aufforderung nachzukommen ist, muß ggf. der Vorstand eines Vereins genügen. Für das Entstehen der Berichtigungspflicht ist es ohne Bedeutung, ob der Steuerpflichtige die unrichtige Erklärung selbst abgegeben hat oder ob sie für ihn abgegeben worden ist. Ferner ist unverzüglich anzuzeigen, wenn die Voraussetzungen für eine Steuerbefreiung, Steuerermäßigung oder sonstige Steuervergünstigung nachträglich ganz oder teilweise weggefallen ist (vgl. § 153 Abs. 2 AO).

7 Die neben den aufgezeigten allgemeinen Anzeigepflichten in einigen Einzelsteuergesetzen noch enthaltenen weiteren Pflichten sind bei der Behandlung dieser Vorschriften erwähnt.

c) Buchführungs- und Aufzeichnungspflichten

8 Vereine müssen im Interesse sowohl allgemeiner Rechtsvorschriften als auch für Zwecke der Besteuerung Bücher führen oder Aufzeichnungen machen.

(1) Rechenschaftspflicht

9 Die Vereinsorgane müssen über die Geschäftsführung Rechenschaft ablegen (§ 27 Abs. 3, § 666 BGB). Diese Rechenschaftspflicht ist – wenn nichts anderes bestimmt ist – nach § 259 BGB dadurch zu erfüllen, daß die Einnahmen und Ausgaben ordentlich aufgezeichnet werden und die notwendigen Belege vorhanden sind. Wer nach anderen Gesetzen als den Steuergesetzen – bei Vereinen also nach den genannten Vorschriften des BGB – Bücher und Aufzeichnungen zu führen hat, die für die Besteuerung von Bedeutung sind, hat diese Verpflichtung nach § 140 AO auch im Interesse der Besteuerung zu erfüllen. Hier gilt also eine doppelte Verpflichtung, denn einerseits müssen Aufzeichnungen wegen der Rechenschaftspflicht nach den Vorschriften des BGB geführt werden und andererseits sind diese Aufzeichnungspflichten auch gleichzeitig im Interesse der Besteuerung zu erfüllen. Im Interesse der Besteuerung sind stets Aufzeichnungen zu machen; wenn aber schon nach

anderen Gesetzen Vorschriften über Buchführungs- oder Aufzeichnungspflichten bestehen, so sind diese auch für steuerliche Zwecke zu erfüllen.

Vereine, die am allgemeinen wirtschaftlichen Verkehr teilnehmen, können 10
auch nach handelsrechtlichen Vorschriften (§§ 238 ff. HGB) verpflichtet sein, Bücher zu führen und Aufzeichnungen zu machen. Für größere Vereine – gleichgültig ob sie am wirtschaftlichen Geschäftsverkehr teilnehmen oder nicht – empfiehlt sich in der Regel eine Buchführung nach kaufmännischen Prinzipien.

(2) Aufzeichnungspflicht für Steuerzwecke

Unabhängig von anderen Vorschriften sind für Zwecke der Besteuerung 11
grundsätzlich dann Bücher zu führen und auf Grund jährlicher Bestandsaufnahmen regelmäßig Abschlüsse zu machen (vgl. § 141 AO), wenn auch nach den *Feststellungen der Finanzbehörde* für den einzelnen Betrieb eines Vereins

1. ein Gesamtumsatz (einschl. steuerfreier Umsätze) von mehr als 500 000 DM im Kalenderjahr oder
2. ein Betriebsvermögen von mehr als 125 000 DM oder
3. selbstbewirtschaftete land- und forstwirtschaftliche Flächen mit einem Wirtschaftswert von meht als 40 000 DM oder
4. ein Gewinn aus Gewerbebetrieb von mehr als 36 000 DM im Wirtschaftsjahr oder
5. ein Gewinn aus Land- und Forstwirtschaft von mehr als 36 000 DM im Kalenderjahr ermittelt worden ist.

Es genügt bereits, wenn eine der genannten Bedingungen erfüllt ist.

Die Finanzbehörde, d. h. das zuständige Finanzamt, muß eine förmliche 12
Feststellung dahingehend treffen, daß die Buchführungsgrenze überschritten ist. Das Finanzamt muß im konkreten Fall in angemessener Form (z. B. schriftliche Aufforderung, Steuerbescheid) den Verein darauf *aufmerksam* machen, daß er in Zukunft für steuerliche Zwecke zur Buchführung verpflichtet ist. Erst nach einem solchen Hinweis tritt mit Beginn des nächsten Kalenderjahres (oder Wirtschaftsjahres) die Buchführungspflicht ein. Die Buchführungspflicht endet nach Ablauf eines Kalenderjahres (oder Wirtschaftsjahres), nach dem das Finanzamt festgestellt hat, daß die Voraussetzungen nicht mehr vorliegen.

Besteht Umsatzsteuerpflicht, dann ist der Verein als Unternehmer nach § 22 13
UStG verpflichtet, zur Feststellung der Umsatzsteuer und der Grundlagen ihrer Berechnung Aufzeichnungen zu machen. Aus den Aufzeichnungen müssen zu ersehen sein die Entgelte für die vom Unternehmer ausgeführten Lieferungen und sonstigen Leistungen, und zwar aufgeteilt nach steuerpflichtigen und steuerfreien Umsätzen und bei den steuerpflichtigen Umsätzen getrennt nach Steuersätzen. Im Falle der Berechtigung zum Vorsteuerabzug sind ferner die Entgelte für steuerpflichtige Lieferungen und sonstige Leistungen, die an den Verein ausgeführt worden sind, und die darauf entfallende Steuer aufzuzeichnen. Weitere Einzelheiten sind dargestellt bei den Erläuterungen zur Umsatzsteuer (vgl. Tz. 823 ff.).

Bei der Beschäftigung von Arbeitnehmern ist für jeden Arbeitnehmer ein 14

Lohnkonto zu führen (§ 41 EStG) und dort sind zu Kontrollzwecken bestimmte Eintragungen zu machen. Weitere Einzelheiten sind dargestellt bei den Erläuterungen zur Lohnsteuer (vgl. Tz. 867 ff.).

15 Vereine, die wegen Verfolgung gemeinnütziger, mildtätiger oder kirchlicher Zwecke auf Grund der §§ 51 bis 68 der Abgabenordnung bestimmte Steuervergünstigungen genießen, müssen den Nachweis, daß ihre tatsächliche Geschäftsführung ausschließlich und unmittelbar auf die Erfüllung der steuerbegünstigten Zwecke gerichtet ist, durch ordnungsmäßige Aufzeichnungen über ihre Einnahmen und Ausgaben führen (§ 63 Abs. 3 AO).

(3) Ordnungsmäßigkeit der Buchführung

16 Die Ordnungsmäßigkeit der Buchführung muß gewährleistet sein. Eine Buchführung ist ordnungsmäßig, wenn die erforderlichen Bücher geführt werden, die Bücher förmlich in Ordnung sind und der Inhalt sachlich richtig ist (vgl. BFH-Urteil vom 23. 2. 1951 – BStBl. III S. 75 und BFH-Gutachten vom 25. 3. 1954 – BStBl. III S. 195). Ein bestimmtes Buchführungssystem ist nicht vorgeschrieben, das gewählte Buchführungssystem muß jedoch die Erfassung aller Geschäftsvorfälle und des Vermögens gewährleisten. Die Geschäftsvorfälle müssen sich in ihrer Entstehung und Abwicklung buchmäßig verfolgen lassen (§ 238 Abs. 1 HGB, § 145 AO). Der Steuerpflichtige und ein sachverständiger Dritter müssen sich in dem Buchführungswerk ohne große Schwierigkeit und in angemessener Zeit zuverlässig zurechtfinden können (vgl. BFH-Urteile vom 18. 2. 1966 – BStBl. III S. 496 und vom 23. 9. 1966 – BStBl. 1967 III S. 23).

17 Die Buchungen und die sonst erforderlichen Aufzeichnungen sind vollständig, richtig, zeitgerecht und geordnet vorzunehmen (vgl. § 239 Abs. 2 HGB, § 146 AO). Sämtliche Geschäftsvorfälle sind zeitnah und der Zeitfolge nach in Grundbüchern zu erfassen. Eine Buchung oder eine Aufzeichnung darf nicht in einer Weise verändert werden, daß der ursprüngliche Inhalt nicht mehr feststellbar ist. Für größere Vereine ist von Bedeutung, daß nach § 146 Abs. 5 AO Bücher und Aufzeichnungen grundsätzlich auch auf Datenträgern geführt werden dürfen, wenn sichergestellt ist, daß die Daten jederzeit verfügbar sind und in angemessener Frist lesbar gemacht werden können.

18 Zur Buchführung gehört auch eine jährliche Bestandsaufnahme oder Inventur. Die Inventur muß als Teil der Buchführung ordnungsmäßig sein, damit sie als Grundlage für die Gewinnermittlung von den Steuerbehörden anerkannt werden kann. Die Inventur muß also vollständig und richtig sein. Das Fehlen oder die Unvollständigkeit der Inventur für den Anfang oder für das Ende des Wirtschaftsjahres ist ein erheblicher und meist unheilbarer Mangel der Buchführung. Grundlage für die steuerliche Gewinnermittlung bildet dann schließlich die auf Grund der Buchführung einschließlich Inventur aufzustellende Bilanz.

19 Das Buchführungswerk sowie die Buchführungsunterlagen sind aufbewahrungspflichtig. Alle Buchführungsunterlagen müssen sechs Jahre aufbewahrt werden; die Bücher selbst sowie Inventare und Bilanzen müssen zehn Jahre aufbewahrt werden (§ 147 Abs. 3 AO). Die Aufbewahrungspflicht wird durch eine etwaige inzwischen durchgeführte Prüfung seitens des

Finanzamts nicht berührt. Die Aufbewahrungsfrist beginnt mit dem Schluß des Kalenderjahres, in dem die letzte Eintragung in das Buch gemacht, das Inventar aufgestellt, die Bilanz festgestellt oder die sonstigen Unterlagen entstanden sind. Die Aufbewahrungsfrist läuft jedoch nicht ab, soweit und solange die Unterlagen für Steuern von Bedeutung sind, für welche die allgemeine Festsetzungsfrist (§ 169 Abs. 2 Satz 1 AO) noch nicht abgelaufen ist (§ 147 Abs. 3 Satz 2 AO).

Mit Ausnahme der Bilanz können aufbewahrungspflichtige Unterlagen 20 auch als Wiedergabe auf einem Bildträger (z. B. Mikrofilm) oder auf anderen Datenträgern aufbewahrt werden, wenn sichergestellt ist, daß diese Daten jederzeit verfügbar und in angemessener Frist lesbar gemacht werden können (vgl. § 147 Abs. 2 AO).

(4) Einnahmenüberschußrechnung

Vereine, die nicht zur Gewinnermittlung durch Bestandsvergleich verpflich- 21 tet sind und dies auch nicht freiwillig tun, haben für Zwecke der Besteuerung nur die Einnahmen und die Ausgaben aufzuzeichnen – sog. Einnahmenüberschußrechnung –. Dabei sind die Einnahmen in dem Wirtschaftsjahr anzusetzen, in dem sie dem Verein zugeflossen, und die Ausgaben in dem Wirtschaftsjahr abzusetzen, in dem sie vom Verein geleistet worden sind. Aufwendungen für nicht der Abnutzung unterliegende Anlagegüter mit Ausnahme des Grund und Bodens und Aufwendungen für Wirtschaftsgüter des Umlaufvermögens sind in vollem Umfang im Jahr der Zahlung als Ausgaben abzusetzen. Aufwendungen für Anlagegüter, die der Abnutzung unterliegen, dürfen nur im Wege der Absetzung für Abnutzung auf die Nutzungsdauer der Wirtschaftsgüter verteilt als jeweilige Ausgabe abgesetzt werden.

Beispiele: 22

(1) Aufwendungen für den Druck von Informationsschriften sind im Wirtschaftsjahr der Zahlung in voller Höhe als Ausgaben abzusetzen.

(2) Für ein Photokopiergerät zum Anschaffungspreis von 1200 DM und einer Nutzungsdauer von fünf Jahren kann bei linearer Absetzung jährlich nur ein Betrag von 240 DM als Ausgabe abgesetzt werden.

Bei der Einnahmenüberschußrechnung müssen die Einnahmen und die Aus- 23 gaben einzeln aufgezeichnet werden. Wirtschaftsgüter des Anlagevermögens, bei denen Absetzungen für Abnutzung oder Abschreibungen vorgenommen werden, sind in ein besonderes, laufend zu führendes Verzeichnis aufzunehmen. In diesem Verzeichnis müssen der Tag der Anschaffung oder Herstellung, die Anschaffungs- oder Herstellungskosten, die Absetzungen für Abnutzung und die Abschreibungen solcher Wirtschaftsgüter enthalten sein. Wirtschaftsgüter, für die die Bewertungsfreiheit für geringwertige Wirtschaftsgüter in Anspruch genommen werden kann, brauchen jedoch in dieses Verzeichnis nicht aufgenommen zu werden (BFH-Urteil vom 17. 1. 1961 – BStBl. III S. 102).

(5) Sonstige Vorschriften

24 Bei steuerbegünstigten Vereinen müssen die Einnahmen, die für die steuerbegünstigten Zwecke verwendet werden, von den übrigen Einnahmen getrennt aufgezeichnet werden. Sind wirtschaftliche Geschäftsbetriebe vorhanden, so sind die Einnahmen und Ausgaben gesondert für jeden einzelnen steuerunschädlichen und steuerschädlichen wirtschaftlichen Geschäftsbetrieb zu verbuchen.

25 Außerdem sind bestimme *Aufzeichnungsgrundsätze* zu beachten. Die Aufzeichnungen sollen fortlaufend, vollständig und richtig bewirkt werden. Die Geschäftsbücher sollen keine Konten enthalten, die auf einen falschen oder erdichteten Namen lauten. An Stellen, die in der Regel nach zu beschreiben sind, sollen keine leeren Zwischenräume gelassen werden. Der ursprüngliche Inhalt einer Eintragung soll nicht mittels Durchstreichens oder auf andere Weise unleserlich gemacht, es soll nicht radiert, auch sollen andere Veränderungen der Eintragungen nicht vorgenommen werden. Die Kasseneinnahmen und Kassenausgaben sollen mindestens täglich aufgezeichnet werden. Das Finanzamt kann prüfen, ob die Bücher und Aufzeichnungen fortlaufend, vollständig und formell und sachlich richtig geführt werden.

d) Steuererklärungspflichten

26 Für die sog. Veranlagungssteuern (bei Vereinen: Körperschaftsteuer, Gewerbesteuer, Vermögensteuer, Umsatzsteuer) ist nach Ablauf des Veranlagungszeitraums regelmäßig eine Steuererklärung abzugeben. Bei Vereinen obliegt diese Pflicht dem Vorstand. Die Aufforderung zur Abgabe der Steuererklärung ergeht regelmäßig vom Finanzamt (vgl. § 149 AO). Bei der Ausfüllung von Vordrucken sind alle Fragen zu beantworten, außerdem ist die Versicherung abzugeben, daß alle Angaben in der Steuererklärung nach bestem Wissen und Gewissen gemacht sind (vgl. § 150 AO). In der Regel ist die Steuererklärung vom Steuerpflichtigen (bzw. dessen zuständigem Organ) zu unterschreiben. Den Steuererklärungen müssen die Unterlagen beigefügt werden, die nach den Steuergesetzen vorzulegen sind, wie z. B. Bilanz, Überschußrechnung und dergleichen.

27 Auf Verlangen muß die Richtigkeit der Steuererklärung nachgewiesen werden. Aus diesem Grunde sind Aufzeichnungen, Bücher, Geschäftspapiere oder sonstige Urkunden, die für die Festsetzung der Steuer von Bedeutung sind, auf Verlangen des Finanzamts zur Einsicht und Prüfung vorzulegen (vgl. § 97 AO); das Finanzamt kann zur Sachaufklärung auch weitere mündliche oder schriftliche Auskünfte verlangen.

28 Soweit die Steuergesetze nichts anderes bestimmen sind Steuererklärungen, die sich auf ein Kalenderjahr oder auf einen gesetzlich bestimmten Zeitpunkt beziehen, spätestens fünf Monate danach abzugeben (vgl. § 149 Abs. 2 AO). Das Finanzamt kann in begründeten Ausnahmefällen auf Antrag Terminverlängerungen gewähren (vgl. § 109 AO). Wenn die Frist zur Abgabe der Steuererklärung nicht gewahrt wird, kann das Finanzamt einen Verspätungszuschlag in Höhe von bis zu 10 v.H. der endgültig festgesetzten Steuer (höchstens 10000 DM) auferlegen (§ 152 AO); ein solcher Zuschlag wird nicht erhoben, wenn die Versäumnis entschuldbar erscheint.

e) Steuerzahlungspflichten

Wann die Steuern zur Zahlung fällig sind, ist in den jeweiligen Einzelsteuergesetzen geregelt. Bei den Veranlagungssteuern sind zu bestimmten Terminen Vorauszahlungen zu entrichten, nach Durchführung der Veranlagung ergibt sich dann die Abschlußzahlung. Die Steuerzahlung ist möglichst vor, spätestens jedoch am Fälligkeitstag zu entrichten. Fällt der Fälligkeitstag auf einen Sonntag, einen allgemeinen Feiertag oder einen Sonnabend, so tritt an seine Stelle der nächste Werktag, der kein Sonnabend ist (vgl. § 193 BGB). 29

Wird eine Steuer – abgesehen von der sog. Schonfrist – nicht bis zum Ablauf des Fälligkeitstages entrichtet, so ist für jeden angefangenen Monat der *Säumnis* ein *Säumniszuschlag* von 1 v.H. des rückständigen Steuerbetrags verwirkt (§ 240 AO). Für die Berechnung des Säumniszuschlages wird der rückständige Steuerbetrag auf volle 100 DM nach unten abgerundet, d. h. bei einem Steuerrückstand von weniger als 100 DM wird ein Säumniszuschlag nicht erhoben. Von der Erhebung eines Säumniszuschlags wird bei einer verspäteten Zahlung bis zu fünf Tagen grundsätzlich abgesehen (§ 240 Abs. 3 AO) – sog. Schonfrist –. Fällt der Fälligkeitstag auf einen Sonntag, einen allgemeinen Feiertag oder einen Sonnabend, so tritt an seine Stelle der nächste Werktag, der kein Sonnabend ist; auch die Schonfrist beginnt dann erst von diesem Tage an zu laufen, und wenn der letzte Tag der Schonfrist auf einen Sonntag, einen allgemeinen Feiertag oder einen Sonnabend fällt, so tritt an seine Stelle ebenfalls der nächste Werktag, der kein Sonnabend ist (vgl. BdF-Erlaß vom 15. 2. 1971 – BStBl. I S. 121). 30

Zahlungen von Steuern können gestundet werden (§ 222 AO). Stundungen werden aber nur dann gewährt, wenn die Einziehung der Steuern mit erheblichen Härten für den Steuerpflichtigen verbunden ist und wenn durch die *Stundung* der Anspruch auf die Steuern nicht gefährdet ist. Die Gewährung der Stundung kann mit Auflage einer Sicherheitsleistung verbunden werden. Im Falle einer Steuerstundung werden grundsätzlich *Stundungszinsen* erhoben (§ 234 AO). Auf diese Stundungszinsen kann nur dann ganz oder teilweise verzichtet werden, wenn ihre Erhebung nach der Lage des Einzelfalles unbillig wäre. Die Stundungszinsen betragen für jeden vollen Monat 0,5 v.H. des Stundungsbetrages (vgl. § 238 AO). Eine Stundung wird in der Regel nur auf Antrag des Steuerpflichtigen vom Finanzamt gewährt, und zwar entweder durch Genehmigung von Teilzahlungen nach einem bestimmten Tilgungsplan oder durch Hinausschieben des Fälligkeitstermins. Stundungen von Steuern werden im allgemeinen nur auf Widerruf gewährt, d. h. die Steuerforderung oder die Restforderung wird sofort fällig, wenn die Stundungsvereinbarungen nicht genau eingehalten werden. 31

Im Einzelfall können Steuern ganz oder zum Teil erlassen werden, wenn ihre Einziehung nach Lage des Einzelfalls unbillig wäre (§ 227 AO); unter der gleichen Voraussetzung können bereits entrichtete Steuern erstattet oder angerechnet werden. Die Befugnis zum *Erlaß der Steuer* umfaßt auch das Recht, zuzulassen, daß die Steuer niedriger festgesetzt wird oder daß einzelne Besteuerungsgrundlagen, die die Steuer erhöhen, bei der Festsetzung der Steuer nicht berücksichtigt werden. Mit Zustimmung des Steuerpflichtigen kann bei Steuern vom Einkommen (hier: Körperschaftsteuer, Gewerbesteu- 32 er) zugelassen werden, daß einzelne Besteuerungsgrundlagen, soweit sie die Steuer erhöhen, bei der Steuerfestsetzung erst zu einer späteren Zeit, und daß sie, soweit sie die Steuern mindern, schon zu einer früheren Zeit berücksichtigt werden (vgl. § 163 AO).

2. Steuerliche Vertretung und Haftung

a) Vertretungsfragen

33 Rechtsfähige Vereine werden durch den Vorstand vertreten (§ 26 BGB). Der Vorstand hat die Stellung eines gesetzlichen Vertreters und diese Stellung des Vereinsvorstands gilt auch für das Steuerrecht. Haben nicht rechtsfähige Vereine einen Vorstand, so hat der Vorstand wie bei rechtsfähigen Vereinen die steuerlichen Pflichten für den nicht rechtsfähigen Verein zu erfüllen (vgl. § 34 Abs. 1 AO). Haben nicht rechtsfähige Vereine keinen Vorstand, so müssen die Vereinsmitglieder die steuerlichen Pflichten der nicht rechtsfähigen Vereine selbst erfüllen. Nicht rechtsfähige Vereine ohne Vorstand aber mit großer Mitgliederzahl müssen einen oder mehrere Bevollmächtigte dem Finanzamt benennen, wenn dies nicht geschieht, so kann das Finanzamt einen oder einzelne Vereinsmitglieder als Bevollmächtigte mit Wirkung für den ganzen nicht rechtsfähigen Verein behandeln.

34 Die Vereinsvorstände – bei nicht rechtsfähigen Vereinen ggf. die Bevollmächtigten der Vereinsmitglieder – haben die Pflichten zu erfüllen, die dem Verein nach steuerrechtlichen Vorschriften obliegen (§ 34 AO). Die Vorstände haben insbesondere dafür zu sorgen, daß die Steuern aus den Mitteln, die sie verwalten, entrichtet werden. Außerdem haben die Vorstände die bereits erläuterten (vgl. Tz. 3 ff.) Melde- und Anzeigepflichten, Buchführungs- und Aufzeichnungspflichten, Steuererklärungspflichten und Steuerzahlungspflichten für den Verein zu erfüllen. Diese den Vereinsvorständen (Bevollmächtigten) obliegenden steuerlichen Pflichten sind öffentlich-rechtlicher Natur und können deshalb nicht durch besondere Abmachungen zwischen Vorstand und Verein eingeschränkt oder beseitigt werden (BFH-Urteil vom 21. 5. 1969 – BStBl. II S. 539). Wenn der Vorstand aus mehreren Personen besteht, so obliegen jedem Vorstandsmitglied diese steuerlichen Pflichten; das gilt auch dann, wenn der Vorstand sich einen ersten Vorsitzenden wählt oder wenn im Wege der Arbeitsteilung ein Vorstandsmitglied die Besorgung der Steuerangelegenheiten übernimmt. Beim Wechsel eines Vorstandes erlöschen die steuerlichen Pflichten des alten Vorstandes mit der Übernahme der Geschäfte durch den neuen Vorstand; unberührt bleiben dagegen die steuerlichen Pflichten des alten Vorstandes für die Zeit seiner Vorstandstätigkeit (§ 36 AO).

35 Wenn der Vorstand die ihm obliegenden steuerlichen Pflichten für den Verein nicht oder nicht vollständig erfüllt, so ist das Finanzamt befugt, ihn zur Erfüllung dieser Verpflichtungen anzuhalten (vgl. § 191 AO). Kommt der Vorstand auch dann nicht seinen steuerlichen Pflichten nach, können gegen ihn Erzwingungsgelder und Sicherungsgelder verhängt werden. Für solche Erzwingungsgelder und Sicherungsgelder sowie für etwaige Kosten von Zwangsmitteln haftet neben dem Vorstand auch der Verein selbst.

Für die Erledigung aller oder eines Teils der steuerlichen Angelegenheiten der Vereins kann der Vorstand einen *Bevollmächtigten* beauftragen. Zur geschäftsmäßigen Hilfe in Steuersachen sind nach dem Steuerberatungsgesetz insbesondere befugt Steuerberater, Steuerberatungsgesellschaften und Steuerbevollmächtigte, ferner auch Rechtsanwälte, Notare, Wirtschaftsprüfer, vereidigte Buchprüfer sowie Wirtschaftsprüfungsgesellschaften und Buchprüfungsgesellschaften. Auch ein Angestellter des Vereins (z. B. ein Buchhalter, der nicht Vereinsmitglied ist) kann mit der Wahrnehmung der Steuerangelegenheiten beauftragt werden. Ein Vereinsmitglied, das nicht zur geschäftsmäßigen Hilfeleistung in Steuersachen befugt ist, darf den Verein nur dann als Bevollmächtigter für Steuersachen vertreten, wenn diese Tätigkeit nicht geschäftsmäßig ausgeübt wird. 36

Einzelne Vereine dürfen sogar selbst geschäftsmäßig Hilfe in Steuersachen leisten. Es handelt sich hierbei um 37

a) Vereine, die als Berufsvertretung oder auf ähnlicher Grundlage gebildet sind, soweit sie im Rahmen ihres Aufgabenbereichs ihren Mitgliedern Hilfe in Steuersachen unter Verzicht auf Werbung hierfür leisten (§ 4 Nr. 7 StBerG);
b) Vereine, deren satzungsmäßige Aufgabe die Hilfeleistung für land- und forstwirtschaftliche Betriebe ist, soweit sie die Hilfe unter Verzicht auf Werbung im Rahmen dieses Aufgabenbereichs durch gesetzliche Vertreter oder leitende Angestellte leisten, die selbst zur geschäftsmäßigen Hilfeleistung in Steuersachen befugt sind (§ 4 Nr. 8 StBerG);
c) Vereine, deren satzungsmäßige Aufgabe ausschließlich die Hilfeleistung in Lohnsteuersachen unter Verzicht auf Werbung hierfür ist (§ 4 Nr. 11 StBerG); Voraussetzung hierfür ist, daß die Vereinsmitglieder ausschließlich Arbeitnehmer sind, daß ein besonderes Entgelt für die Lohnsteuerhilfe nicht erhoben wird, daß die Lohnsteuerhilfe nur an Mitglieder geleistet wird und daß die Aufnahme der Tätigkeit des Vereins durch Anerkennungsurkunde genehmigt ist.

Die Zustellung von Steuerbescheiden usw. erfolgt an den Verein. Nennt ein Verein in Briefbogen als Geschäftstelle die Wohnanschrift eines gesetzlichen Vertreters, so ist die Ersatzzustellung durch Niederlegung bei der Postanstalt zulässig, wenn unter dieser Anschrift vom Postzusteller niemand angetroffen wird (FG Berlin, Urteil vom 28. 3. 1972 – EFG S. 570). Dies gilt auch dann, wenn der Verein noch weitere Geschäftsstellen benannt hat. 38

b) Haftungsfragen

Der Vereinsvorstand muß als Vertreter die Pflichten erfüllen, die dem Verein nach steuerlichen Vorschriften obliegen. Die Entrichtung von Steuern hat dabei nur aus den Mitteln zu erfolgen, die dem Vorstand aus dem Vereinsvermögen oder aus Ertägen und Beiträgen zur Verfügung stehen (vgl. § 34 Abs. 1 AO). 39

Eine persönliche Haftung des Vorstandes tritt nur dann ein, wenn er vorsätzlich oder grob fahrlässig seine steuerlichen Pflichten verletzt hat (§ 69 AO); dies ist insbeondere dann der Fall, wenn Steuerhinterziehungen oder Steuerverkürzungen begangen oder Steuervorteile erschlichen worden sind. In 40 diesen Fällen haftet neben dem Vorstand aber auch der Verein selbst für die nicht gezahlten Steuern oder die unrechtmäßig erhaltenen Vorteile. Ein in steuerlichen Angelegenheiten nicht bewanderter Vorstand muß sich zur Vermeidung einer Haftung bei einer geeigneten Stellc erkundigen, falls er Zweifel über die Rechtslage hat (vgl. BFH-Urteil vom 12. 6. 1964 – HFR 1965 S. 32).

41 Im übrigen haftet bei rechtsfähigen Vereinen für Verbindlichkeiten des Vereins, auch für Steuerschulden, nur das Vereinsvermögen, die Vereinsmitglieder haften selbst nicht. Bei nicht rechtsfähigen Vereinen haften neben dem Verein auch die Mitglieder (vgl. § 54 BGB). Nach herrschender Ansicht ist diese Haftung aber beschränkt auf das Vereinsvermögen, wozu auch die laufenden bzw. künftigen Vereinsbeiträge gehören.

3. Lohnsteuerhilfevereine

a) Zweck

42 Lohnsteuerhilfevereine sind Selbsthilfeeinrichtungen von Arbeitnehmern zur Hilfeleistung in Lohnsteuersachen. Tätigkeiten, Rechte und Pflichten der Lohnsteuerhilfevereine sowie die Aufsicht über diese Vereine sind geregelt in den §§ 13 bis 31 des Steuerberatungsgesetzes (StBerG). Lohnsteuerhilfevereine bedürfen der Anerkennung durch die zuständige Oberfinanzdirektion, die auch als Aufsichtsbehörde die Aufsicht führt.

b) Tätigkeitsbereiche

43 Lohnsteuerhilfevereine dürfen nur für ihre Mitglieder tätig werden und nur Hilfe bei Einkünften aus nichtselbständiger Arbeit und bei sonstigen Lohnsteuersachen leisten.

44 Daneben dürfen Lohnsteuerhilfevereine in Veranlagungsverfahren nur tätig werden, wenn in den Einnahmen des Mitglieds ausschließlich enthalten sind

a) Einkünfte aus nichtselbständiger Arbeit oder
b) sonstige Einkünfte aus wiederkehrenden Bezügen (§ 22 Nr. 1 EStG), insbesondere Leibrenten,
   oder neben solchen Einkünften noch
c) Einkünfte aus Kapitalvermögen, wenn die Einnahmen in dieser Einkunftsart 2 000 DM, im Falle der Zusammenveranlagung von Ehegatten 4 000 DM nicht übersteigen oder
d) Einkünfte aus Vermietung und Verpachtung eines selbstgenutzten Einfamilienhauses, einer selbstgenutzten Eigentumswohnung oder eines teilweise als eigene Wohnung genutzten Zweifamilienhauses des Mitglieds.

45 Soweit die Hilfe zulässig ist, berechtigt sie auch zur Hilfe bei Anträgen zur Freistellung oder Anrechnung von Körperschaftsteuer und Kapitalertragsteuer.

c) Mitgliedsbeiträge

(1) Voraussetzungen

Voraussetzung für die Anerkennung eines rechtsfähigen Vereins als Lohnsteuerhilfeverein ist u. a., daß nach der Satzung für die Hilfeleistung in Lohnsteuersachen neben dem Mitgliedsbeitrag kein besonderes Entgelt erhoben wird. Diese Bestimmung stellt nicht nur ein Erfordernis für den Satzungsinhalt dar, vielmehr ist hieran auch die tatsächliche Beitragspraxis auszurichten. Werden – entgegen dem Satzungsinhalt – die Mitgliedsbeiträge durch den Lohnsteuerhilfeverein leistungsabhängig erhoben, liegt demnach ein Verstoß vor, der den Widerruf der Anerkennung zur Folge haben kann. 46

(2) Zulässige Beitragserhebung

Die obersten Finanzbehörden der Länder haben in einem gemeinsamen Erlaß (30. 5. 1990 – BStBl. I S. 244) Grundsätze für die Zulässigkeit der Beitragserhebung von Lohnsteuerhilfevereinen zusammengestellt. 47

Die Beitragspflicht ist nicht von der Beratungsleistung abhängig zu machen. Der Mitgliedsbeitrag ist also nicht nur und nicht erst bei einer konkreten Leistung des Vereins, sondern – solange die Mitgliedschaft besteht – regelmäßig (jährlich) zu erheben. Es ist demnach weder zulässig, die Mitgliedsbeiträge für vorangegangene Jahre nur für den Fall nachzufordern, daß mehrere Steuererklärungen zu erstellen sind, noch ist es zulässig, in einem Jahr mehrere Mitgliedsbeiträge zu verlangen, weil der Verein in diesem Jahr mehrere Steuererklärungen erstellt. 48

Der Beitrag ist grundsätzlich zu der in der Satzung oder Beitragsordnung bestimmten Fälligkeit zu entrichten, wobei einer vorschüssigen Fälligkeit der Vorrang eingeräumt werden sollte. Wird der Mitgliedsbeitrag – nach Beitragsrechnung und Zahlungsaufforderung – nicht gezahlt, ist grundsätzlich ein Mahnverfahren durchzuführen. Bei anhaltender Säumnis sollte das Mitglied aus dem Verein ausgeschlossen werden. 49

Bei der Beitragsbemessung dürfen soziale Aspekte (z. B. Einkommensverhältnisse, Familienstand, Anzahl der unterhaltsberechtigten Kinder, Arbeitslosigkeit) berücksichtigt werden. Es ist nicht zulässig, die Staffelung auf die Höhe des Bruttoarbeitslohns oder der Einkünfte abzustellen und in diesen Fällen viele kleine Untergliederungen vorzunehmen. Eine Bemessung der Beiträge nach Vermögen oder Vermögenswerten (z. B. Anschaffungs-/Herstellungskosten oder Einheitswert des selbstgenutzten Einfamilienhauses) ist ebenso unzulässig wie eine Bemessung nach der Anzahl und/oder Art der zum Antrag auf Lohnsteuer-Jahresausgleich oder zur Einkommensteuererklärung erstellten Anlagen. Sofern die Erhebung des entsprechenden Mitgliedsbeitrags im Einzelfall zu einer unbilligen Härte für das Mitglied führt, bleibt es dem Lohnsteuerhilfeverein unbenommen, eine Beitragsermäßigung zu gewähren. 50

Da der Verein nur für Mitglieder tätig werden darf, darf ein Ehegatte, der selbst nicht Mitglied ist, nicht mitberaten werden. Ebensowenig dürfen dessen Einkommensverhältnisse mit in die Berechnung des Mitgliedsbeitrags 51 einbezogen werden. Sind dagegen beide Ehegatten Mitglieder, so kann bei einer Staffelung der Beiträge nach den Einkommensverhältnissen das Einkommen der Ehegatten zur Ermittlung der Beitragshöhe zusammengefaßt werden.

52 Neben der Erhebung eines jährlichen Mitgliedsbeitrags ist die Erhebung einer einmaligen Aufnahmegebühr wegen des mit der Aufnahme verbundenen Verwaltungsaufwands zulässig. Auslagenersatz kann von den Mitgliedern nur in Ausnahmfällen (z. B. bei zwingender Inanspruchnahme fremder Hilfe im finanzgerichtlichen Verfahren) verlangt werden. Beitragsfreiheit und Beitragsermäßigung unter anderen als sozialen Gesichtspunkten (vgl. Tz. 50) dürfen ebenfalls nur für den Ausnahmefall vorgesehen werden.

53 Da sich viele Vereinsmitglieder ihrer Mitgliedschaft in einem Lohnsteuerhilfeverein und den sich daraus ergebenden Folgen nicht bewußt sind, sollten die Lohnsteuerhilfevereine ihre Mitglieder hierauf sowie auf die Fälligkeit des Mitgliedsbeitrags und Kündigungsfristen ausdrücklich hinweisen. Außerdem muß die Kündigung durch das Mitglied so geregelt sein, daß das Mitglied – insbesondere bei Beitragserhöhungen – ausreichend Handlungsspielraum hat.

(3) Unzulässige Beitragserhebung

54 Der Bundesgerichtshof (BGH) hat mit Urteil vom 15. 6. 1989 (DStR 1989 S. 787) konkretisiert, unter welchen Voraussetzungen von einer leistungsabhängigen und damit gesetzeswidrigen Beitragserhebung auszugehen ist. Danach liegt ein verdecktes Leistungsentgelt vor, wenn der Lohnsteuerhilfeverein

a) den Mitgliedsbeitrag regelmäßig nur einfordert, wenn ein Mitglied die Leistung des Vereins in Anspruch nimmt,
b) das für die Höhe des Mitgliedsbeitrags maßgebende Einkommen erst bei dieser Gelegenheit ermittelt,
c) auf den Beitrag verzichtet, wenn ein Mitglied die Leistung des Vereins in dem betreffenden Jahr nicht in Anspruch nimmt.

55 Nach Auffassung des BGH sprechen außerdem folgende Anhaltspunkte für eine unzulässige Koppelung von Beitrag und Leistung:

a) Der Beitrag für das vorangegangene Jahr wird nachgefordert, wenn zwei Steuererklärungen zu bearbeiten sind.
b) Die Beitragshöhe bei zusammenveranlagten Ehegatten, von denen nur einer Mitglied des Vereins ist, wird nach dem zusammengerechneten Einkommen beider Ehegatten festgesetzt.

d) Besonderheiten

(1) Beratungsstellenleiter

56 Ein für einen Lohnsteuerhilfeverein in freiem Mitarbeiterverhältnis tätiger Beratungsstellenleiter, der selbst nicht Steuerberater ist, erzielt keine Einkünfte aus selbständiger Arbeit (BFH-Urteil vom 10. 12. 1987 – BStBl. 1988 II S. 273), sondern gewerbesteuerpflichtige Einkünfte aus Gewerbebetrieb (BFH-Urteil vom 10. 11. 1988 – BFH-NV 1989 S. 498).

Es ist durchaus zulässig, daß der Leiter der Beratungsstelle auch als freier Mitarbeiter für den Lohnsteuerhilfeverein tätig sein kann. Der Beratungsstellenleiter und alle übrigen Personen, denen sich der Lohnsteuerhilfeverein bedient, sind Hilfspersonen des Vereins, denn die Befugnis zur Hilfeleistung in Lohnsteuersachen gilt nur für den Lohnsteuerhilfeverein. **57**

(2) Verbotene Tätigkeit

Ein Lohnsteuerhilfeverein übt eine verbotene wirtschaftliche Tätigkeit aus, wenn er die Vermittlung der Vorfinanzierung von Lohnsteuererstattungsansprüchen durch unterstützende Tätigkeit und Zusammenarbeit mit einem Unternehmen, das solche Kredite vermittelt, entscheidend und nachhaltig fördert (BFH-Urteil vom 2. 2. 1982 – BStBl. II S. 360). **58**

II. Steuerbegünstigte Zwecke

1. Vorbemerkungen

59 Die Frage der steuerbegünstigten Zwecke, insbesondere der Gemeinnützigkeit, spielt für das Steuerrecht der Vereine eine besonders wichtige Rolle. Vereine, die als gemeinnützig anerkannt sind, kommen nämlich in den Genuß bestimmter Steuervergünstigungen – Steuerbefreiungen oder Steuerermäßigungen – insbesondere bei der Körperschaftsteuer, Gewerbesteuer, Vermögensteuer, Grundsteuer und Umsatzsteuer.

60 Rechtsgrundlagen sind die §§ 51 bis 68 der Abgabenordnung (AO). Bei der Prüfung der Voraussetzungen der Gemeinnützigkeit ist im allgemeinen großzügig und unter dem Gesichtspunkt zu verfahren, daß Härten möglichst vermieden werden und daß die aufzuwendende Verwaltungsarbeit nur dann als lohnend anzusehen ist, wenn der durch sie voraussichtlich zu erzielende Erfolg in einem angemessenen Verhältnis zu ihr steht.
Zu Rechts- und Verfahrensfragen bei der Besteuerung gemeinnütziger Körperschaften vgl. auch *Mack* in DStR 1984 S. 187 ff.

61 Die *Anerkennung der Gemeinnützigkeit* ist ein deklaratorischer Art, der grundsätzlich für jede Steuerart und bei dem Steuerabschnitt (Veranlagungszeitraum) oder Stichtag überprüft werden muß (BFH-Urteil vom 11. 8. 1961 – StRK StAnpG § 17 R. 11). Die Entscheidung darüber, ob eine Körperschaft nach ihrer Satzung und nach ihrer tatsächlichen Geschäftsführung ausschließlich und unmittelbar gemeinnützigen Zwecken dient, ist in dem Veranlagungsverfahren (Festsetzungsverfahren) für die jeweilige Steuer und für den jeweiligen Steuerabschnitt zu treffen (BFH-Urteil vom 13. 12. 1978 – BStBl. 1979 II S. 481). Wenn aber bereits für andere Steuern, insbesondere für die Körperschaftsteuer, darüber entschieden ist, ob und ggf. in welchen Bereichen das Unternehmen oder die Vereinigung den steuerbegünstigten Zwecken dient, so ist nach dem BdF-Erlaß vom 31. 3. 1969 (BStBl. I S. 141) einem solchen Entscheid im allgemeinen auch für Zwecke der Umsatzsteuer zu folgen.

62 Bei einem Verein, bei dem die Voraussetzungen der Steuervergünstigung noch nicht im Veranlagungsverfahren festgestellt worden sind, z. B. bei neu gegründeten Vereinen, bescheinigt das zuständige Finanzamt auf Antrag, daß der Verein steuerlich erfaßt ist und die Satzung alle Voraussetzungen für die Gemeinnützigkeit erfüllt. Die Bescheinigung wird nur vorläufig und befristet erteilt. Bloße Mitteilungen in Gemeinnützigkeitsbescheiden sind keine anfechtbaren Verwaltungsakte und können daher frei widerrufen werden (FG Rheinland-Pfalz, Urteil vom 18. 1. 1988 – EFG S. 340).

63 Eine etwaige auf Antrag des Vereins vom zuständigen Finanzamt erteilte vorläufige Bescheinigung der Gemeinnützigkeit ist kein förmlicher Verwaltungsakt und kann deshalb jederzeit zurückgenommen werden. Eine endgültige Entscheidung erfolgt im Veranlagungsverfahren. Die vorläufige Anerkennung als gemeinnützig bindet das Finanzamt nicht bezüglich der

späteren Überprüfung der Gemeinnützigkeit (BFH-Urteil vom 2. 8. 1989 – BFH-NV 1990 S. 146).

Die vom Finanzamt erteilte Bescheinigung über die Gemeinnützigkeit eines Vereins ist als eine Zusicherung für die Besteuerung aufzufassen, die unter dem Schutz von Treu und Glauben steht (FG Niedersachsen, Urteil vom 4. 5. 1971 – EFG 1972 S. 94). Es ist von der Rechtsprechung anerkannt, daß das Finanzamt an gegebene Zusagen aus dem Grundsatz von Treu und Glauben gebunden ist, auch wenn es nicht verpflichtet war, eine Zusage zu machen. Ein Widerruf der Anerkennung der Gemeinnützigkeit in einer allgemeinen Verfügung unabhängig von einem Veranlagungsverfahren (Steuerfestsetzungsverfahren) ist unzulässig (BFH-Urteil vom 13. 12. 1978 – BStBl. 1979 II S. 481). Das Finanzamt kann nur im Rahmen eines Veranlagungsverfahrens (Festsetzungsverfahrens) die bisherige Anerkennung der Gemeinnützigkeit versagen. 64

In gewissen Abständen, im allgemeinen alle drei Jahre, prüft das Finanzamt, ob die Gemeinnützigkeitsgrundsätze eingehalten und befolgt wurden. Diese Prüfung erfolgt auf der Grundlage eines vom Vereinsvorstand auszufüllenden Fragebogens oder einer abzugebenden Steuererklärung. Im Falle der Bestätigung der Gemeinnützigkeit erteilt das Finanzamt einen Freistellungsbescheid. Unterhält der gemeinnützige Verein einen wirtschaftlichen Geschäftsbetrieb, erfolgt die Freistellung für den ideellen gemeinnützigen Bereich zusammen mit dem den wirtschaftlichen Geschäftsbetrieb betreffenden Steuerbescheid. 65

Gemeinnützig können nur Körperschaften sein. Dazu gehören sowohl die rechtsfähigen als auch die nichtrechtsfähigen Vereine. Durch das Vereinsförderungsgesetz ist dem § 51 AO der Satz 3 angefügt worden, wonach funktionale Untergliederungen von Körperschaften nicht als selbständige Steuersubjekte gelten. Unter funktionalen Untergliederungen sind Abteilungen (bei Sportvereinen z. B. Leichtathletik-, Tennis-, Fußballabteilung) zu verstehen, nicht jedoch regionale Untergliederungen (z. B. Landes- oder Ortsverbände) von überregionalen Verbänden. Auch wenn die Abteilung zivilrechtlich als selbständiger Verein organisiert ist, gilt sie steuerrechtlich im Sinne des Gemeinnützigkeitsrechts nicht als selbständiges Steuersubjekt. Nur der Gesamtverein kann als gemeinnützig anerkannt werden oder nicht. 66

2. Gemeinnützige Zwecke

Ein Verein verfolgt gemeinnützige Zwecke (§ 52 AO), wenn seine Tätigkeit darauf gerichtet ist, die Allgemeinheit auf materiellem, geistigem oder sittlichem Gebiet selbstlos zu fördern. 67

a) Allgemeinheit

Voraussetzung für die Gemeinnützigkeit ist die Förderung der Allgemeinheit auf bestimmten Gebieten. Die Abgrenzung des Begriffs Allgemeinheit bereitet jedoch oft Schwierigkeiten. Allgemeinheit bedeutet Öffentlichkeit (vgl. Brockhaus-Wahrig, Deutsches Wörterbuch), aber unter Allgemeinheit ist nicht notwendig die Gesamtheit der Bürger der Bundesrepublik Deutsch- 68 land oder eine daraus kaum zu ermittelnde Mehrheit der Bevölkerung zu vestehen (vgl. BFH-Urteil vom 13. 12. 1978 – BStBl. 1979 II S. 482, 484). Allgemeinheit im Sinne des Gemeinnützigkeitsrechts kann auch ein abgegrenzter Personenkreis sein, jedoch unter der Voraussetzung, daß dieser Personenkreis nicht zu klein oder exklusiv ist und daß dessen Förderung im Interesse der Gesamtheit liegt. Eine Förderung der Allgemeinheit ist nicht gegeben, wenn der Kreis der Personen, dem die Förderung zugute kommt, fest abgeschlossen ist (z. B. Zugehörigkeit zu einer Familie oder zur Belegschaft eines Unternehmens), oder infolge seiner Abgrenzung, insbesondere nach räumlichen oder beruflichen Merkmalen, dauernd nur klein sein kann. Ein Personenkreis ist nicht mehr als Allgemeinheit anzuerkennen, wenn er durch ein enges Band (z. B. Verein mit geschlossener Mitgliederzahl) oder sonstige Merkmale fest abgeschlossen ist.

69 *Beispiele:*

(1) Die Förderung der Religion ist regelmäßig als Förderung der Allgemeinheit anzusehen, auch wenn eine Religionsgesellschaft des Privatrechts mit ihren eigenen religiösen Zwecken keine kirchlichen Zwecke verfolgt (BFH-Urteil vom 6. 6. 1951 – BStBl. III S. 148).

(2) Einkaufsverbände, die nur ihren Mitgliedern den Vorteil des gemeinschaftlichen Einkaufs zuwenden, dienen nicht der Allgemeinheit und sind deshalb nicht gemeinnützig (*Herrmann/Heuer/Raupach,* KStG a.F., Anm. 90a zu § 4 mit Angabe von RFH-Rechtsprechung).

(3) Ein Verein zur Förderung der örtlichen Belange des Fachhandels bzw. der fachlichen und wirtschaftlichen Belange des Fachhandels ist bewußt auf die Förderung der eigenwirtschaftlichen Belange seiner Mitglieder ausgerichtet und ist daher nicht als Allgemeinheit anzuerkennen (RFH-Urteil vom 6. 9. 1938 – M-Kartei StAnpG § 17 R. 20).

(4) Ein Studentenwohnheim, das ausschließlich Studenten einer bestimmten Verbindung oder eines sonstigen eng begrenzten Kreises aufnimmt, dient nicht der Allgemeinheit (*von Wallis,* zitiert bei *Herrmann/Heuer/Raupach,* KStG a.F., Anm. 90a zu § 4).

(5) Wenn bei einer Familienstiftung die Erweiterung des Kreises der Berechtigten erst beim Nichtvorhandensein eines geeigneten Bewerbers aus dem eigenen Familienkreis eintritt, fehlt es an einer Förderung der Allgemeinheit (*Herrmann/Heuer/Raupach,* KStG a.F., Anm. 90a zu § 4).

(6) Ein Personenkreis kann dann nicht als Ausschnitt der Allgemeinheit angesehen werden, wenn er das selbst nicht sein will, wenn er vielmehr (z. B. in der Satzung) zu erkennen gibt, daß er sich von der Allgemeinheit absondern will (vgl. BFH-Urteil vom 26. 1. 1973 – BStBl. II S. 430).

(7) Eine Stadthalle, in der neben kulturellen Veranstaltungen auch Tagungen bestimmter Berufsgruppen stattfinden, dient nicht ausschließlich und unmittelbar der Förderung der Allgemeinheit (vgl. BFH-Urteil vom 19. 6. 1974 – BStBl. II S. 664).

(8) Ein Orden, der entsprechend den Ordensregeln und seiner Satzung ausschließlich gegenüber seinen Mitgliedern tätig wird, dient nicht unmittelbar gemeinnützigen Zwecken, weil es an der Förderung der Allgemeinheit fehlt (vgl. BFH-Urteil vom 13. 12. 1978 – BStBl. 1979 II S. 492).

(9) Abmahnvereine (Verein zur Bekämpfung des unlauteren Wettbewerbs oder Verein für Verbraucherschutz o.ä.) sind in der Regel nicht gemeinnützig, weil sie nicht die Allgemeinheit fördern (OFD Münster vom 19. 5. 1982 – NWB Fach 4 S. 3307) und nicht selbstlos tätig sind (OFD Düsseldorf vom 2. 6. 1982 – StEK AO 1977 § 52 Nr. 19).

(10) Eine Körperschaft, deren Zweck darauf gerichtet ist, durch Angebot von Arbeit und sozialer Betreuung an schwer zu vermittelnde Arbeitslose (insbesondere ältere Arbeitslose und jüngere Arbeitslose mit schlechten Eingangsvoraussetzungen) deren Eingliederung in das Arbeitsleben zu fördern, kann gemeinnützig i.S. des § 52 AO sein (Niedersächsisches FG, Urteil vom 2. 6. 1983 – EFG 1984 S. 45).

(11) Vereinigungen, die sich mit den individuellen und gesellschaftlichen Problemen von Homosexuellen befassen, können gemeinnützig sein (FG Berlin, Urteil vom 25. 6. 1984 – EFG 1985, S. 146).

(12) Die Förderung der Allgemeinheit liegt auch bei der Unterrichtung von Auszubildenden einer Körperschaft des öffentlichen Rechts (hier: Stadt) vor (Niedersächsisches FG, Urteil vom 23. 10. 1986 – EFG 1987 S. 339). Die Auszubildenden der Stadt bilden dabei keinen fest abgeschlossenen Personenkreis, dem allein die Ausbildung und Förderung zugute kommt.

Der Kreis der geförderten Personen braucht jedoch nicht unbegrenzt zu sein, **70** es genügt, wenn die Begünstigten nach den Umständen des Einzelfalles als Ausschnitt der Allgemeinheit angesehen werden können (vgl. *Troll,* Vereine, S. 467/468). Einschränkungen in sachlicher, regionaler, beruflicher und standesmäßiger Hinsicht dürften als zulässig anzusehen sein (*Felix* in FR 1961 S. 236), die Auswahl darf nur nicht aus einem Personenkreis getroffen werden, der nicht als Allgemeinheit angesehen werden kann (vgl. BFH-Urteil vom 2. 12. 1955 – BStBl. 1956 III S. 22). Der Begriff der Allgemeinheit kann positiv so definiert werden, daß der Kreis der Geförderten – soweit sich nicht aus der Sache eine Begrenzung ergibt – grundsätzlich unbegrenzt sein muß (vgl. *Becker/Riewald/Koch,* AO, Anm. 3 b zu § 17 StAnpG).

71 Allgemeinheit im Sinne des Gemeinnützigkeitsrechts ist – was den damit gemeinten Personenkreis angeht – zwischen den Extremen der Gesamtheit der Bürger einerseits und nur bestimmten Personen oder dauernd nur kleiner Personenkreis andererseits angesiedelt; wo Allgemeinheit danach vorliegt, ist in jedem Einzelfall nach den jeweiligen Verhältnissen zu bestimmen. Wenn somit der Begriff der Allgemeinheit auch bei Beschränkung auf einen Personenkreis erfüllt sein kann, muß jener engere Kreis sich zu der weiteren Allgemeinheit so verhalten wie ein Ausschnitt zu dem Ganzen (vgl. BFH-Urteil vom 13. 12. 1978 – BStBl. 1979 II S. 482, 485 mit Zitat Pr. OVG). Ein vollgültiger Ausschnitt der Allgemeinheit liegt nicht vor, wenn z. B. nur Männer Mitglieder des Vereins werden können (vgl. FG Bremen, Urteil vom 9. 7. 1982 – EFG 1983 S. 194).

b) Förderung der Allgemeinheit

72 Damit ein Zweck als gemeinnützig anerkannt werden kann, muß durch die Zweckerfüllung die Allgemeinheit gefördert werden. Eine Förderung der Allgemeinheit ist nach § 52 Abs. 1 AO nur dann anzunehmen, wenn die Tätigkeit darauf gerichtet ist, die Allgemeinheit auf materiellem, geistigem oder sittlichem Gebiet selbstlos zu fördern. Ob dies der Fall ist, ist durch Gesetzesauslegung zu beurteilen.

73 Förderung bedeutet Unterstützung und Hilfe (vgl. Brockhaus-Wahrig, Deutsches Wörterbuch). Dem Begriff der Förderung ist ein Hinwirken zum Positiven immanent, Förderung setzt eigenes Handeln und Tätigwerden voraus.

74 Mit dem unbestimmten Gesetzesbegriff der Förderung der Allgemeinheit, insbesondere wie dieser inhaltlich zu qualifizieren und nach welchen Merkmalen er zu beurteilen ist, hat sich der BFH ausführlich in seinem Urteil vom 13. 12. 1978 (BStBl. 1979 II S. 482) auseinandergesetzt und Auslegungskriterien entwickelt. Nach Auffassung des BFH ist eine Förderung der Allgemeinheit und damit ein Nutzen zum allgemeinen Besten nach objektiven Kriterien zu beurteilen.

75 Zur objektiven Qualifizierung und Wertung des unbestimmten Gesetzesbegriffes der Förderung der Allgemeinheit ist nach BFH an eine Vielzahl von Faktoren bzw. Werten anzuknüpfen. Diese bestimmen im jeweiligen Einzelfall in ihrer Gesamtheit oder doch einzelne oder mehrere von ihnen den Inhalt des Gesetzesbegriffes, dessen Sinngehalt im wesentlichen geprägt wird durch

a) die herrschende Staatsverfassung, wie sie der Bundesrepublik Deutschland als einem demokratischen und sozialen Bundesstaat durch das Grundgesetz gegeben ist,
b) die sozialethischen und religiösen Prinzipien, wie sie gelehrt und praktiziert werden,
c) die bestehende geistige und kulturelle Ordnung,
d) Forschung, Wissenschaft und Technik, wie sie auf Grund ihrer Entwicklungen dem neueren Wissens- und Erkenntnisstand entsprechen,
e) die vorhandene Wirtschaftsstruktur und die wirtschaftlichen und sozialen Verhältnisse,
f) die Wertvorstellungen und die Anschauungen der Bevölkerung.

Die Wertungskriterien ermöglichen es nach Meinung des BFH, den Beurteilunsspielraum hinsichtlich des Gesetzesbegriffes der Förderung der Allgemeinheit angemessen und zutreffend auszufüllen. 76

Beispiele: 77

(1) Ein Verein zur Bekämpfung des Alkoholismus kann nicht als gemeinnützig anerkannt werden, weil dieser Zweck den Anschauungen widerspricht, die über den Alkoholismus in der Mehrheit des Volkes verbreitet sind, denn die Mehrheit des Volkes billigt einen maßvollen Alkoholgenuß (RFH-Urteil vom 10. 7. 1934, zitiert bei *Herrmann/Heuer/Raupach,* KStG a. F., Anm. 90a zu § 4).
Ein Verein zur Bekämpfung des Alkoholismus ist aber dann gemeinnützig, wenn er insbesondere die heranwachsende Jugend vor verfrühtem Alkoholgenuß (auch Nikotingenuß) bewahren will (vgl. BFH-Urteil vom 6. 6. 1951 – BStBl. III S. 148).

(2) Ein Verein, der nach seiner Satzung und nach seiner tatsächlichen Geschäftsführung die Feuerbestattung und die Friedhofskultur fördert und die Gemeinden bei der Errichtung und dem Betrieb von Krematorien berät, dient ausschließlich und unmittelbar gemeinnützigen Zwecken (BFH-Urteil vom 14. 12. 1978 – BStBl. 1979 II S. 491 – gegen frühere RFH-Rechtsprechung).

(3) Der Betrieb eines Flughafens kann unter Berücksichtigung der Verhältnisse heute nicht mehr als gemeinnützig anerkannt werden (BFH-Urteil vom 21. 3. 1952 – BStBl. III S. 112).

(4) Ein Freikörperkultur-Verein, bei dem ein satzungsmäßiger Vereinszweck die gesunde und harmonische Freizeitgestaltung für die gesamte Familie ist und der dafür Einrichtungen unterhält, ist nicht gemeinnützig (ständige BFH-Rechtsprechung, zuletzt Urteil vom 30. 9. 1981 – BStBl. 1982 II S. 148).
Ein Verein, der satzungsmäßig und tatsächlich die Förderung des Sports betreibt, bleibt auch dann gemeinnützig, wenn er daneben der Pflege der Freikörperkultur dient (FinMin NRW vom 23. 5. 1980 – StEK AO 1977 § 52 Nr. 7).

(5) Die von privater Seite betriebene Eheanbahnung und Ehevermittlung ist nach heutiger allgemeiner Anschauung eine typische gewerbliche Tätigkeit (BFH-Urteil vom 28. 8. 1968 – BStBl. 1969 II S. 145).

(6) Ein Kleingärtnerverein kann gemeinnützig sein, zumal unter den heute gegenüber der Vorkriegs- und Kriegszeit wesentlich gewandelten Verhältnissen (FG München, Urteil vom 17. 12. 1968 – EFG 1969 S. 330).
Kleingärtnervereine können nach neuerer Auffassung der

obersten Finanzbehörden der Länder im Einvernehmen mit dem BdF als gemeinnützig anerkannt werden (Besprechungsergebnis vom 30. 9./1. 10. 1969 in Stbg. 1970 S. 129; vgl. auch StEK AO § 51 Nr. 2 und 6).

(7) Kapitalbeteiligungsgesellschaften dienen nicht den Interessen der Allgemeinheit und sind daher nicht gemeinnützig (FinMin Schl.-H. in FR 1976 S. 44).

(8) Wird ein Verein zur Förderung Behinderter von den Angehörigen einer Familie kraft Stimmenmehrheit beherrscht, so fördert er nicht die Allgemeinheit und dient nicht ausschließlich und unmittelbar gemeinnützigen Zwecken (FG Rheinland-Pfalz, Beschluß vom 2. 8. 1985 – 1 V 15/85).

78 Eine Förderung der Allgemeinheit liegt nicht vor, wenn eine Tätigkeit nur den Belangen bestimmter Personen oder eines engeren Kreises von Personen dient oder wenn in erster Linie eigenwirtschaftliche Zwecke verfolgt werden. Für die Beantwortung der Frage nach der Gemeinnützigkeit einer bestimmten Tätigkeit kommt es jedoch nicht auf die Resonanz an, die diese Tätigkeit bei den durch den Verein bzw. die Vereinsmitglieder angesprochenen, betroffenen oder interessierten Personen findet (BFH-Urteil vom 20. 1. 1972 – BStBl. II S. 440).

79 Nach dem BdF-Schreiben vom 29. 8. 1983 (StEK AO 1977 § 52 Nr. 25) ist es für die Gemeinnützigkeit einer Körperschaft unschädlich, wenn sie im Interesse der Förderung ihrer gemeinnützigen Zwecke gelegentlich in einer politischen Auseinandersetzung Stellung bezieht. Schädlich ist dagegen die finanzielle oder ideelle Unterstützung einer Partei oder die Einflußnahme auf die politische Meinungsbildung ähnlich einer politischen Partei.

80 Eine Förderung der Allgemeinheit liegt aber nicht schon allein deswegen vor, weil eine Körperschaft ihre Mittel einer Körperschaft des öffentlichen Rechts zuführt (§ 52 Abs. 1 AO).

c) Einzelfälle

81 Gesetzgeber, Rechtsprechung und Verwaltung haben in einer Reihe von Fällen die Gemeinnützigkeit ausdrücklich anerkannt.

(1) Wissenschaft und Forschung

Gemeinnützig ist nach § 52 Abs. 2 Nr. 1 AO die Förderung von Wissenschaft und Forschung.

82 Unter **Wissenschaft** versteht man die Gesamtheit der Erkenntnisse auf einzelnen Gebieten oder in ihrer Gesamtheit, auch deren planmäßige Vermehrung, Darstellung und Begründung (Brockhaus, 17. Aufl.), m.a.W. die Gesamtheit der planmäßigen Bemühungen des Menschen, vernunftgemäße Erkenntnisse und wahre, nachprüfbare Aussagen über die Natur und den Menschen zu gewinnen (Duden-Lexikon). Wissenschaftliche Zwecke werden nicht gefördert durch eine vorzugsweise auf den praktischen Lehrbetrieb ausgerichtete Fachschule (BFH-Urteil vom 27. 11. 1963 – HFR 1964 S. 382).

Forschung ist schöpferisch-geistige Tätigkeit einzelner oder von Gruppen mit dem Ziel, in methodischer, systematischer und nachprüfbarer Weise neue Erkenntnisse zu gewinnen (Brockhaus, 19. Aufl.). Forschung dient der Gewinnung von neuen wissenschaftlichen oder technischen Erkenntnissen und Erfahrungen (BMF – BStBl. 1977 I S. 246, Tz. 107). Forschung ist das wissenschaftliche Ergründen und Untersuchen sowie das Streben nach neuen Erkenntnissen und Methoden (Brockhaus-Wahrig, Deutsches Wörterbuch). **83**

Ein Verein, der sich mit der Forschung und Lehrtätigkeit auf dem Gebiet der Akupunktur befaßt, fördert die Allgemeinheit und verfolgt bei Vorliegen der sonstigen Voraussetzungen gemeinnützige Zwecke (StEK AO 1977 § 52 Nr. 10). **84**

Reine Auftragsforschung ist nicht gemeinnützig (vgl. OFD Frankfurt – StEd 1990 S. 151). **85**

(2) Bildung und Erziehung

Gemeinnützig ist nach § 52 Abs. 2 Nr. 1 AO die Förderung von Bildung und Erziehung. **86**

Bildung im weiteren Sinne ist der Vorgang geistiger Formung, zu der der Mensch gelangt, wenn er seine Kräfte in Auseinandersetzung mit den Gehalten der Kultur entfaltet (Brockhaus, 17. Aufl.), Bildung ist geistige und innere Formung und Vervollkommnung des Menschen (Brockhaus-Wahrig, Deutsches Wörterbuch). Unter Bildung versteht man allgemein die Entfaltung und Prägung der geistigen und seelischen Anlagen der Menschen, das Erfassen der sittlichen, künstlerischen und wissenschaftlichen Werte des menschlichen Lebens (Duden-Lexikon). Bildung im engeren Sinne ist Ausbildung, die auf die Entwicklung von Begabungen und Anlagen zu speziellen Fertigkeiten zielt, die für bestimmte Tätigkeiten oder besondere Aufgaben Voraussetzung sind (Brockhaus). Ausbildung ist ein weiterer Begriff als Erziehung, weil sich die Ausbildung nicht auf Jugendliche beschränkt, sondern Erwachsene mit einschließt. **87**

Die Förderung der Volks- und Berufsausbildung geschieht durch eine Vielzahl verschiedener Einrichtungen. Die Vermittlung von theoretischen und praktischen Lebensweisheiten durch einen esoterischen Verein ist nicht als Förderung von Bildung anzusehen (FG Baden-Württemberg, Urteil vom 4. 2. 1988 – EFG S. 270). **88**

Unter **Erziehung** im engeren Sinne versteht man die im praktischen Umgang durch Einwirkung, Übung und Gewöhnung bewirkte innere Formgebung des Charakters (Brockhaus, 17. Aufl.); im weiteren Sinne ist Erziehung der Inbegriff für alle pädagogischen Maßnahmen und Prozesse, durch die das Kind zur Erwachsenheit (Mündigkeit) gelangt. **89**

Nach Brockhaus-Wahrig (Deutsches Wörterbuch) ist Erziehung die Gesamtheit der Lebensäußerungen von Erwachsenen, die Verhalten und Verhaltensdispositionen von Heranwachsenden gewollt und ungewollt beeinflussen; Erziehung ist die planmäßige und zielvolle Einwirkung auf junge Menschen, um sie mit all ihren Fähigkeiten und Kräften geistig, cha- **90** rakterlich und körperlich zu formen und ihr Verhalten mit den Forderungen der Gesellschaft in Einklang zu bringen.

91 Gemeinnützig ist auch die Studentenhilfe (vgl. Nr. 5 der Anlage 7 zu EStR). Ebenso können bei entsprechend gestalteten Satzungen lokale Rundfunkvereine gemeinnützig sein (vgl. StEK AO § 51 Nr. 8).

(3) Kunst und Kultur

92 Gemeinnützig ist nach § 52 Abs. 2 Nr. 1 AO die Förderung von Kunst und Kultur.

93 **Kunst** ist schöpferisch gestaltende Tätigkeit, die sich durch Bearbeitung innerer und äußerer Erfahrungsinhalte mit der Welt auseinandersetzt und auf Wertsetzung im Kunstwerk und Werterlebnis des Betrachters abzielt (Brockhaus, 17. Aufl.). Unter Kunst versteht man allgemein jedes zur Meisterschaft entwickelte Können, die Gestaltung eines seelisch-geistigen Inhalts durch eine eigenwertige Form nach bestimmten Gesetzen (Brockhaus, 17. Aufl.). Förderung der Kunst wird u. a. betrieben durch Heranführung der Menschen zur Kunst (z. B. Theatervereine, Kulturvereine) oder durch Gewährung von Gelegenheit zur Ausübung von Kunst (z. B. Gesangvereine, Kunstvereine, Musikvereine); auch die Förderung von Künstlern selbst gehört hierzu (vgl. RFH-Urteile vom 24. 9. 1937 – RStBl. S. 1164 und vom 27. 11. 1937 – RStBl. 1938 S. 36, zitiert bei *Troll,* Vereine, S. 477). Die Veranstaltung von Ausstellungen, Festivals u. dergl. mit künstlerischem Inhalt und Niveau kann ebenfalls gemeinnützig sein.

94 Die Förderung der Kunst umfaßt die Bereiche der Musik, der Literatur, der darstellenden und bildenden Kunst und schließt die Förderung von kulturellen Einrichtungen, wie Theater und Museen, sowie von kulturellen Veranstaltungen, wie Konzerte und Kunstausstellungen, mit ein (vgl. Nr. 4 a der Anlage 7 zu den EStR). Die Zauberkunst ist keine Kunst im Sinne der Gemeinnützigkeit (BFH-Urteil vom 2. 8. 1989 – BFH-NV 1990 S. 146).

95 **Kultur** ist die Gesamtheit der typischen Lebensformen einer Bevölkerung einschließlich der sie tragenden Geistesverfassung besonders der Werteinstellungen (Brockhaus, 17. Aufl.), m. a. W. die Gesamtheit der geistigen und künstlerischen Lebensäußerungen (Duden-Lexikon). Gemeinnützig ist die Förderung der Pflege von Kulturwerten. Kulturwerte sind Gegenstände von künstlerischer und sonstiger kultureller Bedeutung, Kunstsammlungen und künstlerische Nachlässe, Bibliotheken, Museen, Archive sowie andere vergleichbare Einrichtungen (vgl. Nr. 4 b der Anlage 7 zu den EStR). Kultur ist alles menschliche Streben und Schaffen, das auf Erkenntnis und Gestaltung der Welt sowie auf seelische und geistige Bildung des Menschen gerichtet ist (Knaurs-Lexikon). Kulturwerte sind die im kulturellen Bereich sowohl materiell als auch immateriell geschaffenen Werte.

(4) Religion

96 Gemeinnützig ist nach § 52 Abs. 2 Nr. 1 AO die Förderung der Religion. Unter Religion versteht man allgemein den Glauben des Menschen an übernatürliche, göttliche Mächte sowie das Verhältnis des Menschen zum Über-

natürlichen (Knaurs-Lexikon); Religion ist das Ergriffenwerden von der Wirklichkeit des Heiligen, das überwiegend in Glaubensgemeinschaften, den geschichtlichen Religionen, seine Ausdrucksform findet (Brockhaus, 17. Aufl.).

Beispiele: 97

(1) In der Förderung der Religion ist eine Förderung der Allgemeinheit zu erblicken; religiöse Zwecke sind daher gemeinnützig im Sinne der Steuergesetze (OFH-Urteil vom 12. 2. 1946, zitiert bei *Herrmann/Heuer/Raupach,* KStG a.F., Anm. 90 a zu § 4).

(2) Die Verbreitung christlicher Schriften dient gemeinnützigen Zwecken wegen Förderung der Religion (RFH-Urteil vom 23. 6. 1921 – zitiert bei *Herrmann/Heuer/Raupach,* KStG a.F., Anm. 90 a zu § 4).

(3) Sowohl die Förderung der Judenmission als auch die Förderung der Heidenmission sind als gemeinnützige Zwecke anzuerkennen (vgl. *Herrmann/Heuer/Raupach,* KStG a.F., Anm. 90 a zu § 4).

(4) Die Zielsetzung der Zeugen Jehovas liegt im Rahmen der Gemeinnützigkeit (KSt-Kartei NRW, zitiert bei *Herrmann/Heuer/Raupach,* KStG a.F., Anm. 90 a zu § 4).

Der Begriff Religion ist weiter als der Begriff Kirche, denn kirchliche Zwek- 98
ke sind nach § 54 AO nur solche Zwecke, durch deren Erfüllung eine Religionsgemeinschaft des öffentlichen Rechts gefördert wird. Die Förderung der Religion ist regelmäßig als Förderung der Allgemeinheit anzusehen, und zwar durch Religionsgesellschaften jeder Art wie auch sonstigen Vereinigungen zur Verfolgung religiöser Zwecke, denn mit der Pflege einer bestimmten religiösen Weltanschauung durch eine Religionsgesellschaft ist regelmäßig das Bestreben verbunden, über den Kreis der Mitglieder hinaus in die Weite zu wirken (vgl. BFH-Urteil vom 6. 6. 1951 – BStBl. III S. 148).

Bei der Anerkennung religiöser Zwecke als gemeinnützig ist jedoch die Ein- 99
schränkung vorzunehmen, daß die religiösen Ziele der betreffenden Religionsgesellschaft und die Art ihrer Verwirklichung nicht den abendländischen Kulturauffassungen zuwiderlaufen dürfen (vgl. BFH-Urteil vom 6. 6. 1951 – BStBl. III S. 148), im Zweifel wird die Finanzbehörde eine gutachtliche Äußerung des Kultusministeriums als der zur Beurteilung einer solchen Frage in erster Linie berufenen Staatsbehörde einholen. Die Vermittlung von theoretischen und praktischen Lebensweisheiten durch einen esoterischen Verein ist keine Förderung der Religion (FG Baden-Württemberg, Urteil vom 4. 2. 1988 – EFG S. 270).

(5) Völkerverständigung

Gemeinnützig ist nach § 52 Abs. 2 Nr. 1 AO die Förderung der Völkerver- 100
ständigung. Der Begriff der Völkerverständigung kann definiert werden als

das Bestreben, die Grundzüge und Eigenarten der einzelnen Völker zu erkennen, um dadurch Vorurteile abzubauen und Frieden und Freundschaft unter den Völkern zu fördern.

101 Der Begriff Frieden ist im Begriff der Völkerverständigung enthalten (BFH-Urteil vom 23. 11. 1988 – BStBl. 1989 II S. 391). Ein Satzungszweck, der sich der Förderung des Friedens verschreibt, ist in der Regel gemeinnützig. Eine Körperschaft fördert auch dann ausschließlich den Frieden, wenn sie gelegentlich zu tagespolitischen Themen im Rahmen ihres Satzungszweckes Stellung nimmt. Entscheidend ist, daß die Tagespolitik nicht Mittelpunkt der Tätigkeit der Körperschaft ist oder wird, sondern der Vermittlung der Ziele der Körperschaft dient (BFH-Urteil vom 23. 11. 1988 – a.a.O. mit Anschluß an BFH-Urteil vom 29. 8. 1984 – BStBl. II S. 844).

102 Eine aktive Betätigung im Bereich der Völkerverständigung setzt voraus, daß die kulturelle, politische, soziale, religiöse usw. Lage von Völkern dargestellt wird und für das Verständnis der Völker untereinander sowie die Respektierung der bestehenden Unterschiedlichkeiten geworben wird. Deshalb übt ein esoterischer Verein, der nur durch Vorträge, Seminare, Kurse und persönliche Begegnung zu einem besseren Verständnis der Menschen untereinander beitragen will, noch keine Förderung der Völkerverständigung aus (FG Baden-Württemberg, Urteil vom 4. 2. 1988 – EFG S. 270).

(6) Entwicklungshilfe

103 Gemeinnützig ist nach § 52 Abs. 2 Nr. 1 AO die Förderung der Entwicklungshilfe. Unter Entwicklungshilfe sind hier zu verstehen alle Maßnahmen zur Beschleunigung der wirtschaftlichen und sozialen Entwicklung von Entwicklungsländern.

(7) Umwelt-, Landschafts- und Denkmalschutz

104 Gemeinnützig ist nach § 52 Abs. 2 Nr. 1 AO die Förderung des Umwelt-, Landschafts- und Denkmalschutzes.

105 **Umweltschutz** ist der Sammelbegriff für alle Maßnahmen zur Erhaltung und Schaffung lebensgerechter Umweltbedingungen für Lebewesen (Brockhaus, 17. Aufl.). Zum Umweltschutz gehört auch (vgl. Nr. 24 der Anlage 7 zu EStR) die Förderung der Reinhaltung von Luft und Wasser, die Bekämpfung des Lärms, die Abfallbeseitigung, die Verringerung der Strahlenbelastung durch kerntechnische Anlagen und die Verbesserung der Sicherheit kerntechnischer Anlagen.

106 Der Bundesfinanzhof vertritt in seiner Entscheidung vom 29. 8. 1984 (BStBl. II S. 844) die Auffassung, daß der weite Bereich des Umweltschutzes als Satzungszweck eine Vielzahl verschiedenartiger Betätigungen der Bürgerinitiative (des Vereins) zulasse. Dazu zählen grundsätzlich auch dem Satzungszweck entsprechende Aktivitäten im Zusammenhang mit den Vorbereitungen zum Bau einer nuklearen Entsorgungsanlage, dem Bau einer solchen Anlage und deren Betrieb. Das gilt auch dann, wenn dabei eine gewisse Beeinflussung der politischen Meinung bezüglich der Energiepolitik nicht auszuschließen ist und sich die Tätigkeit gegen Maßnahmen richtet, die im Rahmen der geltenden atomrechtlichen Bestimmungen von den zuständigen staatlichen Organen schon genehmigt worden sind.

Ein Verein zur Förderung des Umweltschutzes kann aber dann nicht als gemeinnützig anerkannt werden, wenn sich die tatsächliche Geschäftsführung dieses Vereins und seine Förderung der Allgemeinheit nicht im Rahmen der verfassungsmäßigen Ordnung gehalten haben (BFH-Urteil vom 29. 8. 1984 – BStBl. 1985 II S. 106). Die rechtsstaatliche Ordnung setzt als selbstverständlich das gesetzestreue Verhalten aller Bürger, Vereine, Verbände, u.a.m. ebenso voraus, wie das Beachten der Verfassungsnormen. Diese Ordnung wird schon mit der Ankündigung von gewaltfreiem Widerstand und Nichtbefolgung von polizeilichen Anordnungen durchbrochen. **107**

Die Abfallbeseitigung ist als Teil des Umweltschutzes ein gemeinnütziger Zweck (FR 1976 S. 407). Körperschaften, die Müllverbrennungsanlagen selbst betreiben, können deshalb gemeinnützig sein. Auch die Beseitigung von Sondermüll (Industriemüll) kann ein gemeinnütziger Zweck sein, wenn die Beseitigung durch eine Kapitalgesellschaft betrieben wird. Die Gemeinnützigkeit ist jedoch zu verneinen, wenn an den Müllbeseitigungsgesellschaften auch private Unternehmen beeiligt sind, weil diese in erster Linie eigenwirtschaftliche Zwecke verfolgen (vgl. BdF-Schreiben vom 9. 2. 1978 – StEK AO 1977 § 52 Nr. 1). Auch von Körperschaften des öffentlichen Rechts eingeschaltete Kapitalgesellschaften zur Erfüllung hoheitlicher Aufgaben sind nicht gemeinnützig (BdF-Schreiben vom 22. 8. 1985 – StEK AO 1977 § 52 Nr. 39). **108**

Nach dem BFH-Urteil vom 13. 12. 1978 (BStBl. 1979 II S. 482) steht der Anerkennung der Gemeinnützigkeit grundsätzlich nicht entgegen, daß sich die satzungsmäßigen Bestrebungen einer Körperschaft, nämlich Natur, Umwelt und Landschaft unter Beachtung der geltenden Rechtsvorschriften zu schützen, gegen die Planungen staatlicher Stellen und technische Großprojekte der Deutschen Bundesbahn (hier: Bau einer Schnellbahntrasse) richten. **109**

Das Eintreten einer Bürgerinitiative für den Umweltschutz rechtfertigt für sich allein nicht, eine solche Bürgervereinigung wegen möglicher politischer Auswirkungen ihrer Tätigkeiten steuerlich als politischen Verein einzustufen (BFH-Urteil vom 29. 8. 1984 – BStBl. II S. 844). **110**

Landschaftsschutz ist ein Teilbereich des Naturschutzes, Umweltschutzes und Lebensschutzes, der Maßnahmen zur Sicherung, Gestaltung und Pflege der Landschaft als Lebensraum von Menschen, Tieren und Pflanzen umfaßt (Brockhaus, 17. Aufl.). Die Landschaftspflege beinhaltet besondere Maßnahmen für bestimmte Landschaftsteile, die nicht unter Naturschutz stehen, aber aus anderen Gründen schutz- oder pflegebedürftig sind. **111**

Denkmalschutz ist auch die Förderung der Denkmalspflege, insbesondere wenn es sich nach dem Urteil der dafür zuständigen Stellen um die Erhaltung und Wiederherstellung historisch oder kulturell besonders wichtiger Baudenkmäler handelt. Unter Denkmalspflege sind die Maßnahmen zum Schutz künstlerisch wertvoller oder kulturgeschichtlich bedeutungsvoller Bau- und Kunstdenkmäler zu verstehen, um Zerstörung, Beseitigung, Verfall, Verunstaltung oder Entfernung aus dem ursprünglichen Zusammen- **112**

hang zu verhüten (Brockhaus, 17. Aufl.). Nach dem RFH-Urteil vom 23. 7. 1938 (M-Kartei StAnpG § 17 R. 19) kann die Pflege eines Denkmals auch dann gemeinnützig sein, wenn das Denkmal nicht in jeder Hinsicht den künstlerischen Anforderungen entspricht.

113 Vereine zur Förderung der Denkmalpflege können auch dann gemeinnützig sein, wenn sich ihre Tätigkeit auf die Vergabe von Zuschüssen für die Pflege von Objekten fremder Eigentümer beschränkt (vgl. OFD Köln vom 23. 2. 1984 – StEK AO 1977 § 52 Nr. 28). Dabei ist nach den Umständen des Einzelfalles zu entscheiden, ob der Verein die Denkmalpflege selbst unmittelbar fördert (§ 57 Abs. 1 Satz 1 AO), ob der Eigentümer des geförderten Objekts als Hilfsperson im Sinne des § 57 Abs. 1 Satz 2 AO anzusehen ist oder ob es sich bei dem Verein um einen Förderverein im Sinne des § 58 Nr. 1 AO handelt.

(8) Heimatgedanken

114 Gemeinnützig ist nach § 52 Abs. 2 Nr. 1 AO die Förderung des Heimatgedankens. Hierunter ist auch zu verstehen die Förderung der Heimatpflege und Heimatkunde. Die Förderung der Heimatpflege und Heimatkunde kann auch erfolgen durch eine Vereinigung von außerhalb des Bundesgebietes beheimatet gewesenen Personen (Nr. 7 der Anlage 7 zu EStR). Heimat bedeutet die Umwelt, mit der der einzelne Mensch durch Geburt oder Lebensumstände verwachsen ist (Brockhaus, 17. Aufl.). Unter Heimatpflege versteht man alle Bestrebungen, die Heimat in ihrer natürlichen oder geschichtlichen Eigenart möglichst zu erhalten und bei ihrer Neugestaltung mitzuwirken. Die Heimatkunde will in die heimatliche Welt der Dinge, die Tier- und Pflanzenwelt, aber auch die Landschaft, Lebensordnung und Lebensgesinnung einführen, sie beschreiben und erläutern sowie die Erinnerung daran erhalten.

115 Dient ein Denkmal als Aussichtsturm, so kann es, wenn es die Liebe zur Heimat und ihr Kennenlernen fördert, auch der Heimatpflege nützlich sein (vgl. RFH-Urteil vom 23. 7. 1938 – M-Kartei StAnpG § 17 R. 19).

(9) Jugendhilfe

116 Gemeinnützig ist nach § 52 Abs. 2 Nr. 2 AO die Förderung der Jugendhilfe. Hierzu gehört auch die Förderung der Jugendpflege und Jugendfürsorge (Nr. 2 der Anlage 7 zu EStR).

117 Organe der öffentlichen Jugendhilfe sind die Jugendwohlfahrtsbehörden oder andere öffentliche Körperschaften oder Einrichtungen, insbesondere Schulen; die öffentliche Jugendhilfe umfaßt alle behördlichen Maßnahmen zur Förderung der Jugendwohlfahrt (vgl. § 2 JWG). Die öffentliche Jugendhilfe soll die in der Familie des Kindes begonnene Erziehung unterstützen und ergänzen (§ 3 JWG). Aber nicht nur die vom Gesetz über Jugendwohlfahrt (JWG) umfaßten Einrichtungen sind gemeinnützig, sondern allgemein solche Einrichtungen, die auf Grund ihrer Satzung die Jugenderziehung fördern und auf dem Gebiet der Jugendpflege tätig werden; die Anerkennung der Gemeinnützigkeit setzt nicht zugleich auch die Anerkennung als Träger der freien Jugendhilfe im Sinne des JWG voraus (vgl. StEK KStG § 4 Nr. 36).

Die Bewahrung der heranwachsenden Jugend vor verfrühtem Alkoholgenuß und Nikotingenuß stellt sowohl ein Gebot der öffentlichen Gesundheitspflege als auch der Jugendpflege und Jugendfürsorge dar (vgl. BFH-Urteil vom 6. 1. 1951 – BStBl. III S. 148). **118**

(10) Altenhilfe

Gemeinnützig ist nach § 52 Abs. 2 Nr. 2 AO die Förderung der Altenhilfe. Die Altenhilfe soll dazu beitragen, Schwierigkeiten, die durch das Alter entstehen, zu verhüten, zu überwinden oder zu mildern und alten Menschen die Möglichkeit zu erhalten, am Leben in der Gemeinschaft teilzunehmen (§ 75 BSHG). **119**

(11) Gesundheitswesen

Gemeinnützig ist nach § 52 Abs. 2 Nr. 2 AO die Förderung des öffentlichen Gesundheitswesens, d. h. die Gesundheits- und Krankenpflege, wenn sie dem Gemeinwohl dient. Dabei ist die herrschende Meinung in der medizinischen Wissenschaft maßgebend, und zwar insbesondere dann, wenn in der Allgemeinheit noch Meinungsverschiedenheiten bestehen (RFH-Urteil vom 23. 3. 1937 – RStBl. S. 485 – zitiert bei *Troll*, Vereine, S. 471). Zur Förderung der öffentlichen Gesundheitspflege gehört auch die Bekämpfung von Seuchen und seuchenähnlichen Krankheiten, wobei dies auch für Krankenhäuser gilt (vgl. Nr. 1 der Anlage 7 zu EStR). **120**

Eine GmbH, die sich auf die Abgabe von Kurmitteln und den Betrieb eines Bewegungsbades beschränkt, kann gemeinnützig sein (Niedersächsisches FG, Urteil vom 23. 7. 1974 – EFG S. 588), insbesondere dann, wenn die Kurmittel allen Heilungsbedürftigen angeboten und diese Mittel tatsächlich von einem nicht näher abgegrenzten Personenkreis in Anspruch genommen werden; die Unterhaltung eines Bewegungsbades für die Öffentlichkeit dient der öffentlichen Gesundheitspflege. **121**

Ein Verein, der sich der Aurikulo-Medizin widmet und soweit es sich dabei um Gesundheitspflege im ärztlich anerkannten Rahmen handelt, kann gemeinnützig sein (StEK AO 1977 § 52 Nr. 10). **122**

(12) Wohlfahrtswesen

Gemeinnützig ist nach § 52 Abs. 2 Nr. 2 AO die Förderung des Wohlfahrtswesens. Hierunter sind in der Hauptsache die Zwecke zu verstehen (vgl. Nr. 8 der Anlage 7 zu EStR), die von den *Spitzenverbänden der freien Wohlfahrtspflege,* ihren Unterverbänden und den diesen Verbänden angeschlossenen Einrichtungen und Anstalten verfolgt werden. Es handelt sich hierbei insbesondere um (vgl. § 23 UStDV): Diakonisches Werk der Evangelischen Kirche in Deutschland, Deutscher Caritasverband, Deutscher Paritätischer Wohlfahrtsverband, Deutsches Rotes Kreuz, Arbeiterwohlfahrt Bundesverband, Zentralwohlfahrtsstelle der Juden in Deutschland, Deutscher Blindenverband. **123**

(13) Sport

Gemeinnützig ist nach § 52 Abs. 2 Nr. 2 AO die Förderung des Sports. Sport ist die Sammelbezeichnung für die an spielerischer Selbstentfaltung und am **124**

Leistungsstreben orientierten Formen menschlicher Betätigungen, die der körperlichen und geistigen Betätigung dienen, besonders auf dem Gebiet der Leibesübungen (Brockhaus, 17. Aufl.).

125 Der *Begriff des Sports* im Sinne des § 52 AO umfaßt auch den Motorsport in allen seinen Erscheinungsformen. Ein wesentliches Element des Sports bleibt die körperliche Ertüchtigung. Begünstigt sind nicht nur Vereine, die klassische Sportarten pflegen, sondern auch z. B. Reitsportvereine, Tanzsportvereine, Golfsportvereine, Tennissportvereine, Kegelsportvereine usw. Schach gilt laut ausdrücklicher Gesetzesbestimmung als Sport, ebenso ab 1990 der Hundesport.

126 Nicht zum Sport in diesem Sinne gehören der Denksport, so daß z. B. Skatvereine nicht gemeinnützig sind, ebenso Bridgevereine (BFH-Urteil vom 16. 12. 1987 – nv – zitiert bei *Klein/Orlopp,* AO 4. Aufl., Anm. 5 zu § 52).

127 In der Ausübung von *Berufssport* ist keine Förderung gemeinnütziger Zwekke zu sehen (BMF – BStBl. 1976 I S. 576), weil dadurch in erster Linie eigenwirtschaftliche Zwecke verfolgt werden, die sich mit dem Erfordernis der Selbstlosigkeit nicht in Einklang bringen lassen. Durch den mit Wirkung ab 1. 1. 1986 in die Abgabenordnung neu eingefügten § 67a AO werden alle mit bezahltem Sport zusammenhängenden Veranstaltungen zu wirtschaftlichen Geschäftsbetrieben; in besonderen Fällen kann es sich auch um Zweckbetriebe handeln. Wegen der steuerlichen Beurteilung von sportlichen Veranstaltungen vgl. Tz. 367 ff.

128 Die Gemeinnützigkeit des Vereins geht nicht verloren, wenn einzelne sportliche Veranstaltungen zu wirtschaftlichen Geschäftsbetrieben werden. Der durch die Aberkennung der Gemeinnützigkeit bedingte Verlust der Steuerbefreiung hat bei einem Verein der Fußball-Bundesliga nicht zwingend die Steuerbarkeit seiner gesamten Tätigkeit zur Folge (BFH-Urteil vom 15. 7. 1987 – BStBl. 1988 II S. 75).

129 Die Gemeinnützigkeit von Sportvereinen setzt nach dem BdF-Schreiben vom 11. 12. 1980 (BStBl. I S. 786) wegen Berücksichtigung des Grundsatzes der Allgemeinheit voraus, daß die Mitgliedsbeiträge und sonstigen Mitgliedsumlagen zusammen im Durchschnitt je Mitglied 1000 DM jährlich und die Aufnahmegebühren für die im Jahr aufgenommenen Mitglieder im Durchschnitt 1500 DM nicht übersteigen.

130 Der Sport muß ernsthaft betrieben werden und darf nicht nur ein Deckmantel für gesellige Veranstaltungen sein; die Mitgliedschaft der Sportvereine darf weder nach Zahl noch nach anderen Merkmalen beschränkt werden, und die verlangten Beiträge dürfen nicht höher sein, als es zur Erreichung des Vereinszwecks erforderlich ist (vgl. *Troll,* Vereine, S. 474/475 mit Angabe von RFH-Rechtsprechung).

131 *Beispiele:*

(1) Anglervereine, die ausschließlich und unmittelbar der nichtgewerblichen Fischerei dienen, sind als gemeinnützig anzuerkennen (AO-Handb. 1981 zu § 52).

(2) Berufssport ist nicht gemeinnützig (BdF-EinfSchr. zu § 52 AO).

(3) Betriebssportgemeinschaften, die lediglich auf die Förderung der Belegschaft eines Unternehmens ausgerichtet sind, sind wegen Mangels der Förderung der Allgemeinheit nicht gemeinnützig (vgl. *Reuber,* Die Besteuerung der Vereine).

(4) Bezahlter Sport und seine Förderung ist kein gemeinnütziger Zeck (AEAO zu § 52).

(5) Billard ist Sport (OVG Lüneburg, zitiert bei *Felix/Streck,* KStG, S. 482).

(6) Bridgevereine sind nicht gemeinnützig, da es sich insoweit um Denksport handelt (vgl. BFH-Urteil vom 16. 12. 1987 – nv – zitiert bei *Klein/Orlopp,* AO 4. Aufl., Anm. 5 zu § 52).

(7) Denksport gehört nicht zum Sport im Sinne des § 52 AO.

(8) Flugsportvereine: Vereine, die Motor- und Segelflugsport betreiben, können bei Vorliegen der sonstigen Voraussetzungen gemeinnützig sein (vgl. AEAO zu § 52).

(9) Freikörperkultur, die von gemeinnützigen Sportvereinen neben der überwiegenden Förderung des Sports betrieben wird, führt nicht zum Versagen der Gemeinnützigkeit (FinMin NRW vom 23. 5. 1980 – DStZ-E S. 202).

(10) Fußballvereine: Amateurvereine sind gemeinnützig, wenn die Zuwendungen an die Spieler im Jahresdurchschnitt den Betrag von 700 DM monatlich nicht übersteigen und wenn keine Ablösesummen gezahlt werden. Fußballsportveranstaltungen im Rahmen der Bundesligen sind nicht gemeinnützig (AO-Handb. 1981 zu § 52), allerdings hat dies nicht zwingend die Steuerbarkeit der gesamten Tätigkeit des Vereins zur Folge (BFH-Urteil vom 15. 7. 1987 – BStBl. 1988 II S. 75).

(11) Galoppsport ist nach allgemeiner Auffassung der Finanzverwaltung nicht gemeinnützig.

(12) Golfclubs, die nach Satzung und tatsächlicher Geschäftsführung den Golfsport fördern, dienen gemeinnützigen Zwecken; das gilt auch dann, wenn in der Aufbauphase besondere Eintritts- und Aufbauspenden verlangt werden (BFH-Urteil vom 13. 12. 1978 – BStBl. 1979 II S. 488). Einnahmen aus Greenfee gelten als wirtschaftlicher Geschäftsbetrieb (BFH-Urteil vom 9. 4. 1987 – Stbg 1990 S. 85).

(13) Handballvereine: Hier sind die Bestimmungen für Fußballvereine entsprechend anzuwenden.

(14) Hundesportvereine sind ab 1990 kraft Gesetzes gemeinnützig (§ 52 Abs. 2 Nr. 4 AO).

(15) Kegeln ist Sport (OVG Lüneburg, zitiert bei *Felix/Streck,* KStG, S. 483). Kegelsportvereine können bei Vorliegen der sonstigen Voraussetzungen wegen Förderung des Sports gemeinnützig sein.

(16) Motorsport fällt unter den Begriff des Sports und ist daher gemeinnützig (AEAO zu § 52 AO).

(17) Motorsportclubs im ADAC sind wegen der engen Verzahnung mit dem nicht gemeinnützigen ADAC ebenfalls nicht gemeinnützig (BdF vom 19. 6. 1980 – StEK AO 1977 § 52 Nr. 8).

(18) Pferderennvereine sind bei Vorliegen der sonstigen Voraussetzungen gemeinnützig (Niedersächsisches FG, Urteil vom 18. 9. 1981 – EFG 1982 S. 320).

(19) Pool-Billard-Vereine sind gemeinnützig, wenn sie Billard sportmäßig betreiben (OFD Düsseldorf vom 13. 5. 1982 – DStZ-E S. 194).

(20) Radsportvereine können bei Vorliegen der sonstigen Voraussetzungen wegen Förderung des Sports gemeinnützig sein.

(21) Reitsportvereine, die mit Amateuren Sport betreiben, sind gemeinnützig wegen Förderung des Sports.

(22) Schach gilt als Sport (§ 52 Abs. 2 Nr. 2 AO).

(23) Schießsportvereine und Schützenvereine können bei Vorliegen der entsprechenden Voraussetzungen gemeinnützig sein (RFH-Rechtsprechung zitiert bei *Felix/Streck,* KStG, S. 483).

(24) Segelsport ist gemeinnützig, auch wenn ein Segelclub von einem Teil der neu aufzunehmenden Mitglieder eine Aufnahmegebühr in Höhe von 2000 DM verlangt (vgl. BFH-Urteil vom 20. 1. 1982 – BStBl. II S. 336).

(25) Skatvereine sind nicht gemeinnützig, da es sich insoweit um Denksport handelt.

(26) Skivereine oder Skiclubs können bei Vorliegen der sonstigen Voraussetzungen wegen Förderung des Sports gemeinnützig sein.

(27) Sportfischervereine, die ausschließlich und unmittelbar der nichtgewerblichen Fischerei dienen, sind als gemeinnützig anzuerkennen (AO-Handb. 1981 zu § 52).

(28) Tanzsportvereine, bei denen die Geselligkeit nicht hervortritt, sondern die das Tanzen turniermäßig als Sport betreiben, sind wegen Förderung des Sports gemeinnützig (vgl. StEK GemVO Nr. 35).

(29) Tennisvereine oder Tennisclubs können bei Vorliegen der sonstigen Voraussetzungen wegen Förderung des Sports gemeinnützig sein.

(30) Tischfußball, der im Rahmen sportlicher Ambitionen betrieben wird, kann als Förderung des Sports gemeinnützig sein (vgl. FG Berlin, Urteil vom 1. 10. 1981 – EFG 1982 S. 372). Der BFH hat allerdings mit seinem Urteil vom 12. 11. 1986 (BFH-NV 1987 S. 705) einem Tischfußballclub die Anerkennung der Gemeinnützigkeit versagt.

(31) Turnvereine dienen der Förderung des Sports und sind deshalb gemeinnützig (vgl. RHF-Urteil vom 15. 7. 1921, zitiert bei *Herrmann/Heuer/Raupach,* KStG a.F. zu § 4).

(14) Demokratie

Gemeinnützig ist nach § 52 Abs. 2 Nr. 3 AO die allgemeine Förderung des **132**
demokratischen Staatswesens im Geltungsbereich des Grundgesetzes und in Berlin (West). Hierzu gehören nicht Bestrebungen, die nur bestimmte Einzelinteressen staatsbürgerlicher Art verfolgen oder die auf den kommunalpolitischen Bereich beschränkt sind.

Demokratie bedeutet wörtlich übersetzt die Herrschaft des Volkes. Lincoln **133**
prägte die Kurzformel: Regierung des Volkes durch das Volk und für das Volk.

Nach *Tipke/Kruse* (AO 1977 Tz. 16 zu § 52) ist unter Förderung des demo- **134**
kratischen Staatswesens die Förderung des demokratischen Prinzips des Grundgesetzes zu verstehen, insbesondere des Mehrparteiensystems und des parlamentarischen Regierungssystems mit freien, geheimen Wahlen, der Gewaltenteilung, der rechtsstaatlichen und abwehrbereiten Demokratie, im einzelnen auch das Eintreten für die Grundrechte und für gleiche Rechte, für Mehrheitsprinzip, Pluralismus und Toleranz gegenüber abweichenden Meinungen, für freie Meinungsäußerung, Pressefreiheit, Kompromißbereitschaft, etwa durch politische Bildungsvereine.

Die Förderung einer oder mehrerer politischer Parteien fällt nicht unter die **135**
allgemeine Förderung des demokratischen Staatswesens.

Wichtig ist zu beachten: Die Verfolgung bestimmter Einzelinteressen staats- **136**
bürgerlicher Art und die Beschränkung auf den kommunalpolitischen Bereich sind nicht gemeinnützig.

(15) Tierzucht und Pflanzenzucht

Neu aufgenommen ab 1990 in den gesetzlichen Katalog der gemeinnützigen **137**
Zwecke ist die Förderung der Tierzucht und Pflanzenzucht (§ 52 Abs. 2 Nr. 4 AO).

138 **Tierzucht** ist die Züchtung von Tieren, die dem Menschen Nutzen bringen oder andere Bedürfnisse befriedigen (vgl. Brockhaus, 17. Aufl.). Tierzucht im engeren Sinne ist die Zucht von Haus- und Nutztieren (vgl. Brockhaus-Wahrig, Deutsches Wörterbuch).

139 Die **Pflanzenzucht** baut auf den Gesetzen der Vererbung auf und entwikkelt Kulturpflanzen, die an die besonderen Standortverhältnisse der Anbaugebiete angepaßt sind (vgl. Brockhaus, 17. Aufl.).

140 Aus den allgemeinen Grundsätzen der Gemeinnützigkeit folgt, daß nur die nicht zu gewerblichen Zwecken betriebene Tier- und Pflanzenzucht gemeinnützig sein kann.

(16) Kleingärtnerei

141 Neu aufgenommen ab 1990 in den gesetzlichen Katalog der gemeinnützigen Zwecke ist die Förderung der Kleingärtnerei (§ 52 Abs. 2 Nr. 4 AO).

142 Kleingärten sind kleine Wirtschaftsgärten, die der nichtgewerbsmäßigen gärtnerischen Nutzung, insbesondere zur Gewinnung von Obst und Gemüse für den Eigenbedarf, und zur Erholung dienen (vgl. Brockhaus, 19. Aufl.). Zum Begriff der Kleingärten vgl. auch das Bundeskleingartengesetz vom 28. 2. 1983 (BGBl. I S. 210).

(17) Brauchtum

143 Neu aufgenommen ab 1990 in den gesetzlichen Katalog der gemeinnützigen Zwecke ist die Förderung des traditionellen Brauchtums einschließlich des Karnevals, der Fastnacht und des Faschings (§ 52 Abs. 2 Nr. 4 AO).

144 Bei Vorliegen der entsprechenden Voraussetzungen waren traditionelle Brauchtumsvereine schon bisher als gemeinnützig anerkannt. Durch das Vereinsförderungsgesetz sind ab 1990 ausdrücklich Vereine, die den Karneval, die Fastnacht und den Fasching fördern, kraft Gesetzes als gemeinnützig anerkannt.

145 Von den Aktivitäten der Karnevalsvereine sind zukünftig die Karnevalssitzungen und die Karnevalsumzüge in den Bereich der steuerbegünstigten Zweckbetriebe einzuordnen; dies gilt auch bezüglich der Entgelte für Fernsehübertragungen (vgl. OFD Koblenz – StEd 1990 S. 83). Andere Aktivitäten derartiger Vereine, wie z. B. Verkauf von Speisen und Getränken bei Sitzungen und Veranstaltungen von Maskenbällen und ähnlichen geselligen Veranstaltungen, sind dem Bereich der steuerpflichtigen wirtschaftlichen Geschäftsbetriebe zuzuordnen.

(18) Soldaten- und Reservistenbetreuung

146 Neu aufgenommen ab 1990 in den gesetzlichen Katalog der gemeinnützigen Zwecke ist die Förderung der Soldaten- und Reservistenbetreuung (§ 52 Abs. 2 Nr. 4 AO).

147 Der Verband der Reservisten der Bundeswehr e. V. war schon vor 1990 als gemeinnützig anerkannt (vgl. Abschn. 111 Abs. 2 Nr. 31 EStR 1987). Nun-

mehr sind bei Vorliegen der entsprechenden Voraussetzungen alle Vereine zur Förderung der Soldaten- und Reservistenbetreuung als gemeinnützig anzuerkennen. Dagegen sollen Traditionsvereine von früheren Mitgliedern der Waffen-SS und der HIAG wegen der NS-Vergangenheit von dieser Regelung ausgeschlossen sein (BT-Drucks. 11/5582, zitiert bei *Klein/Orlopp,* AO 4. Aufl. Nachtrag zu § 52), außerdem dürfte diesen Vereinen das Erfordernis der Allgemeinheit fehlen.

(19) Weitere Freizeitförderungszwecke

Neu aufgenommen ab 1990 in den gesetzlichen Katalog der gemeinnützigen Zwecke ist die Förderung des Amateurfunkens und des Modellflugs (§ 52 Abs. 2 Nr. 4 AO). Warum nur diese beiden Freizeitzwecke in den Katalog des § 52 Abs. 2 AO aufgenommen worden sind und nicht auch entsprechende Tätigkeiten, ist nicht recht nachvollziehbar. **148**

Die Bundesregierung hatte im Gesetzgebungsverfahren (BT-Drucks. 11/5582, zitiert bei *Klein/Orlopp,* AO 4. Aufl. Nachtrag zu § 52) erklärt, daß Vereinszwecke wie Modellschiffbau, Briefmarkensammeln, Münzsammeln, Amateurfilmen und Amateurfotografieren in Zukunft ebenfalls als gemeinnützig anerkannt werden könnten, sofern die allgemeinen Voraussetzungen für die Gemeinnützigkeit erfüllt seien. Allerdings gelte anders als bei den im Gesetz ausdrücklich aufgeführten Förderungszwecken für die dort nicht genannten Zwecke nicht von vornherein die Vermutung der Gemeinnützigkeit . **149**

(20) Unfallverhütung

Als gemeinnützig anerkannt (Nr. 13 der Anlage 7 zu EStR) ist die Förderung des Feuerschutzes, des Arbeitsschutzes und der Unfallverhütung. Unter Feuerschutz versteht man alle Maßnahmen zur Verhütung und Bekämpfung von Brandgefahren (Brockhaus). Unter Arbeitsschutz versteht man Maßnahmen, meist gesetzlicher Art, zum Schutze der arbeitenden Menschen bei Verrichtung der Arbeit. Unter Unfallverhütung versteht man die Maßnahmen zur Verhütung von Unfällen und Berufskrankheiten der Schaffenden an den Arbeitsplätzen. **150**

Als gemeinnützig anerkannt (Nr. 11 der Anlage 7 zu EStR) ist die Förderung der Rettung aus Lebensgefahr, insbesondere die Errettung Ertrinkender und Schiffsbrüchiger, die Unterstützung der Bergwacht und ähnliche Einrichtungen, auch die Förderung des Küstenschutzes (Nr. 6 der Anlage 7 zu EStR). **151**

Grundsätzlich wird die Förderung der Flugrettung als gemeinnütziger Zweck beurteilt (vgl. DStR 1989 S. 255). Im Einzelfall muß allerdings geprüft werden, ob der Flugrettungsdienst die Voraussetzung der Selbstlosigkeit erfüllt und daß kein Umgehungstatbestand vorliegt. **152**

(21) Tierschutz und Naturschutz

Als gemeinnützig anerkannt (Nr. 16 und 17 der Anlage 7 zu EStR) ist die Förderung des Tierschutzes und die Bekämpfung von Tierseuchen. Unter Tierschutz versteht man Bestrebungen zum Schutze von Tieren, insbeson- **153** dere von Haustieren, vor allem vor Quälerei, Überanstrengung, ungenügender Ernährung und Pflege, und zwar durch Maßnahmen des Gesetzgebers, durch behördliche Anordnung oder durch Vereinigungen. Tierseuchen sind Infektionskrankheiten von Haustieren und wildlebenden Tieren, wobei die Krankheiten gehäuft oder als Epidemie auftreten.

154 Als gemeinnützig anerkannt (Nr. 18 der Anlage 7 zu EStR) ist die Förderung des Naturschutzes und der Landschaftspflege. Naturschutz ist der Schutz seltener Pflanzen in der freien Natur durch Gesetz vor Ausrottung; auch alte Bäume, seltene Tiere oder sogar ganze Gebiete werden oft gegen menschliche Eingriffe gesetzlich geschützt (Knaurs-Lexikon). Unter Naturschutz versteht man daher die Bestrebungen und Maßnahmen zur Erhaltung der Reste der Urlandschaft mit ihrer Pflanzen- und Tierwelt als Stätten der Erbauung, Erholung und Freilandforschung (Brockhaus, 17. Aufl.); gestützt auf Raumforschung und Landesplanung will der Naturschutz die Heimat harmonisch, zweckmäßig und kulturwürdig gestalten und sie in ihrer landschaftlichen Konstitution gesund erhalten. Die Landschaft ist ein Gebiet, das in der Regel aus einer Mehrzahl verschiedener Örtlichkeiten besteht, aber doch durch sein Erscheinungsbild einen besonderen Charakter erhält (Brockhaus, 17. Aufl.).

(22) Sonstige Zwecke

155 Als gemeinnützig anerkannt (Nr. 10, 12, 14, 19, 20, 21 der Anlage 7 zu EStR) sind die folgenden Zwecke

a) die Förderung der Fürsorge für politisch, rassisch oder religiös Verfolgte, für Flüchtlinge, Vertriebene, Kriegsopfer, Kriegshinterbliebene, Kriegs- oder Körperbeschädigte und Blinde, für Kriegsgefangene, ehemalige Kriegsgefangene, die sich noch im Ausland befinden, und Heimkehrer, ferner die Förderung der Kriegsgräberfürsorge, des Suchdienstes für Vermißte und der Altersfürsorge;
b) die Förderung internationaler Gesinnung, der Toleranz auf allen Gebieten, der Kultur und des Völkerverständigungsgedankens;
c) die Errichtung von Ehrenmalen für Kriegsopfer, Gedenkstätten für Katastrophenopfer und Gedenkstätten für ehemalige KZ-Häftlinge;
d) die Förderung der Verbundenheit der Bevölkerung von Berlin (West) mit der Bevölkerung im übrigen Bundesgebiet;
e) die Förderung der Wiedervereinigung in Frieden und Freiheit;
f) die Förderung des Zivilschutzes; hierzu gehören bei Vorliegen der notwendigen Vorausssetzungen auch die THW-Helfervereinigungen (vgl. DStR 1989 S. 429).

156 Als gemeinnützig anerkannt (vgl. Nr. 22, 23, 25, 26 der Anlage 7 zu EStR) sind schließlich die folgenden Zwecke

a) die Förderung der Entwicklungshilfe,
b) die Verbraucherberatung,
c) der Umweltschutz,
d) die Förderung der Fürsorge für Strafgefangene und ehemalige Strafgefangene,
e) die Förderung der Gleichberechtigung von Männern und Frauen.

d) Nichtanerkennung

Liegen die Voraussetzungen der Gemeinnützigkeit nicht vor, dann muß die steuerliche Anerkennung als gemeinnütziger Verein versagt werden. 157

Beispiele: 158

(1) Abmahnvereine: Verein zur Bekämpfung des unlauteren Wettbewerbs oder Verein für Verbraucherschutz o.ä. sind in der Regel nicht gemeinnützig (StEK AO 1977 § 52 Nr. 19).

(2) Altherrenverein: Ein Altherrenverein, der einer Studentenverbindung ein Haus für ihr Vereinsleben zur Verfügung stellt, ist nicht gemeinnützig (Niedersächsisches FG, Urteil vom 6. 2. 1973 – EFG S. 287).

(3) Berufsverband: Ein von einem Berufsverband unterhaltener wirtschaftlicher Geschäftsbetrieb dient dem Verbandszweck nicht, wenn durch ihn nicht allgemeine ideelle oder wirtschaftliche, sondern besondere geschäftliche Interessen seiner Mitglieder wahrgenommen werden (BFH-Urteil vom 11. 3. 1970 – BStBl. II S. 528).

(4) Creditreform: Die Vereine Creditreform können nicht als ausschließlich gemeinnützigen Zwecken dienende Personenvereinigungen anerkannt werden (RFH-Urteil vom 25. 3. 1933 – zitiert bei *Herrmann/Heuer/Raupach,* KStG a.F., Anm. 90 a zu § 4).

(5) Dampfkesselüberwachungsverein: Die Dampfkesselüberwachungsvereine sind nicht gemeinnützig, weil die Mitgliedschaft in den Vereinen vorwiegend auf geschäftlichen Gründen beruht (RFH-Urteil vom 7. 5. 1931 – zitiert bei *Herrmann/Heuer/Raupach,* KStG a.F., Anm. 90 a zu § 4).

(6) Darlehensverein: Ein Verein, der seinen Mitgliedern zur Erlangung von Darlehen Gelegenheit bietet, ist nicht gemeinnützig (RFH-Urteil vom 13. 3. 1928 – zitiert bei *Herrmann/Heuer/Raupach,* KStG a.F., Anm. 90 a zu § 4).

(7) Eheanbahnung: Die von privater Seite betriebene Eheanbahnung und Ehevermittlung ist nach heutiger allgemeiner Anschauung eine typisch gewerbliche Tätigkeit, die unter keinem Gesichtspunkt als eine Förderung der Allgemeinheit und damit als gemeinnützig angesehen werden kann (BFH-Urteil vom 28. 8. 1968 – BStBl. 1969 II S. 145).

(8) Erholungsverein: Ein Verein, der mit seiner Tätigkeit die allgemeine Erholung arbeitender Personen bezweckt, ist nicht gemeinnützig (BFH-Urteil vom 22. 11. 1972 – BStBl. 1973 II S. 251).

(9) Fachverband: Ein Verein, dessen Haupttätigkeit darin besteht, als Fachverband für das gesamte Zelt- und Wohnwagenwesen den Zusammenschluß aller Zelt- und Wohnwagenwanderer auf sportlicher Grundlage und deren Interessenvertretung durch Zusammenarbeit mit Behörden und Verbänden zu betreiben, dient nicht unmittelbar gemeinnützigen Zwecken (BFH-Urteil vom 22. 10. 1971 – BStBl. 1972 II S. 204).

(10) Film- und Fotoclubs: Solche Clubs oder Vereine sind wegen fehlender Förderung der Allgemeinheit in der Regel nicht gemeinnützig (OFD Münster vom 19. 1. 1983 – NWB Nr. 13/1983).

(11) Flughafen: Der Betrieb eines Flughafens ist nicht gemeinnützig (BFH-Urteil vom 21. 3. 1952 – BStBl. III S. 112), ebenso nicht die Errichtung und der Betrieb eines Regionalflughafens (BFH-Urteil vom 21. 8. 1974 – BStBl. 1975 II S. 121).

(12) Freikörperkultur: Ein FKK-Verein, bei dem ein satzungsmäßiger Vereinszweck die gesunde und harmonische Freizeitgestaltung für die gesamte Familie ist und der dafür Einrichtungen wie Liegewiesen und Freizeitparks hält, ist nicht gemeinnützig (ständige BFH-Rechtsprechung, zuletzt Urteil vom 30. 9. 1981 – BStBl. 1982 II S. 148).

(13) Freimaurerloge: Eine Freimaurerloge dient nicht unmittelbar gemeinnützigen Zwecken (BFH-Urteil vom 26. 1. 1973 – BStBl. II S. 430 und FG Bremen, Urteil vom 9. 7. 1982 – EFG 1983 S. 194; vgl. auch DStZ-E 1989 S. 234).

(14) Fremdenverkehr: Die Förderung des örtlichen Fremdenverkehrs ist nicht gemeinnützig (StEK AO 1977 § 52 Nr. 24).

(15) Getreidebörse: Ein Verein, der Rechtsträger einer Getreidebörse ist, fördert die Geschäftstätigkeit der einzelnen Mitglieder und kann deshalb nicht gemeinnützig sein (vgl. BFH-Urteil vom 16. 11. 1954 – BStBl. 1955 III S. 12).

(16) Hobby- und Freizeitvereine: Die Bestrebungen der Hobby- und Freizeitvereine können nicht als ausschließliche und selbstlose Förderung der Allgemeinheit angesehen werden, solche Vereine sind daher nicht gemeinnützig (StEK AO 1977 § 52 Nr. 23).

(17) Kameradenhilfe: Ein Verein, dessen satzungsmäßiger Zweck in Kameradenhilfe und Kameradschaftspflege unter den Angehörigen eines ehemaligen Wehrmachtstruppenteils besteht, verfolgt nicht ausschließlich oder unmittelbar gemeinnützige Zwecke (BFH-Urteil vom 31. 10. 1963 – BStBl. 1964 III S. 20).

(18) Orden: Ein ausschließlich für seine Mitglieder tätiger Orden ist nicht gemeinnützig (BFH-Urteil vom 13. 12. 1978 – BStBl. 1979 II S. 492 und BVerfG-Beschluß vom 19. 10. 1979 – HFR 1980 S. 26).

(19) Politische Vereine: Vereine, die Einwirkungen auf politische Angelegenheiten bezwecken, sind in der Regel nicht gemeinnützig (FG Berlin, Urteil vom 10. 6. 1982 – EFG 1983 S. 197).

(20) Schäferhunde: Der Verein für deutsche Schäferhunde e.V. und seine Ortsgruppen können nicht als gemeinnützige Körperschaften anerkannt werden, weil sie auch eigenwirtschaftliche Zwecke ihrer Mitglieder verfolgen und weil nicht alle Tiere, deren Züchtung und Ausbildung nach den Satzungen gefördert und überwacht werden soll, für im allgemeinen Interesse liegende Zwecke verwendet werden (DStZ-E 1973 S. 226).

(21) Schulbuchverlag: Ein Verein, der einen Schulbuchverlag betreibt, ist gewerblich tätig und kann nicht als gemeinnützig anerkannt werden (FG Hamburg, Urteil vom 24. 3. 1958 – EFG S. 315; bestätigt durch das n.v. BFH-Urteil vom 24. 11. 1959 – Slg. EFG-Mtlg. 1958 – 1962 S. 12).

(22) Sparverein: Ein Verein, der den Zweck hat, seinen Mitgliedern zur sicheren verzinslichen Anlegung von Ersparnissen Gelegenheit zu bieten, handelt nicht selbstlos und verfolgt deshalb keine gemeinnützigen Zwecke (RFH-Urteil vom 13. 3. 1928 – zitiert bei *Herrmann/Heuer/Raupach,* KStG a.F., Anm. 90 a zu § 4).

(23) Todesstrafe: Ein Verein zur Wiedereinführung der Todesstrafe verfolgt keine gemeinnützigen Zwecke. Seine Tätigkeit dient insoweit nicht dem allgemeinen Besten auf geistigem oder sittlichem Gebiet; vielmehr handelt es sich um den Versuch, auf die Wähler bzw. die von ihnen gewählten Abgeordneten usw. Einfluß zu nehmen. Eine solche politische Betätigung kann aber nicht als gemeinnützig angesehen werden (FG Düsseldorf/Köln, Urteil vom 22. 7. 1965 – DStZ-E S. 421).

(24) Traditionsverbände: Traditionsverbände ehemaliger Divisionen der Deutschen Wehrmacht können nicht als gemeinnützig anerkannt werden, wenn nach den Satzungszwecken nur ein begrenzter Personenkreis (frühere Divisionsangehörige und Hinterbliebene) gefördert werden soll; werden daneben auch anerkannt gemeinnützige Zwecke verfolgt, so fehlt es an der notwendigen Ausschließlichkeit der Verfolgung gemeinnütziger Zwecke (FG Rheinland-Pfalz, Urteil vom 4. 7. 1962 – DStZ-E S. 405).

(25) Verfassungsmäßige Ordnung: Ein Verein ist dann nicht gemeinnützig, wenn sich die tatsächliche Geschäftsführung des Vereins und seine Förderung der Allgemeinheit nicht im Rahmen der verfassungsmäßigen Ordnung gehalten haben (BFH-Urteil vom 29. 8. 1984 – BStBl. 1985 II S. 106).

(26) Wohnungsbau: Mit Wirkung ab 1. 1. 1990 ist das Wohnungsgemeinnützigkeitsgesetz (WGG) aufgehoben worden.

(27) Yoga-Psychologie: Ein Verein, der in seiner Satzung den Begriff der Yoga-Psychologie verwendet, ist wegen Fehlens der formellen Satzungsmäßigkeit nicht gemeinnützig (vgl. BFH-Urteil vom 9. 7. 1986 – BFH-NV 1987 S. 632); im übrigen ist die Förderung der Allgemeinheit fraglich.

159 Diese Beispiele zeigen, daß tatsächlich nur dann, wenn alle Voraussetzungen vorliegen, die Anerkennung der Verfolgung eines gemeinnützigen Zweckes zu erreichen ist.

3. Mildtätige Zwecke

160 Mildtätig sind nach § 53 AO solche Zwecke, die darauf gerichtet sind, Personen wegen ihrer körperlichen oder wirtschaftlichen Hilfsbedürftigkeit selbstlos zu unterstützen.

a) Begriff

161 Mildtätig im Sinne des Steuerrechts sind solche Zwecke, die selbstlos darauf gerichtet sind, solche Personen zu unterstützen, die infolge ihrer körperlichen oder geistigen Beschaffenheit oder die infolge ihrer wirtschaftlichen Lage der Hilfe bedürfen. Einerseits dürfen nur ganz bestimmte, nämlich derart bedürftige Personen gefördert werden, andererseits ist aber hier – im Gegensatz zu den gemeinnützigen Zwecken – eine Tätigkeit für die Allgemeinheit nicht notwendig, so daß auch bereits die Unterstützung eines kleinen oder fest begrenzten Kreises bedürftiger Personen als mildtätig angesehen werden kann. Mildtätigen Zwecken dienen insbesondere Einrichtungen, die ausschließlich zur persönlichen und wirtschaftlichen Hilfeleistung für bedürftige Personen bestimmt sind. Hierzu gehören z. B. von Vereinen betriebene Altenheime, Krankenanstalten, Pflegeheime; auch Verbände der freien Wohlfahrtspflege verfolgen mildtätige Zwecke.

162 Es ist nicht erforderlich, daß die mildtätigen Zwecke völlig unentgeltlich gewährt werden, die Zuwendungen dürfen nur nicht des Entgelts wegen erfolgen (AEAO zu § 53).

b) Körperliche Hilfsbedürftigkeit

163 Ein Verein verfolgt mildtätige Zwecke, wenn seine Tätigkeit darauf gerichtet ist, solche Personen, die infolge ihres körperlichen, geistigen oder seelischen Zustandes auf die Hilfe anderer angewiesen sind, selbstlos zu unterstützen (§ 53 Nr. 1 AO).

Liegen die Voraussetzungen der körperlichen Hilflosigkeit vor, so können die Hilfsmaßnahmen ohne Rücksicht auf die wirtschaftliche Lage der zu unterstützenden Personen gewährt werden. Hilfsbedürftigkeit kann bei allen Personen ohne weitere Nachprüfung angenommen werden, die über 75 Jahre alt sind (StEK AO 1977 § 53 Nr. 4). Es kommt nicht darauf an, daß die Hilfsbedürftigkeit dauernd oder für längere Zeit besteht. 164

Infolge der weitgehenden Formulierung der körperlichen Hilfsbedürftigkeit und wegen der Nichtberücksichtigung der Einkommens- oder Vermögensverhältnisse können Hilfeleistungen wie z. B. »Essen auf Rädern« oder die Telefonseelsorge oder Frauenhäuser steuerbegünstigt sein. 165

c) Wirtschaftliche Hilfsbedürftigkeit

Ein Verein verfolgt mildtätige Zwecke, wenn seine Tätigkeit darauf gerichtet ist, wirtschaftlich hilfsbedürftige Personen selbstlos zu unterstützen (§ 53 Nr. 2 AO). 166

(1) Bezüge

Wirtschaftliche Hilfsbedürftigkeit liegt vor bei Personen, deren Bezüge nicht höher sind als das Vierfache, bei Alleinstehenden oder bei Haushaltsvorständen das Fünffache des Regelsatzes der Sozialhilfe (gem. § 22 BSHG). Maßgebend ist der für die betreffende Person in Frage kommende Regelsatz ohne etwaige Zuschläge. Die Regelsätze werden der wirtschaftlichen Entwicklung laufend angepaßt. Leistungen für die Unterkunft werden nicht gesondert berücksichtigt. Personen, deren Bezüge zwar die genannten Grenzwerte nicht übersteigen, die aber *Vermögen* besitzen, das zur nachhaltigen Verbesserung ihres Unterhalts ausreicht und denen zugemutet werden kann, das Vermögen zur Unterhaltsverbesserung zu verwenden, können nicht steuerbegünstigt unterstützt werden. Nur in solchen Ausnahmefällen, wenn besondere Gründe zu einer wirtschaftlichen Notlage – z. B. Naturkatastrophen, Seuchen, technische Katastrophen – geführt haben, spielen die Einkommens- und Vermögensverhältnisse keine Rolle. 167

(2) Berechnung

Unter Bezügen sind alle *Einkünfte* im Sinne des Einkommensteuergesetzes (§ 2 Abs. 1 EStG) und alle sonstigen zur Bestreitung des Unterhalts bestimmte oder geeignete Bezüge zu verstehen. Zu diesen *sonstigen Bezügen* gehören z. B. steuerfreie Einnahmen wie etwa Kindergeld, Wohngeld, der steuerfreie Teil von Versorgungsbezügen u. a., bei Leibrenten gehört auch der über den einkommensteuerpflichtigen Ertragsanteil hinausgehende Teil der Rente zu diesen Bezügen. Bei der Feststellung des Gesamtbetrags der Bezüge sind aus Vereinfachungsgründen insgesamt 360 DM im Kalenderjahr abzuziehen, wenn nicht höhere Aufwendungen, die in wirtschaftlichem Zusammenhang mit den entsprechenden Einnahmen stehen, nachgewiesen oder glaubhaft gemacht werden (BMF – BStBl. 1976 I S. 576; AEAO zu § 53). 168

169 Anzusetzen sind auch alle Bezüge der sonstigen Haushaltsangehörigen. Ferner sind auch die *Unterhaltsansprüche* zu berücksichtigen, und zwar auch solche, die nicht geltend gemacht worden sind. Nur wenn der Unterhaltsanspruch nicht realisiert werden kann, ist er nicht zu berücksichtigen (vgl. *Koch,* AO, Tz. 21 zu § 53). Nur dann, wenn alle Bezüge der unterstützten Person das Vierfache oder Fünffache des Regelsatzes der Sozialhilfe nicht übersteigen, liegt wirtschaftliche Hilfsbedürftigkeit vor. Diese Voraussetzung muß während der ganzen Unterstützungszeit gegeben sein. Werden die maßgebenden Grenzwerte eindeutig – aber vielleicht auch nur geringfügig – überschritten, liegt keine wirtschaftliche Hilfsbedürftigkeit mehr vor.

d) Sonstiges

170 Die bedürftigen Personen müssen ausschließlich und unmittelbar unterstützt werden. Der Begriff der Ausschließlichkeit bezieht sich hierbei nicht nur auf die Tätigkeit der Einrichtung bzw. des Vereins, sondern auch auf die unterstützten Personen, d. h. es dürfen ausschließlich nur bedürftige Personen – auch in bezug auf eine Gruppe von Personen – unterstützt werden. Die Anerkennung eines mildtätigen Zweckes erfordert außerdem ein selbstloses und opferbereites Handeln. Die Entgegennahme von Entgelt für Hilfeleistungen versagt dann nicht die Anerkennung der Mildtätigkeit, wenn mit diesem Entgelt nur ein Teil der Unkosten gedeckt wird. Reine Erwerbsbetriebe sind aber in keinem Falle als mildtätig anzusehen.

4. Kirchliche Zwecke

171 Kirchlich sind nach § 54 AO solche Zwecke, die darauf gerichtet sind, eine Religionsgemeinschaft, die Körperschaft des öffentlichen Rechts ist, selbstlos zu fördern.

172 Zu den kirchlichen Zwecken gehören insbesondere die Errichtung, Ausschmückung und Unterhaltung von Gotteshäusern und kirchlichen Gemeindehäusern, die Abhaltung des Gottesdienstes, die Ausbildung von Geistlichen, die Erteilung von Religionsunterricht, die Beerdigung und die Pflege des Andenkens der Toten, ferner die Verwaltung des Kirchenvermögens, die Besoldung der Geistlichen, Kirchenbeamten und Kirchendiener, die Alters- und Behindertenversorung für diese Personen und die Versorgung ihrer Witwen und Waisen.

173 *Beispiele:*

(1) Kirchturmbesteigung und Kirchturmbesichtigung gegen Entgelt fallen nicht unter den Begriff der kirchlichen Zwecke (vgl. RFH-Urteil vom 6. 9. / 25 .10. 1938 – zitiert bei *Herrmann/Heuer/Raupach,* KStG a.F., Anm. 90 a zu § 4).

(2) Eine Religionsgesellschaft des Privatrechts verfolgt mit ihren eigenen religiösen Zwecken keine kirchlichen Zwekke (BFH-Urteil vom 6. 6. 1951 – BStBl. III S. 148).

(3) Die Eigenschaft einer Religionsgesellschaft als Körperschaft des öffentlichen Rechts hängt vom jeweiligen Landesrecht ab (vgl. ESt-Kartei NRW – zitiert bei *Herrmann/Heuer/Raupach,* KStG a.F., Anm. 90 a zu § 4).

Für die mit der Anerkennung der kirchlichen Zwecke verbundenen Steuervergünstigungen ist Voraussetzung, daß die Förderung einer Religionsgesellschaft des öffentlichen Rechts in jedem Falle ausschließlich und unmittelbar erfolgt. In Betracht kommen z. B. Kirchenbauvereine, Missionsgesellschaften, kirchliche Versorgungskassen. 174

Ein kirchlicher Zweck liegt nur vor, wenn die Tätigkeit darauf gerichtet ist, eine Religionsgemeinschaft des öffentlichen Rechts zu fördern. Bei Religionsgemeinschaften, die nicht Körperschaften des öffentlichen Rechts sind (private Religionsgemeinschaften, Sekten), kann aber wegen Förderung der Religion eine Anerkennung als gemeinnützige Körperschaft in Betracht kommen. Die Förderung der Religion ist ein gemeinnütziger Zweck (vgl. Tz. 96 ff.), so daß hier – anders als bei der Förderung kirchlicher Zwecke – eine Förderung der Allgemeinheit hinzukommen muß. 175

Begünstigt sind nach § 54 AO nur Vereine (Körperschaften), die eine öffentlich-rechtliche Religionsgemeinschaft fördern, nicht dagegen die Religionsgemeinschaft selbst. Zur Behandlung der Vereine zur Durchführung von Kirchentagen vgl. OFD Düsseldorf in DB 1982 S. 1596. 176

5. Gemeinsame Voraussetzungen

Voraussetzung für die steuerliche Anerkennung von gemeinnützigen, von mildtätigen oder von kirchlichen Zwecken ist stets, daß diese Zwecke selbstlos, ausschließlich und unmittelbar verfolgt werden. In diesem Zusammenhang kommt der Satzung und der Geschäftsführung besondere Bedeutung zu. Die Voraussetzungen der selbstlosen, ausschließlichen und unmittelbaren Verfolgung der begünstigten Zwecke müssen einerseits in der Satzung festgelegt und andererseits durch die tatsächliche Geschäftsführung in die Tat umgesetzt werden. Die Begriffe der Selbstlosigkeit, Ausschließlichkeit und Unmittelbarkeit sowie die Erfordernisse der Satzung und der Geschäftsführung sind in den §§ 55 bis 63 AO näher bestimmt. 177

a) Selbstlosigkeit

Selbstlosigkeit ist nach dem Wortsinn gleichzusetzen mit Freigebigkeit und besonders mit Uneigennützigkeit (vgl. *Wehrle/Eggers,* Deutsches Wörterbuch). Eine Körperschaft handelt selbstlos, wenn sie weder selbst noch zugunsten ihrer Mitglieder eigennützige oder eigenwirtschaftliche Zwecke verfolgt (BFH-Urteil vom 13. 12. 1978 – BStBl. 1979 II S. 482). 178

(1) Eigenwirtschaftliche Zwecke

Selbstlosigkeit liegt nach § 55 AO vor, wenn nicht in erster Linie eigenwirtschaftliche Zwecke verfolgt werden. Als Beispiele für eigenwirtschaftliche Zwecke nennt der Gesetzgeber gewerbliche Zwecke und sonstige Erwerbs- 179 zwecke. Eine wirtschaftliche Betätigung ist also nicht schlechthin untersagt, die eigenwirtschaftlichen Zwecken dienende Tätigkeit darf nur nicht in erster Linie erfolgen, d. h. sie darf nicht einen erheblichen Umfang (der Vereinstätigkeit) annehmen. Ein selbstloses Handeln kann dann nicht mehr angenommen werden, wenn die diesem Handeln eigene Opferwilligkeit zugunsten anderer wegfällt oder in den Hintergrund gedrängt wird und an deren Stelle in erster Linie Eigennutz tritt (vgl. BFH-Urteil vom 13. 12. 1978 – a.a.O.). Ob eine Körperschaft zugunsten ihrer Mitglieder deren eigenwirtschaftliche Interessen verfolgt, kann nur objektiv aus den gegebenen Tatsachen abgeleitet werden, die insoweit das Gesamtbild der Verhältnisse prägen.

180 *Beispiele:*

(1) Ist die Tätigkeit einer Körperschaft (eines Vereins) in erster Linie auf Mehrung ihres eigenen Vermögens gerichtet, so handelt sie nicht selbstlos (BFH-Urteil vom 26. 4. 1989 – BStBl. II S. 670).

(2) Eine Körperschaft (ein Verein) verfolgt in erster Linie eigenwirtschaftliche Zwecke, wenn sie (er) ausschließlich durch Darlehen der Gründungsmitglieder finanziert ist und dieses Fremdkapital satzungsgemäß tilgen und verzinsen muß (BFH-Urteil vom 26. 4. 1989 – BStBl. II S. 670).

181 Die Unterhaltung von wirtschaftlichen Geschäftsbetrieben (vgl. Tz. 268 ff.), die vom Verein nicht in erster Linie betrieben werden, gefährden die Gemeinnützigkeit nicht in vollem Umfange, sondern führen meist nur zu einer teilweisen Aufhebung der Steuervergünstigungen, d. h. zur Steuerpflicht nach Maßgabe der Einzelsteuergesetze. Ist der wirtschaftliche Geschäftsbetrieb ein sog. Zweckbetrieb (vgl. Tz. 313 ff.), bleibt die Selbstlosigkeit der Tätigkeit erhalten.

182 Kapitalgesellschaften, die von Hoheitsträgern zur Ausführung hoheitlicher Aufgaben (z. B. im Bereich der Müll- und Abwasserbeseitigung) eingeschaltet sind, erfüllen nicht die Voraussetzungen für die Inanspruchnahme der Steuervergünstigungen der Gemeinnützigkeit wegen fehlender Selbstlosigkeit (vgl. BdF vom 22. 8. 1985 – BStBl. I S. 583). Mit der Tätigkeit der Kapitalgesellschaft kann zwar eine Förderung der Allgemeinheit (z. B. Förderung des Umweltschutzes) verbunden sein, da die Kapitalgesellschaft jedoch Pflichtaufgaben ihres Gesellschafters wahrnimmt, geschieht eine eventuelle Förderung der Allgemeinheit nicht selbstlos.

(2) Mittelverwendung

183 Weitere Voraussetzung der Selbstlosigkeit ist, daß die Mittel des Vereins (der Körperschaft) nur für die satzungsmäßigen Zwecke verwendet werden dürfen (§ 55 Abs. 1 Nr. 1 AO). Unter *Mittel* sind alle Einnahmen des Vereins, auch Spenden und etwaige Gewinne aus zulässigen wirtschaftlichen Geschäftsbetrieben oder Zweckbetrieben, zu verstehen.

184 Die Bindung der Mittelverwendung schließt nicht aus, daß im wirtschaftli-

chen Geschäftsbetrieb *freie Rücklagen* gebildet werden, die bei vernünftiger kaufmännischer Beurteilung wirtschaftlich begründet sind (entspr. § 14 Nr. 5 KStG 1977; AEAO zu § 55). Es muß ein konkreter Anlaß für die Bildung der Rücklage gegeben sein, der auch aus objektiver unternehmerischer Sicht die Bildung der Rücklage rechtfertigt, wie z. B. eine geplante Betriebsverlegung, Werkserneuerung, Kapazitätsausweitung. Ob diese Voraussetzung vorliegt, muß der Verein bei dem für ihn zuständigen Finanzamt im einzelnen darlegen, wobei einleuchtende und zweckbezogene Gründe genügen müßten. Die Auflösung einer solchen Rücklage führt ebenfalls nicht zum Verlust der Steuerbegünstigung, wenn die angesammelten Beträge ihrem steuerbegünstigten Zweck entsprechend verwendet werden (StEK KStG § 4 Nr. 7). Erträge eines steuerpflichtigen wirtschaftlichen Geschäftsbetriebs können der Rücklage nicht steuerfrei zugeführt werden.

Die Verwendung von Mitteln der Körperschaft zum Ausgleich von Verlu- **185**
sten aus einem Nicht-Zweckbetrieb ist nicht zulässig; geschieht dies jedoch nur gelegentlich und wird der Ausgleich von Verlusten auf anderem Wege ernsthaft versucht (z. B. durch Erhöhung der Entgelte für die Leistungen des Nicht-Zweckbetriebes), so bleibt die Selbstlosigkeit unberührt (BFH-Urteil vom 2. 10. 1968 – BStBl. 1969 II S. 43).

Die Verwendung von Mitteln der Körperschaft für eine *Kapitalerhöhung* zur **185**
Erhaltung der Beteiligungsquote (z. B. Ausübung von Bezugsrechten) verstößt nicht gegen den Grundsatz der Selbstlosigkeit. Bei einer wesentlichen Beteiligung (25 v.H.) muß jedoch für die Kapitalerhöhung ein konkreter Anlaß bestehen, der auch aus unternehmerischer Sicht die Kapitalzuführung rechtfertigt, z. B. für eine geplante Betriebsverlegung, Werkserneuerung, Kapazitätsausweitung (vgl. BMF – BStBl. 1976 I S. 576).

Die Körperschaft, der Verein, muß die Mittel grundsätzlich zeitnah für die **187**
steuerbegünstigten satzungsmäßigen Zwecke verwenden. Nach Auffassung der Finanzverwaltung (AEAO zu § 55) verstößt es nicht gegen das Gebot der zeitnahen Mittelverwendung, wenn der gemeinnützige Verein einen ihm zugewendeten Betrag oder Gegenstand auf Wunsch des Spenders in seinem Vermögen behält und nur die Erträge daraus zeitnah für die steuerbegünstigten Zwecke ausgibt. Eine besondere Erklärung des Spenders ist nicht erforderlich, wenn die Zuwendungen auf Grund eines Spendenaufrufs des Vereins geleistet werden, in dem der Verein um Zuwendungen zu seinem Kapital gebeten hat. Zuwendungen von Todes wegen darf ein gemeinnütziger Verein (eine gemeinnützige Körperschaft) grundsätzlich seinem Vermögen zuführen.

Die Mitglieder des Vereins (Gesellschafter einer Körperschaft) dürfen *keine* **188**
Gewinnanteile und in ihrer Eigenschaft als Mitglieder auch *keine sonstigen Zuwendungen* aus Mitteln des Vereins (der Körperschaft) erhalten. Die Erzielung von Gewinnen ist zwar bei begünstigten Vereinen zulässig, jedoch ist zwingend vorgeschrieben, daß die Verwendung der Gewinne ausschließlich, d. h. in voller Höhe für die satzungsmäßigen Zwecke erfolgen muß. Die Mitglieder des Vereins dürfen in keinem Falle irgendwelche Gewinnanteile erhalten, und dieses ausdrückliche Verbot erstreckt sich auch auf verdeckte Gewinnausschüttungen oder sonstige Zuwendungen.

189 Nach § 55 Abs. 1 Nr. 1 AO darf eine gemeinnützige Körperschaft (Verein) ihre Mittel weder unmittelbar noch mittelbar zur Unterstützung oder Förderung politischer Parteien verwenden. Dies gilt insbesondere auch für gemeinnützige Körperschaften, die die allgemeine Förderung des demokratischen Staatswesens betreiben (vgl. Abschn. 112 EStR), da der Zweck dieser Körperschaften nunmehr ausdrücklich in die beispielhafte Aufzählung gemeinnütziger Zwecke des § 52 Abs. 2 AO aufgenommen worden ist (vgl. DStZ-E 1984 S. 18).

(3) Anteile und Einlagen

190 Die Mitglieder dürfen bei ihrem Ausscheiden oder bei Auflösung oder Aufhebung des Vereins (der Körperschaft) nicht mehr als ihre eingezahlten *Kapitalanteile* und den gemeinen Wert ihrer geleisteten *Sacheinlagen* zurückerhalten (§55 Abs. 1 Nr. 2 AO). Unentgeltlich zur Verfügung gestellte Vermögensgegenstände, für die keine Gesellschaftsrechte eingeräumt sind, wie z. B. Leihgaben oder Sachspenden, fallen nicht unter das Rückgabeverbot.

191 Bei ihrem Ausscheiden oder bei Auflösung des Vereins dürfen die Mitglieder nur das zurückerhalten, was sie einmal eingezahlt oder eingebracht haben. An etwaigen *Wertsteigerungen* des Vereinsvermögens während des Bestehens des Vereins nehmen die Vereinsmitglieder nicht teil, derartige Wertsteigerungen bleiben für die steuerbegünstigten Zwecke gebunden.

192 Bei der *Ermittlung des gemeinen Werts* zurückerhaltener Sacheinlagen kommt es auf die Verhältnisse zu dem Zeitpunkt an, in dem die Sacheinlagen geleistet worden sind (§ 55 Abs. 2 AO). Wird das Wirtschaftsgut selbst zurückgegeben und ist der gemeine Wert im Zeitpunkt der Rückgabe höher als im Zeitpunkt der Einlage, so muß der Empfänger den Unterschiedsbetrag in Geld ausgleichen (AEAO zu § 55).

(4) Ausgaben und Vergütungen

193 Der Verein darf keine Person durch Ausgaben, die dem Zweck des Vereins fremd sind, oder durch unverhältnismäßig hohe Vergütungen begünstigen (§ 55 Abs. 1 Nr. 3 AO). Fremde Ausgaben sind alle solche Aufwendungen, die zur ausschließlichen Verfolgung der begünstigten Zwecke nicht unmittelbar notwendig sind. Eine Tätigkeit für den Verein, und zwar sowohl durch die Mitglieder als auch durch Nichtmitglieder, kann entsprechend der geleisteten Arbeit vergütet werden, lediglich unverhältnismäßig hohe Vergütungen sind unzulässig. Angemessene Vergütungen können in jeder Höhe gezahlt werden, denn durch die im Gesetz gewählte Formulierung (. . . unverhältnisäßig hoch . . .) dürfen nur solche Vergütungen nicht gezahlt werden, die in keinem Verhältnis mehr zu der geleisteten Arbeit oder gewährten Gegenleistung stehen.

194 *Beispiel:* 194

Musikschulen sind grundsätzlich gemeinnützig. Es liegt kein Verstoß gegen das Gebot der Selbstlosigkeit vor, wenn Mitglieder der Trägerkörperschaft gleichzeitig als Musiklehrer tätig sind, sofern sie keine höhere Vergütung erhalten als Angestellte.

Zahlungen eines gemeinnützigen Sportvereins an einen anderen (abgeben- 195
den) Verein für die Übernahme eines Sportlers sind dann als unschädlich für die Gemeinnützigkeit zu beurteilen, wenn lediglich die Ausbildungskosten für den den Verein wechselnden Sportler erstattet werden. Eine derartige Kostenerstattung kann bei Ablösezahlungen bis zur Höhe von 5000 DM je Sportler ohne weiteres angenommen werden (vgl. DStZ-E 1983 S. 354). Höhere zu ersetzende Ausbildungskosten müssen dagegen im Einzelfall nachgewiesen werden.

Zuwendungen an Amateursportler verstoßen gegen § 55 Abs. 1 Nr. 3 AO, 196
wenn sie über eine Aufwandspauschale von 700 DM im Monatsdurchschnitt oder über den nachgewiesenen höheren Aufwand hinausgehen (vgl. StEK AO 1977 § 52 Nr. 20).

(5) Vermögensbindung

Nach dem Grundsatz der Vermögensbindung darf bei *Auflösung oder Aufhe-* 197
bung des Vereins (der Körperschaft) oder bei *Wegfall* des bisherigen steuerbegünstigten Zwecks das Vermögen des Vereins (der Körperschaft), soweit es die eingezahlten Kapitalanteile der Mitglieder und den gemeinen Wert der von den Mitgliedern geleisteten Sacheinlagen übersteigt, nur für steuerbegünstigte Zwecke verwendet werden (§ 55 Abs. 1 Nr. 4 AO). Diese Voraussetzung ist erfüllt, wenn das Vermögen einem anderen steuerbegünstigten Verein (einer steuerbegünstigten Körperschaft) oder einer Körperschaft des öffentlichen Rechts für steuerbegünstigte Zwecke übertragen werden soll.

Durch den *Grundsatz der Vermögensbindung an steuerbegünstigte Zwecke* soll 198
verhindert werden, daß Vermögen, das sich auf Grund der Steuervergünstigungen gebildet hat, später zu nicht begünstigten Zwecken verwendet wird. Diese Vermögensbindung muß in der Satzung abgesichert sein (vgl. Tz. 247). Der Grundsatz der Vermögensbindung bedeutet, daß das nach Auszahlung an die Mitglieder verbleibende *Restvermögen* in jedem Fall wieder der Verfolgung gemeinnütziger, mildtätiger oder kirchlicher Zwecke zugeführt werden muß. Es ist allerdings auch möglich, daß das Restvermögen für einen anderen als den bisher verfolgten begünstigten Zweck zur Verfügung gestellt wird. Die Voraussetzung der Vermögensbindung ist auch erfüllt, wenn das Vermögen einem anderen steuerbegünstigten Verein oder einer anderen steuerbegünstigten Körperschaft zur Verfügung gestellt wird; dies gilt auch dann, wenn das Vermögen auf eine Körperschaft des öffentlichen Rechts übertragen wird mit der Auflage, dieses für gemeinnützige, mildtätige oder kirchliche Zwecke – es kann auch ein ganz konkreter Zweck angegeben werden – zu verwenden.

b) Ausschließlichkeit

Ausschließlichkeit liegt vor, wenn ein Verein (eine Körperschaft) nur die 199
steuerbegünstigten satzungsmäßigen Zwecke verfolgt (§ 56 AO). Die ausschließliche Verfolgung des begünstigten Zwecks oder der begünstigten

Zwecke ist eine weitere Grundvoraussetzung der steuerlichen Anerkennung. Die steuerbegünstigten Zwecke müssen ausschließlich verfolgt werden. Es ist auch zulässig, daß mehrere steuerbegünstigte Zwecke nebeneinander verfolgt werden (vgl. AEAO zu § 56 und BFH-Urteil vom 2. 12. 1955 – BStBl. 1956 III S. 22).

200 *Beispiel:*

Ein Verein kann durch Altenbetreuung mildtätige Zwecke und gleichzeitig durch Förderung der Religion gemeinnützige Zwecke verfolgen.

201 Die steuerbegünstigten Zwecke müssen jedoch alle in der Satzung festgeschrieben sein. Will ein Verein steuerbegünstigte Zwecke fördern, die nicht in der Satzung enthalten sind, so ist eine entsprechende Satzungsänderung erforderlich.

202 An die Voraussetzung der ausschließlichen Verfolgung des begünstigten Zweckes oder der begünstigten Zwecke werden strenge Anforderungen gestellt. Die Anerkennung wird in der Regel schon dann versagt, wenn auch nur geringfügig nicht begünstigte Zwecke verfolgt werden.

203 *Beispiele:*

(1) Mildtätigkeit wurde für ein Damenstift auch deshalb nicht anerkannt, weil zwei Insassen erhebliche sonstige Einnahmen hatten (vgl. BFH-Urteil vom 1. 3. 1951 – BStBl. III S. 120).

(2) Eine Stiftung wurde nicht als mildtätig anerkannt, weil nach der Satzung eine Mittelverwendung auch für nichtbegünstigte Zwecke zulässig ist (vgl. BFH-Urteil vom 29. 1. 1964 – HFR S. 248).

204 Der Grundsatz der Ausschließlichkeit wird allerdings durch einige Spezialvorschriften der Abgabenordnung durchbrochen. So gilt das Prinzip der Ausschließlichkeit insbesondere nicht bei steuerlich unschädlichen Betätigungen (§ 58 AO), bei Zweckbetrieben (§ 65 AO), bei der Wohlfahrtspflege (§ 66 AO), bei Krankenhäusern (§ 67 AO), bei sportlichen Veranstaltungen (§ 67a AO) und bei besonderen Zweckbetrieben (§ 68 AO).

205 Eine ausschließliche Verfolgung begünstigter Zwecke liegt dann nicht vor, wenn eine Tätigkeit in erster Linie eigenwirtschaftliche Zwecke verfolgt. Eine Vereinstätigkeit kann nicht in eine steuerbegünstigte und eine steuerpflichtige aufgeteilt werden, die Vereinstätigkeit ist stets als einheitliches Ganzes zu beurteilen.

c) Unmittelbarkeit

206 Die Unmittelbarkeit der Verfolgung der steuerbegünstigten Zwecke ist die dritte Grundvoraussetzung der steuerlichen Anerkennung. Negativ ausgedrückt bedeutet diese Vorschrift, daß es nicht genügt, wenn der begünstigte

Zweck nur mittelbar verwirklicht wird, sondern im Gegenteil, der begünstigte Zweck muß unmittelbar selbst verwirklicht werden.

Beispiele: 207

(1) Ein Verein, dessen Haupttätigkeit darin besteht, als Fachverband zu fungieren und die Interessenvertretung der Mitglieder durch Zusammenarbeit mit Behörden und Verbänden zu betreiben, dient nicht unmittelbar gemeinnützigen Zwecken (vgl. BFH-Urteil vom 22. 10. 1971 – BStBl. 1972 II S. 204).

(2) Eine Freimaurerloge dient nicht unmittelbar gemeinnützigen Zwecken (vgl. BFH-Urteil vom 26. 1. 1973 – BStBl. II S. 430).

(3) Eine Stadthalle, in der auch Tagungen von Berufsgruppen stattfinden, dient nicht unmittelbar der Förderung der Allgemeinheit (vgl. BFH-Urteil vom 19. 6. 1974 – BStBl. II S. 664).

(4) Vereine zur Förderung der Denkmalpflege können auch dann gemeinnützig sein, wenn sich ihre Tätigkeit auf die Vergabe von Zuschüssen für die Pflege von Objekten fremder Eigentümer beschränkt. Dabei ist nach den Umständen des Einzelfalls zu entscheiden, ob der Verein die Denkmalpflege selbst unmittelbar fördert (§ 57 Abs. 1 Satz 1 AO), ob der Eigentümer des geförderten Objekts als Hilfsperson i.S. des § 57 Abs. 1 Satz 2 AO anzusehen ist oder ob es sich bei dem Verein um einen Förderverein i.S. des § 58 Nr. 1 AO handelt.

Ein Verein verfolgt unmittelbar seine steuerbegünstigten satzungsmäßigen 208
Zwecke, wenn er selbst diese Zwecke verwirklicht (§ 57 AO). Dabei kann sich der Verein aber auch Hilfspersonen bedienen, und zwar sowohl natürlicher Personen als auch Körperschaften. Allerdings ist dabei Voraussetzung, daß nach den Umständen des Falles, insbesondere nach den rechtlichen und tatsächlichen Beziehungen, die zwischen dem Verein und den Hilfspersonen bestehen, das Wirken der Hilfspersonen wie eigenes Wirken des Vereins anzusehen ist (§ 57 Abs. 1 Satz 2 AO). Die Hilfspersonen dürfen dem Verein nur im Sinne einer unmittelbaren Verfolgung der begünstigten Zwecke dienen, weshalb ein entsprechendes Weisungs- und Kontrollrecht als notwendig anzusehen ist.

Eine Körperschaft, in der lediglich steuerbegünstigten Zwecken dienende 209
Körperschaften zusammengefaßt sind, wird einer Körperschaft, die unmittelbar diesen Zwecken dient, gleichgestellt (§ 57 Abs. 2 AO); diese Vorschrift begünstigt z. B. Spitzenverbände und Dachorganisationen. Voraussetzung ist, daß jede der zusammengefaßten Körperschaften sämtliche Voraussetzungen für eine Steuervergünstigung erfüllen muß. Diese Vorschrift ist für Dachverbände von Bedeutung, die selbst keine steuerbegünstigten Zwecke unmittelbar verfolgen.

210 Bei Dachverbänden, die selbst unmittelbar steuerbegünstigte Zwecke verfolgen, ist die bloße Mitgliedschaft einer nicht gemeinnützigen Organisation für die Steuervergünstigung unschädlich, weil grundsätzlich jede natürliche und juristische Person Mitglied einer steuerbegünstigten Körperschaft sein kann (vgl. StEK AO 1977 § 57 Nr. 1). Der Grundsatz der Ausschließlichkeit verbietet allerdings, daß der Verband die nicht gemeinnützigen Mitgliedsorganisationen mit Rat (z. B. Rechtsberatung) und Tat (z. B. Zuweisung von Mitteln) fördert (vgl. AEAO zu § 57).

d) Zulässige Betätigungen

(1) Ausnahmeregelung

211 Liegen die Voraussetzungen der Selbstlosigkeit, Ausschließlichkeit und Unmittelbarkeit vor, so wird die Anerkennung der Verfolgung steuerbegünstigter Zwecke nicht dadurch ausgeschlossen, daß bestimmte vom Gesetzgeber (§ 58 AO) als steuerlich unschädlich anerkannte Betätigungen ausgeführt werden. Diese Betätigungen sind an sich mit den Grundsätzen der Selbstlosigkeit, Ausschließlichkeit und Unmittelbarkeit nicht zu vereinbaren, sie sind aber aus Gründen der Praktikabilität ausdrücklich zugelassen, wobei nicht unterschieden wird, von welchem der drei Grundsätze im Einzelfall eine Ausnahme vorliegt.

(2) Mittelbeschaffung und Mittelzuwendung

212 Die Steuervergünstigung wird nicht dadurch ausgeschlossen, daß ein Verein (eine Körperschaft) Mittel für die Verwirklichung der steuerbegünstigten Zwecke einer anderen Körperschaft oder für die Verwirklichung steuerbegünstigter Zwecke durch eine Körperschaft des öffentlichen Rechts beschafft (§ 58 Nr. 1 AO). Es handelt sich hierbei um eine Ausnahme vom Prinzip der Unmittelbarkeit. Diese Ausnahmeregelung ermöglicht es, sog. Fördervereine und Spendensammelvereine als steuerbegünstigte Körperschaften anzuerkennen. Die Beschaffung von Mitteln muß als Satzungszweck festgelegt sein.

213 Abgesehen von den Fällen einer zulässigen Rücklagenbildung (vgl. Tz. 221) sind die einer gemeinnützigen Körperschaft zufließenden Mittel zeitnah für satzungsmäßige Zwecke zu verwenden (vgl. StEK AO 1977 § 58 Nr. 1). Auch bei Fördervereinen und Spendensammelvereinen dürfen die angesammelten Mittel nicht grundlos gehortet werden, sie müssen zeitnah gemeinnützigen Zwecken zugeführt werden.

214 *Beispiel:*

Entfaltet ein Verein keine eigenen gemeinnützigen Aktivitäten, muß von vornherein in der Vereinssatzung verankert sein, daß die gesammelten Mittel für die Verwirklichung steuerbegünstigter Zwecke durch eine oder mehrere bestimmte andere Körperschaften gedacht sind (FG Köln, Urteil vom 18. 5. 1983 – EFG 1984 S. 83).

215 Der Verein bzw. die Körperschaft, für die die Mittel beschafft werden, muß

selbst nicht steuerbegünstigt sein, allerdings muß die Verwendung der Mittel für die steuerbegünstigten Zwecke ausreichend nachgewiesen werden (vgl. AEAO zu § 58).

Die Steuervergünstigung wird nicht dadurch ausgeschlossen, daß ein Verein (eine Körperschaft) seine Mittel teilweise einer anderen, ebenfalls steuerbegünstigten Körperschaft oder einer Körperschaft des öffentlichen Rechts zur Verwendung zu steuerbegünstigten Zwecken zuwendet (§ 58 Nr. 2 AO). Die Weitergabe eigener Mittel darf nur teilweise, d. h. nicht überwiegend, erfolgen. Danach ist es zulässig, daß ein Verein seine Mittel nicht nur für seine eigenen satzungsmäßigen Zwecke verwendet, sondern daneben auch anderen, ebenfalls steuerbegünstigten Körperschaften, Anstalten oder Stiftungen teilweise zuwendet, Voraussetzung ist dabei, daß einmal der *zuwendende Verein* ausschließlich und unmittelbar begünstigte Zwecke verfolgt und daß zum anderen die *bedachte Körperschaft* die empfangenden Mittel ihrerseits ausschließlich und unmittelbar begünstigten Zwecken zuführt. **216**

Ausschüttungen und sonstige Zuwendungen einer steuerbegünstigten Körperschaft sind unschädlich, wenn die Gesellschafter oder Mitglieder als Begünstigte ausschließlich steuerbegünstigte Körperschaften sind (vgl. AEAO zu § 58). **217**

(3) Überlassung von Arbeitskräften und Räumen

Die Steuervergünstigung wird nicht dadurch ausgeschlossen, daß ein Verein (eine Körperschaft) seine Arbeitskräfte anderen Personen, Unternehmen oder Einrichtungen für steuerbegünstigte Zwecke zur Verfügung stellt (§ 58 Nr. 3 AO). Es handelt sich hierbei um eine Ausnahme vom Prinzip der Unmittelbarkeit. **218**

Typische Anwendungsfälle dieser Vorschrift in der Praxis sind die Gestellung von Krankenschwestern an Krankenhäusern und von Lehrkräften an Schulen. Steuerunschädlich ist es auch, wenn nicht nur Arbeitskräfte, sondern zugleich Arbeitsmittel (z. B. Krankenwagen, Krankenhäuser, Schulgebäude – vgl. AEAO zu § 58 Nr. 6) zur Verfügung gestellt werden. Die Einrichtung, der die Arbeitskräfte zur Verfügung gestellt werden, braucht selbst nicht als gemeinnützig, mildtätig oder kirchlich anerkannt zu sein. Voraussetzung für die Steuerunschädlichkeit ist jedoch, daß die zur Verfügung gestellten Arbeitskräfte und Arbeitsmittel nur zur Verfolgung begünstigter Zwecke eingesetzt werden. **219**

Die Steuervergünstigung wird nicht dadurch ausgeschlossen, daß ein Verein (eine Körperschaft) ihm gehörende Räume einer anderen steuerbegünstigten Körperschaft zur Benutzung für deren steuerbegünstigte Zwecke überläßt (§ 58 Nr. 4 AO). In der Praxis bezieht sich diese Vorschrift z. B. auf die Überlassung von Sportstätten, Sportanlagen, Freibädern und dergleichen. **220**

(4) Rücklage

Die Steuervergünstigung wird nicht dadurch ausgeschlossen, daß ein Verein (eine Körperschaft) seine Mittel ganz oder teilweise einer Rücklage zuführt, soweit dies erforderlich ist, um seine steuerbegünstigten, satzungsmäßigen **221**

Zwecke nachhaltig erfüllen zu können (§ 58 Nr. 6 AO). Hierbei handelt es sich um eine Ausnahme von dem sonst allgemein geltenden Grundsatz, daß die Verwendung der Mittel zu steuerbegünstigten Zwecken zeitnah zu geschehen hat.

222 Voraussetzung einer Rücklagenbildung ist in jedem Fall, daß ohne sie die steuerbegünstigten satzungsmäßigen Zwecke nachhaltig nicht erfüllt werden können (vgl. AEAO zu § 58 Nr. 6). Das Bestreben, ganz allgemein die Leistungsfähigkeit einer Körperschaft zu erhalten, reicht für eine steuerlich unschädliche Rücklagenbildung nicht aus. Vielmehr müssen die Mittel für bestimmte – die steuerbegünstigten Satzungszwecke verwirklichende – Vorhaben angesammelt werden, für deren Durchführung bereits konkrete Zeitvorstellungen bestehen.

223 Eine Rücklage zum Ausgleich der durch die Geldentwertung beeinträchtigten Leistungsfähigkeit ist beispielsweise nicht zulässig. Dagegen ist die Bildung einer sog. Betriebsmittelrücklage für periodisch wiederkehrende Ausgaben (z. B. Löhne, Gehälter, Mieten) in Höhe des Mittelbedarfs für eine angemessene Zeitperiode zulässig (vgl. AEAO zu § 58 Nr. 6).

224 Die gesetzlichen Möglichkeiten einer unschädlichen Rücklagenbildung gelten auch für gemeinnützige Spendensammel- und Fördervereine (BFH-Urteil vom 13. 9. 1989 – BStBl. 1990 II S. 28).

225 Unterhält ein steuerbegünstigter Verein (eine steuerbegünstigte Körperschaft) einen steuerpflichtigen wirtschaftlichen Geschäftsbetrieb, so können dessen Erträge der Rücklage erst nach Versteuerung zugeführt werden (vgl. AEAO zu § 58 Nr. 6).

226 Ob die Voraussetzungen für die Bildung einer Rücklage gegeben sind, muß der steuerbegünstigte Verein (die steuerbegünstigte Körperschaft) im einzelnen nachweisen. Das Merkmal der erforderlichen Rücklagenbildung ist seitens der Finanzverwaltung oder Gerichtsbarkeit nach objektiven Kriterien des konkreten Falles zu überprüfen (vgl. BFH-Urteil vom 13. 9. 1989 – BStBl. 1990 II S. 28).

(5) Freie Rücklage, Gesellschaftsrechte

227 Die Möglichkeit der Bildung freier Rücklagen und der Erwerb von Gesellschaftsrechten (§ 58 Nr. 7 AO) wurde durch das Steuerbereinigungsgesetz 1986 in die Abgabenordnung aufgenommen.

228 Zum Erhalt der Steuervergünstigungen müssen grundsätzlich die Einnahmen vollständig und zeitnah den satzungsmäßigen Zwecken zugeführt werden. In bestimmten Fällen, besonders bei der Förderung umfangreicher und langfristiger Projekte, hat das Fehlen einer Rücklagenbildung in der Praxis zu Schwierigkeiten geführt.

229 Nach § 58 Nr. 7 Buchst. a AO darf eine Körperschaft ein Viertel des Überschusses der Einnahmen über die Unkosten aus Vermögensverwaltung einer freien Rücklage zuführen. Zur Rücklagenbildung dürfen nur Überschüsse aus Vermögensverwaltung verwendet werden, nicht also z. B. Überschüsse aus Zweckbetrieben oder Spenden.

Eine Vermögensverwaltung liegt nach § 14 AO vor, wenn z. B. Kapitalvermögen verzinslich angelegt oder unbewegliches Vermögen vermietet oder verpachtet wird. Unter Unkosten sind sicherlich die Kosten zu verstehen, die im Zusammenhang mit der Vermögensverwaltung entstehen. 230

Der Grenzwert von einem Viertel des Einnahmeüberschusses ist ein Höchstwert. Die Zuführung kann geringer sein, eine Nachholung in späteren Jahren ist aber dann unzulässig. Eine Pflicht zur Bildung einer freien Rücklage besteht nicht. Die Höhe der freien Rücklage insgesamt ist nicht begrenzt. Zeit und Umfang der Auflösung sind nicht vorgeschrieben, selbstverständlich dürfen diese Mittel nur für satzungsmäßige Zwecke verwendet werden. 231

Nach § 58 Nr. 7 Buchst. b AO kann eine begünstigte Körperschaft auch Mittel zum Erwerb von Gesellschaftsrechten zur Erhaltung der prozentualen Beteiligung an Kapitalgesellschaften ansammeln oder im Jahr des Zuflusses verwenden. Allerdings dürfen diese Mittel nur zur Erhaltung der Beteiligungsquote verwendet werden. Dadurch kann eine gemeinnützige Körperschaft z. B. an der Ausübung von Bezugsrechten teilnehmen, allerdings höchstens zur Erhaltung der bisherigen Beteiligungsquote. 232

Noch eine andere Begrenzung ist zu beachten: Die angesammelten oder verwendeten Mittel sind auf die freien Rücklagen in dem selben Jahr oder auf künftig zulässige Rücklagen anzurechnen. Es ist demnach in vollem Umfang eine Anrechnung durchzuführen; ist eine vollständige Anrechnung in einem Jahr nicht möglich, werden die noch nicht verrechneten Beträge auf künftige Jahre vorgetragen. 233

Nachweis: Ob die Voraussetzungen für die Bildung einer Rücklage gegeben sind, muß der steuerbegünstigte Verein (die steuerbegünstigte Körperschaft) dem zuständigen Finanzamt im einzelnen darlegen (vgl. AEAO zu § 58 Nr. 7). Außerdem müssen die Rücklagen nach § 58 Nr. 6 AO und die freien Rücklagen nach § 58 Nr. 7 AO in der Rechnungslegung gesondert ausgewiesen werden, damit eine Kontrolle jederzeit und ohne besonderen Aufwand möglich ist (BFH-Urteil vom 20. 12. 1978 – BStBl. 1979 II S. 496 und AEAO zu § 58 Nr. 7). 234

(6) Gesellige Zusammenkünfte

Die Steuervergünstigung wird nicht dadurch ausgeschlossen, daß ein Verein (eine Körperschaft) gesellige Zusammenkünfte veranstaltet, die im Vergleich zu seiner steuerbegünstigten Tätigkeit von untergeordneter Bedeutung sind (§ 58 Nr. 8 AO). Wann eine noch untergeordnete Bedeutung anzunehmen ist, muß nach den Umständen des Einzelfalles beurteilt werden. Gesellige Veranstaltungen als Satzungszweck schließen die Gemeinnützigkeit aus (FG Berlin, Urteil vom 25. 6. 1984 – EFG 1985 S. 146). 235

(7) Bezahlter Sport

Die Steuervergünstigung wird nicht dadurch ausgeschlossen, daß ein Sportverein neben dem unbezahlten auch den bezahlten Sport fördert (§ 58 Nr. 9 AO). Die Vorschrift in dieser Form beruht auf dem Vereinsförderungsgesetz und gilt ab 1. 1. 1990. Es handelt sich hierbei um eine Ausnahme vom Prinzip der Selbstlosigkeit. 236

237 Nach § 67a AO sind ab 1. 1. 1990 sportliche Veranstaltungen eines Sportvereins grundsätzlich Zweckbetriebe, wenn die Einnahmen einschließlich Umsatzsteuer insgesamt 60 000 DM im Jahr nicht übersteigen. Auf Grund dieser Neuregelung kann es vorkommen, daß im Rahmen sportlicher Zweckbetriebe auch Sportler bezahlt werden. Damit in solchen Fällen der Sportverein nicht gemäß § 55 Abs. 1 AO seine Gemeinnützigkeit verliert, ist § 58 Nr. 9 AO neu formuliert worden. Bei sportlichen Veranstaltungen, die Zweckbetriebe sind, braucht deshalb zukünftig nicht geprüft zu werden, ob bezahlte Sportler teilgenommen haben.

6. Satzung und Geschäftsführung

238 Die Steuervergünstigung wird nur gewährt (§ 59 AO), wenn sich aus der Satzung des Vereins ergibt, welcher – gemeinnützige, mildtätige oder kirchliche – Zweck verfolgt wird, daß dieser Zweck (diese Zwecke) den gesetzlichen Anforderungen (vgl. Tz. 67 ff., 160 ff., 171) entspricht und daß diese Zielsetzung selbstlos, ausschließlich und unmittelbar (vgl. Tz. 178 ff.) verfolgt wird.

239 Diese eindeutigen Satzungsbestimmungen müssen außerdem der tatsächlichen Geschäftsführung entsprechen. Beide Voraussetzungen – Satzung und Geschäftsführung – müssen gleichzeitig vorliegen. Satzung und Geschäftsführung müssen während des gesamten jeweiligen Veranlagungszeitraums den Bestimmungen der Abgabenordnung entsprechen (FG Köln, Urteil vom 18. 5. 1983 – EFG 1984 S. 83).

a) Anforderungen an die Satzung

(1) Grundsätze

240 Die Satzung enthält die schriftlich niedergelegten Regeln eines Vereins. Verfolgt ein Verein steuerbegünstigte Zwecke, so muß diese Zwecksetzung in der Satzung eindeutig und das Vorliegen der Voraussetzungen unmißverständlich festgelegt sein. Außerdem muß die Vermögensbindung satzungsmäßig abgesichert sein.

241 An die inhaltliche Bestimmtheit der Satzungen gemeinnütziger Vereine (Körperschaften) ist ein strenger Maßstab anzulegen (vgl. FG Hamburg, Urteil vom 13. 12. 1984 – EFG 1985 S. 525). Es genügt aber der formellen Satzungsmäßigkeit, wenn sich die satzungsmäßigen Voraussetzungen für die steuerliche Vergünstigung aufgrund einer Auslegung aller Satzungsbestimmungen ergeben (BFH-Urteile vom 29. 8. 1984 – BStBl. II S. 844 und vom 20. 7. 1988 – BFH-NV 1989 S. 479).

(2) Zweckbindung

242 Die Satzungszwecke müssen so genau bestimmt sein, daß auf Grund der Satzung geprüft werden kann, ob die satzungsmäßigen Voraussetzungen für Steuerbegünstigungen gegeben sind (§ 60 Abs. 1 AO; vgl. auch BFH-Urteil vom 13. 12. 1978 – BStBl. 1979 II S. 482). In der Praxis ist dazu erforderlich, daß die Satzung möglichst folgende Angaben enthält, so u. a.:

1. konkrete Umschreibung des Vereinszwecks;
2. Feststellung, daß der Verein gemeinnützige, mildtätige oder kirchliche Zwecke verfolgt;
3. Bestimmung der Art und Weise, wie der Vereinszweck erreicht werden soll;
4. Hinweis darauf, daß der Vereinszweck selbstlos, ausschließlich und unmittelbar verfolgt wird.

Die Satzung muß schriftlich niedergelegt sein und die für die Zwecke der Steuervergünstigung vorgesehenen Angaben enthalten. Es müssen dabei auch die gesetzlich notwendigen Beschränkungen hinsichtlich der Vermögensbindung, der Mittelverwendung und der Zuwendungen an Mitglieder oder Dritte genau geregelt sein. **243**

Beispiele: **244**

(1) Ein Verein, der in seiner Satzung lediglich auf den Begriff der Yoga-Psychologie verweist, erfüllt nicht die formelle Satzungsmäßigkeit (vgl. BFH-Urteil vom 9. 7. 1986 – BFH-NV 1987 S. 632).

(2) Die satzungsmäßige Selbsteinschätzung als gemeinnützig genügt nicht der formellen Satzungsmäßigkeit (vgl. FG Hamburg, Urteil vom 8. 7. 1988 – EFG 1989 S. 32). Es genügt auch nicht die bloße Angabe, daß »Veranstaltungen« durchgeführt werden, wenn die Satzung nicht zu erkennen gibt, um was für Veranstaltungen es sich handelt.

(3) Um auf die Gemeinnützigkeit des Gesellschaftszwecks schließen zu können, reicht die Verwendung des Wortes »gemeinnützig« allein nicht aus (BFH-Urteil vom 20. 7. 1988 – BFH-NV 1989 S. 479). Eine andere Beurteilung rechtfertigt auch nicht die Angabe, »zu Selbstkosten für jedermann« tätig zu werden.

(4) Die bloße Bezugnahme in einer Satzung auf andere Regelungen oder Satzungen Dritter genügt nicht den Anforderungen an die formelle Satzungsmäßigkeit (BFH-Urteil vom 19. 4. 1989 – BStBl. II S. 595).

(5) Die Art der Verwirklichung der Satzungszwecke ist nicht hinreichend genau bezeichnet, wenn die Satzung lediglich auf die »Transzendentale Meditation« verweist (FG Düsseldorf, Urteil vom 9. 5. 1989 – EFG 1990 S. 2).

Nach Auffassung der Finanzverwaltung (vgl. BdF vom 18. 10. 1988 – BStBl. I S. 443) ist es für regionale Untergliederungen (Landes-, Bezirks-, Ortsverbände) von Großvereinen nicht erforderlich, daß die Untergliederungen – neben der Satzung des Hauptvereins – noch eine eigene Satzung haben. Zweck, Aufgaben und Organisatiton der Untergliederungen können sich auch aus der Satzung des Hauptvereins ergeben. **245**

246 Die Satzung muß den vorgeschriebenen Erfordernissen bei der Körperschaftsteuer und bei der Gewerbesteuer während des ganzen Veranlagungs- oder Erhebungszeitraums, bei den anderen Steuern im Zeitpunkt der Entstehung der Steuer entsprechen (vgl. § 60 Abs. 2 AO).

(3) Vermögensbindung

247 In der Satzung muß als Kriterium der Selbstlosigkeit der Grundsatz der Vermögensbindung (vgl. Tz. 197) klar und eindeutig festgelegt sein. Eine steuerlich ausreichende Vermögensbindung liegt vor, wenn der Zweck, für den das Vermögen bei Auflösung oder Aufhebung des Vereins (der Körperschaft) oder bei Wegfall des bisherigen Zweckes verwendet werden soll, in der Satzung so genau bestimmt ist, daß auf Grund der Satzung geprüft werden kann, ob der Verwendungszweck steuerbegünstigt ist (§ 61 Abs. 1 AO).

248 Die einwandfreie Festlegung der Vermögensbindung ist ein entscheidendes Erfordernis an die Satzung. Eine steuerlich ausreichende Vermögensbindung liegt deshalb nicht vor, wenn die Satzung sich auf die allgemeine Bestimmung beschränkt, daß das Vermögen bei Auflösung des Vereins oder bei Wegfall des bisherigen Zwecks zu steuerbegünstigten Zwecken zu verwenden ist. Das Vermögen darf immer nur der Verfolgung begünstigter Zwecke dienen, wobei der begünstigte Zweck, der aber auch ein anderer als der bisherige begünstigte Zweck sein kann, genau angegeben sein muß. Es ist deshalb notwendig, in der Satzung genau festzulegen, welcher steuerbegünstigte Verein (Körperschaft) das Restvermögen zur Verwendung für seine steuerbegünstigten Zwecke erhält oder welcher Körperschaft des öffentlichen Rechts das Restvermögen zufließt und zu welchem steuerbegünstigten Zweck es verwendet werden soll.

249 Von dem Grundsatz der satzungsmäßig exakt festgelegten Vermögensbindung gibt es nur einen besonderen Ausnahmefall. Wenn aus zwingenden Gründen der künftige Verwendungszweck des Vermögens nicht schon bei der Aufstellung der Satzung genau angegeben werden kann, ist es als steuerlich ausreichende Vermögensbindung anzusehen, wenn zunächst eine allgemeine Bestimmung über die Vermögensbindung getroffen wird, aber zusätzlich in der Satzung festgelegt wird, daß Beschlüsse über die künftige Verwendung des Vermögens erst nach Einwilligung des Finanzamts ausgeführt werden dürfen (§ 61 Abs. 2 AO). Das Finanzamt muß die Einwilligung erteilen, wenn der beschlossene Verwendungszweck einwandfrei steuerbegünstigt ist.

250 Wird die satzungsmäßige Vermögensbindung nachträglich so geändert, daß die Bestimmungen nicht mehr den gesetzlichen Erfordernissen entsprechen, oder wird die Vermögensbindung ganz aufgehoben, so gilt sie von Anfang an als steuerlich nicht ausreichend (§ 61 Abs. 3 AO). Diese Regelung greift auch ein, wenn die Bestimmung über die Vermögensbindung erst zu einem Zeitpunkt geändert wird, in dem die Körperschaft nicht mehr als steuerbegünstigt anerkannt ist. Die entsprechenden steuerlichen Folgerungen sind durch Steuerfestsetzung, Aufhebung oder Änderung einer Steuerfestsetzung rückwirkend zu ziehen.

251 Bei Verstößen gegen den Grundsatz der Vermögensbindung bildet die Fest-

setzungsverjährung (§§ 169 ff. AO) keine Grenze. Vielmehr können nach § 175 Abs. 1 Satz 1 Nr. 2 AO auch Steuerbescheide noch geändert werden, die Steuern betreffen, die innerhalb von zehn Jahren vor der erstmaligen Verletzung der Vermögensbindungsregelung entstanden sind (vgl. hierzu AEAO zu § 61). Es kann demnach auch dann noch zugegriffen werden, wenn zwischen dem steuerfreien Bezug der Erträge und dem Wegfall der Gemeinnützigkeit ein Zeitraum von mehr als fünf Jahren liegt, selbst wenn in der Zwischenzeit keine Erträge mehr zugeflossen sind.

(4) Satzungsänderungen

Vereine, die wegen ausschließlicher und unmittelbarer Verfolgung gemein- 252
nütziger, mildtätiger oder kirchlicher Zwecke bestimmte Steuervergünstigungen in Anspruch nehmen wollen, müssen zwecks Anerkennung für steuerliche Zwecke dem Finanzamt die Satzung vorlegen. Daraus folgt, daß auch spätere Satzungsänderungen dem Finanzamt unverzüglich mitzuteilen sind. Dies gilt insbesondere für Beschlüsse, durch die eine für steuerliche Vergünstigungen wesentliche Satzungsbestimmung nachträglich geändert, ergänzt, in die Satzung eingefügt oder aus ihr gestrichen wird. Dies gilt ferner für Beschlüsse, durch die der Verein aufgelöst, in einen anderen Verein eingegliedert oder das Vermögen als Ganzes übertragen wird.

b) Anforderungen an die Geschäftsführung

Die tatsächliche Geschäftsführung des Vereins (der Körperschaft) muß auf die 253
ausschließliche und unmittelbare Erfüllung der steuerbegünstigten Zwecke gerichtet sein und den Bestimmungen entsprechen, die die Satzung über die Voraussetzungen für Steuervergünstigungen enthält (§ 63 Abs. 1 AO).

(1) Durchführung

Die gemeinnützigen, mildtätigen oder kirchlichen Zwecke sowie die Selbst- 254
losigkeit, Ausschließlichkeit und Unmittelbarkeit ihrer Verfolgung müssen nicht nur in der Satzung festgelegt sein, sondern auch durch die tatsächliche Geschäftsführung verwirklicht werden. Der Inhalt der Satzung und die tatsächliche Geschäftsführung müssen miteinander in Einklang stehen, andernfalls sind die Voraussetzungen für steuerliche Vergünstigungen nicht erfüllt. Die tatsächliche Geschäftsführung muß nicht nur den Satzungsbestimmungen, sondern auch den Anforderungen an das Gemeinnützigkeitsrecht entsprechen.

Beispiele: 255

(1) An einer Übereinstimmung zwischen Satzung und tatsächlicher Geschäftsführung fehlt es, wenn eine nicht in der Satzung vorgesehene Tätigkeit ausgeübt wird.

(2) Beim Auseinanderfallen von Tätigkeit und Satzung ist nach der tatsächlichen Geschäftsgebarung zu urteilen (vgl. BFH-Urteil vom 22. 11. 1955 – BStBl. 1956 III S. 29).

(3) Sind mehrere Personen als Geschäftsführer bestellt, so bestimmt sich die tätsächliche Geschäftsführung in der

Regel nach den Handlungen, die von sämtlichen Geschäftsführern gemeinschaftlich oder von einem mit Zustimmung der anderen vorgenommen werden (BFH-Urteil vom 31. 7. 1963 – HFR S. 407).

(4) Die tatsächliche Geschäftsführung kann auch dann noch auf die Erfüllung eines gemeinnützigen Zwecks gerichtet sein, wenn die Erfüllung längere Zeit durch außergewöhnliche, von dem Verein nicht zu beeinflussende Umstände verhindert wird (vgl. BFH-Urteil vom 11. 12. 1974 – BStBl. 1975 II S. 458).

(5) Der notwendige Einklang zwischen Inhalt der Satzung und tatsächlicher Geschäftsführung liegt nicht vor, wenn das zur Erreichung der steuerbegünstigten Zwecke in der Satzung bezeichnete Mittel nicht den Tatsachen entspricht bzw. wenn statt oder neben der satzungsmäßigen Tätigkeit auch Aufgaben erfüllt werden, die nicht in der Satzung vorgesehen sind (vgl. FG Düsseldorf, Urteil vom 9. 5. 1989 – EFG 1990 S. 2).

256 Das Gesetz verlangt, daß die Geschäftsführung auf die Erfüllung der satzungsmäßigen Zwecke gerichtet sein muß, d. h., daß sich der Verein nicht anderweitig betätigen und die Erreichung der steuerbegünstigten Ziele nicht endgültig aufgeben darf. Die *strengen Anforderungen* an die Durchführung der tatsächlichen Geschäftsführung sind genau zu beachten und konsequent zu befolgen.

257 Die tatsächliche Geschäftsführung umfaßt auch die Ausstellung steuerlicher Spendenbescheinigungen. Mißbräuche auf diesem Gebiet, z. B. durch die Ausstellung von Gefälligkeitsbescheinigungen, können einen Verstoß gegen die Gemeinnützigkeit darstellen (AEAO zu § 63).

258 *Verstößt* die tatsächliche Geschäftsführung gegen die Vorschriften der Vermögensbindung, so gilt die Vermögensbindung von Anfang an als steuerlich nicht ausreichend. Die steuerlichen Folgen entsprechen dann einer nicht satzungsmäßig festgelegten Vermögensbindung (vgl. Tz. 247 ff.). Schwerwiegende Verstöße der tatsächlichen Geschäftsführung gegen die sonstigen Voraussetzungen der Selbstlosigkeit können auch zu Nachversteuerungen führen.

(2) Nachweis

259 Der Verein (die Körperschaft) hat den Nachweis, daß die tatsächliche Geschäftsführung den gesetzlichen Erfordernissen entspricht, durch ordnungsmäßige Aufzeichnungen über die Einnahmen und Ausgaben zu führen (§ 63 Abs. 3 AO).

260 Form und Umfang der zur Erfüllung der Nachweispflicht vom Steuerpflichtigen zu ergreifenden Vorkehrungen, wozu die Aufzeichnungen gehören, müssen so gestaltet sein, daß daraus ersichtlich ist, ob die tatsächliche Geschäftsführung mit dem satzungsmäßigen steuerbegünstigten Zweck übereinstimmt (vgl. BFH-Urteil vom 17. 8. 1954 – BStBl. III S. 324). Dies kann nur durch eine fortlaufende ordnungsmäßige Aufzeichnung der einzelnen Einnahmen und der einzelnen Ausgaben samt Angaben von Art, Höhe, beteiligten Personen geschehen. Nur durch solcher Art geordnete Aufzeichnungen und ihre sachgemäße Zusammenstellung wird das Finanzamt in die Lage versetzt, zu prüfen, ob die Steuervergünstigung zu Recht in Anspruch genommen ist.

Ob die Aufzeichnungen ausreichen, unterliegt jeweils der Beurteilung im 261
einzelnen Falle. Eine bestimmte Art der Buchführung, wie etwa doppelte Buchführung, ist nicht vorgeschrieben und kann nicht gefordert werden. Die Ordnungsmäßigkeit der Aufzeichnungen bestimmt sich nach den Umständen des Einzelfalles. Liegen keine ordnungsmäßigen Aufzeichnungen vor, so kann der notwendige Nachweis über die tatsächliche Geschäftsführung nicht geführt und infolgedessen können die Steuervergünstigungen nicht gewährt werden.

c) Verfahrensfragen

In regelmäßigen Abständen, meist alle drei Jahre, prüft das für den Verein 262
zuständige Finanzamt, ob die Voraussetzungen der Gemeinnützigkeit noch vorliegen, insbesondere ob Satzung und tatsächliche Geschäftsführung übereinstimmen (vgl. hierzu StEK KStG 1977 § 5 Nr. 49). Der Verein ist insoweit auskunftspflichtig.

Ein besonderes *Anerkennungsverfahren* ist im steuerlichen Gemeinnützig- 263
keitsrecht nicht vorgesehen (vgl. AEAO zu § 59). Ob eine Körperschaft steuerbegünstigt ist, entscheidet das Finanzamt im Veranlagungszeitraum durch Steuerbescheid (ggf. Freistellungsbescheid). Dabei hat es von Amts wegen die tatsächlichen und rechtlichen Verhältnisse zu ermitteln, die für die Steuerpflicht und für die Bemessung der Steuer wesentlich sind. Eine Körperschaft, bei der nach dem Ergebnis dieser Prüfung die gesetzlichen Voraussetzungen für die steuerliche Behandlung als steuerbegünstigte Körperschaft vorliegen, muß deshalb auch als solche behandelt werden, und zwar ohne Rücksicht darauf, ob ein entsprechender Antrag gestellt worden ist oder nicht. Ein Verzicht auf die Behandlung als steuerbegünstigte Körperschaft ist somit für das Steuerrecht unbeachtlich.

Auf Antrag einer Körperschaft, bei der die Voraussetzungen der Steuerver- 264
günstigung noch nicht im Veranlagungsverfahren festgestellt worden sind, bescheinigt das zuständige Finanzamt vorläufig (z. B. für den Empfang steuerbegünstigter Spenden), daß bei ihm die Körperschaft steuerlich erfaßt ist und die eingereichte Satzung alle geforderten Voraussetzungen erfüllt.

Die *vorläufige Bescheinigung* über die Gemeinnützigkeit stellt lediglich eine 265
Auskunft über den gekennzeichneten Teilbereich der für die Steuervergünstigung erforderlichen Voraussetzungen dar. Sie sagt z. B. nichts über die Übereinstimmung von Satzung und tatsächlicher Geschäftsführung aus. Sie ist befristet zu erteilen und ist frei widerruflich (BFH-Beschluß vom 7. 5. 1986 – BStBl. II S. 677). Sie ist kein Verwaltungsakt.

Die Aussetzung der Vollziehung eines Steuerbescheids, durch den die 266

Gemeinnützigkeit einer Körperschaft abgelehnt wird, hat nicht die Rechtswirkung einer vorläufigen Anerkennung der Gemeinnützigkeit (BFH-Beschluß vom 7. 5. 1986 – BStBl. II S. 677). Die vorläufige Anerkennung der Gemeinnützigkeit kann nicht im Wege einer einstweiligen Anordnung (gem. § 114 Abs. 1 Satz 2 FGO) erreicht werden.

267 Die vorläufige Bescheinigung wird durch den *Freistellungsbescheid* ersetzt, der spätestens alle drei Jahre überprüft wird.

7. Wirtschaftlicher Geschäftsbetrieb

268 Vereine, die sich – abgesehen von der reinen Vermögensverwaltung – in irgendeiner Form wirtschaftlich betätigen, unterhalten einen sog. wirtschaftlichen Geschäftsbetrieb. Für solche Geschäftsbetriebe gelten die sonst wegen der Gemeinnützigkeit gewährten Steuerbefreiungen und Steuervergünstigungen nicht. Gemeinnützige Vereine verlieren aber wegen eines wirtschaftlichen Geschaftsbetriebes nicht die Gemeinnützigkeit schlechthin, sondern sie sind dann mit den Werten, die zu dem wirtschaftlichen Geschäftsbetrieb gehören, steuerpflichtig (§ 64 AO). Steuerpflichtig wird der Verein als Unternehmer, nicht der wirtschaftliche Geschäftsbetrieb. Der Verein wird nur bezüglich der Tätigkeit des wirtschaftlichen Geschäftsbetriebes zu den in Frage kommenden Steuern (vgl. folgende Abschnitte) herangezogen.

269 Das Gemeinnützigkeitsrecht kennt aber auch sog. Zweckbetriebe. Hierbei handelt es sich um ganz bestimmte Geschäftsbetriebe, die aus besonderen Gründen nicht der vollen Besteuerung unterliegen, sondern auch in den Genuß der sonst wegen Gemeinnützigkeit gewährten Steuervorteile kommen.

a) Einführung

270 Die steuerliche Begünstigung des gemeinnützigen Wirkens verletzt die Gleichmäßigkeit der Besteuerung und die Begünstigung findet deshalb dort ihre Grenze, wo die Gleichmäßigkeit der Besteuerung wichtiger wird als die steuerliche Schonung der gemeinnützigen Betätigung (vgl. *Becker/Riewald/Koch,* AO, Anm. 8 zu § 17 StAnpG). Die Grenze ist überschritten, wenn durch eine selbständige nachhaltige Tätigkeit Einnahmen oder andere wirtschaftliche Vorteile erzielt werden oder wenn Wettbewerb gegenüber steuerpflichtigen Betrieben derselben oder ähnlicher Art betrieben wird (vgl. § 14 Satz 2 AO).

271 Die Grenze ist nicht überschritten, wenn der wirtschaftliche Geschäftsbetrieb lediglich zur Erfüllung oder zur Erreichung der begünstigten Zwecke betrieben wird (vgl. § 65 AO). Durch den wirtschaftlichen Geschäftsbetrieb wird aber die Steuervergünstigung der gemeinnützigen, mildtätigen oder kirchlichen Zwecke nicht generell aufgehoben, sondern die Vergünstigung entfällt lediglich für den Bereich des wirtschaftlichen Geschäftsbetriebs. Unterhält ein Verein, bei dem die Voraussetzungen für steuerliche Vergünstigungen im übrigen gegeben sind, einen Gewerbebetrieb, einen land- oder forstwirtschaftlichen Betrieb oder einen sonstigen wirtschaftlichen Geschäftsbetrieb, so ist er lediglich mit den Werten, die zu diesen Betrieben gehören, von den Vergünstigungen ausgeschlossen.

Ein rechtsfähiger Verein, der als Alleingesellschafter einer steuerbefreiten 272
gemeinützigen GmbH auf deren Geschäftsführung entscheidenden Einfluß nimmt, unterhält allein deshalb noch keinen wirtschaftlichen Geschäftsbetrieb (FG Bremen, Urteil vom 4. 9. 1973 – EFG S. 604).

b) Vermögensverwaltung

Ein wirtschaftlicher Geschäftsbetrieb ist eine selbständige nachhaltige Tätig- 273
keit, durch die Einnahmen oder andere wirtschaftliche Vorteile erzielt werden und die über den Rahmen einer Vermögensverwaltung hinausgeht (§ 14 AO). Aus dieser Definition folgt, daß Einnahmen, die im Rahmen einer Vermögensverwaltung erzielt werden, die Steuervergünstigung nicht verlieren. Deshalb muß stets geprüft werden, ob eine Tätigkeit über den Rahmen einer Vermögensverwaltung hinausgeht.

Vermögensverwaltung liegt in der Regel vor, wenn Vermögen genutzt, 274
z. B. Kapitalvermögen verzinslich angelegt, unbewegliches Vermögen vermietet oder verpachtet wird. Ein wirtschaftlicher Geschäftsbetrieb, der nicht über eine Vermögensverwaltung hinausgeht, ist deshalb in der Regel dann gegeben, wenn die Einkünfte hieraus sich als solche aus Kapitalvermögen oder aus Vermietung oder Verpachtung darstellen (vgl. FG Niedersachsen, Urteil vom 31. 1. 1967 – DStZ-E S. 268). Für die oft zweifelhafte Abgrenzung zwischen der Vermögensverwaltung und dem wirtschaftlichen Geschäftsbetrieb kann auch die Rechtsprechung herangezogen werden, die sich mit der Abgrenzung der Einkünfte aus Gewerbebetrieb von den Einkünften aus Vermietung und Verpachtung befaßt (vgl. BFH-Urteil vom 17. 12. 1957 – BStBl. 1958 III S. 96). Neben der Nutzung des eigenen Kapitalvermögens stellt die Vermietung und Verpachtung von unbeweglichem Vermögen ebenfalls nur eine Vermögensverwaltung dar, auch wenn es sich um großes unbewegliches Vermögen handelt und die Verwaltung bzw. Nutzung aufwendig ist (vgl. BFH-Urteil vom 12. 3. 1964 – BStBl. III S. 364).

Beispiele: 275

(1) Die Vermietung eines Saals und von Nebenräumen im eigenen Haus durch einen Verein in der Zeit, in der er die Räume für die steuerbegünstigten Zwecke nicht selbst nutzt, ist als bloße Vermögensverwaltung anzusehen (vgl. BFH-Urteil vom 17. 12. 1957 – BStBl. 1958 III S. 96).

(2) Die Vermietung eines Grundstückteils zum Zwecke der Errichtung einer Bratwurst- und Brathändlbude durch einen Verein anläßlich eines Schützenfestes ist Vermögensverwaltung (vgl. FG Nürnberg, Urteil vom 29. 1. 1959 – DStZ-E S. 434).

(3) Die Vermietung von Räumen in größeren Bürohäusern ist nur dann ein Gewerbebetrieb, wenn besondere Umstände, z. B. ins Gewicht fallende Sonderleistungen des Vermieters, ein besonders schneller, sich aus der Natur der Vermietung ergebender Wechsel der Vermieter und damit verbun-

den eine gegenüber der Anlage eigenen Vermögens in den Vordergrund tretende spekulative Absicht, vorliegen; die Größe des Objektes und die nach kaufmännischen Grundsätzen durchgeführte Verwaltung sind ohne Bedeutung (BFH-Urteil vom 17. 1. 1961 – BStBl. III S. 233).

(4) Auch die Vermietung und Verpachtung eines großen unbeweglichen Vermögens, die auch einen erheblichen Einsatz von Arbeitskraft mit sich bringt, ist regelmäßig als Vermögensverwaltung anzusehen (vgl. BFH-Urteil vom 12. 3. 1964 – BStBl. III S. 364).

(5) Verpachtet ein Verein für Heimatpflege ein Gasthaus, das zu einem von ihm unterhaltenen Freilandmuseum in räumlich engem Zusammenhang steht, so liegt dann allein um dieser räumlichen Verbindung willen noch kein wirtschaftlicher Geschäftsbetrieb, zumal wenn die Unterhaltung des Freilandmuseums selbst keinen wirtschaftlichen Geschäftsbetrieb darstellt (BFH-Urteil vom 23. 4. 1969 – BStBl. II S. 441).

(6) Die gelegentliche Vermietung eines Schützenplatzes im ganzen durch einen Schützenverein an Dritte zum Zwecke der Abhaltung anderer Veranstaltungen ist Vermögensverwaltung (Niedersächsisches FG, Urteil vom 25. 8. 1980 – EFG 1981 S. 259).

(7) Die Beteiligung einer gemeinnützigen Körperschaft an einer Kapitalgesellschaft ist grundsätzlich Vermögensverwaltung; auch die Veräußerung von Anteilen gehört zur Vermögensverwaltung (OFD Münster vom 29. 12. 1982 – DStZ-E S. 334).

(8) Die entgeltliche Übertragung des Rechts zur Nutzung von Werbeflächen in vereinseigenen oder gemieteten Sportstätten (z. B. an der Bande) sowie von Lautsprecheranlagen zu Werbezwecken an Werbeunternehmer ist als Vermögensverwaltung zu beurteilen, wenn dem Pächter (Werbeunternehmer) ein angemessener Gewinn verbleibt (vgl. DStZ-E 1983 S. 348 auch StEK AO 1977 § 52 Nr. 26 und 29).
Hinweis: Betreibt der Verein die Werbetätigkeit selber, liegt wirtschaftlicher Geschäftsbetrieb vor.

276 Die Vermögensverwaltung stellt aber dann einen Gewerbebetrieb dar, wenn mit Gewinnabsicht eine selbständige, nachhaltige und nach außen hin hervortretende Tätigkeit entfaltet wird; das ist der Fall, wenn der Eigentümer des Vermögens im Geschäftsleben wie ein Gewerbetreibender auftritt (vgl. BFH-Urteil vom 7. 4. 1967 – BStBl. III S. 467). Um der Tätigkeit eines Grundstücksbesitzers gewerblichen Charakter zu geben, müssen besondere Umstände hinzutreten; das entscheidende Merkmal hierfür liegt darin, daß zu der bloßen Nutzungsüberlassung eine fortgesetzte Tätigkeit tritt, wie sie der Begriff des Gewerbes erfordert (vgl. Abschn. 137 Abs. 2 EStR). Das ist z. B. der Fall bei der jährlich wiederholenden Vermietung von Standplätzen an Schausteller und andere Gewerbetreibende anläßlich von Vereinsfesten (vgl. Niedersächsisches FG, Urteil vom 25. 8. 1980 – EFG 1981 S. 259). Eine Tätigkeit, die sich äußerlich als reine Vermögensverwaltung darstellt, ist aber als wirtschaftliche Betätigung anzusehen, wenn sie im Wege der Betriebsaufspaltung auf eine selbständige Kapitalgesellschaft ausgegliedert worden ist (BdF-Schreiben vom 8. 12. 1981 – DStZ-E 1982 S. 14).

c) Begriff des wirtschaftlichen Geschäftsbetriebs

(1) Allgemeines

Ein wirtschaftlicher Geschäftsbetrieb ist eine selbständige nachhaltige Tätigkeit, durch die Einnahmen und andere wirtschaftliche Vorteile erzielt werden und die über den Rahmen einer Vermögensverwaltung hinausgeht; die Absicht, Gewinn zu erzielen, ist nicht erforderlich (§ 14 AO). Der Begriff des wirtschaftlichen Geschäftsbetriebs setzt voraus, daß ein Verein mit einer eigenen Tätigkeit nachhaltig am wirtschaftlichen Verkehr teilnimmt (vgl. BFH-Urteil vom 8. 3. 1967 – BStBl. III S. 373). 277

Wirtschaftlicher Geschäftsbetrieb ist jede nachhaltige selbständige Tätigkeit. Das ist dann der Fall, wenn ein Gewerbebetrieb, ein land- oder forstwirtschaftlicher Betrieb oder ein sonstiger Geschäftsbetrieb unterhalten wird. Weitere Voraussetzung ist, daß die Tätigkeit über den Rahmen einer Vermögensverwaltung hinausgeht. 278

Beispiele: 279

Die folgenden Betätigungen gehen über den Rahmen einer Vermögensverwaltung hinaus (Abschn. 18 Abs. 5 GewStR):

(1) der Betrieb einer Kantine, einer Volksküche, eines Kasinos, einer Druckerei oder die Herausgabe einer Zeitschrift;

(2) die Erhebung von Eintrittsgeld bei Veranstaltung einer Festlichkeit;

(3) der Betrieb eines Kreditinstituts oder eines Versicherungsunternehmens.

Unterhält ein Verein einen wirtschaftlichen Geschäftsbetrieb – ausgenommen Land- und Forstwirtschaft –, so gilt die Tätigkeit als Gewerbebetrieb (BFH-Urteil vom 28. 6. 1989 – BStBl. 1990 S. 550). 280

Unterhält ein Verein, der sonst gemeinnützigen, mildtätigen oder kirchlichen Zwecken dient, einen Gewerbebetrieb, einen land- oder forstwirtschaftlichen Betrieb oder einen sonstigen wirtschaftlichen Geschäftsbetrieb, dann sind die Werte, die zu diesen Betrieben gehören, voll steuerpflichtig. Die Begünstigung der sonstigen Leistungen des Vereins wird dadurch nicht berührt, die Werte aus dem wirtschaftlichen Geschäftsbetrieb werden isoliert betrachtet und behandelt. 281

282 Ab 1990 ist eine Besteuerungsgrenze eingeführt worden (§ 64 Abs. 3 AO). Nach dieser Vorschrift werden Körperschaftsteuer und Gewerbesteuer bei wirtschaftlichen Geschäftsbetrieben nicht erhoben, wenn die gesamten Einnahmen 60 000 DM im Jahr nicht übersteigen.

(2) Erzielung von Einnahmen und anderen wirtschaftlichen Vorteilen

283 Während für die Annahme eines Gewerbebetriebs nach § 15 Abs. 2 EStG u. a. auch eine Gewinnerzielungsabsicht gefordert wird, genügt es für den wirtschaftlichen Geschäftsbetrieb, wenn Einnahmen oder andere wirtschaftliche Vorteile erzielt werden.

284 *Beispiele:*

(1) Altkleider: Das Altkleidersammeln durch gemeinnützige Organisationen mit dem Zweck der Veräußerung ist wirtschaftlicher Geschäftsbetrieb (StEK AO 1977 § 64 Nr. 3 und 13).
Hinweis: Werden Kleider zu unmittelbaren steuerbegünstigten Zwecken gesammelt, so ist bei Veräußerung unbrauchbarer Kleidungsstücke ein Zweckbetrieb gegeben (StEK AO 1977 Nr. 2).

(2) Altmaterial: Sammeln gemeinnützige Körperschaften Altmaterial nachhaltig mit dem Zweck, es zu veräußern, so liegt ein wirtschaftlicher Geschäftsbetrieb vor (StEK AO 1977 § 64 Nr. 2).

(3) Ansichtskarten: Der Verkauf von Ansichtskarten und ähnlicher Artikel ist wirtschaftlicher Geschäftsbetrieb (StEK AO 1977 § 64 Nr. 5).

(4) Anzeigengeschäft: Das Anzeigengeschäft als Teil einer Vereinszeitschrift ist in der Regel ein wirtschaftlicher Geschäftsbetrieb (BFH-Urteil vom 28. 11. 1961 – BStBl. 1962 III S. 73).

(5) Arbeitsmedizinische Zentren: Der Betrieb derartiger Zentren ist regelmäßig als wirtschaftlicher Geschäftsbetrieb anzusehen (vgl. StEK AO 1977 § 65 Nr. 1).

(6) Beteiligung: Die Beteiligung eines Berufsverbands an einer Kapitalgesellschaft stellt dann einen wirtschaftlichen Geschäftsbetrieb dar, wenn der Verband auf die Geschäftsführung der Kapitalgesellschaft tatsächlich entscheidenden Einfluß nimmt und somit durch sie unmittelbar selbst am allgemeinen wirtschaftlichen Geschäftsverkehr teilnimmt (vgl. BFH-Urteil vom 30. 6. 1971 – BStBl. II S. 753).
Die Beteiligung und die Veräußerung der Beteiligung stellen dann einen wirtschaftlichen Geschäftsbetrieb dar, wenn mit der Beteiligung tatsächlich ein entscheidender Einfluß auf die laufende Geschäftsführung des Unternehmens ausgeübt wird (DStZ-E 1982 S. 334).

(7) Betriebsaufspaltung: Wird im Wege der Betriebsaufspaltung eine Tätigkeit auf eine selbständige Kapitalgesellschaft ausgegliedert, liegt wirtschaftlicher Geschäftsbetrieb vor (DStZ-E 1982 S. 14).
Ein gemeinnütziger Verein, der mit einer von ihm beherrschten GmbH wirtschaftlich eng verflochten ist, hält einen wirtschaftlichen Geschäftsbetrieb, wenn er eine wesentliche Grundlage des Betriebes der GmbH besitzt und sie der GmbH zur Verfügung stellt (BFH-Beschluß vom 5. 6. 1985 – BFH-NV 1986 S. 433).

(8) Erholungsheim: Die Führung eines Erholungsheims eines Berufsverbandes ist ein wirtschaftlicher Geschäftsbetrieb; ob der Zweck eines Berufsverbandes auf einen wirtschaftlichen Geschäftsbetrieb gerichtet ist, richtet sich beim Auseinanderfallen von Tätigkeit und Satzung nach der tatsächlichen Geschäftsgebarung (BFH-Urteil vom 22. 11. 1955 – BStBl. 1956 III S. 29).
Die Führung eines Erholungsheimes auf christlicher Grundlage und mit seelsorgerischer Betreuung ist im Falle des BFH-Urteils vom 28. 10. 1960 (BStBl. 1961 III S. 109) als wirtschaftlicher Geschäftsbetrieb angesehen worden, weil es mit anderen Beherbergungsunternehmen ähnlicher Art in Wettbewerb getreten ist.
Ein Verein, der mit seiner Tätigkeit die allgemeine Erholung arbeitender Personen bezweckt, ist nicht gemeinnützig (BFH-Urteil vom 22. 11. 1972 – BStBl. 1973 II S. 251).

(9) Festschrift: Führt ein gemeinnütziger Verein gesellige Veranstaltungen durch und gibt er in diesem Zusammenhang Festschriften heraus, die durch Werbeanzeigen finanziert werden, so können nach dem BFH-Urteil vom 4. 3. 1976 (Inf. 1976 S. 539) die Verluste aus den Veranstaltungen mit den Gewinnen aus der Herausgabe der Festschriften nicht ausgeglichen werden; die Gewinne sind vielmehr unverkürzt der Versteuerung zugrunde zu legen.

(10) Flugtag: Die von einem gemeinnützigen Flugsportverein während eines Flugtages betriebene Restauration (Verkauf von Getränken und Eßwaren) ist ein wirtschaftlicher Geschäftsbetrieb (BFH-Urteil vom 21. 8. 1985 – BStBl. 1986 II S. 88).

(11) Forschungseinrichtung: Erhält eine gemeinnützige Forschungseinrichtung im Rahmen einer Auftragsforschung Zahlungen, wobei der Zahlende sich Exklusivrechte in irgendeiner Form für die Verwertung des Forschungsergebnisses einräumen läßt, sind diese Zahlungen Einnahmen aus einem steuerpflichtigen wirtschaftlichen Geschäftsbetrieb (OFD Frankfurt – StEd 1990 S. 151).

(12) Geselligkeit: Die Durchführung von geselligen Veranstaltungen gehört ab 1990 grundsätzlich zum Bereich der wirtschaftlichen Geschäftsbetriebe (Aufhebung der Nr. 7b des § 68 AO).

(13) Greenfee: Zu den steuerpflichtigen Einnahmen gehört auch das sog. Greenfee, das ein gemeinnütziger Golfclub für die Überlassung seiner Anlage an clubfremde Spieler erhält (OFD Düsseldorf – DStR 1987 S. 735).

(14) Hallenfest: Die von einem gemeinnützigen Sportverein während eines mehrtägigen Hallenfestes betriebene Restauration (Verkauf von Getränken und Eßwaren) ist ein wirtschaftlicher Geschäftsbetrieb (BFH-Urteil vom 21. 8. 1985 – BStBl. 1986 II S. 88).

(15) Inserat: Der Verlag einer Zeitschrift, bei dem durch die entgeltliche Aufnahme von Inseraten Einnahmen erzielt werden, ist ein wirtschaftlicher Geschäftsbetrieb (RFH-Urteil vom 6. 9. 1938 – M-Kartei KStG 1934 § 4 Abs. 1 Ziff. 6 R. 40).

(16) Kalender-Jahrbuch: Ein Verein, der regelmäßig ein Kalender-Jahrbuch herausgibt, betreibt wegen der Nachhaltigkeit der Tätigkeit einen wirtschaftlichen Geschäftsbetrieb (vgl. BFH-Urteil vom 10. 5. 1955 – BStBl. III S. 177).

(17) Krankenfahrten: Die Durchführung von Krankenfahrten durch steuerbegünstigte Einrichtungen oder Organisationen ist ein steuerpflichtiger wirtschaftlicher Geschäftsbetrieb (vgl. StEK AO 1977 § 64 Nr. 9–12).

(18) Krankenhausapotheke: Soweit die Krankenhausapotheke eines gemeinnützigen Krankenhauses auch andere Krankenhäuser versorgt, ist sie als wirtschaftlicher Geschäftsbetrieb zu behandeln (DStZ-E 1982 S. 325).

(19) Plasmafraktionierung: Die Plasmafraktionierung in den DRK-Blutspendediensten ist in der Regel wirtschaftlicher Geschäftsbetrieb (vgl. StEK AO 1977 § 65 Nr. 7).

(20) Reitsportverein: Ein Reitsportverein unterhält einen wirtschaftlichen Geschäftsbetrieb, wenn er neben den Mitgliedsbeiträgen eigene oder angemietete Pferde seinen Mitgliedern entgeltlich zur Verfügung stellt und wenn er Pferde seiner Mitglieder gegen Entgelt aufstellt und füttert (Niedersächsisches FG, Urteil vom 4. 9. 1973 – EFG 1974 S. 76).

(21) Totalisationsunternehmen: Das Totalisationsunternehmen eines gemeinnützigen Rennvereins bildet einen wirtschaftlichen Geschäftsbetrieb (BFH-Urteil vom 24. 2. 1953 – BStBl. III S. 109).

(22) Veranstaltungsgeschäft: Stellt ein gemeinnütziger Studentenhilfsverein über den Mensabetrieb hinaus Räume in gastronomischer Art und Weise zur Verfügung, so unterhält er mit diesem Veranstaltungsgeschäft einen wirtschaftlichen Geschäftsbetrieb (FG Düsseldorf/Köln, Urteil vom 28. 11. 1969 – EFG 1970 S. 250).

(23) Verkauf: Der Verkauf von Getränken und Eßwaren bei einer Festveranstaltung oder einer Sportveranstaltung eines gemeinnützigen Vereins ist ein wirtschaftlicher Geschäftsbetrieb (BFH-Urteile vom 21. 8. 1985 – BStBl. 1986 II S. 88, 92).

(24) Vermietungen: Vermietet ein gemeinnütziger Turnverein seine Tumhalle als Tennishalle an häufg wechselnde Interessenten, so liegt darin ein steuerschädlicher wirtschaftlicher Geschäftsbetrieb (FG Düsseldorf, Beschluß vom 17. 11. 1978 – EFG 1979 S. 308).
Jährliche Standplatzvermietungen durch einen gemeinnützigen Schützenverein anläßlich von Schützenfesten an Schausteller u. a. Gewerbetreibende stellt einen wirtschaftlichen Geschäftsbetrieb dar (Niedersächsisches FG, Urteil vom 25. 8. 1980 – EFG 1981 S. 482).
Die kurzfristige Überlassung von Sportstätten und Betriebsvorrichtungen gegen Entgelt an Nichtmitglieder von gemeinnützigen Vereinen stellt einen steuerpflichtigen wirtschaftlichen Geschäftsbetrieb dar (BFH-Urteil vom 9. 4. 1987 – HFR S. 420; vgl. auch DStR 1987 S. 735).

(25) Versicherungsverträge: Das Vermitteln von Versicherungsverträgen ist kein gemeinnütziger Zweck; entsprechende Tätigkeiten gemeinnütziger Körperschaften (Vereine) sind als steuerpflichtiger wirtschaftlicher Geschäftsbetrieb zu behandeln (vgl. DStR 1989 S. 255).

(26) Verwertung: Die wirtschaftliche Verwertung der geistigen Arbeit eines Ordensangehörigen durch den Orden kann einen wirtschaftlichen Geschäftsbetrieb begründen (BFH-Urteil vom 6. 11. 1968 – BStBl. 1969 II S. 93).

(27) Waldfest: Veranstaltet ein gemeinnütziger Verein, der auf den Gebieten der Heimatpflege und Heimatkunde die Allgemeinheit fördert, sog. Waldfeste und übernimmt er dabei u. a. selbst die Bewirtung der Besucher, so unterhält er insoweit einen wirtschaftlichen Geschäftsbetrieb (BFH-Urteil vom 21. 8. 1985 – BStBl. 1986 II S. 92).

(28) Weingut: Der Betrieb eines satzungsgemäß eigen zu bewirtschaftenden größeren Weingutes durch eine mildtätige Stiftung stellt einen wirtschaftlichen Geschäftsbetrieb dar, der über den Rahmen einer bloßen Vermögensver-

waltung hinausgeht (BFH-Urteil vom 15. 1. 1960 – BStBl. III S. 131).

(29) Werbung: Die kommerzielle Werbung eines Sportvereins bei seinen sportlichen Veranstaltungen (z. B. Bandenwerbung, Trikotwerbung) ist wirtschaftlicher Geschäftsbetrieb (BdF-Schreiben vom 29. 5. 1979 – StEK AO 1977 § 65 Nr. 3).
Ein Spitzenverband des Sports, der sich gegen Entgelt verpflichtet, die Spieler der Nationalmannschaft bei bestimmten sportlichen Veranstaltungen in Sportschuhen eines bestimmten Herstellers auftreten zu lassen, unterhält damit einen steuerschädlichen wirtschaftlichen Geschäftsbetrieb (BFH-Urteil vom 9. 12. 1981 – BStBl. 1983 II S. 27).
Die Verpachtung von Werbeflächen an Werbeunternehmer ist dann als wirtschaftlicher Geschäftsbetrieb zu beurteilen, wenn dem Pächter (Werbeunternehmer) kein angemessener Gewinn verbleibt, weil es sich insoweit um einen Gefälligkeitsvertrag im Interesse des Sportvereins handelt (vgl. DStZ-E 1983 S. 348).
Die entgeltliche Übertragung des Rechts zur Nutzung von Werbeflächen auf der Sportkleidung und Sportausrüstung durch gemeinnützige Sportvereine ist stets ein wirtschaftlicher Geschäftsbetrieb (StEK AO 1977 § 52 Nr. 31).

(30) Zentralwäscherei: Der Wäschereibetrieb einer Zentralwäscherei mehrerer Krankenhäuser ist im Hinblick auf den Wettbewerb zwischen Zentralwäschereien und gewerblichen Wäschereien als steuerpflichtiger wirtschaftlicher Geschäftsbetrieb zu beurteilen (OFD Münster – StEK KStG 1977 § 5 Nr. 23).

(31) Zoologische Gärten: Der Verkauf von Ansichtskarten, ähnlicher Artikel und Tierfutter durch steuerbefreite Tierparks und zoologische Gärten ist wirtschaftlicher Geschäftsbetrieb (StEK AO 1977 § 65 Nr. 10).

285 Zu den Begriffen der Erzielung von Einnahmen und anderen wirtschaftlichen Vorteilen gehören nicht die echten Mitgliederbeiträge und die Spenden.

(3) Selbständigkeit und Nachhaltigkeit

286 Voraussetzung für die Annahme eines wirtschaftlichen Geschäftsbetriebes ist die Selbständigkeit, d. h. die Tätigkeit muß auf eigene Rechnung und eigene Verantwortung ausgeübt werden. Der wirtschaftliche Geschäftsbetrieb muß auch sachlich selbständig sein, d. h. er darf kein unselbständiger Teil eines anderen Unternehmens sein.

287 Das Erfordernis der eigenen Tätigkeit besagt jedoch nicht, daß die aktive Teilnahme am wirtschaftlichen Verkehr nicht auch durch Aktivitäten dritter

Personen vermittelt werden könnte. Ein gemeinnütziger Verein, eine gemeinnützige Körperschaft oder ein Berufsverband müssen sich die Tätigkeit eines sog. Erfüllungsgehilfen zurechnen lassen, wenn sie sich bereit finden, bestimmte Leistungen zu erbringen, die einen wirtschaftlichen Geschäftsbetrieb begründen, und sich bei der Entfaltung der dazu erforderlichen Tätigkeiten der Unterstützung von Hilfspersonen bedienen (FG Baden-Württemberg, Urteil vom 14. 5. 1987 – EFG 1988 S. 88). Die Frage, ob ein Erfüllungsgehilfe – sei es ein Arbeitnehmer oder ein selbständiger Subunternehmer – eingeschaltet werden soll, betrifft lediglich ein technisches Detail der Leistungsabwicklung, läßt aber die wirtschaftliche und rechtliche Verantwortung für die Ausübung der Tätigkeit unberührt.

Für den wirtschaftlichen Geschäftsbetrieb ist die Absicht, Gewinn zu erzie- **288**
len, nicht erforderlich, entscheidend ist die nachhaltige Teilnahme am allgemeinen wirtschaftlichen Verkehr.

Zu den Voraussetzungen eines wirtschaftlichen Geschäftsbetriebs gehört die **289**
Nachhaltigkeit der Betätigung. Zum Begriff der Nachhaltigkeit vgl. BFH-Urteil vom 21. 8. 1985 (BStBl. 1986 II S. 88). Die Rechtsprechung des Reichsfinanzhofs und des Bundesfinanzhofs hat den Begriff der Nachhaltigkeit nicht eng ausgelegt. Danach ist eine Tätigkeit – ohne Rücksicht auf das Motiv des Tätigwerdens – grundsätzlich nachhaltig, wenn sie auf Wiederholung angelegt ist, d. h. wenn die Tätigkeiten von dem Entschluß getragen sind, sie zu wiederholen und daraus eine Erwerbsquelle zu machen. Dabei ist nicht erforderlich, daß die einzelnen Handlungen auf einem einheitlichen Willensentschluß beruhen; es genügt vielmehr, wenn bei der Tätigkeit der allgemeine Wille besteht, gleichartige oder ähnliche Handlungen bei sich bietender Gelegenheit zu wiederholen.

Beispiele: **290**

(1) Die Absicht eines Vereins, jährlich ein Jahrbuch herauszugeben, läßt auf die Nachhaltigkeit dieser Tätigkeit schließen (vgl. BFH-Urteil vom 10. 5. 1955 – BStBl. III S. 177).

(2) Veranstalten begünstigte Einrichtungen nur gelegentlich eine Lotterie, so wird wegen Fehlens der Nachhaltigkeit das Vorliegen eines wirtschaftlichen Geschäftsbetriebs verneint werden können (vgl. OFD Koblenz – StEK KStG § 4 Nr. 33).

Wierholte Tätigkeiten liegen jedoch auch vor, wenn der Grund zum Tätig- **291**
werden auf einem einmaligen Entschluß beruht, die Erledigung aber mehrere Tätigkeiten erfordert. Durch eine solche Reihe von Einzelhandlungen wird der Begriff der Nachhaltigkeit erfüllt. Eine bestimmte Zeitdauer der Tätigkeiten ist für den Begriff nachhaltig nicht zu fordern. Deshalb ist Nachhaltigkeit auch dann anzunehmen, wenn die Tätigkeiten von vornherein nur für eine abgegrenzte Zeit beabsichtigt sind, wenn die Tätigkeiten zeitweilig unterbrochen werden, oder wenn sich die Tätigkeiten nur in größeren Zeitabständen wiederholen.

292 In der Praxis gehört zur Tätigkeit eines wirtschaftlichen Geschäftsbetriebs die Beteiligung am allgemeinen wirtschaftlichen Verkehr. Eine solche Beteiligung liegt vor, wenn der Betrieb seine Leistungen gegen Entgelt der Allgemeinheit, d. h. einer unbestimmten Anzahl von Personen anbietet; ob der Kundenkreis tatsächlich groß oder eng begrenzt ist, ist dabei ohne Bedeutung. Deshalb liegt eine Beteiligung am allgemeinen wirtschaftlichen Verkehr auch vor, wenn ein gemeinnütziger Verein Getränke und Tabakwaren grundsätzlich nur an Vereinsmitglieder verkauft (BFH-Urteil vom 21. 8. 1985 – BFH-NV 1986 S. 239).

(4) Betriebsverpachtung

293 Auch dem gemeinnützigen Verein steht bei Verpachtung eines wirtschaftlichen Geschäftsbetriebs das Wahlrecht zu, ob er den Betrieb aufgeben oder ob und wie lange er das Betriebsvermögen während der Verpachtung fortführen will (FG Düsseldorf/Köln, Urteil vom 25. 8. 1971 – EFG 1972 S. 142). Es ist nämlich nicht einzusehen, aus welchem Grund gemeinnützige Vereine mit wirtschaftlichen Geschäftsbetrieben im Falle der Verpachtung gezwungen sein sollten, stille Reserven aufzulösen, während der Gewerbetreibende entsprechend der BFH-Entscheidung vom 13. 11. 1963 (BStBl. 1964 III S. 124) trotz der Verpachtung weiterhin Betriebsvermögen und Einkünfte aus Gewerbebetrieb haben kann. – Vgl. auch Länder-Erlaß vom 17. 1. 1977 (FR S. 172).

294 Die Verpachtung eines ganzen Betriebs stellt zwar in der Regel eine reine Vermögensverwaltung dar, doch kann dieser Rahmen aber dann überschritten sein, wenn das Betriebsvermögen mit einem wirtschaftlichen Geschäftsbetrieb oder einer sonstigen Einrichtung des Vereins in wirtschaftlichem Zusammenhang steht. Die Grundsätze der Betriebsaufspaltung sind auch bei gemeinnützigen Einrichtungen anzuwenden (vgl. StEK AO 1977 § 51 Nr. 1).

d) Mehrere Geschäftsbetriebe

295 Unterhält ein gemeinnütziger Verein (eine gemeinnützige Körperschaft) einen wirtschaftlichen Geschäftsbetrieb, müssen die Gewinne (Überschüsse) auch für die gemeinnützigen Zwecke verwendet werden. Erwirtschaftet ein wirtschaftlicher Geschäftsbetrieb einen Verlust, den der gemeinnützige Verein übernehmen muß, so bedeutet dies eine erhebliche Gefährdung der Gemeinnützigkeit des Vereins wegen Verstoßes gegen den Grundsatz der Selbstlosigkeit (§ 55 AO). Betrieb ein Verein mehrere wirtschaftliche Geschäftsbetriebe, so wurde bis einschließlich 1989 jeder wirtschaftliche Geschäftsbetrieb isoliert betrachtet, so daß bereits der Verlust eines wirtschaftlichen Geschäftsbetriebs die Gemeinnützigkeit des Vereins insgesamt gefährdete.

296 Durch das Vereinsförderungsgesetz ist mit § 64 Abs. 2 AO eine völlig neue Rechtslage entstanden. Ab 1990 gilt die Regelung, daß im Falle mehrerer wirtschaftlicher Geschäftsbetriebe diese als ein wirtschaftlicher Geschäftsbetrieb behandelt werden. Das bedeutet, daß die Ergebnisse mehrerer wirtschaftlicher Geschäftsbetriebe saldiert werden, so daß der Verlust eines wirtschaftlichen Geschäftsbetriebs mit dem positiven Ergebnis eines anderen

wirtschaftlichen Geschäftsbetriebs verrechnet wird. Dadurch wird die Gemeinnützigkeit des Vereins erst dann infrage gestellt, wenn bei mehreren wirtschaftlichen Geschäftsbetrieben insgesamt ein Verlust entsteht.

Beispiel: 297

Ein gemeinnütziger Verein veranstaltet ein Sommerfest und ein Fest aus Anlaß seines zehnjährigen Bestehens. Aus beiden wirtschaftlichen Geschäftsbetrieben verbleibt ein Überschuß von 30 000 DM. Ein dritter wirtschaftlicher Geschäftsbetrieb bringt einen Verlust von 20 000 DM, der vor 1990 für die Gemeinnützigkeit des Vereins schädlich gewesen wäre; wegen der Saldierung der Ergebnisse mit den beiden anderen wirtschaftlichen Geschäftsbetrieben verbleibt insgesamt noch ein Gewinn von 10 000 DM, so daß die Gemeinnützigkeit nicht infrage steht.

§ 64 Abs. 2 AO schreibt allerdings ausdrücklich vor, daß ein Ausgleich mit 298
Gewinnen oder Verlusten aus Zweckbetrieben des Vereins nicht zulässig ist.

e) Besteuerungsgrenze

Ab 1990 gilt gemäß § 64 Abs. 3 AO für gemeinnützige Vereine eine weitere 299
Neuregelung: Übersteigen die Einnahmen aus wirtschaftlichen Geschäftsbetrieben im Jahr nicht mehr als 60 000 DM, so unterliegen die diesen Betrieben zuzuordnenden Besteuerungsgrundlagen nicht der Körperschaftsteuer und der Gewerbesteuer.

Maßgebend sind alle Einnahmen einschließlich Umsatzsteuer aus allen wirt- 300
schaftlichen Geschäftsbetrieben des Vereins (der Körperschaft). Ob dabei Gewinne oder Verluste erzielt werden, ist für die Feststellung der Besteuerungsgrenze unerheblich. Bei Vorliegen mehrerer wirtschaftlicher Geschäftsbetriebe werden die Einnahmen aller dieser Betriebe zusammengerechnet.

Die Besteuerungsgrenze gilt nur für die Körperschaftsteuer und die Gewer- 301
besteuer. Die Besteuerungsgrenze gilt also insbesondere nicht für die Umsatzsteuer.

Bei der Besteuerungsgrenze handelt es sich nicht um einen Freibetrag, son- 302
dern um eine Freigrenze. Der Begriff der Freigrenze bedeutet, daß bei Überschreiten der Besteuerungsgrenze von 60 000 DM der wirtschaftliche Geschäftsbetrieb oder die wirtschaftlichen Geschäftsbetriebe in vollem Umfang ohne Abzüge steuerpflichtig werden.

Beispiele: 303

(1) Ein gemeinnütziger Verein erzielt aus geselligen Veranstaltungen Einnahmen einschließlich Umsatzsteuer von 50 000 DM und einen Gewinn von 20 000 DM. Andere wirtschaftliche Aktivitäten finden nicht statt. Da die Besteuerungsgrenze nicht überschritten wird, werden Körperschaftsteu-

er und Gewerbesteuer nicht erhoben, auf die Höhe des Gewinns kommt es nicht an.

(2) Ein gemeinnütziger Verein erzielt aus wirtschaftlichem Geschäftsbetrieb Einnahmen einschließlich Umsatzsteuer von 62 000 DM und einen Gewinn von 10 000 DM. Andere wirtschaftliche Aktivitäten finden nicht statt. Da die Besteuerungsgrenze überschritten ist, unterliegt der Verein mit dem wirtschaftlichen Geschäftsbetrieb grundsätzlich der Körperschaftsteuer und der Gewerbesteuer.

304 Ein gemeinnütziger Verein, dessen wirtschaftlicher Geschäftsbetrieb zwar mit den Einnahmen unter 60 000 DM bleibt, dessen Ergebnis aber einen Verlust ausweist, unterliegt nicht der Körperschaftsteuer und der Gewerbesteuer. Weil eine Besteuerung überhaupt nicht durchgeführt wird, kann der Verlust m.E. weder in vorangegangenen noch in zukünftigen Jahren berücksichtigt werden (gl.A. *Reuber,* Die Besteuerung der Vereine, Stichwort Wirtschaftlicher Geschäftsbetrieb; *Friedbert Lang,* FR 1990 S. 353; *Thiel/Eversberg,* DB 1990 S. 290; a.A. *Tipke/Kruse,* AO, Tz. 8 zu § 64; *Märkle/Alber,* BB Beil. 2/1990). Der Verlust kann aber dennoch die Gemeinnützigkeit gefährden wegen Verstoßes gegen das Prinzip der Selbstlosigkeit.

305 Bei der Berechnung der Besteuerungsgrenze werden Zweckbetriebe nicht berücksichtigt.

306 Auch wenn die Besteuerungsgrenze nicht erreicht wird, müssen die Einnahmen und Ausgaben aufgezeichnet werden. Denn nur durch eine sorgfältige und korrekte Aufzeichnung der Einnahmen kann nachgewiesen werden, daß die Besteuerungsgrenze nicht überschritten worden ist. Außerdem müssen die Einnahmen für Zwecke der Umsatzsteuer aufgezeichnet werden.

f) Mißbrauchsvorschrift

307 Die Aufteilung eines Vereins (einer Körperschaft) in mehrere selbständige Vereine (Körperschaften) zum Zweck der mehrfachen Inanspruchnahme der Besteuerungsgrenze von 60 000 DM für wirtschaftliche Geschäftsbetriebe gilt als Mißbrauch von rechtlichen Gestaltungsmöglichkeiten (§ 64 Abs. 4 AO). Nach § 42 AO kann durch Mißbrauch von Gestaltungsmöglichkeiten des Rechts das Steuerrecht nicht umgangen werden. Liegt ein solcher Mißbrauch vor, so entsteht der Steueranspruch so, wie er bei einer den wirtschaftlichen Vorgängen angemessenen rechtlichen Gestaltung entsteht.

308 Durch diese Mißbrauchsvorschrift soll verhindert werden, daß größere Vereine nur zum Zweck der mehrfachen Inanspruchnahme der Besteuerungsgrenze aufgegliedert werden. Eine derartige Aufteilung gilt als Mißbrauch, ein weiterer Nachweis ist deshalb nicht erforderlich. Entscheidend ist, daß die Aufteilung nur zum Zweck der Inanspruchnahme der Besteuerungsgrenze erfolgte.

309 Durch diese Vorschrift soll die formale Aufteilung eines Vereins in mehrere Vereine steuerlich verhindert werden. Erfolgt die Aufteilung aus anderen als aus steuerlichen Gründen, greift diese Mißbrauchsvorschrift nicht ein.

Allerdings muß m.E. der Verein dann nachweisen, welche außersteuerlichen Gründe für die Teilung maßgebend waren.

Nach *Klein/Orlopp* (AO 4. Aufl., Nachtrag zu § 64) wird durch die Miß- 310
brauchsvorschrift des § 64 Abs. 4 AO die Zweckbetriebsgrenze des § 67a Abs. 1 AO nicht erfaßt. Wenn Sportvereine aufgeteilt werden, um für ihre sportlichen Veranstaltungen mehrfach die Zweckbetriebsgrenze in Anspruch nehmen zu können, fällt dies nach *Klein/Orlopp* nicht unter die Mißbrauchsvorschrift für wirtschaftliche Geschäftsbetriebe.

g) Altmaterialverwertung

Überschüsse aus der Verwertung unentgeltlich erworbenen Altmaterials 311
außerhalb einer ständig dafür vorgehaltenen Verkaufsstelle, die der Körperschaftsteuer und der Gewerbesteuer unterliegen, können in Höhe des branchenüblichen Reingewinns geschätzt werden (§ 64 Abs. 5 AO). Diese Vorschrift gilt ab 1990 und soll der Vereinfachung dienen, aber auch den Zweck erreichen, den Überschuß unter Berücksichtigung fiktiver gewerblicher Lohnaufwendungen niedriger zu schätzen, als er ohne Lohnaufwendungen tatsächlich ist (vgl. BT-Drucks. 11/4176 und 11/5582, zitiert bei *Klein/Orlopp,* AO 4. Aufl., Nachtrag zu § 64).

Die Vorschrift ist auf die Verwertung von unentgeltlich erworbenen Altma- 312
terials beschränkt. Die Regelung ist außerdem beschränkt auf steuerpflichtige wirtschaftliche Geschäftsbetriebe gemeinnütziger Vereine bzw. Körperschaften, wenn also die Besteuerungsgrenze überschritten ist.

8. Zweckbetriebe

Ein Zweckbetrieb ist zwar ein wirtschaftlicher Geschäftsbetrieb, jedoch 313
wird ein solcher Betrieb unter bestimmten Voraussetzungen steuerlich dem begünstigten Bereich des Vereins (der Körperschaft) zugerechnet. Die Tätigkeit von Zweckbetrieben löst deshalb bei der Körperschaftsteuer und der Gewerbesteuer keine Steuerpflicht aus, bei der Umsatzsteuer wird nur der ermäßigte Steuersatz erhoben.

a) Begriff

Ein Zweckbetrieb ist nach § 65 AO gegeben, wenn 314

1. der wirtschaftliche Geschäftsbetrieb in seiner Gesamtrichtung dazu dient, die steuerbegünstigten satzungsmäßigen Zwecke des Vereins (der Körperschaft) zu verwirklichen,
2. die Zwecke nur durch einen solchen Geschäftsbetrieb erreicht werden können und
3. der wirtschaftliche Geschäftsbetrieb zu nichtbegünstigten Betrieben derselben oder ähnlichen Art nicht in größerem Umfang in Wettbewerb tritt, als es bei Erfüllung der steuerbegünstigten Zwecke unvermeidbar ist.

Ein Zweckbetrieb muß *tatsächlich und unmittelbar satzungsmäßige Zwecke* des 315
Vereins verwirklichen, der den Zweckbetrieb betreibt. Es genügt nicht, wenn der Zweckbetrieb begünstigte Zwecke verfolgt, die nicht satzungsmäßige Zwecke des ihn tragenden Vereins sind. Ebensowenig genügt es,

wenn ein Zweckbetrieb der Verwirklichung begünstigter Zwecke nur mittelbar dient, z. B. durch Abführung seiner Erträge (vgl. BFH-Urteil vom 21. 8. 1985 – BStBl. 1986 II S. 88).

316 Ein Zweckbetrieb ist nur dann anzunehmen, wenn er in seiner *Gesamtrichtung* dazu dient, die steuerbegünstigten satzungsmäßigen Zwecke zu verwirklichen und wenn diese Zwecke nur durch diese Betriebstätigkeit erreicht werden können. Diese Voraussetzung ist regelmäßig nur dann gegeben, wenn der steuerbegünstigte Zweck und der wirtschaftliche Geschäftsbetrieb gleichsam eine Einheit bilden in der Weise, daß sich der Zweck mit der Unterhaltung des wirtschaftlichen Geschäftsbetriebs deckt und in ihm unmittelbar seine Erfüllung findet (vgl. BFH-Urteil vom 10. 5. 1955 – BStBl. III S. 177 mit Zitat des RFH-Urteils vom 23. 7. 1938 – RStBl. S. 913).

317 Wesentliches Merkmal eines Zweckbetriebes ist, daß die Zwecke des Vereins nur durch ihn erreicht werden können. Der Verein muß den Zweckbetrieb zur Verwirklichung seiner satzungsmäßigen Zwecke unbedingt und unmittelbar benötigen. Der wirtschaftliche Geschäftsbetrieb muß also ein unabdingbares – wenn auch nicht das einzige – Mittel sein, den steuerbegünstigten Zweck zu erreichen (vgl. FG Saarland, Urteil vom 18. 3. 1987 – EFG S. 374).

318 Zu beachten ist, daß es genügt, wenn die Gesamtrichtung des wirtschaftlichen Geschäftsbetriebs dazu dient, die steuerbegünstigten Zwecke zu verwirklichen. Es wird also nicht gefordert, daß jede einzelne Tätigkeit des wirtschaftlichen Geschäftsbetriebs ausschließlich den begünstigten Zwekken dient. Bedeutung kommt in diesem Zusammenhang dem Umstand zu, ob die Geschäftsführung des wirtschaftlichen Geschäftsbetriebs ausschließlich auf die Verwirklichung der steuerbegünstigten satzungsmäßigen Zwekke gerichtet ist. Eine nur mittelbare Förderung der begünstigten Zwecke genügt nicht für die Annahme eines steuerlich unschädlichen Geschäftsbetriebes, ebenfalls nicht der Tatsache, daß der Betrieb im Einzelfall einen wesentlichen materiellen und krisenfesten Rückhalt darstellt (vgl . BFH-Urteil vom 20. 9. 1963 – BStBl III S. 532).

b) Wettbewerbsbeschränkung

319 Der Wettbewerb eines Zweckbetriebs zu nichtbegünstigten Betrieben derselben oder ähnlicher Art muß auf das zur Erfüllung der steuerbegünstigten Zwecke unvermeidbare Maß begrenzt sein. Steuerlich unschädlich ist dagegen der uneingeschränkte Wettbewerb zwischen mehreren Zweckbetrieben, die demselben steuerbegünstigten Zweck dienen und ihn in der gleichen oder in ähnlicher Form verwirklichen (vgl. AEAO zu § 65). Von der Art des wirtschaftlichen Geschäftsbetriebs hängt es ab, ob überhaupt ein Wettbewerb zu anderen Betrieben entstehen kann; ein steuerunschädlicher wirtschaftlicher Geschäftsbetrieb kann aber dann nicht mehr angenommen werden, wenn der tatsächlich ausgeübte Wettbewerb zumindest hinsichtlich seines Umfanges vermeidbar ist (vgl. OFD Hannover – DStZ-E 1963 S. 188).

320 Die Frage, ob im Einzelfall ein Zweckbetrieb mit einem steuerpflichtigen

Betrieb nicht in größerem Umfange in Wettbewerb tritt, ist häufig nur sehr schwer zu entscheiden. Mit der Verwendung des unbestimmten Rechtsbegriffs der Unvermeidbarkeit hat der Gesetzgeber die Steuerverwaltung und die Rechtsprechung vor eine äußerst schwierige Wertungsfrage gestellt (vgl. *Clausnitzer,* DStR 1987 S. 416).

Beispiele: **321**

(1) Bauschutt: Die entgeltliche Gestattung der Ablagerung von Bauschutt kann einen Zweckbetrieb begründen, wenn die Geländeverfüllung unmittelbar der Erfüllung von Satzungszwecken einer gemeinnützigen Körperschaft dient, wie z. B. dem Bau einer Pferderennbahn durch einen als gemeinnützig anerkannten Trabrenn- und Reitverein (FG des Saarlandes, Urteil vom 18. 3. 1987 – EFG S. 374).

(2) Druckschrift: Die Herausgabe einer Druckschrift, die für einen breiten Interessentenkreis bestimmt ist, kann ein Zweckbetrieb sein (BFH-Urteil vom 23. 11. 1988 – BStBl. 1989 II S. 391), weil die Körperschaft sich im Rahmen der satzungsmäßigen Zwecke hielt und nicht in größerem Umfang als nach seinem Satzungsziel unvermeidbar in Wettbewerb zum allgemeinen Buchhandel trat.

(3) Eintrittsgelder: Einnahmen aus Eintrittsgeldern für Veranstaltungen gemeinnütziger Einrichtungen sind dem Zweckbetrieb zuzuordnen (vgl. StEK AO 1977 § 65 Nr. 10).

(4) Jugendreisen: Bei Jugendreisen mit Teilnehmern unter 18 Jahren kann bei gemeinnützigen Organisationen von Zweckbetrieben ausgegangen werden (StEK AO 1977 § 65 Nr. 6).

(5) Kleidersammlung: Werden Kleider zu unmittelbar steuerbegünstigten Zwecken gesammelt, so ist bei Veräußerung unbrauchbarer Kleidungsstücke ein Zweckbetrieb gegeben (StEK AO 1977 § 65 Nr. 4).

(6) Musikunterricht: Der entgeltliche Musikunterricht gemeinnütziger Musikschulen ist als Zweckbetrieb zu beurteilen (StEK AO 1977 § 52 Nr. 16).

(7) Zeitschrift: Die Lieferung einer Fachzeitschnft als Verbandszeitschrift an alle Vereinsmitglieder auf Kosten des Vereins stellt, soweit die Lieferung im Rahmen des Vereinszwecks erfolgt und kein Mißbrauch der Vereinsautonomie vorliegt, auch bei Gefahr der Verdrängung einer anderen Fachzeitschrift keine unbillige Behinderung oder unlautere Wettbewerbshandlung zum Nachteil des Verlags der anderen Zeitschrift dar (BGH-Urteil vom 21. 6. 1971 – KZR 8/70 – BddW vom 11. 11. 1971).

322 Entscheidend ist, daß die steuerbegünstigten Zwecke ohne die wirtschaftliche Betätigung nicht erreichbar wären und deshalb potentielle Konkurrenten, die der Besteuerung unterliegen, dies aus übergeordneten Gesichtspunkten hinzunehmen haben (vgl. BFH-Urteil vom 23. 11. 1988 – BStBl. II S. 391, 393).

323 Zweckbetriebe, d. h. wirtschaftliche Geschäftsbetriebe, die in ihrer Gesamteinrichtung dazu dienen, die steuerbegünstigten Zwecke zu verwirklichen, verlieren dann die steuerlichen Vergünstigungen, wenn sie in einem nicht unvermeidbaren Umfang zu Betrieben derselben oder ähnlicher Art in Wettbewerb treten. Steuerlich schädlich ist jedoch ein Wettbewerb nur zu anderen steuerpflichtigen Betrieben.

324 *Beispiele:*

(1) Arbeitslosen-Werkstätte: Der Betrieb einer Arbeitslosen-Werkstätte durch einen gemeinnützigen Verein ist kein steuerunschädlicher Zweckbetrieb (StEK AO 1977 § 65 Nr. 28).

(2) Arbeitsmedizinische Zentren: Solche Einrichtungen des Vereins berufsgenossenschaftlicher arbeitsmedizinischer Dienst e.V., Bonn (BAD), sind wirtschaftliche Geschäftsbetriebe, die nicht als Zweckbetriebe anzusehen sind (StEK AO 1977 § 65 Nr. 1).

(3) Altmaterialsammlung: Sammeln gemeinnützige Körperschaften Altmaterial nachhaltig und mit dem Zweck, es zu veräußern, liegt kein Zweckbetrieb vor, weil insoweit Wettbewerb zu Altmaterialhändlern besteht (vgl. StEK AO 1977 § 65 Nr. 4).

(4) Blutfraktionierung: Die Herstellung und die Veräußerung von Erzeugnissen, die in der zweiten Stufe der Blutfraktionierung gewonnen werden durch die Blutspendedienste des DRK, sind wegen Wettbewerbs mit der pharmazeutischen Industrie nicht als Zweckbetrieb anzusehen (vgl. StEK AO 1977 § 65 Nr. 7).

(5) Erholungsheim: Der Betrieb eines Erholungsheims eines Berufsverbandes bildet einen Wettbewerb für das Gaststättengewerbe (vgl. BFH-Urteil vom 22. 11. 1955 – BStBl. 1956 III S. 29). Der Betrieb eines Erholungsheims auf christlicher Grundlage und mit seelsorgerischer Betreuung ist durcb das BFH-Urteil vom 28. 10. 1960 (BStBl. 1961 III S. 109) als wirtschaftlicher Geschäftsbetrieb charakterisiert worden, weil es mit anderen Beherbergungsunternehmen ähnlicher Art in Wettbewerb getreten ist.

(6) Fernsehfilm: Produziert eine steuerbegünstigte Körperschaft im Auftrage einer öffentlich-rechtlichen Rundfunkanstalt Fernsehfilme unterhaltenden, belehrenden und

informierenden Inhalts über wichtige soziale Fragen unter Berücksichtigung der religiösen Anliegen der Kirche, die die steuerbegünstigte Körperschaft trägt, so tritt diese dadurch zu nicht begünstigten Betrieben derselben oder ähnlichen Art in größerem Umfang in Wettbewerb, als dies bei Erfüllung der gemeinnützigen oder kirchlichen Zwekke unvermeidbar ist (BFH-Urteil vom 13. 8. 1986 – BStBl. II S. 831).

(7) Jugendreisen: Bei Jugendreisen, an denen auch Jugendliche über 18 Jahre teilnehmen, ist im Einzelfall zu untersuchen, ob ein Zweckbetrieb angenommen werden kann; eine Wettbewerbsverletzung im Sinne des § 65 Nr. 3 AO ist gegeben, wenn die Reise lediglich der Erholung der Jugendlichen dient. Dies ist insbesondere dann anzunehmen, wenn die Jugendlichen den Urlaub frei gestalten können (vgl. StEK AO 1977 § 65 Nr. 6).

(8) Krankenfahrten: Gemeinnützige und mildtätige Organisationen führen vielfach Krankenfahrten mit Personenkraftwagen durch, die für die Beförderung von Kranken nicht besonders eingerichtet sind. Unter Krankenfahrten sind die Fahrten von Patienten zu verstehen, für die ein Arzt die Beförderung in einem Personenkraftwagen verordnet hat. Eine Tätigkeit, die sich auf die Durchführung von Krankenfahrten beschränkt, erfüllt nicht die Voraussetzungen der Wohlfahrtspflege im Sinne des § 66 Abs. 2 AO. Aus Wettbewerbsgründen kann die Tätigkeit auch nicht als Zweckbetrieb im Sinne des § 65 AO angesehen werden. – Vgl. BdF-Schreiben vom 30. 12. 1983 (BStBl. I S. 599).

(9) Krankenhausapotheke: Eine Krankenhausapotheke, die auch andere Krankenhäuser versorgt, ist wirtschaftlicher Geschäftsbetrieb und kein Zweckbetrieb (StEK AO 1977 § 65 Nr. 13).

Der in dem Wettbewerbsverbot zum Ausdruck gelangte Rechtsgedanke, 325
daß der wirtschaftliche Wettbewerb derartiger Wirtschaftsbetriebe mit anderen Unternehmungen nur in einem als unvermeidbar anzusehenden Umfange für zulässig erachtet wird, ist als ein *zentraler und prinzipieller Grundsatz* für die Beurteilung aller wirtschaftlichen Geschäftsbetriebe gemeinnütziger Unternehmen zu erachten (vgl. BFH-Urteil vom 28. 10. 1960 – BStBl. 1961 III S. 109).

c) Einzelne Zweckbetriebe

Die Anerkennung bestimmter wirtschaftlicher Geschäftsbetriebe als 326
Zweckbetriebe ist in der Praxis nicht unproblematisch. Wegen der im Gesetz verhältnismäßig allgemein gehaltenen Formulierungen gibt es Auslegungsschwierigkeiten darüber, ob im konkreten Fall ein Zweckbetrieb oder ein steuerpflichtiger wirtschaftlicher Geschäftsbetrieb vorliegt. Deshalb sind in

den §§ 66 bis 68 AO eine Reihe von Zweckbetrieben ausdrücklich erwähnt.

(1) Wohlfahrtspflege

327 Eine Einrichtung der Wohlfahrtspflege ist ein Zweckbetrieb, wenn sie im besonderen Maß solchen Personen dient, die infolge ihrer körperlichen oder wirtschaftlichen Hilfsbedürftigkeit (vgl. Tz. 160 ff.) der Unterstützung bedürfen (§ 66 Abs. 1 AO). Ein Dienen in besonderem Maße liegt vor, wenn diesen hilfsbedürftigen Personen mindestens zwei Drittel der Leistungen der Einrichtungen der Wohlfahrtspflege zugute kommen (§ 66 Abs. 3 AO). Auch die unentgeltliche Hilfeleistung für behinderte Menschen kann bei gemeinnützigen Körperschaften Zweckbetrieb im Sinne des § 66 AO sein (StEK AO 1977 § 66 Nr. 26).

328 Wohlfahrtspflege ist die planmäßige, zum Wohl der Allgemeinheit und nicht des Erwerbs wegen ausgeübte Sorge für notleidende oder gefährdete Menschen (§ 66 Abs. 2 AO). Die Sorge kann sich auf das gesundheitliche, sittliche, erzieherische oder wirtschaftliche Wohl erstrecken und Vorbeugung oder Abhilfe bezwecken. Entgeltliche (aber nicht erwerbsmäßige) Hilfeleistungen für behinderte Menschen können Zweckbetrieb sein in Gestalt einer Einrichtung der Wohlfahrtspflege nach § 66 AO. Der Wettbewerbsgesichtspunkt spielt bei derartigen Zweckbetrieben kraft ausdrücklicher gesetzlicher Regelung keine Rolle.

329 Wohlfahrtspflege in diesem Sinn wird vor allem betrieben von den amtlich anerkannten Verbänden der freien Wohlfahrtspflege. Diese sind (vgl. § 23 UStDV):

1. Diakonisches Werk der Evangelischen Kirche in Deutschland e.V.,
2. Deutscher Caritasverband e.V.,
3. Deutscher Paritätischer Wohlfahrtsverband e.V.,
4. Deutsches Rotes Kreuz,
5. Arbeiterwohlfahrt – Bundesverband e.V.,
6. Zentralwohlfahrtsstelle der Juden in Deutschland e.V.,
7. Deutscher Blindenverhand e.V.,
8. Bund der Kriegsblinden Deutschlands e.V.,
9. Verband Deutscher Wohltätigkeitsstiftungen e.V.,
10. Bundesarbeitsgemeinschaft »Hilfe für Behinderte« e.V.

Begünstigt sind auch die Untergliederungen, Einrichtungen und Anstalten der genannten Verbände bzw. Vereine.

330 Zur Problematik der Erholungsheime als Zweckbetriebe im Sinne von § 66 AO vgl. *Wiemhoff* in BB 1977 S. 1599 und 1978 S. 959.

331 Die Wohlfahrtspflege darf nicht des Erwerbs wegen ausgeführt werden, die Tätigkeit muß auf die Sorge für notleidende und gefährdete Menschen gerichtet sein (AEAO zu § 66).

332 Von gemeinnützigen Körperschaften durchgeführte Beförderungen von behinderten Personen, die nicht durch Spezialfahrzeuge durchgeführt werden müssen und für die keine mit Begleitpersonen besetzten Omnibusse eingesetzt zu werden brauchen, können Zweckbetriebe nach § 66 AO sein, unter der Voraussetzung, daß die betreffenden Personen im Hinblick auf die Beförderung hilfsbedürftig sind (vgl. DStZ-E 1986 S. 354).

Entgeltliche Organtransporte durch gemeinnützige Organisationen sind 333
grundsätzlich als Zweckbetrieb zu beurteilen (StEK AO 1977 § 65 Nr. 24). Der Ausrüstung der Transportfahrzeuge, etwa mit Martinshorn und Blaulicht, ist keine entscheidende Bedeutung beizumessen.

(2) Krankenhäuser

Ein Krankenhaus, das in den Anwendungsbereich der Bundespflegesatzver- 334
ordnung fällt, ist ein Zweckbetrieb, wenn mindestens 40 v.H. der jährlichen Pflegetage auf Patienten entfallen, bei denen nur Entgelte für allgemeine Krankenhausleistungen nach §§ 5, 6 und 21 der Bundespflegesatzverordnung berechnet werden (§ 67 Abs. 1 AO).

Ein Krankenhaus, das nicht in den Anwendungsbereich der Bundespflege- 335
satzverordnung fällt, ist ein Zweckbetrieb, wenn mindestens 40 v.H. der jährlichen Pflegetage auf Patienten entfallen, bei denen für allgemeine Krankenhausleistungen kein höheres Entgelt als nach den Sätzen der Bundespflegesatzverordnung berechnet wird.

Krankenhäuser sind Einrichtungen, in denen durch ärztliche und pflegeri- 336
sche Hilfeleistung Krankheiten, Leiden oder Körperschäden festgestellt, geheilt oder gelindert werden sollen oder Geburtshilfe geleistet wird und in denen die zu versorgenden Personen untergebracht und verpflegt werden können (§ 2 Nr. 1 Krankenhausfinanzierungsgesetz).

Die Steuervergünstigung hängt nicht davon ab, daß das Krankenhaus eine 337
Konzession nach § 30 GewO besitzt.

Soweit die Krankenhausapotheke eines gemeinnützigen Krankenhauses 338
auch andere Krankenhäuser versorgt, besteht eine Wettbewerbssituation mit gewerblichen Apotheken, so daß hier die Merkmale eines Zweckbetriebs nicht vorliegen (OFD Münster – DStZ-E 1982 S. 325). Zentralwäschereien mehrerer Krankenhäuser sind steuerlich wirtschaftliche Geschäftsbetriebe (vgl. StEK KStG 1977 § 5 Nr. 23).

(3) Altenheime und andere Pflegeeinrichtungen

Als Zweckbetriebe kommen in Betracht Altenheime, Altenwohnheime und 339
Pflegeheime, Erholungsheime Mahlzeitendienste, wenn sie in besonderem Maße körperlich oder wirtschaftlich hilfsbedürftigen Personen (vgl. Tz. 160 ff.) dienen (§ 68 Nr. 1 a AO).

Ein Dienen im besonderen Maße liegt vor, wenn diesen hilfsbedürftigen 340
Personen mindestens zwei Drittel der Leistungen des Zweckbetriebs zugute kommen. Derartige Einrichtungen, die mehrheitlich begüterte Personen aufnehmen, sind nicht steuerbegünstigt.

Altenheime, Altenwohnheime und Pflegeheime sind Einrichtungen, die alte 341
Menschen, sowie pflegebedürftige und behinderte Volljährige nicht nur vorübergehend aufnehmen und betreuen, soweit es sich nicht um Krankenhäuser, Tageseinrichtungen oder Einrichtungen der beruflichen Rehabilitation handelt (§ 1 Heimgesetz – BGBl. 1974 I S. 1873).

342 Altenheime sind Einrichtungen, in denen alte Menschen, die nicht pflegebedürftig, aber zur Führung eines eigenen Haushalts außerstande sind, Unterkunft, Verpflegung und Betreuung erhalten (vgl. Abschn. 99 UStR). Altenwohnheime sind Einrichtungen, in denen alte Menschen, die zur Führung eines eigenen Haushalts noch imstande sind, Unterkunft in abgeschlossenen Wohnungen erhalten; im Bedarfsfall werden von dem Träger Verpflegung und Betreuung gewährt. Pflegeheime sind Einrichtungen, in denen volljährige Personen, die wegen Kranheit oder Behinderung pflegebedürftig sind, Unterkunft, Verpflegung, Betreuung und Pflege erhalten.

(4) Kinder- und Jugendheime

343 Als Zweckbetrieb kommen insbesondere in Betracht Kindergärten, Kinderheime, Jugendheime, Studentenheime, Schullandheime und Jugendherbergen (§ 68 Nr. 1 b AO).

344 Kindergärten sind Einrichtungen zur Förderung drei- bis sechsjähriger Kinder (Brockhaus, 17. Aufl.). Kinderheime sind Einrichtungen zur ständigen Betreuung von Kindern, auch über Nacht. Jugendheime sind Einrichtungen, die dem Gemeinschaftsleben der Jugend in der Freizeit oder ihrer Erziehung dienen. Jugendherbergen sind Aufenthals- und Übernachtungsstätten für die reisende und wandernde Jugend. Schullandheime sind Heime städtischer Schulen auf dem Lande, die von geschlossenen Schulklassen unter Führung ihrer Lehrer für mehrtägige oder mehrwöchige Aufenthalte aufgesucht werden. Studentenheime sind Wohnheime meist mit ermäßigten Mieten für Studenten, Studentinnen und Studentenfamilien am Studienort.

345 Bei diesen Zweckbetrieben müssen die geförderten Personen nicht hilfsbedürftig sein (AEAO zu § 68).

(5) Selbstversorgungsbetriebe

346 Als Zweckbetriebe kommen insbesondere in Betracht landwirtschaftliche Betriebe und Gärtnereien, die der Selbstversorgung von Körperschaften (Vereinen) dienen und dadurch die sachgemäße Ernährung und ausreichende Versorgung von Anstaltsangehörigen sichern, ferner auch andere Einrichtungen, die für die Selbstversorgung von Körperschaften (Vereinen) erforderlich sind, wie z. B. Tischlereien, Schlossereien (§ 68 Nr. 2 AO). Voraussetzung ist, daß die Lieferungen und sonstigen Leistungen dieser Einrichtungen an Außenstehende dem Wert nach 20 v.H. der gesamten Lieferungen und sonstigen Leistungen des Betriebes – einschließlich der an die Körperschaft selbst bewirkten Leistungen – nicht übersteigen.

347 Die Lieferungen an Außenstehende müssen nicht durch die Verhältnisse bedingt sein oder sich üblicherweise ergeben, sie sind bis zur Grenze von 20 v.H. des Gemtumsatzes unschädlich.

(6) Werkstätten für Behinderte

348 Als Zweckbetrieb kommen insbesondere in Betracht Werkstätten für Behinderte, die nach den Vorschriften des Arbeitsförderungsgesetzes förderungsfähig sind und solchen Personen Arbeitsplätze bieten, die wegen ihrer

Behinderung nicht auf dem allgemeinen Arbeitsmarkt tätig sein können (§ 68 Nr. 3 AO). Begünstigt sind auch Einrichtungen für Beschäftigungs- und Arbeitstherapie, die der Eingliederung von Behinderten dienen.

Die Werkstatt für Behinderte ist eine Einrichtung zur Eingliederung Behinderter in das Arbeitsleben (§ 54 Schwerbehindertengesetz). Sie bietet denjenigen Behinderten, die wegen Art oder Schwere der Behinderung nicht, noch nicht oder noch nicht wieder auf dem allgemeinen Arbeitsmarkt tätig sein können, einen Arbeitsplatz oder Gelegenheit zur Ausübung einer geeigneten Tätigkeit. Die Werkstatt soll allen Behinderten offenstehen, sofern sie in der Lage sind, ein Mindestmaß wirtschaftlich verwertbarer Arbeitsleistung zu erbringen. 349

Beispiel: 350

Ein Verein zur Förderung und Unterstützung geistig und körperlich behinderter Kinder nimmt Lohnaufträge von Gewerbebetrieben an. Die Voraussetzungen zur Annahme eines steuerlich unschädlichen Zweckbetriebs sind dann erfüllt, wenn nur die aus der notwendigen Beschäftigungstherapie sich zwangsläufig ergebenden Leistungen oder Produkte veräußert werden (vgl. OFD Koblenz – UR 1977 S. 81).

Zu den Zweckbetrieben gehören auch die von den Trägern der Behindertenwerkstätten betriebenen Kantinen, weil die besondere Situationen der Behinderten auch während der Mahlzeiten eine Betreuung erfordert (vgl. AEAO zu § 68). 351

Zusammengefaßte Werkstattläden können gemäß BdF-Schreiben vom 12. 1. 1983 (NWB 1983 Fach 1 S. 41) noch als steuerbegünstigte Zweckbetriebe behandelt werden, wenn ein Warenaustausch lediglich zwischen Läden stattfindet, die von Werkstätten für Behinderte unterhalten werden, und wenn in diesen Läden ausschließlich Produkte veräußert werden, die von Werkstätten für Behinderte i.S. der §§ 54 ff. SchwbG stammen. Ein Zweckbetrieb kann dagegen nicht mehr angenommen werden, wenn andere Erzeugnisse zugekauft werden. 352

Der Umsatz an Außenstehende ist nicht begrenzt, allerdings ist das Wettbewerbsverbot gegenüber nicht begünstigten Betrieben zu beachten (vgl. Tz. 319). 353

Einrichtungen für arbeitstherapeutische Zwecke, z. B. Beschäftigung von Geisteskranken, Schwachsinnigen oder dergl. in handwerklichen oder ähnlichen Betrieben sowie in der Land- und Forstwirtschaft sind ebenfalls steuerbegünstigte Zweckbetriebe. 354

(7) Fürsorge für Blinde und Körperbehinderte

Als Zweckbetriebe kommen insbesondere in Betracht solche Einrichtungen, die zur Durchführung der Blindenfürsorge und zur Durchführung der Fürsorge für Körperbehinderte unterhalten werden (§ 68 Nr. 4 AO). Für den Umsatz an Außenstehende gilt die unter Tz. 353 dargestellte Regelung. 355

(8) Fürsorgeerziehung und Erziehungshilfe

356 Als Zweckbetriebe kommen insbesondere in Betracht Einrichtungen der Fürsorgeerziehung und der freiwilligen Erziehungshilfe (§ 68 Nr. 5 AO). Handwerksbetriebe und landwirtschaftliche Betriebe, die von einer gemeinnützigen Fürsorgeanstalt zur Durchführung der Erziehungsaufgaben unterhalten werden müssen, sind auch insoweit steuerlich unschädlich, als die in ihnen gewonnenen Erzeugnisse in dem tatsächlich erforderlichen Umfang im Wirtschaftsverkehr gegen Entgelt abgesetzt werden (RFH-Urteil vom 4. 10. 1938 – M-Kartei KStG 1934 § 4 R. 43).

357 Freiwillige Erziehungshilfe dient Minderjährigen, die das 17. Lebensjahr noch nicht vollendet haben und deren leibliche, geistige oder seelische Entwicklung gefährdet oder geschädigt ist, wenn diese Maßnahmen zur Abwendung der Gefahr und zur Beseitigung des Schadens geboten sind und die Personensorgeberechtigten bereit sind, die Durchführung der freiwilligen Erziehungshilfe zu fördern (§ 62 JWG – BGBl. 1977 I S. 633).

(9) Lotterien und Ausspielungen

358 Als Zweckbetriebe kommen insbesondere in Betracht von den zuständigen Behörden genehmigte Lotterien und Ausspielungen, die ein steuerbegünstigter Verein (Körperschaft) höchstens zweimal im Jahr zu ausschließlich gemeinnützigen, mildtätigen oder kirchlichen Zwecken veranstaltet (§ 68 Nr. 6 AO). Der Gestzeswortlaut läßt es offen, in welchem Umfang solche Lotterien veranstaltet werden dürfen. Da eine besondere Einschränkung fehlt, ist auch eine umfangreiche Tätigkeit solange unschädlich, als die allgemeinen durch das Gesetz gezogenen Grenzen für Zweckbetriebe nicht überschritten werden und der Verein (die Körperschaft) durch den Umfang der Lotterieveranstaltungen nicht sein Gepräge als begünstigte Einrichtung verliert (AEAO zu § 68).

359 Unter Veranstaltung sind die innerhalb einer angemessenen Zeitdauer abgewickelten Lotterien und Ausspielungen zu verstehen. Lotterieveranstaltungen in Form von Dauerveranstaltungen sind demnach keine Zweckbetriebe. Diese Regelung gilt auch für Dachorganisationen (vgl. *Scholz,* FR 1976 S. 221); sind deren Unterverbände rechtlich selbständig, kommt die Höchstzahl von zwei Lotterien und Ausspielungen für jeden rechtlich selbständigen Verein in Betracht.

(10) Kulturelle Einrichtungen und Veranstaltungen

360 Als Zweckbetriebe kommen insbesondere in Betracht, kulturelle Einrichtungen, wie z. B. Museen oder Theater, und kulturelle Veranstaltungen, wie z. B. Konzerte oder Kunstausstellungen (§ 68 Nr. 7 a AO). Zu den kulturellen Veranstaltungen gehören u. a. auch Theateraufführungen, Konzerte, Kunstausstellungen.

361 Ab 1. 1. 1990 sind kulturelle Veranstaltungen gemeinnütziger Vereine immer steuerfreie Zweckbetriebe, ohne Rücksicht auf die Höhe der Einnahmen oder eines eventuell erzielten Gewinns.

362 Die von Volksbühnen- und Theatergemeinde-Vereinen vorgenommene Beschaffung von Theater- und Konzertkarten gegen Entgelt ist aber kein Zweckbetrieb (StEK AO 1977 § 65 Nr. 29).

Auch der Verkauf von Speisen und Getränken durch kulturelle Einrichtungen und bei kulturellen Veranstaltungen ist kein Zweckbetrieb. 363

(11) Volkshochschulen und andere Einrichtungen

Als Zweckbetriebe kommen insbesondere in Betracht die Volkshochschulen und andere Einrichtungen, soweit sie selbst Vorträge, Kurse und andere Veranstaltungen wissenschaftlicher oder belehrender Art durchführen. Neben den Vortragsveranstaltungen und Kursen rechnen hierzu z. B. Arbeitsgemeinschaften, Seminare, Exkursionen, Filmvorführungen u.a.m. (vgl. *Hartmann/Metzenmacher,* UStG, Tz. 20 zu § 4 Nr. 22). 364

Volkshochschulen sind schulähnliche, der Erwachsenen- und außerschulischen Jugendbildung dienende Einrichtungen, meist als Abend-Volkshochschulen, daneben aber auch als Heim-Volkshochschulen (Brockhaus). Träger sind in der Bundesrepublik die Gemeinden, Kreise oder örtliche freie Vereinigungen bzw. Vereine. Volkshochschulen sind Einrichtungen, die in Kursen, Arbeitsgemeinschaften, Lehrgängen und Vorträgen mit Aussprachen den allgemeinen Bildungsbedürfnissen der Hörer insbesondere auf wissenschaftlichem, kulturellem, staatsbürgerlichem und musischem Gebiet dienen (*Koch,* AO 1977, Tz. 18 zu § 68). 365

Als Zweckbetrieb gilt auch die Beherbergung und Beköstigung der Teilnehmer an derartigen Veranstaltungen, soweit die Beherbergung und Beköstigung von den Volkshochschulen oder Einrichtungen selbst gewährt werden. 366

9. Sportliche Veranstaltungen

a) Vorbemerkungen

Durch das Vereinsförderungsgesetz ist die Besteuerung von sportlichen Veranstaltungen ab 1. 1. 1990 neu geregelt worden. Ab 1990 gelten sportliche Veranstaltungen eines Sportvereins stets als Zweckbetrieb (vgl. Tz. 313 ff.), wenn die Einnahmen insgesamt 60 000 DM im Jahr nicht übersteigen; allerdings können unter bestimmten Voraussetzungen auch sportliche Veranstaltungen mit höheren Einnahmen Zweckbetriebe sein. Andere sportliche Veranstaltungen gelten als steuerpflichtiger wirtschaftlicher Geschäftsbetrieb (vgl. Tz. 268 ff.). 367

Liegt ein Zweckbetrieb vor, wird Körperschaftsteuer und Gewerbesteuer nicht und Umsatzsteuer nur in Höhe von 7 v.H. erhoben. Liegt ein wirtschaftlicher Geschäftsbetrieb vor, tritt volle Steuerpflicht ein und die Umsatzsteuer wird mit 14 v.H. erhoben. 368

b) Sportveranstaltungen

Sportvereine sind Vereine, bei denen die Förderung des Sports Satzungszweck ist; hierunter fallen auch Sportverbände (AEAO zu § 67 a). 369

Unter den Begriff der sportlichen Veranstaltung fallen vor allem alle sportlichen Wettbewerbe. Sportreisen sind als sportliche Veranstaltungen anzuse- 370 hen, wenn die sportliche Betätigung wesentlicher und notwendiger Bestandteil der Reise ist, wie z. B. die Reisen zum Wettbewerbsort.

371 Die Ausbildung und Fortbildung in sportlichen Fertigkeiten gehört zu den typischen und wesentlichen Tätigkeiten eines Sportvereins (AEAO zu § 67 a). Sportkurse und Sportlehrgänge für Mitglieder und Nichtmitglieder von Sportvereinen, also der Sportunterricht, sind daher als sportliche Veranstaltungen zu beurteilen. Finden diese Veranstaltungen im Rahmen von Zweckbetrieben statt, ist es unerheblich, ob der Verein mit dem Sportunterricht in Konkurrenz zu gewerblichen Sportlehrern tritt, weil die Spezialvorschrift des § 67 a AO der allgemeinen Vorschrift des § 65 AO vorgeht. Die Beurteilung des Sportunterrichts als sportliche Veranstaltung hängt nicht davon ab, ob der Unterricht durch Beiträge, Sonderbeiträge oder Sonderentgelte abgegolten wird.

c) Einnahmen bis 60 000 DM

(1) Zweckbetrieb

372 Ab 1. 1. 1990 sind sportliche Veranstaltungen eines Sportvereins ohne weitere Voraussetzungen immer dann ein Zweckbetrieb, wenn die Einnahmen einschließlich Umsatzsteuer insgesamt 60 000 DM im Jahr nicht übersteigen (§ 67 a Abs. 1 AO). Maßgebend ist die Summe der Einnahmen aus allen sportlichen Veranstaltungen des Vereins. Wird die Zweckbetriebsgrenze nicht erreicht, liegt auch dann grundsätzlich ein Zweckbetrieb vor, wenn an sportlichen Veranstaltungen auch bezahlte Sportler teilgenommen haben.

373 Einnahmen aus sportlichen Veranstaltungen sind in erster Linie Eintrittsgelder, Startgelder, Meldegebühren, Unkostenbeiträge, Einnahmen aus dem Verkauf von Programmheften, Festschriften und Festabzeichen. Hierzu gehören aber auch Ablösesummen, die einem Sportverein für die Freigabe von Sportlern zufließen, ferner Entgelte von Rundfunk- und Fernsehstationen für Sportübertragungen.

374 Auch Einnahmen aus dem Verkauf von Angelkarten durch Sportfischervereine (DStZ-E 1968 S. 338), aus der Veräußerung von Formularen und Prüfmarken für Sportgeräte durch einen Sportdachverband (FG Münster, Urteil vom 8. 12. 1966 – EFG 1967 S. 176), aus der Tätigkeit der Landessportbünde im Rahmen der Verleihung des Deutschen Sportabzeichens und des Deutschen Jugendsportabzeichens (BdF – StEK UStG 1967 § 12 Nr. 65), aus der entgeltlichen Abgabe von Leistungsabzeichen und Schießscheiben von einem Landesschützenbund an seine Mitglieder (FG Schleswig-Holstein, Urteil vom 23. 7. 1963 – EFG 1964 S. 30), aus dem Betrieb eines Skilifts durch einen gemeinnützigen Skiclub (FG Münster, Urteil vom 28. 6. 1974 – EFG S. 593) und aus der Erteilung von Sportunterricht (AEAO zu § 67 a) können Einnahmen aus sportlichen Veranstaltungen sein.

375 Nicht zu den Einnahmen für die Ermittlung der Zweckbetriebsgrenze gehören Einnahmen aus Werbung und aus dem Verkauf von Speisen und Getränken, weil es sich hierbei um Einnahmen aus wirtschaftlichem Geschäftsbetrieb handelt.

Beispiel: 376

Ein Sportverein hat neben den nicht steuerbaren Mitgliedsbeiträgen und Spenden folgende Einnahmen:

Eintrittsgelder für sportliche Veranstaltungen	42 000 DM
Ablösezahlung für die Abgabe eines Sportlers	5 000 DM
Werbeeinnahmen	15 000 DM
Verkauf von Getränken	8 000 DM
	70 000 DM

Im Beispielsfall sind die sportlichen Veranstaltungen ein Zweckbetrieb, weil 377 die Einnahmen (Eintrittsgelder, Ablösezahlung) die Zweckbetriebsgrenze (60 000 DM) nicht übersteigen.

Werbung und Getränkeverkauf sind zwar steuerpflichtiger Geschäftsbe- 378 trieb, weil die Besteuerungsgrenze (vgl. Tz. 299 ff.) nicht erreicht wird, werden Körperschaftsteuer und Gewerbesteuer nicht erhoben.

(2) Wahlrecht

Nach § 67 a Abs. 2 AO hat der Sportverein die Wahl, auch bei Einnahmen 379 aus sportlichen Veranstaltungen unter 60 000 DM im Jahr diese sportlichen Veranstaltungen als wirtschaftlichen Geschäftsbetrieb zu behandeln.

Die Ausübung dieses Wahlrechts kann für einen Sportverein dann vorteil- 380 haft sein, wenn der Verein mindestens einen bezahlten Sportler eingesetzt hat, wenn bei den sportlichen Veranstaltungen regelmäßig Verluste anfallen, wenn die Einnahmen aus anderen wirtschaftlichen Geschäftsbetrieben die Besteuerungsgrenze überschreiten und die Überschüsse aus diesen wirtschaftlichen Geschäftsbetrieben die Freibeträge bei der Körperschaftsteuer und der Gewerbesteuer übersteigen.

Beispiel: 381

Einnahmen aus Werbung und Vereinsgaststätte über 60 000 DM im Jahr, Gewinn aus diesem Geschäftsbetrieb 12 000 DM.
Einnahmen aus sportlichen Veranstaltungen weniger als 60 000 DM im Jahr, aber Verluste von 5000 DM.
Bei Verzicht auf die Wertung der sportlichen Veranstaltungen als Zweckbetrieb kann der Verlust von 5000 DM mit dem Gewinn von 12 000 DM saldiert werden, der dann insgesamt verbleibende Gewinn von 7000 DM bleibt unter den Freibeträgen der Körperschaftsteuer und der Gewerbesteuer.

Dieses Wahlrecht kann aber nicht von Jahr zu Jahr wiederholt werden. Die 382 Ausübung des Wahlrechts durch Erklärung des Sportvereins gegenüber dem Finanzamt bindet den Sportverein für mindestens fünf Veranlagungszeiträume.

In der Praxis dürfte die Ausübung dieses Wahlrechts keine größere Bedeu- 383 tung erlangen.

d) Einnahmen über 60 000 DM

(1) Wirtschaftlicher Geschäftsbetrieb

384 Erzielt ein Sportverein Einnahmen einschließlich Umsatzsteuer aus sportlichen Veranstaltungen von mehr als 60 000 DM im Jahr, werden alle sportlichen Veranstaltungen grundsätzlich zu steuerpflichtigen wirtschaftlichen Geschäftsbetrieben. Das gilt unabhängig davon, ob bei den einzelnen Veranstaltungen bezahlte Sportler eingesetzt werden oder nicht.

385 Liegt ein wirtschaftlicher Geschäftsbetrieb vor, sind alle steuerlichen Folgen, insbesondere hinsichtlich der Körperschaftsteuer und Gewerbesteuer sowie der Umsatzsteuer zu tragen. Sollten sportliche Veranstaltungen, die wirtschaftliche Geschäftsbetriebe sind, Verluste erwirtschaften, und können diese Verluste nicht durch Gewinne anderer wirtschaftlicher Geschäftsbetriebe (z. B. Werbeeinnahmen, Vereinsgaststätte, gesellige Veranstaltungen) ausgeglichen werden, kann dem Sportverein die Gemeinnützigkeit aberkannt werden.

(2) Zweckbetrieb

386 Von dem Grundsatz, daß bei Einnahmen aus sportlichen Veranstaltungen von mehr als 60 000 DM im Jahr stets ein wirtschaftlicher Geschäftsbetrieb vorliegt, gibt es eine Ausnahme: Ein Sportverein kann dem Finanzamt erklären, daß er auf die Anwendung der Zweckbetriebsgrenze verzichtet. In diesem Fall gelten für sportliche Veranstaltungen die steuerrechtlichen Grundsätze, wie sie bereits vor 1990 galten.

387 Interessant ist diese Option durch Wahlrecht nur für Sportvereine, die keine bezahlten Sportler einsetzen. Wird das Wahlrecht ausgeübt, sind sportliche Veranstaltungen eines Sportvereins auch bei Einnahmen über 60 000 DM ein steuerbegünstigter Zweckbetrieb, wenn (vgl. § 67a Abs. 3 AO)

1. kein Sportler des Vereins teilnimmt,
   a) der für seine sportlichen Betätigungen,
   oder
   b) für die Benutzung seiner Person, seines Namens, seines Bildes oder seiner sportlichen Betätigung zu Werbezwecken,
   oder
   c) über eine Aufwandsentschädigung hinaus

   von dem Verein oder von einem Dritten Vergütungen oder andere Vorteile erhält,

   und
2. keine anderen Sportler, die nicht Vereinsmitglieder sind, an der Veranstaltung teilnehmen und für ihre Teilnahme
   a) vom veranstaltenden Verein
   oder
   b) von einem Dritten aber im Zusammenwirken mit dem Verein

   ein steuerschädliches Entgelt erhalten, d. h. über eine Aufwandsentschädigung hinausgehende Vergütungen oder andere Vorteile.

388 Ob diese Voraussetzungen vorliegen, ist für jede sportliche Veranstaltung gesondert zu beurteilen.

Steuerschädliches Entgelt – schädlich in bezug auf die Zweckbetriebseigenschaft – liegt vor, wenn ein Sportler des Vereins über eine Aufwandsentschädigung hinausgehende Vergütungen oder andere Vorteile erhält. Aufwendungsersatz wird ohne weiteren Nachweis unterstellt bei Zuwendungen an den Sportler bis höchstens 700 DM im Durchschnitt pro Monat eines Jahres (vgl. StEK AO 1977 § 52 Nr. 20). Wird ein höherer Aufwendungsersatz gezahlt, ist dies dann unschädlich, wenn dem Sportler Aufwendungen in dieser Höhe tatsächlich entstanden sind und wenn alle Aufwendungen nachgewiesen werden. **389**

Der Verein muß auch berücksichtigen, ob im Einzelfall Zuwendungen von Dritten vorliegen. Zuwendungen der Deutschen Sporthilfe und der Sporthilfe Berlin an Spitzensportler sind in der Regel als Ersatz von besonderen Aufwendungen der Spitzensportler für ihren Sport anzusehen (BMF). **390**

Bei Zahlungen an andere Sportler, die nicht Mitglieder des Vereins sind, darf der Verein stets nur den tatsächlichen Aufwand erstatten; die 700-DM-Regelung gilt hier nicht. Zuwendungen von einem Dritten im Zusammenwirken mit dem Verein liegen z. B. vor, wenn ein Verein, der ein Sportfest ausrichtet, eine Firma veranlaßt, als Sponsor Entgelte an teilnehmende Sportler zu zahlen, die nicht vom Verein selbst eingesetzt sind. **391**

Eine sportliche Veranstaltung wird aber beim Veranstalter nicht allein dadurch zum wirtschaftlichen Geschäftsbetrieb, daß in der Gastmannschaft Sportler mitwirken, die vom Gastverein bezahlt werden oder Einkünfte aus Werbung beziehen. In solchen Fällen fehlt es an der Voraussetzung des Zusammenwirkens mit dem veranstaltenden Verein. Deshalb können z. B. Gastspiele von Bundesliga-Fußballvereinen bei Amateurvereinen dort nicht ohne weiteres zu wirtschaftlichen Geschäftsbetrieben führen. **392**

Sind sportliche Veranstaltungen wegen der Mitwirkung bezahlter Sportler als wirtschaftliche Geschäftsbetriebe anzusehen, geht aber die Gemeinnützigkeit des Vereins als solchem nicht verloren. Nur diese Veranstaltungen sind steuerpflichtige Geschäftsbetriebe. Voraussetzung ist allerdings, daß die Vergütungen oder anderen Vorteile, die der Verein bestimmten Sportlern zukommen läßt, aus diesem wirtschaftlichen Geschäftsbetrieb geleistet werden. Das gilt selbst dann, wenn an einer sportlichen Veranstaltung neben bezahlten auch unbezahlte Sportler teilnehmen. Aus Vereinfachungsgründen wird es von der Finanzverwaltung (BMF) jedoch nicht beanstandet, wenn die Aufwandspauschale an unbezahlte Sportler nicht als Betriebsausgabe des wirtschaftlichen Geschäftsbetriebs behandelt, sondern aus Mitteln des ideellen Bereichs abgedeckt wird. Überschüsse und Verluste aus mehreren in einem Jahr stattgefundenen steuerpflichtigen sportlichen Veranstaltungen sind untereinander auszugleichen. Die Gemeinnützigkeit des Vereins bleibt auch dann erhalten, wenn die Zuwendungen von Dritten geleistet werden. **393**

Die sportlichen Veranstaltungen mit bezahlten Sportlern müssen sich selber tragen. Das bedeutet, daß Mittel aus dem gemeinnützigen Amateurbereich nicht für die steuerschädliche Bezahlung von Sportlern verwendet werden dürfen. Eine Mitverwendung von Mitteln aus dem Amateurbereich führt zum Verlust der Gemeinnützigkeit des Vereins. **394**

395 Das Wahlrecht, auch sportliche Veranstaltungen mit Einnahmen über 60 000 DM im Jahr wegen der ausschließlichen Teilnahme von Amateur-Sportlern als Zweckbetrieb zu behandeln, kann bis zur Unanfechtbarkeit des Körperschaftsteuerbescheids ausgeübt werden. Die Erklärung bindet aber den Sportverein für mindestens fünf Veranlagungszeiträume (§ 67 a Abs. 2 Satz 2 AO), also in der Regel für mindestens fünf Kalenderjahre.

396 Ob und wann eine Option zum Zweckbetrieb vorteilhaft ist, kann nur unter Berücksichtigung aller Umstände des einzelnen Sportvereins geprüft und entschieden werden, außerdem ist auch die fünfjährige Bindungswirkung zu beachten.

e) Besonderheiten

397 Bei der Besteuerung von Sportvereinen sind noch zusätzlich einige Besonderheiten zu beachten.

(1) Speisen und Getränke

398 Ab 1990 ist der Verkauf von Speisen und Getränken durch Sportvereine anläßlich von sportlichen Veranstaltungen grundsätzlich steuerpflichtiger wirtschaftlicher Geschäftsbetrieb (§ 67 a Abs. 1 Satz 2 AO). Für die Umsatzsteuer gilt dann grundsätzlich der Steuersatz von 14 v.H., wegen Körperschaftsteuer und Gewerbesteuer muß insbesondere bei kleineren Vereinen geprüft werden, ob die Besteuerungsgrenze überschritten ist.

399 Dadurch, daß in den Gesetzestext ausdrücklich die Bestimmung über den Verkauf von Speisen und Getränken aufgenommen worden ist, gilt ab 1990 m.E. volle Steuerpflicht auch für den Verkauf von Speisen und Getränken an Wettkampfteilnehmer, Schiedsrichter, Kampfrichter, Sanitäter u. a. im Rahmen einer sportlichen Veranstaltung mitwirkende Personen.

(2) Werbung

400 Einnahmen aus Werbung anläßlich von sportlichen Veranstaltungen sind stets Einnahmen aus wirtschaftlichem Geschäftsbetrieb; ab 1990 ist dies ausdrücklich in § 67 a Abs. 1 Satz 2 AO festgeschrieben.

401 Die entgeltliche Übertragung des Rechts zur Nutzung von Werbeflächen auf Banden (Bandenwerbung), zur Nutzung der Lautsprecheranlage für Werbedurchsagen, zur Werbung auf der Sportkleidung (z. B. Trikots, Sportschuhen, Helmen) bzw. der Sportausrüstung ist steuerpflichtiger wirtschaftlicher Geschäftsbetrieb. Es spielt dabei keine Rolle, ob die sportliche Veranstaltung selbst als Zweckbetrieb oder als wirtschaftlicher Geschäftsbetrieb zu werten ist.

402 *Beispiele:*

(1) Ein Spitzenverband des Sports, der sich gegen Entgelt (Sachleistungen) verpflichtet, die Spieler der Nationalmannschaft bei bestimmten sportlichen Veranstaltungen in Sportschuhen eines bestimmten Herstellers auftreten zu las-

sen, unterhält damit einen wirtschaftlichen Geschäftsbetrieb (BFH-Urteil vom 9. 12. 1981 – BStBl. 1983 II S. 27).

(2) Die wiederholte öffentlich sichtbare Benutzung von Sportgeräten durch Spitzensportler ist eine Werbeleistung (BFH-Urteil vom 19. 11. 1985 – BStBl. 1986 II S. 424). Zahlungen, die ein Sportler für solche Leistungen vom Hersteller der Sportgeräte – sei es unmittelbar, sei es über einen Sportverband – erhält, führen beim Sportler zu Einkünften aus Gewerbebetrieb.

Sind die sportlichen Veranstaltungen steuerbegünstigter Zweckbetrieb, so können von den Werbeeinnahmen des Vereins pauschal 25 v.H. als Betriebsausgaben abgesetzt werden (FinMin Rhld-Pf.). 403

Werden die Werberechte insgesamt an ein Werbeunternehmen verpachtet, liegt Vermögensverwaltung (vgl. Tz. 273 ff.) vor. 404

(3) Bezahlter Sport

Bezahlter Sport liegt vor, wenn 405

1. eigene Sportler des Vereins Entgelte – gleichgültig ob vom Verein oder von Dritten – erhalten,
   und zwar
   a) für ihre sportliche Betätigung
   oder
   b) für Werbezwecke unter Ausnutzung ihres Namens, ihres Bildes, ihrer sportlichen Betätigung;
2. wenn andere Sportler, die nicht Vereinsmitglieder sind, an der sportlichen Veranstaltung teilnehmen und für ihre Teilnahme
   a) vom veranstaltenden Verein
   oder
   b) von einem Dritten aber im Zusammenwirken mit dem Verein
   Entgelte oder andere Vorteile erhalten.

Erhält ein Sportler Vergütungen oder andere Vorteile, die über reine Aufwandsentschädigung hinausgehen, handelt es sich um bezahlten Sport. Bei Sportlern, die Vereinsmitglieder sind, unterstellt die Finanzverwaltung bei Zuwendungen des Vereins von monatlich höchstens 700 DM im Jahresdurchschnitt Aufwandsentschädigung ohne Nachweis, bei höheren Entschädigungen muß der tatsächliche Aufwand insgesamt nachgewiesen werden. Bei Sportlern, die nicht Vereinsmitglieder sind, muß stets der Aufwand nachgewiesen werden. 406

Vergütungen oder andere Vorteile, die Sportler für Werbung in jeder Form erhalten, sind grundsätzlich, und zwar unabhängig von der Höhe der Vergütungen oder Vorteile, dem bezahlten Sport zuzuordnen. 407

(4) Ablösezahlungen

Ablösezahlungen, die einem gemeinnützigen Sportverein für die Freigabe von Sportlern zufließen, beeinträchtigen seine Gemeinnützigkeit nicht (vgl. 408

AEAO zu § 67 a). Die erhaltenen Beträge zählen ohne Rücksicht auf deren Höhe zu den Einnahmen aus sportlichen Veranstaltungen und gehören damit entweder zu den Einnahmen eines steuerbegünstigten Zweckbetriebs oder eines steuerpflichtigen wirtschaftlichen Geschäftsbetriebs.

409 Zahlungen eines gemeinnützigen Sportvereins an einen anderen (abgebenden) Verein für die Übernahme eines Sportlers, der nicht als bezahlter Sportler anzusehen ist, sind als gemeinnützigkeitsunschädlich zu beurteilen, wenn lediglich die Ausbildungskosten für den den Verein wechselnden Sportler erstattet werden. Eine derartige Kostenerstattung kann bei Ablösezahlungen bis zur Höhe von 5000 DM je Sportler ohne weiteres angenommen werden (vgl. AEAO zu § 67 a). Höhere zu ersetzende Ausbildungskosten müssen in jedem Einzelfall nachgewiesen werden.

410 Ablöseentschädigungen, die ein gemeinnütziger Sportverein für die Übernahme eines Sportlers von einem anderen Verein zahlt, berühren die Gemeinnützigkeit ohne Rücksicht auf die Höhe der Zahlung dann nicht, wenn dieser Sportler bei sportlichen Veranstaltungen eingesetzt wird, die steuerpflichtiger wirtschaftlicher Geschäftsbetrieb sind. In diesem Fall ist es m. E. ab 1990 unerheblich, ob es sich um einen bezahlten Sportler handelt oder nicht. Die Ablöseentschädigung muß aber aus Mitteln des wirtschaftlichen Geschäftsbetriebs geleistet werden.

III. Die einzelnen Steuerarten

1. Die Körperschaftsteuer

Die Körperschaftsteuer ist die besondere Einkommensteuer für juristische Personen und für Personenvereinigungen. Rechtsgrundlagen sind das Körperschaftsteuergesetz (KStG) und die Körperschaftsteuer-Durchführungsverordnung (KStDV) in Verbindung mit dem Einkommensteuergesetz (EStG) und der Einkommensteuer-Durchführungsverordnung (EStDV). 411

a) Steuerpflicht

Vereine sind unbeschränkt körperschaftsteuerpflichtig, wenn sie ihren Sitz im Inland haben. Der Sitz des Vereins muß in der Satzung festgelegt sein und er muß sich im Inland befinden. Ist in der Satzung nichts über den Sitz geregelt, so gilt als Sitz der Ort, an dem die Verwaltung des Vereins geführt wird (§ 24 BGB). 412

Nicht rechtsfähige Vereine sind nur dann körperschaftsteuerpflichtig, wenn ihr Einkommen weder nach dem Körperschaftsteuergesetz noch nach dem Einkommensteuergesetz unmittelbar bei einem anderen Steuerpflichtigen zu versteuern ist. Bei nicht rechtsfähigen Vereinen ist es oftmals schwierig festzustellen, wem das Einkommen zuzurechnen ist. In den Fällen, in denen das Einzelrecht dem Gesamthandsverhältnis vorgeht, soll das Einkommen unmittelbar bei den Vereinsmitgliedern erfaßt werden (§ 3 Abs. 1 KStG). 413

Beispiel: 414

Ist zweifelhaft, ob eine Personenvereinigung als Mitunternehmerschaft oder als körperschaftsteuerpflichtiger nicht rechtsfähiger Verein anzusehen ist und wurde sie zum Vorteil der Gesellschafter seit vielen Jahren als Mitunternehmer behandelt, so kann ein Gesellschafter nicht einwenden, es liege keine Mitunternehmerschaft, sondern eine private Beteiligung an einer Körperschaft vor (vgl. BFH-Urteil vom 15. 6. 1965 – BStBl. III S. 554).

Vielfach sind aber auch nicht rechtsfähige Vereine als Personenvereinigungen mit körperschaftsähnlicher Verfassung und Gesamthandseigentum der Mitglieder am Vermögen sowie Gesamtberechtigung hinsichtlich der Einkünfte konzipiert. Wenn das Einzelrecht der Mitglieder hinter dem Gesamthandsrecht zurücktritt und die Jahresbeiträge nicht verteilt werden, wird das Einkommen solcher nicht rechtsfähiger Vereine in der Hand des Vereins erfaßt und der Körperschaftsteuer unterworfen. 415

Beispiele: 416

(1) Verwaltet der Betriebsrat eines Unternehmens die Werkskantine zugunsten der Belegschaft, so kann der Gewinn der Kantine bei der Belegschaft als einem nicht rechtsfähigen

Verein der Körperschaftsteuer unterworfen werden (BFH-Urteil vom 18. 10. 1960 – BStBl. III S. 496).

(2) Eine Arbeitsgemeinschaft der Lohnschlächter eines städtischen Schlacht- und Viehhofs, die nach bestimmten festen, wenn auch nur mündlich vereinbarten Regeln lebt, vom Wechsel ihrer Mitglieder unabhängig ist und durch Organe nach außen unter einem Namen auftritt, ist ein nicht rechtsfähiger Verein, dessen Einkommen der Körperschaftsteuer unterliegt (BFH-Urteil vom 14. 12. 1965 – HFR 1966 S. 211).

417 Wer als unmittelbarer Bezieher eines Einkommens anzusehen und wem das Einkommen deshalb zuzurechnen ist, ist weniger nach bürgerlich-rechtlichen als nach wirtschaftlichen Gesichtspunkten zu beurteilen (RFH-Urteil vom 4. 4. 1933 – RStBl. S. 990 und vom 31. 5. 1938 – RStBl. S. 736, zitiert in BStBl. 1960 III S. 497). Zur Frage der Organschaft gemeinnütziger Körperschaften vgl. *Weber* in FR 1972 S. 84.

b) Einkommensermittlung

418 Die Körperschaftsteuer bemißt sich nach dem Einkommen, das der Verein innerhalb eines Kalenderjahres bezogen hat (§ 7 KStG). Was als Einkommen gilt und wie das Einkommen zu ermitteln ist, bestimmt sich nach den Vorschriften des Einkommensteuergesetzes und des Körperschaftsteuergesetzes (§ 8 KStG).

419 Bei Vereinen können demnach folgende Einkunftsarten in Frage kommen:
a) Einkünfte aus Land- und Forstwirtschaft;
b) Einkünfte aus Gewerbebetrieb;
c) Einkünfte aus Kapitalvermögen;
d) Einkünfte aus Vermietung und Verpachtung;
e) Einkünfte aus wiederkehrenden Bezügen, Spekulationsgeschäften und Leistungen.

420 Die einzelnen Einkunftsarten werden nachfolgend kurz charakterisiert.

(1) Land- und Forstwirtschaft

421 Land- und Forstwirtschaft ist die planmäßige Nutzung der natürlichen Kräfte des Bodens und die Verwertung der dadurch gewonnenen Erzeugnisse. Einkünfte aus Land- und Forstwirtschaft sind insbesondere solche aus dem Betrieb der Landwirtschaft, Forstwirtschaft, Weinbau, Gartenbau, Obstbau, Gemüsebau, Baumschulen, aus allen Betrieben, die Pflanzen und Pflanzenteile mit Hilfe der Naturkräfte gewinnen, aus dem Betrieb von Tierzucht und Tierhaltung, von Fischerei, Imkerei und Schäferei (§ 13 EStG). Unter den Begriff der Land- und Forstwirtschaft fällt jede nicht gewerbliche Bodenbewirtschaftung, die auf die Gewinnung tierischer und pflanzlicher Erzeugnisse des Bodens gerichtet ist. Zu den Einkünften aus Land- und Forstwirtschaft gehören auch Gewinne, die bei der Veräußerung oder Aufgabe eines land- und forstwirtschaftlichen Betriebs oder Teilbetriebs erzielt werden (§ 14 EStG).

Beispiele: 422

(1) Tierzuchtverbände, deren gesamte Betätigung sich steuerlich als wirtschaftlicher Geschäftsbetrieb darstellt, können durch die Haltung von Vatertieren zu Zuchtzwecken einen landwirtschaftlichen Betrieb begründen (RFH-Urteil vom 24. 8. 1944 – StRK KStG § 1 R. 1).

(2) Der Annahme eines forstwirtschaftlichen Betriebes steht es nicht entgegen, daß ein Waldgrundstück auch der Erholung und Freizeitgestaltung dient (BFH-Urteil vom 16. 5. 1963 – StRK EStG § 13 R. 139).

(3) Die Tätigkeit von Zusammenschlüssen der Land- und Forstwirtschaft in der Rechtsform eines Vereins (z. B. landwirtschaftliche Nutzungs- und Verwertungsvereine, gemeinschaftliche Tierhaltungen in Vereinsform) kann zu Einkünften aus Land- und Forstwirtschaft führen (vgl. *Josten* in Inf. 1976 S. 241 ff.).

Bei der Gewinnermittlung ist grundsätzlich zu unterscheiden zwischen 423 buchführungspflichtigen und nicht buchführungspflichtigen Land- und Forstwirten. Land- und Forstwirte, die zur Buchführung verpflichtet sind oder Bücher freiwillig führen, müssen ihren Gewinn durch Vermögensvergleich nach § 4 Abs. 1 EStG ermitteln. Land- und Forstwirte sind zur Buchführung verpflichtet, wenn sie bei der letzten Veranlagung entweder einen Gesamtumsatz von mehr als 500 000 DM oder selbstbewirtschaftete land- und forstwirtschaftliche Flächen mit einem Wirtschaftswert von mehr als 40 000 DM oder einen Gewinn aus Land- und Forstwirtschaft von mehr als 36 000 DM gehabt haben. Betriebe, die in die Buchführungspflicht hineinwachsen, müssen vom Finanzamt entsprechend benachrichtigt werden (BFH-Urteil vom 9. 5. 1957 – BStBl. III S. 291). Bei Land- und Forstwirten, die zwar buchführungspflichtig sind, aber keine Bücher oder diese nicht ordnungsmäßig führen, ist der Gewinn zu schätzen.

Bei nicht zur Buchführung verpflichteten Land- und Forstwirten wird der 424 Gewinn aus Landwirtschaft nach Durchschnittsätzen gemäß § 13 a EStG ermittelt. Die Gewinnermittlung nach Durchschnittsätzen erfaßt den Gewinn i. S. des § 4 EStG und ist daher als gleichrangig mit anderen Gewinnermittlungsvorschriften anzusehen.

Die Durchschnittssätze dienen der Vereinfachung der Gewinnermittlung für 425 eine große Anzahl nichtbuchführender landwirtschaftlicher Betriebe. Bei der Zugrundelegung von Durchschnittssätzen für die Besteuerung tritt durch eine typisierte Gewinnermittlung der Grundsatz der »individuellen« Gleichmäßigkeit zurück (vgl. BFH-Urteil vom 5. 11. 1964 – BStBl. III S. 602). Es wird dabei in Kauf genommen, daß sich der tatsächliche Gewinn in einem Wirtschaftsjahr nur selten mit den Durchschnittssätzen deckt, da im Laufe mehrerer Jahre gewöhnlich ein Ausgleich der Gewinnschwankung eintritt.

(2) Gewerbebetrieb

426 Unter Gewerbebetrieb versteht man allgemein eine selbständige nachhaltige Betätigung, die mit Gewinnabsicht unternommen wird und die sich als Beteiligung am allgemeinen wirtschaftlichen Verkehr darstellt (§ 15 Abs. 2 EStG). Die Gewinnabsicht, d. h. das Streben nach Gewinn braucht nicht der Hauptzweck der Betätigung zu sein. Wenn die übrigen Voraussetzungen gegeben sind, liegt ein Gewerbebetrieb auch dann vor, wenn das Gewinnstreben oder die Gewinnabsicht nur ein Nebenzweck ist. Einkünfte aus Gewerbebetrieb sind Einkünfte aus gewerblichen Unternehmen, Gewinnanteile der Gesellschafter von Personengesellschaften sowie Gewinnanteile der persönlich haftenden Gesellschafter einer Kommanditgesellschaft auf Aktien (§ 15 EStG). Einkünfte aus Gewerbebetrieb sind ferner Gewinne aus der Veräußerung eines Gewerbebetriebs oder eines Teilbetriebs (§ 16 EStG) sowie Gewinne aus der Veräußerung von Anteilen an Kapitalgesellschaften bei wesentlicher Beteiligung (§ 17 EStG). Fehlt eine der für den Begriff des Gewerbebetriebs maßgebenden Voraussetzungen – Selbständigkeit, nachhaltige Tätigkeit, Gewinnstreben, Beteiligung am allgemeinen wirtschaftlichen Verkehr – dann liegt kein Gewerbebetrieb vor.

427 Das Einkommensteuergesetz kennt grundsätzlich zwei verschiedene Gewinnermittlungsarten, und zwar die Gewinnermittlung nach dem Überschuß der Betriebseinnahmen über die Betriebsausgaben und die Gewinnermittlung durch Betriebsvermögensvergleich. Gewerbetreibende können den Gewinn nach dem Überschuß der Betriebseinnahmen über die Betriebsausgaben nur dann ermitteln, wenn sie nicht auf Grund gesetzlicher Vorschriften verpflichtet sind, Bücher zu führen und regelmäßig Abschlüsse zu machen. Bei dieser Gewinnermittlungsart sind die Betriebseinnahmen in dem Wirtschaftsjahr anzusetzen, in dem sie dem Steuerpflichtigen zugeflossen sind. Betriebsausgaben sind in dem Wirtschaftsjahr anzusetzen, in dem sie geleistet worden sind. Bei Gewerbetreibenden, die auf Grund gesetzlicher Vorschriften verpflichtet sind, Bücher zu führen und regelmäßig Abschlüsse zu machen, ist für den Schluß des Wirtschaftsjahres das Betriebsvermögen anzusetzen, das nach den Grundsätzen ordnungsmäßiger Buchführung auszuweisen ist. Gewerbetreibende sind zur Buchführung verpflichtet, wenn sie bei der letzten Veranlagung entweder einen Gesamtumsatz von 500 000 DM oder ein Betriebsvermögen von mehr als 125 000 DM oder einen Gewinn aus Gewerbebetrieb von mehr als 36 000 DM gehabt haben. Wenn keine Buchführung vorhanden ist oder wenn die geführten Bücher vom Finanzamt wegen Fehlerhaftigkeit nicht als ordnungsgemäß anerkannt werden, wird der steuerpflichtige Gewinn geschätzt.

428 Betriebseinnahmen sind alle Einnahmen in Geld oder Geldeswert, die im Rahmen der gewerblichen Tätigkeit zufließen. Für die Annahme einer Betriebseinnahme ist dabei Voraussetzung, daß ein sachlicher Zusammenhang zwischen Einnahme und Betrieb besteht, es genügt aber ein mittelbarer Zusammenhang. Auch Einnahmen aus sog. Hilfsgeschäften sind Betriebseinnahmen. Betriebsausgaben sind alle Aufwendungen, die durch den Betrieb veranlaßt sind. Betriebsausgaben sind bei Vereinen z. B. Löhne, Gehälter, Anschaffungskosten von Wirtschaftsgütern, Inanspruchnahme

von Dienstleistungen, Mieten, Pachten, Postkosten, Büromaterial, Reparaturen, Betriebssteuern, Betriebsversicherungen, Zinsen u. a. Einzelne Betriebsausgaben, die aber bei Vereinen kaum eine Rolle spielen, dürfen zur Verhinderung von Mißbräuchen insbesondere beim sog. Spendenabzug nicht oder nur in beschränkter Höhe abgesetzt werden.

Anschaffungskosten für abnutzbare Wirtschaftsgüter des Anlagevermögens 429
dürfen im Jahr der Anschaffung nicht sofort als Betriebsausgaben abgesetzt werden, wenn die Anschaffungskosten 800 DM für das einzelne Wirtschaftsgut übersteigen. Das Einkommensteuergesetz (§ 7 EStG) schreibt vor, daß bei Wirtschaftsgütern, deren Verwendung oder Nutzung sich erfahrungsgemäß auf einen Zeitraum von mehr als einem Jahr erstreckt, jeweils für ein Jahr nur der Teil der Anschaffungskosten abgesetzt werden darf, der bei gleichmäßiger Verteilung dieser Kosten auf die Gesamtdauer der Verwendung oder Nutzung auf ein Jahr entfällt. Diese Methode bezeichnet man als Absetzung für Abnutzung (AfA). Durch die AfA sollen die Anschaffungs- oder Herstellungskosten auf die Dauer der Nutzung des Wirtschaftsguts verteilt werden. Maßgebend für die Höhe der jährlichen AfA sind einmal die Anschaffungskosten des Wirtschaftsguts, zum anderen die Nutzungsdauer und schließlich die gewählte Verteilungsmethode. Zu den Anschaffungskosten rechnen alle Aufwendungen, die zum Erwerb des Wirtschaftsguts notwendig sind. Dabei ist es gleichgültig, ob diese Aufwendungen aus eigenen oder fremden Mitteln finanziert werden.

Die Absetzungen für Abnutzung sind sowohl bei der Gewinnermittlung 430
durch Vermögensvergleich als auch bei der Berechnung des Einnahmeüberschusses in der Weise zu berücksichtigen, daß von den Anschaffungskosten jeweils für ein Jahr derjenige Betrag abgesetzt wird, der bei der Verteilung dieser Kosten auf die betriebsgewöhnliche Nutzungsdauer auf dieses Jahr entfällt. Die betriebsgewöhnliche Nutzungsdauer muß unter Berücksichtigung der technischen und wirtschaftlichen Nutzungsdauer in der Regel geschätzt werden. Für Wirtschaftsgüter, die im Laufe eines Wirtschaftsjahrs angeschafft werden, kann nicht der volle Jahresbetrag, sondern nur der entsprechende Teil abgesetzt werden. Das gilt auch beim Ausscheiden eines Wirtschaftsguts im Laufe eines Wirtschaftsjahres. Von der Finanzverwaltung wird in diesen Fällen nicht beanstandet (vgl. Abschn. 44 Abs. 2 EStR), wenn für die in der ersten Hälfte eines Jahres angeschafften beweglichen Anlagegüter der für das ganze Jahr in Betracht kommende AfA-Betrag und für die in der zweiten Hälfte des Jahres angeschafften beweglichen Anlagegüter die Hälfte des für ein Jahr in Betracht kommenden AfA-Betrags abgesetzt wird.

Hinsichtlich der Abschreibungsmethoden sind grundsätzlich zu unterschei- 431
den die lineare und die degressive AfA. Die Anwendung der degressiven AfA ist überhaupt nur dann sinnvoll, wenn die Nutzungsdauer mindestens fünf Jahre beträgt. Die lineare AfA, d. h. die gleichmäßige Verteilung der Anschaffungskosten auf die Nutzungsdauer des Wirtschaftsguts, ist die Regel.

432 *Beispiel:*

Ein Anlagegut, dessen Anschaffungskosten 5000 DM betragen, hat eine betriebsgewöhnliche Nutzungsdauer von 5 Jahren; nach der linearen Abschreibungsmethode können demnach in jedem Jahr 1000 DM abgeschrieben werden.

433 Besondere Vorschriften gelten für die Absetzung für Abnutzung bei Gebäuden (§ 7 Abs. 4 und 5 EStG). Danach gilt folgendes:

1. Bei Gebäuden, soweit sie zu einem Betriebsvermögen gehören und nicht Wohnzwecken dienen und für die der Antrag auf Baugenehmigung nach dem 31. März 1985 gestellt worden ist, beträgt die jährliche AfA 4 v.H. der Anschaffungs- oder Herstellungskosten.
2. Bei Gebäuden, die nicht unter Nummer 1 fallen, und die vor dem 1. 1. 1925 fertiggestellt worden sind, beträgt die jährliche AfA 2,5 v.H., im Falle der Fertigstellung nach dem 31. 12. 1924 beträgt die jährliche AfA 2 v.H. der Anschaffungs- oder Herstellungskosten bzw. der maßgebenden Hilfswerte.
3. Ist die tatsächliche Nutzungsdauer in den Fällen der Nrn. 1 und 2 geringer, können entsprechend höhere Absetzungen vorgenommen werden.
4. Bei im Inland belegenen Gebäuden, die zu einem Betriebsvermögen gehören und nicht Wohnzwecken dienen und für die der Bauantrag nach dem 31. März 1985 gestellt worden ist und die vom Steuerpflichtigen hergestellt oder bis zum Ende des Jahres der Fertigstellung angeschafft worden sind, können anstelle der linearen Absetzungen
   a) im Jahr der Fertigstellung oder Anschaffung und in den folgenden 3 Jahren jeweils 10 v.H.,
   b) in den darauffolgenden 3 Jahren jeweils 5 v.H.,
   c) in den darauffolgenden 18 Jahren jeweils 2,5 v.H.

   der Herstellungskosten oder der Anschaffungskosten als Absetzungen für Abnutzung abgezogen werden.

434 Anschaffungskosten für sog. geringwertige Wirtschaftsgüter können von Vereinen sofort als Betriebsausgaben abgesetzt werden. Geringwertige Wirtschaftsgüter sind abnutzbare Anlagegüter, die einer selbständigen Bewertung und Nutzung fähig sind und deren Anschaffungskosten für das einzelne Wirtschaftsgut in neuem oder gebrauchtem Zustand 800 DM nicht übersteigen (§ 6 Abs. 2 EStG). Wird die Wertgrenze für das einzelne Wirtschaftsgut überschritten, so entfällt die Bewertungsfreiheit in vollem Umfange für dieses Wirtschaftsgut. Die Umsatzsteuer (Mehrwertsteuer) bleibt bei der Ermittlung der Wertgrenze für geringwertige Wirtschaftsgüter prinzipiell unberücksichtigt, auch wenn sie im Einzelfall nicht oder nicht in voller Höhe als Vorsteuer abziehbar ist.

435 Für die Inanspruchnahme der Bewertungsfreiheit ist nach § 6 Abs. 2 EStG Voraussetzung, daß die geringwertigen Wirtschaftsgüter unter Angabe des Tages der Anschaffung oder Herstellung und der Anschaffungs- oder Herstellungskosten in einem besonderen, laufend zu führenden Verzeichnis aufgeführt sind. Das Verzeichnis braucht nicht geführt zu werden, wenn sich die erforderlichen Angaben aus der Buchführung ergeben, wobei es erfor-

derlich ist, daß die geringwertigen Wirtschaftsgüter auf einem besonderen Konto verbucht werden. Auf das besondere Verzeichnis kann außerdem verzichtet werden, wenn sich die erforderlichen Angaben bereits aus dem Bestandsverzeichnis ergeben. Ferner brauchen die im Jahr der Anschaffung oder Herstellung in voller Höhe abgeschriebenen geringwertigen Anlagegüter nicht in das besondere Verzeichnis aufgenommen zu werden, wenn die Anschaffungs- oder Herstellungskosten, vermindert um einen darin enthaltenen Vorsteuerbetrag, für das einzelne Wirtschaftsgut nicht mehr als 100 DM betragen haben (Abschn. 40 Abs. 4 EStR).

Die gesamten Aufwendungen für ein Wirtschaftsgut, für das ein Steuer- **436**
pflichtiger Bewertungsfreiheit nach § 6 Abs. 2 EStG in Anspruch nimmt, müssen im Jahr der Anschaffung oder Herstellung in voller Höhe abgesetzt werden. Es ist nicht zulässig, im Jahr der Anschaffung oder Herstellung nur einen Teil der Aufwendungen abzusetzen und den Restbetrag auf die betriebsgewöhnliche Nutzungsdauer zu verteilen.

Auch bei Vereinen ist die Bildung einer Rückstellung möglich. Ist ein Verein **437**
satzungsgemäß verpflichtet, beim Ausscheiden von Mitgliedern einen Teil der »Beiträge« zurückzugewähren, kann die Bildung einer Rückstellung für ungewisse Verpflichtungen geboten sein (BFH-Urteil vom 28. 6. 1989 – BStBl. 1990 II S. 550).

Verpachtet ein Verein seinen wirtschaftlichen Geschäftsbetrieb, so hat er **438**
entsprechend der BFH-Entscheidung vom 13. 11. 1963 (BStBl. 1964 III S. 124) das Wahlrecht, ob er den Betrieb aufgeben oder ob und wie lange er das Betriebsvermögen während der Verpachtung fortführen will. Im Falle der Betriebsaufgabe müssen etwaige stille Reserven sofort versteuert werden, die Pachteinnahmen wären dann aber steuerfreie Einnahmen aus Vermögensverwaltung. Wird das Betriebsvermögen während der Verpachtung fortgeführt, rechnen die Pachteinnahmen zu den Einnahmen aus Gewerbebetrieb. – Vgl. hierzu FG Düsseldorf/Köln, Urteil vom 25. 8. 1971 (EFG 1972 S. 143) und Länder-Erlaß vom 17. 1. 1977 (FR S. 172).

Die Grundsätze der Betriebsaufspaltung sind auch bei Vereinen anzuwenden **439**
(vgl. StEK AO 1977 § 51 Nr. 1). Bei der Betriebsaufspaltung handelt es sich um die Teilung eines zuvor einheitlichen Unternehmens in ein Besitzunternehmen und eine Betriebsgesellschaft. Erforderlich ist eine enge sachliche und personelle Verflechtung zwischen Besitz- und Betriebsgesellschaft.

(3) Kapitalvermögen

Zu den Einkünften aus Kapitalvermögen (§ 20 EStG) gehören Gewinnantei- **440**
le (Dividenden), Zinsen, Ausbeuten und sonstige Bezüge aus Aktien, Kuxen, Genußscheinen, GmbH-Anteilen, Einkünfte als stiller Gesellschafter, Zinsen aus Hypotheken und Grundschulden sowie Renten aus Rentenschulden, Zinsen aus sonstigen Kapitalforderungen jeder Art, Diskontbeträge von Wechseln. Zu den Einkünften aus Kapitalvermögen gehören auch besondere Entgelte oder Vorteile, die neben den eben bezeichneten Einkünften oder an deren Stelle gewährt werden, ferner Einkünfte aus der Veräußerung von Dividendenscheinen, Zinsscheinen und sonstigen Ansprüchen, wenn die dazugehörigen Aktien, Schuldverschreibungen oder sonstigen

Anteile nicht mitveräußert werden. Soweit die genannten Einkünfte im Rahmen eines Betriebs der Land- und Forstwirtschaft oder eines Gewerbebetriebs anfallen, sind sie diesen Einkünften zuzurechnen.

441 Steuerpflichtig sind nur die Erträge aus dem Kapitalvermögen, nicht aber die Rückzahlung von hingegebenem Kapital. Wertänderungen des Kapitalvermögens selbst bleiben unberücksichtigt. Die Einkunftsermittlung erfolgt durch Gegenüberstellung der Einnahmen und der Werbungskosten.

442 Bei verschiedenen Kapitalerträgen wird die darauf entfallende Steuer sofort im Wege des Abzugs erhoben. Der Steuerabzug vom Kapitalertrag – sog. Kapitalertragsteuer – ist eine besondere Erhebungsform der Einkommensteuer (§§ 43–45 b EStG), die einbehaltene Steuer wird bei der Veranlagung auf die Körperschaftsteuerschuld des Vereins angerechnet. Vereinen, die ausschließlich und unmittelbar gemeinnützigen, mildtätigen oder kirchlichen Zwecken dienen, erstattet das Bundesamt für Finanzen auf Antrag die einbehaltene Kapitalertragsteuer (§ 44 c EStG). Voraussetzung ist eine entsprechende Bescheinigung des zuständigen Finanzamts. Zum Anspruch auf Erteilung dieser Bescheinigung vgl. BFH-Urteil vom 31. 10. 1984 (BStBl. 1985 II S. 162).

(4) Vermietung und Verpachtung

443 Vermietung ist die Überlassung einer bestimmten Sache zum Gebrauch an den Mieter, wofür dieser dem Vermieter den vereinbarten Mietzins zu entrichten hat (§ 535 BGB). Bei der Verpachtung wird nicht nur der verpachtete Gegenstand zum Gebrauch überlassen, sondern der Pächter kommt auch noch in den Genuß der Früchte, die infolge ordnungsmäßiger Wirtschaft während der Pachtzeit anfallen, und hierfür ist dem Verpächter der vereinbarte Pachtzins zu entrichten (§ 581 BGB).

444 Einkünfte aus Vermietung und Verpachtung (§ 21 EStG) sind insbesondere Einkünfte aus Vermietung und Verpachtung von Grundstücken, Gebäuden, Gebäudeteilen und grundstücksähnlichen Rechten, ferner von Betriebsvermögen und von Urheberrechten. Die Einkunftsermittlung erfolgt grundsätzlich nach dem Überschuß der Einnahmen über die Werbungskosten. Einnahmen sind alle Leistungen, die der Vermieter oder Verpächter auf Grund entsprechender Verträge vom Mieter oder Pächter erhält. Werbungskosten sind alle Aufwendungen zur Erwerbung, Sicherung und Erhaltung der Einnahmen. Voraussetzung für die Anerkennung von Ausgaben als Werbungskosten ist, daß ein ausreichend klarer wirtschaftlicher Zusammenhang zwischen den Ausgaben und der Einkunftsart vorliegt. Werbungskosten sind bei Mieteinkünften alle Kosten, die mit der Erzielung der Einkünfte aus Vermietung und Verpachtung wirtschaftlich zusammenhängen. Werbungskosten können auch in Frage kommen, wenn vorübergehend Einnahmen nicht erzielt werden (BFH-Urteil vom 1. 12. 1950 – BStBl. 1951 III S. 137).

445 Nach § 21 Abs. 2 EStG gehört zu den Einkünften aus Vermietung und Verpachtung auch der Nutzungswert der Wohnung im eigenen Haus. Die Frage, ob diese Vorschrift auch auf juristische Personen angewendet werden kann, wird im Schrifttum allgemein verneint. Ein rechtsfähiger Verein,

der ihm gehörige Räume in Erfüllung seines satzungsmäßigen Zwecks zur Abhaltung von Versammlungen gebraucht, hat den Nutzungswert dieser Räume nicht zu versteuern (BFH-Urteil vom 6. 3. 1985 – BStBl. II S. 407).

Verpachtet ein Verein einen wirtschaftlichen Geschäftsbetrieb, z. B. eine Vereinsgaststätte, sofort bei Einrichtung des Betriebs, sind die Pachtzinsen als steuerfreie Einkünfte aus Vermögensverwaltung (vgl. Tz. 273 ff.) anzusehen. War der wirtschaftliche Geschäftsbetrieb bereits vom Verein selbst betrieben worden, besteht im Falle der Verpachtung ein Wahlrecht, ob die Verpachtung als Betriebsaufgabe behandelt werden oder ob das Betriebsvermögen fortgeführt werden soll. Die Beantwortung dieser Frage muß nach den Umständen des Einzelfalles erfolgen. **446**

Bei den Einkünften aus Vermietung und Verpachtung können als Werbungskosten z. B. insbesondere folgende Aufwendungen in Betracht kommen: Absetzung für Abnutzung, Erhaltungsaufwand, Reparaturen, Schuldzinsen, Grundsteuer, Versicherungen, Gebühren, Beiträge, Heizung, Beleuchtung, Verwaltung, sonstige Hauskosten. **447**

Wichtig ist die Unterscheidung zwischen Erhaltungsaufwand und Herstellungsaufwand. Erhaltungsaufwendungen können im Jahr der Verausgabung grundsätzlich in voller Höhe als Werbungskosten von den Einnahmen aus Vermietung und Verpachtung abgezogen werden. Zum Erhaltungsaufwand zählen grundsätzlich die Aufwendungen, die **448**
a) die Wesensart des Grundstücks nicht verändern und
b) das Grundstück in ordnungsmäßigem Zustand erhalten sollen und
c) regelmäßig in ungefähr gleicher Höhe wiederkehren.

Insbesondere gehören zum Erhaltungsaufwand die Aufwendungen für die laufende Instandhaltung und für die Instandsetzung, diese Aufwendungen werden im allgemeinen durch die gewöhnliche Nutzung des Grundstücks veranlaßt. **449**

Herstellungsaufwendungen haben regelmäßig eine Verbesserung oder Veränderung des Gebäudes zur Folge, so daß sich der Nutzen solcher Aufwendungen auf einen längeren Zeitraum verteilt. Herstellungsaufwendungen dürfen deshalb nicht sofort abgezogen werden, sondern sie dürfen nur im Wege der Absetzung für Abnutzung die Einnahmen aus Vermietung und Verpachtung mindern. **450**

Herstellungsaufwand ist bei einem Gebäude im allgemeinen anzunehmen, wenn das Gebäude durch die Baumaßnahme in seiner Substanz vermehrt, in seinem Wesen verändert, oder über seinen bisherigen Zustand hinaus erheblich verbessert wird. Zum Herstellungsaufwand gehören insbesondere Aufwendungen **451**
a) für die Erweiterung des Gebäudes (z. B. Anbau, Umbau),
b) für die Verbesserung des Gebäudes über den Zustand vor Beginn der Herstellungsarbeiten hinaus (z. B. Einbau einer Sammelheizung anstelle der Ofenheizung, Einbau einer Fahrstuhlanlage),
c) für die Änderung des Gebäudes (z. B. bauliche Umgestaltung der Räume, Umgestaltung der Fassade).

452 Ob Herstellungsaufwand vorliegt, ist im allgemeinen nur zu prüfen, wenn es sich um eine verhältnismäßig große Aufwendung handelt (Abschn. 157 Abs. 4 EStR). Betragen die Aufwendungen für die einzelne Baumaßnahme nicht mehr als 4000 DM je Gebäude, so ist auf Antrag dieser Aufwand stets als Erhaltungsaufwand zu behandeln.

453 Die Absetzungen für Abnutzung (AfA) bei Wohngebäuden sind nach § 7 EStG wie folgt geregelt:

1. Für Wohngebäude
   a) die vor dem 1. 1. 1925 fertiggestellt worden sind, beträgt die jährliche AfA linear 2,5 v.H.,
   b) die nach dem 31. 12. 1924 fertiggestellt worden sind, beträgt die jährliche AfA linear 2 v.H.

   der Anschaffungs- oder Herstellungskosten; ist die tatsächliche Nutzungsdauer geringer, so können die der tatsächlichen Nutzungsdauer entsprechenden Absetzungen für Abnutzung vorgenommen werden.
2. Bei im Inland belegenen Wohngebäuden, die vom Steuerpflichtigen vor dem 28. 2. 1989 hergestellt oder bis zum Ende des Jahres der Fertigstellung angeschafft worden sind, können als Absetzung für Abnutzung die folgenden Beträge abgezogen werden:
   a) im Jahr der Fertigstellung oder Anschaffung und in den folgenden 7 Jahren jeweils 5 v.H.,
   b) in den darauffolgenden 6 Jahren jeweils 2,5 v.H.,
   c) in den darauffolgenden 36 Jahren jeweils 1,25 v.H.

   der Anschaffungs- oder Herstellungskosten. Im Fall der Anschaffung darf der Hersteller selbst keine AfA vorgenommen haben.
3. Bei im Inland belegenen Wohngebäuden, für die der Bauantrag nach dem 28. 2. 1989 gestellt worden ist und die vom Steuerpflichtigen hergestellt worden sind oder die vom Steuerpflichtigen nach dem 28. 2. 1989 auf Grund eines nach diesem Zeitpunkt rechtswirksam abgeschlossenen Vertrags bis zum Ende des Jahres der Fertigstellung angeschafft worden sind, können als Absetzung für Abnutzung folgende Beträge abgezogen werden:
   a) im Jahr der Fertigstellung und in den folgenden 3 Jahren jeweils 7 v.H.,
   b) in den darauffolgenden 6 Jahren jeweils 5 v.H.,
   c) in den darauffolgenden 6 Jahren jeweils 2 v.H.,
   d) in den darauffolgenden 24 Jahren jeweils 1,25 v.H.

   der Anschaffungs- oder Herstellungskosten. Im Fall der Anschaffung darf der Hersteller selbst keine AfA vorgenommen haben.

454 Gebäude sind hinsichtlich der AfA grundsätzlich als Einheit zu behandeln. Unselbständige Gebäudeteile sind deshalb einheitlich mit dem Gebäude abzuschreiben, zu dem sie gehören, gleichgültig ob das Gebäude zum Privatvermögen oder zum Betriebsvermögen gehört (BFH-Beschluß vom 26. 11. 1973 – BStBl. 1974 II S. 132). Gebäudeteile, die nicht in einem einheitlichen Nutzungs- und Funktionszusammenhang mit dem Gebäude stehen, sind selbständige Wirtschaftsgüter und deshalb gesondert vom Gebäude abzuschreiben (vgl. Abschn. 42 Abs. 8 EStR). Ein Gebäudeteil ist selbständig, wenn er besonderen Zwecken dient, mithin in einem von der

eigentlichen Gebäudenutzung verschiedenen Nutzungs- und Funktionszusammenhang steht.

(5) Sonstige Einkünfte

Hierbei handelt es sich nach § 22 EStG um Einkünfte aus wiederkehrenden Bezügen, aus Spekulationsgeschäften oder aus Leistungen. Da derartige Einkünfte bei Vereinen kaum vorkommen dürften, wird auf weitere Erläuterungen hierzu verzichtet. **455**

(6) Nicht abzugsfähige Ausgaben

Bestimmte Ausgaben sind kraft Gesetzes (§ 10 KStG) nicht abzugsfähig, d. h. sie dürfen das steuerliche Einkommen nicht mindern. Die nicht abzugsfähigen Ausgaben sind **456**

1. die Aufwendungen für die Erfüllung von Zwecken, die dem Verein durch die Satzung vorgeschrieben sind;
2. die Steuern vom Einkommen und sonstigen Personensteuern (z. B. Vermögensteuer) sowie die Umsatzsteuer für den Eigenverbrauch;
3. in einem Strafverfahren festgesetzte Geldstrafen, sonstige Rechtsfolgen vermögensrechtlicher Art, bei denen der Strafcharakter überwiegt, und Leistungen zur Erfüllung von Auflagen oder Weisungen, soweit die Auflagen oder Weisungen nicht lediglich der Wiedergutmachung des durch die Tat verursachten Schadens dienen;
4. die Hälfte der Vergütungen jeder Art, die an mit der Überwachung der Geschäftsführung beauftragte Personen gewährt werden.

Aufwendungen, die weder Betriebsausgaben noch Werbungskosten sind, dürfen von den Einnahmen nicht abgezogen werden. Dies gilt vor allem für solche Ausgaben, die sich als Einkommensverwendung darstellen (vgl. *Blümich/Klein/Steinbring/Stutz,* KStG, Anm. 1 zu § 12). **457**

c) Mitgliederbeiträge

Bei Vereinen bleiben für die Ermittlung des Einkommens die auf Grund der Satzung erhobenen Beiträge der Mitglieder außer Ansatz (§ 8 Abs. 7 KStG). Diese Vorschrift bedeutet, daß die von den Vereinsmitgliedern auf Grund der Satzung zu zahlenden Mitgliederbeiträge nicht zu den steuerpflichtigen Einnahmen der Vereine rechnen. **458**

(1) Begriff

Mitgliederbeiträge im Sinne von § 8 Abs. 7 KStG sind Beiträge, die die Mitglieder einer Personenvereinigung lediglich in ihrer Eigenschaft als Mitglieder nach der Satzung zu entrichten haben. Sie dürfen der Personenvereinigung nicht für die Wahrnehmung besonderer geschäftlicher Interessen ihrer Mitglieder zufließen (vgl. BFH-Urteil vom 29. 8. 1973 – BStBl. 1974 II S. 60). **459**

Mitgliederbeiträge, die auf Grund der Satzung erhoben werden, bleiben bei der Ermittlung des Einkommens von unbeschränkt oder beschränkt körperschaftsteuerpflichtigen Personenvereinigungen außer Ansatz (§ 8 Abs. 7 KStG). Als Voraussetzung für die Steuerfreiheit wird verlangt, daß **460**

a) die Satzung die Art und Höhe der Mitgliederbeiträge bestimmt,
b) die Satzung einen bestimmten Berechnungsmaßstab vorsieht,
c) die Satzung ein Organ bezeichnet, das die Beiträge der Höhe nach erkennbar festsetzt.

Es genügt, wenn eine dieser Voraussetzungen erfüllt ist (Abschn. 38 Abs. 2 KStR).

461 *Beispiele:*

(1) In der Satzung eines Vereins ist vorgeschrieben, daß jedes Mitglied einen Jahresbeitrag von 50 DM zu zahlen hat.

(2) In der Satzung eines Gartenvereins ist vorgeschrieben, daß der Mitgliedsbeitrag 0,25 DM je qm der den einzelnen Mitgliedern gehörenden Bodenfläche beträgt.

(3) In der Satzung ist vorgeschrieben, daß eine jeweils im November jeden Jahres einzuberufende Mitgliederversammlung die Höhe und Bemessungsgrundlage des Mitgliederbeitrags für das kommende Jahr beschließt.

(4) Sind auf Grund der Satzung die Vereinsbeiträge entsprechend der wirtschaftlichen Leistungsfähigkeit der Mitglieder gestaffelt, so können nach Meinung des Hessischen FG (Urteil vom 21. 9. 1976 – EFG 1977 S. 88) dann echte Mitgliedsbeiträge vorliegen, wenn die Mitglieder, die höhere Beiträge zahlen, nur die gleichen satzungsmäßigen Rechte und Vorteile wie die Mitglieder erlangen, die den Mindestbeitrag zahlen.

(2) Beiträge oder Entgelte

462 Für die Frage, ob die Zahlungen der Mitglieder an den Verein als reine Mitgliederbeiträge anzusprechen und daher bei Ermittlung des Einkommens außer Ansatz zu lassen sind, kommt es auf die Zweckbestimmung des Vereins an (vgl. RFH-Urteil vom 16. 6. 1942 – GW-StRK KStG 1934 § 8 R. 6). Mitgliederbeiträge sind hier in weitem Sinne zu verstehen, denn sie umfassen alles, was die Mitglieder kraft ihrer gesellschaftlichen Verpflichtung zu leisten haben, so z. B. auch Eintrittsgelder und Vereinsstrafen (vgl. RFH-Urteil vom 30. 10. 1928 – Bd. 24 S. 173); zur Beurteilung der Eintrittsgelder vgl. auch BFH-Urteile vom 19. 2. 1964 (BStBl. III S. 277) und vom 9. 6. 1964 (HFR S. 457).

463 Die Entscheidung darüber, ob echte Mitgliederbeiträge vorliegen, kann in der Regel sowohl für die Körperschaftsteuer als auch für die Umsatzsteuer nach weitgehend deckungsgleichen Kriterien einheitlich getroffen werden.

464 Ob sich eine Leistung eines Mitglieds als Beitrag darstellt, hängt wesentlich von der Zweckbestimmung der Vereinigung ab. Bei z. B. geselligen, gemeinnützigen oder mildtätigen Vereinen wird die Leistung des Mitglieds vermutlich ein Beitrag sein. Für die Fälle, in denen Erwerbsgesellschaften mit ihren Mitgliedern Leistungen und Gegenleistungen austauschen, besteht die – widerlegbare – Vermutung, daß die der Gesellschaft zufließenden Lei-

stungen der Gesellschafter nicht die Eigenschaft von steuerfreien Beiträgen haben. Denn ein Gewerbetreibender, der einer Vereinigung beitritt, von deren Tätigkeit er sich eine Förderung seines Gewerbes verspricht, wird dabei, wie auch sonst in seinem Geschäft, nach dem Grundsatz von Leistung und Gegenleistung handeln (vgl. RFH-Urteil vom 14. 2. 1939 – M-Kartei KStG 1934 § 3 R. 5 mit Zitaten weiterer RFH-Rechtsprechung).

Beispiele: **465**

(1) Darlehen: Beschränkt sich die Tätigkeit eines Vereins darauf, seinen Mitgliedern zinsgünstige Darlehen zu gewähren, so sind die gesamten Beiträge Entgelte für diese Leistungen (BFH-Urteil vom 28. 6. 1989 – BStBl. 1990 S. 550).

(2) Erwerbsgesellschaft: In den Fällen, in denen Erwerbsgesellschaften mit ihren Mitgliedern Leistungen und Gegenleistungen austauschen, ist in der Regel anzunehmen, daß die der Gesellschaft zufließende Gegenleistung nicht den Charakter eines Gesellschafterbeitrags hat (vgl. RFH-Urteil vom 14. 11. 1929 – Bd. 26 S. 124).

(3) Gewinnsparverein: Erheben Gewinnsparvereine (Prämiensparvereine, Volkssparvereine) Mitgliederbeiträge, handelt es sich nicht um echte Mitgliederbeiträge (StEK KStG § 1 Nr. 32).

(4) Hefebezugsvereinigung: Einer von Mitgliedern einer Bäkkerinnung gebildeten Hefebezugsvereinigung wurde die Steuerfreiheit der Mitgliederbeiträge versagt, weil es sich nur der äußeren Form nach um eine nicht rechtsfähige Personenvereinigung handelte, diese Vereinigung steuerlich aber als Betrieb gewerblicher Art einer Körperschaft des öffentlichen Rechts anzusehen ist (vgl. RFH-Urteil vom 14. 1. 1936 – M-Kartei KStG 1934 § 8 R. 1).

(5) Kleingärtner- und Siedlervereine: Die von solchen Vereinen erhobenen Beiträge enthalten in der Regel keine Entgelte für die Gewährung besonderer wirtschaftlicher Vorteile. Im allgemeinen werden deshalb von der Finanzverwaltung diese Beiträge ohne Prüfung als echte Mitgliederbeiträge angesehen (vgl. Abschn. 40 Abs. 2 KStR).

(6) Konditionenkartell: Umlagen von Mitgliedswerken eines Konditionenkartells sind nicht als steuerfreie Mitgliederbeiträge anerkannt worden (RFH-Urteil vom 14. 2. 1939 – M-Kartei KStG 1934 § 8 R. 6).

(7) Krankenkassenverband: Umlagen, die von den Mitgliedskassen eines öffentlich-rechtlichen Krankenkassenverbandes an dessen Betrieb gewerblicher Art abgeführt werden, sind keine steuerfreien Mitgliederbeiträge, sondern steuerpflichtige Betriebseinnahmen oder Einlagen des Verban-

des (RFH-Urteil vom 17. 12. 1938 – M-Kartei KStG 1934 § 8 R. 5).

(8) Lohnsteuerhilfevereine: Die von solchen Vereinen erhobenen Beiträge sind in vollem Umfange steuerpflichtige Entgelte für Gegenleistungen der Vereine an ihre Mitglieder (vgl. BFH-Urteil vom 29. 8. 1973 – BStBl. 1974 II S. 60 und Abschn. 40 Abs. 6 KStR).

(9) Milchkontrollverein: Von einem Milchkontrollverein erhobene Beiträge je kontrollierte Kuh sind keine steuerfreien Mitgliederbeiträge, sondern in vollem Umfange Entgelte für pauschalierte Gegenleistungen des Vereins (BFH-Urteil vom 17. 3. 1964 – StRK KStG § 8 R. 9).

(10) Pelztierzüchter: Mitgliederbeiträge nicht steuerbegünstigter Verbände und Vereine der Pelztierzüchter sind regelmäßig in vollem Umfang als steuerpflichtige Entgelte anzusehen (vgl. Abschn. 40 Abs. 3 KStR).

(11) Preiskartell: Umlagen von Mitgliedswerken eines Preiskartells sind nicht als steuerfreie Mitgliederbeiträge anerkannt worden (RFH-Urteil vom 14. 2. 1939 – M-Kartei 1934 § 8 R. 6).

(12) Reisen: Beschränkt sich die Tätigkeit eines Vereins darauf, seinen Mitgliedern preisgünstige Reisen zu vermitteln, so sind die gesamten Beiträge Entgelte für diese Leistungen (BFH-Urteil vom 28. 6. 1989 – BStBl. 1990 S. 550).

(13) Stutbuchgesellschaft: Beiträge und Gebühren, die Stutbuchgesellschaften erheben, können steuerpflichtige Gegenleistungen der Mitglieder für die Leistungen der Gesellschaft darstellen (RFH-Urteil vom 1. 10. 1940 – M-Kartei KStG 1934 § 8 R. 10).

(14) Vermittlungssyndikat: Die von den Mitgliedern eines in die Form einer Gesellschaft des bürgerlichen Rechts gekleideten Vermittlungssyndikats gezahlten Unkostenbeiträge sind als steuerpflichtige Gegenleistungen für Leistungen der Syndikate angesehen worden (RFH-Urteil vom 28. 2. 1939 – M-Kartei KStG 1934 § 8 R. 7).

(15) Warenzeichenverband: Umlagen eines Warenzeichenverbandes, die pauschalierte Entgelte der einzelnen Mitglieder durch zusammengefaßte Werbung darstellen, sind keine steuerfreien Mitgliedsbeiträge (BFH-Urteil vom 8. 6. 1966 – BStBl. III S. 632).

466 Nach FG des Saarlandes (Urteil vom 22. 5. 1985 – EFG S. 464) spricht es gegen die Annahme echter Beitragszahlungen, wenn

a) der Vereinszweck als solcher durch das (nur geringfügige) Beitragsaufkommen nicht finanzierbar ist;

b) der Verein seine Mitglieder durch die Satzung verpflichtet, sich seiner gewerblichen Einrichtungen zu bedienen;
c) der Verein Informationen und Auskünfte an seine Mitglieder satzungsgemäß dahingehend einschränkt, daß damit für ihn »kein erheblicher Zeitaufwand« verbunden sein darf;
d) die Höhe des Jahresbeitrags sich progressiv jeweils danach richtet, für welchen Jahresrechnungsbetrag das Mitglied im vorangegangenen Kalenderjahr die gewerblichen Leistungen des Vereins in Anspruch genommen hat;
e) der Gesamtrechnungsbetrag der im Vorjahr erbrachten Dienstleistungen des Vereins ausschlaggebend dafür ist, über wie viele (zusätzliche) Stimmen das Mitglied bei der Abstimmung in der Mitgliederversammlung verfügt.

Vereinsbeiträge, die ein Entgelt für bestimmte Leistungen des Vereins 467
zugunsten seiner Mitglieder darstellen, sind keine Mitgliedsbeiträge im Sinne des § 8 KStG (vgl. BFH-Urteile vom 29. 8. 1973 – BStBl. 1974 II S. 60 und vom 28. 6. 1989 – BStBl. 1990 S. 550).

(3) Pauschalierte Gegenleistungen

Ein Austausch von Leistungen und Gegenleistungen zwischen Vereinen und 468
ihren Vereinsmitgliedern kann auch dann vorliegen, wenn nicht einzelne Leistungen mit Einzelvergütungen abgegolten werden. Leistungen können auch in der Weise vergütet werden, daß ein Pauschbetrag für mehrere, insbesondere für laufende Leistungen gewährt wird. Auch kann die Höhe der Vergütung z. B. nach dem Umsatz bemessen werden, der mit der von der Vereinigung gewährten Leistung erzielt wird (vgl. RFH-Urteil vom 14. 2. 1939 – M-Kartei KStG 1934 § 3 R. 5).

Dient eine Personenvereinigung auch der wirtschaftlichen Förderung der 469
Einzelmitglieder, so sind die Beiträge an diese Vereinigung insoweit keine echten, d. h. steuerfreie Mitgliederbeiträge, sondern pauschalierte Gegenleistungen für die Förderung durch die Vereinigung. Das gilt auch dann, wenn die Vereinigung keinen wirtschaftlichen Geschäftsbetrieb ausübt (vgl. Abschn. 38 Abs. 3 KStR). In derartigen Mischfällen sind die Mitgliederbeiträge im Wege der Schätzung in einen steuerfreien Teil – reine Mitgliederbeiträge – und in einen steuerpflichtigen Teil – pauschalierte Gegenleistungen – aufzuteilen (vgl. BFH-Urteile vom 5. 6. 1953 – BStBl. III S. 212, vom 16. 11. 1954 – BStBl. 1955 III S. 12, vom 12. 7. 1955 – BStBl. III S. 271, vom 9. 2. 1965 – BStBl. III S. 294 und vom 8. 6. 1966 – BStBl. III S. 632).

Beispiele: 470

(1) Fremdenverkehrsvereine und Landesfremdenverkehrsverbände: Aus Vereinfachungsgründen bestehen nach Ansicht der Finanzverwaltung keine Bedenken, bei derartigen Vereinen nur 25 v.H. der Beitragseinnahmen als steuerpflichtige Einnahmen zu behandeln (vgl. Abschn. 40 Abs. 5 KStR).

(2) Haus- und Grundbesitzervereine: Von den eigenen Beitragseinnahmen, d. h. gesamte Beitragseinnahmen abzüg-

lich der an übergeordnete Verbände – Zentralverband, Provinzialverband, Landesverband – abgeführten Beträge, werden von der Finanzverwaltung 20 v.H. als steuerpflichtige Einnahmen angesehen (vgl. Abschn. 39 KStR). Werden neben den Beiträgen zusätzlich besondere Entgelte für bestimmte Sonderleistungen erhoben, so sind diese Entgelte den steuerpflichtigen Einnahmen in voller Höhe hinzuzurechnen. Sind die von den steuerpflichtigen Beitragseinnahmen abzuziehenden Ausgaben ständig höher als die Einnahmen, dann ist der Anteil als steuerpflichtig zu behandelnden Beitragseinnahmen so zu erhöhen, daß diese Einnahmen zumindest den abzugsfähigen Ausgaben entsprechen (vgl. BFH-Urteil vom 9. 2. 1965 – BStBl. III S. 294).

(3) Mietervereine: Bei der Abgrenzung der steuerfreien Mitgliederbeiträge von den steuerpflichtigen Beiträgen ist die Regelung für Haus- und Grundbesitzervereine entsprechend anzuwenden (vgl. Abschn. 39 KStR).

(4) Obst- und Gartenbauvereine: Bei der Abgrenzung der steuerfreien Mitgliederbeiträge von den steuerpflichtigen Beiträgen ist die Regelung für Haus- und Grundbesitzervereine entsprechend anzuwenden (vgl. Abschn. 40 Abs. 1 KStR).

(5) Tierzuchtverbände und Vatertierhaltungsvereine: Die Finanzverwaltung behandelt in der Regel nur 50 v.H. der Mitgliederbeiträge als steuerpflichtige Beitragseinnahmen. Zu den Beitragseinnahmen gehören außer den Mitgliederbeiträgen auch die Beiträge, die nicht laufend, sondern einmalig als sog. Gebühren entrichtet werden (vgl. Abschn. 40 Abs. 3 KStR).

471 Zu beachten ist, daß in den Fällen der Aufteilung der Mitgliederbeiträge in einen steuerfreien und einen steuerpflichtigen Teil auch die Ausgaben des Vereins entsprechend der wirtschaftlichen Zugehörigkeit in einen abzugsfähigen und einen nicht abzugsfähigen Teil aufgeteilt werden müssen. Die neben den Mitgliederbeiträgen den Vereinen sonst noch zufließenden steuerpflichtigen Einkünfte sind nach den allgemeinen steuerlichen Grundsätzen zu ermitteln; Ausgaben, die mit solchen zusätzlichen steuerpflichtigen Einnahmen wirtschaftlich zusammengehören, sind in voller Höhe von diesen Einnahmen abzusetzen.

472 *Berechnungsbeispiel:*
Ein Mieterverein hat im Jahr 100 000 DM Einnahmen, und zwar 84 000 DM Mitgliederbeiträge und 16 000 DM Mieteinnahmen. Die körperschaftsteuerpflichtigen Einnahmen sind wie folgt zu ermitteln:

Mitgliederbeiträge	84 000 DM
abzüglich Beitragsabführung an übergeordnete Verbände	10 000 DM
verbleibende Beitragssumme	74 000 DM

davon 20 v.H. steuerpflichtig	14 800 DM
zuzüglich Mieteinnahmen	16 000 DM
Summe der steuerpflichtigen Einnahmen	30 800 DM

Die Ausgaben, die mit den eigenen Beitragseinnahmen (74 000 DM) und den Mieteinnahmen (16 000 DM) zusammenhängen, betragen 60 000 DM; davon können abgezogen werden

$$= \frac{60\,000 \times 30\,800}{90\,000} \qquad 20\,533 \text{ DM}$$

Einkommen	10 267 DM

Das Problem der echten und unechten Mitgliederbeiträge spielt auch für die Umsatzsteuer (vgl. Tz. 683 ff.) eine wichtige Rolle. 473

d) Freibeträge

Das Körperschaftsteuergesetz enthält in den §§ 24 und 25 KStG Freibetragsregelungen u.a. für Vereine. Durch die Freibeträge sollen einerseits bei der Besteuerung Härten vermieden und andererseits die Finanzbehörden von einem Arbeitsaufwand entlastet werden, der bei kleineren Vereinen erfahrungsgemäß nicht in einem angemessenen Verhältnis zum erwarteten Steueraufkommen steht. Denn durch die Freibetragsregelung können Vereine mit nur geringfügigem steuerpflichtigem Einkommen von der Besteuerung freigestellt werden. 474

(1) Allgemeine Regelung

Nach § 24 KStG wird vom Einkommen unbeschränkt steuerpflichtiger Vereine ein Freibetrag von 7500 DM, höchstens jedoch in Höhe des Einkommens, abgezogen. Diese Regelung bedeutet, daß der Abzug des Freibetrags nicht zu einem Verlust führen darf. Ab 1990 wird dieser Freibetrag uneingeschränkt allen Vereinen gewährt. 475

Der allgemeine Freibetrag ist interessant besonders für Vereine mit wirtschaftlichem Geschäftsbetrieb, der über der Besteuerungsgrenze liegt, weil der körperschaftsteuerpflichtige Gewinn um den Freibetrag gekürzt wird. Bleibt der Gewinn innerhalb des Freibetrags, wird Körperschaftsteuer nicht erhoben. 476

(2) Vereine, die Land- und Forstwirtschaft betreiben

Der § 25 KStG enthält eine Sonderregelung für Erwerbs- und Wirtschaftsgenossenschaften sowie für Vereine, die Land- und Forstwirtschaft betreiben. Vom Einkommen der unbeschränkt steuerpflichtigen Vereine, deren Tätigkeit sich auf den Betrieb der Land- und Forstwirtschaft beschränkt, ist ein Freibetrag in Höhe von 30 000 Deutsche Mark, höchstens jedoch in Höhe des Einkommens, im Veranlagungszeitraum der Gründung und in den folgenden neun Veranlagungszeiträumen abzuziehen. Voraussetzung ist, daß 477

1. die Mitglieder dem Verein Flächen zur Nutzung oder für die Bewirtschaftung der Flächen erforderliche Gebäude überlassen und

2. bei Vereinen das Verhältnis des Werts des Anteils an dem Vereinsvermögen, der im Fall der Auflösung des Vereins an das einzelne Mitglied fallen würde, zu dem Wert des Vereinsvermögens nicht wesentlich von dem Verhältnis abweicht, in dem der Wert der von dem einzelnen Mitglied zur Nutzung überlassenen Flächen und Gebäude zu dem Wert der insgesamt zur Nutzung überlassenen Flächen und Gebäude steht.

478 Die Vorschrift trägt der in der Land- und Forstwirtschaft festgestellten Tendenz Rechnung, die land- und forstwirtschaftliche Tätigkeit nicht nur in Einzelbetrieben, sondern auch in Form von Zusammenschlüssen auszuüben. Der Gesetzgeber hielt es für angebracht, steuerliche Vorschriften, die aus agrarpolitischer Sicht als Hemmnis für die Bildung derartiger Zusammenschlüsse angesehen werden, zu beseitigen oder in gewissem Umfang zu mildern. Es wurde deshalb ein Freibetrag von jährlich 30 000 DM für unbeschränkt steuerpflichtige Erwerbs- und Wirtschaftsgenossenschaften sowie Vereine eingeführt, deren Tätigkeit sich auf den Betrieb der Land- und Forstwirtschaft beschränkt und bei denen eine rein kapitalistische Beteiligung ausgeschlossen ist.

479 Das gleiche gilt für Vereine, die eine gemeinschaftliche Tierhaltung im Sinne des § 51 a Bewertungsgesetz betreiben. In § 51 a BewG ist im einzelnen geregelt, unter welchen Voraussetzungen die von Vereinen betriebene Tierzucht und Tierhaltung noch zur landwirtschaftlichen Nutzung gehört.

480 Beträgt das Einkommen weniger als 30 000 DM, so ist ein Freibetrag nur in Höhe des Einkommens abzuziehen. Der Freibetrag wird pro Veranlagungszeitraum gewährt, jedoch nicht länger als 10 Jahre, das Gründungsjahr eingeschlossen. Im Gegensatz zur Regelung bei kleinen Vereinen wird der Freibetrag hier unabhängig von der Höhe des Einkommens gewährt.

e) Gemeinnützige Vereine

481 Eine große Zahl von Vereinen, die zwar unbeschränkt körperschaftsteuerpflichtig sind, werden dennoch von der Körperschaftsteuer nicht erfaßt, weil sie unter eine der persönlichen Befreiungsvorschriften (§ 5 KStG) fallen. Vereine, die nach der Satzung und nach ihrer tatsächlichen Geschäftsführung selbstlos, ausschließlich und unmittelbar kirchlichen, gemeinnützigen oder mildtätigen Zwecken dienen, sind von der Körperschaftsteuer befreit (§ 5 Abs. 1 Nr. 9 KStG). Für die Durchführung dieser persönlichen Steuerbefreiung gelten die §§ 51 bis 68 AO (vgl. Tz. 59 ff.). Voraussetzung für die Befreiung von der Körperschaftsteuer ist, daß der Verein

a) nach der Satzung,
b) nach der tatsächlichen Geschäftsführung,
c) selbstlos, ausschließlich und unmittelbar,
d) gemeinnützige, mildtätige oder kirchliche Zwecke

verfolgt. In der Praxis der Vereine wird die Verfolgung gemeinnütziger Zwecke überwiegen.

482 Die Anerkennung der Gemeinnützigkeit ist ein deklaratorischer Akt (vgl. BFH-Urteil vom 11. 8. 1961 – StRK StAnpG § 17 R. 11). Die Steuerbefreiung gilt nur für diejenigen Veranlagungszeiträume, für die die Gemeinnützigkeit festgestellt worden ist. Unterhalten gemeinnützige Vereine einen wirtschaftlichen Geschäftsbetrieb, der über den Rahmen einer Vermögensverwaltung hinausgeht, so sind sie insoweit steuerpflichtig. Ein wirtschaftlicher Geschäftsbetrieb ist nach § 14 AO eine selbständige nachhaltige Tätigkeit, durch die Einnahmen oder andere wirtschaftliche Vorteile erzielt werden und die über den Rahmen einer Vermögensverwaltung hinausgeht; die Absicht, Gewinn zu erzielen, ist nicht erforderlich (wegen Einzelheiten vgl. Tz. 268 ff.).

Unterhält ein gemeinnütziger Verein einen wirtschaftlichen Geschäftsbe- **483**
trieb, so ist er nur mit den Einnahmen aus diesem wirtschaftlichen Geschäftsbetrieb körperschaftsteuerpflichtig. Es ist jedoch wichtig, festzuhalten, daß dann der Verein selbst steuerpflichtig wird, nicht etwa der Geschäftsbetrieb allein. Gesondert ermittelt wird lediglich das Einkommen des wirtschaftlichen Geschäftsbetriebs; Steuerpflichtiger und Steuerschuldner ist der Verein. Weil nur das Einkommen des wirtschaftlichen Geschäftsbetriebs der Körperschaftsteuer unterliegt, sind die Einnahmen und die Ausgaben des wirtschaftlichen Geschäftsbetriebs gesondert aufzuzeichnen und festzustellen. Bei den Einnahmen ist diese Trennung in der Regel ohne größere Schwierigkeiten möglich, bei den Ausgaben ergeben sich meist dann Komplikationen, wenn eine Vereinsbetätigung teils steuerfrei und teils steuerpflichtig ist.

Beispiele: **484**

(1) Die Aufteilung der Einnahmen und Ausgaben auf den steuerpflichtigen Teil und den gemeinnützigen Teil hat nach dem Gesichtswinkel der wirtschaftlichen Zugehörigkeit zu erfolgen; die Aufteilung ist im einzelnen Falle regelmäßig das Ergebnis tatsächlicher Würdigung (vgl. BFH-Urteil vom 24. 2. 1953 – BStBl. III S. 109).

(2) Begründet die wirtschaftliche Verwertung der geistigen Arbeit eines Ordensangehörigen durch den Orden einen wirtschaftlichen Geschäftsbetrieb, können die Aufwendungen des Ordens für den Unterhalt des Ordensangehörigen nicht als Betriebsausgaben berücksichtigt werden, da sie in Erfüllung von Verfassungszwecken des Ordens gemacht wurden (BFH-Urteil vom 6. 11. 1968 – BStBl. 1969 II S. 93).

(3) Der Ansatz sog. fiktiver Löhne bei der Gewinnermittlung für wirtschaftliche Geschäftsbetriebe von geistlichen Orden ist nicht möglich (StEK KStG § 4 Nr. 23). Abzugsfähig sind jedoch die dem Orden entstandenen Aufwendungen für den Unterhalt der in seinen wirtschaftlichen Geschäftsbetrieben arbeitenden Ordensangehörigen; eine Pauschalierung dieser Aufwendungen ist möglich.

(4) Aufwendungen auf Grund der Stiftungsstatuten oder der Satzung eines gemeinnützigen Vereins dürfen den Gewinn des wirtschaftlichen Geschäftsbetriebs nicht mindern (vgl. BFH-Urteil vom 16. 3. 1977 – BStBl. II S. 493).

485 Wirtschaftliche Geschäftsbetriebe können auch verpachtet werden. Auch dem gemeinnützigen Verein steht in diesem Fall das Wahlrecht zu, ob er im Falle der Verpachtung den Betrieb aufgeben oder ob und wie lange er das Betriebsvermögen fortführen will (vgl. hierzu Tz. 293).

486 Von gemeinnützigen Vereinen selbstbewirtschaftete Forstbetriebe sind nach der ausdrücklichen Bestimmung in § 5 Abs. 1 Nr. 9 Satz 2 KStG keine wirtschaftlichen Geschäftsbetriebe.

f) Sportvereine

487 Für Sportvereine gelten eine Reihe von Sonderregelungen, die besonders zu beachten sind. Gemeinnützig ist nach § 52 Abs. 2 Nr. 2 AO die Förderung des Sports (vgl. Tz. 124 ff.). Sportvereine sind deshalb regelmäßig als gemeinnützige Vereine anerkannt.

488 Ob sportliche Veranstaltungen steuerfreie Zweckbetriebe oder steuerpflichtige Geschäftsbetriebe sind, richtet sich nach den Vorschriften des § 67 a AO (vgl. Tz. 367 ff.).

489 Sind die sportlichen Veranstaltungen eines Sportvereins als Zweckbetrieb zu werten, wird Körperschaftsteuer nicht erhoben, und zwar ohne Rücksicht auf die Höhe des Gewinns.

490 Sind die sportlichen Veranstaltungen eines gemeinnützigen Sportvereins als wirtschaftlicher Geschäftsbetrieb zu werten, ist der Verein insoweit körperschaftsteuerpflichtig. Steuerpflichtige wirtschaftliche Geschäftsbetriebe sind grundsätzlich auch der Verkauf von Speisen und Getränken und Einnahmen aus Werbung durch einen Sportverein anläßlich von sportlichen Veranstaltungen, auch gesellige Veranstaltungen sind ab 1990 stets wirtschaftliche Geschäftsbetriebe.

491 Ablösesummen, die im Bereich des bezahlten Sports einem anderen Verein gezahlt werden, damit dieser den Sportler aus der Bindung an den Verein entläßt, sind nach herrschender Meinung wie Abstandszahlungen zu aktivieren und auf die Zeit zu verteilen, die der Sportler dem Verein zur Verfügung steht (vgl. *Ziegler,* StBp 1980 S. 30; *Ströter,* BB 1982 S. 1087; Länder-Erlaß vom 26. 7. 1974 – DB S. 2085). Der Bundesfinanzhof ist aber neuerdings anderer Ansicht, denn nach dem BFH-Beschluß vom 13. 5. 1987 (BStBl. II S. 777) bestehen ernstliche Zweifel daran, daß mit der Zahlung der Transfer-Entschädigung bei dem Wechsel eines Spielers von einem Verein der Fußball-Bundesliga zu einem anderen Verein ein immaterielles Wirtschaftsgut entgeltlich erworben wird. Ablösesummen für die Freigabe von Spielern gehören beim abgebenden Verein zu den steuerpflichtigen Einnahmen des wirtschaftlichen Geschäftsbetriebs.

492 Durch die Vereinnahmung von Ablösesummen für die Freigabe von Spielern verliert ein Amateursportverein nicht seine Gemeinnützigkeit und die damit verbundenen Steuervorteile (vgl. StEK AO 1977 § 52 Nr. 27). Derartige Ablösebeträge fließen dem Verein als Einnahmen aus Sportveranstaltungen zu und unterliegen dann nicht der Körperschaftsteuer, wenn es sich um Zweckbetriebe handelt.

Steuerpflichtig ist der Gewinn aller im Veranlagungszeitraum (i.d.R. Kalenderjahr) stattgefundenen steuerpflichtigen Sportveranstaltungen und sonstiger wirtschaftlicher Geschäftsbetriebe. Gewinn ist der Überschuß der Einnahmen über die Betriebsausgaben, bei größeren Vereinen der aufgrund ordnungsgemäßer Buchführung sowie Gewinn- und Verlustrechnung zu ermittelnde Bilanzgewinn. 493

g) Vermietungsvereine

Vereine, die 494
a) Wohnungen herstellen oder erwerben
und
b) diese Wohnungen den Mitgliedern auf Grund eines Mietvertrags zum Gebrauch überlassen,

sind von der Körperschaftsteuer befreit (§ 5 Abs. 1 Nr. 10 KStG; vgl. auch BdF vom 24. 7. 1989 – BStBl. I S. 271).

Der Mietvertrag muß mit demjenigen abgeschlossen werden, dem die Wohnung zum Gebrauch überlassen wird. Außerdem muß der Mieter oder sein Ehegatte Mitglied des Vereins sein. Durch übliche Untermietverhältnisse (z. B. die Untervermietung von Räumen an Studenten) wird die Steuerbefreiung nicht ausgeschlossen. 495

Ein Vermietungsverein ist auch steuerbefreit (§ 5 Abs. 1 Nr. 10 Buchst. b KStG), soweit der Verein im Zusammenhang mit der Wohnungsvermietung Gemeinschaftsanlagen oder Folgeeinrichtungen herstellt oder erwirbt und sie betreibt, wenn diese Einrichtungen überwiegend für Mitglieder bestimmt sind und der Betrieb durch den Verein notwendig ist. 496

Die Steuerbefreiung ist ausgeschlossen (§ 5 Abs. 1 Nr. 10 Satz 2 KStG), wenn die Einnahmen des Vermietungsvereins aus den nicht begünstigten Tätigkeiten 10 v.H. der gesamten Einnahmen übersteigen. In diesem Falle ist das Einkommen aus der gesamten Geschäftstätigkeit zu versteuern. Betragen die Einnahmen aus den nicht begünstigten Tätigkeiten nicht mehr als 10 v.H. der gesamten Einnahmen, ist der Verein nur hinsichtlich der nicht begünstigten Tätigkeiten steuerpflichtig; im übrigen bleibt die Steuerfreiheit erhalten. Die nicht begünstigten Tätigkeiten bilden einen einheitlichen steuerpflichtigen Geschäftsbetrieb. 497

Geschäfte, die zur Abwicklung der begünstigten Tätigkeiten notwendig sind und die der Geschäftsbetrieb des Vermietungsvereins mit sich bringt, sind ebenfalls begünstigt. Einnahmen aus solchen Geschäften fallen deshalb nicht unter die 10-v.H.-Grenze. 498

Vermietungsvereine können bis zum 31. 12. 1991 durch schriftliche Erklärung dem Finanzamt mitteilen, daß sie auf diese Steuerbefreiung verzichten (§ 54 Abs. 5 KStG). Der Verein ist mindestens für fünf aufeinander folgende Kalenderjahre an diese Erklärung gebunden, die Erklärung kann nur mit Wirkung von Beginn eines Kalenderjahres an widerrufen werden. 499

h) Landwirtschaftliche Vereinigungen

500 Von der Körperschaftsteuer befreit (§ 5 Abs. 1 Nr. 14 KStG) sind solche Vereine (auch Erwerbs- und Wirtschaftsgenossenschaften), wenn sich ihr Geschäftsbetrieb beschränkt

a) auf die gemeinschaftliche Benutzung land- und forstwirtschaftlicher Betriebseinrichtungen oder Betriebsgegenstände,
b) auf Leistungen im Rahmen von Dienst- oder Werkverträgen für die Produktion land- und forstwirtschaftlicher Erzeugnisse für die Betriebe der Mitglieder, wenn die Leistungen im Bereich der Land- und Forstwirtschaft liegen; dazu gehören auch Leistungen zur Erstellung und Unterhaltung von Betriebsvorrichtungen, Wirtschaftswegen und Bodenverbesserungen,
c) auf die Bearbeitung oder die Verwertung der von den Mitgliedern selbst gewonnenen land- und forstwirtschaftlichen Erzeugnisse, wenn die Bearbeitung oder die Verwertung im Bereich der Land- und Forstwirtschaft liegt oder
d) auf die Beratung für die Produktion oder Verwertung land- und forstwirtschaftlicher Erzeugnisse der Betriebe der Mitglieder.

501 Die steuerbefreiten Erwerbs- und Wirtschaftsgenossenschaften und Vereine dürfen nur Zweckgeschäfte mit Mitgliedern, Gegengeschäfte und Hilfsgeschäfte abschließen. Zweckgeschäfte mit Nichtmitgliedern und Nebengeschäfte führen dann zur vollen Steuerpflicht (§ 5 Abs. 1 Nr. 14 Satz 2 KStG), wenn die Einnahmen aus den nicht begünstigten Tätigkeiten 10 v.H. der gesamten Einnahmen übersteigen. In diesem Falle ist das Einkommen aus der gesamten Geschäftstätigkeit zu versteuern. Betragen die Einnahmen aus den nicht begünstigten Tätigkeiten nicht mehr als 10 v.H. der gesamten Einnahmen, ist der Verein nur hinsichtlich der nicht begünstigten Tätigkeiten steuerpflichtig. Bei Vereinen, deren Geschäftsbetrieb sich überwiegend auf die Durchführung von Milchqualitäts- und Milchleistungsprüfungen oder auf die Tierbesamung beschränkt, bleiben die auf diese Tätigkeiten gerichteten Zweckgeschäfte mit Nichtmitgliedern bei der Berechnung der 10-v.H.-Grenze außer Ansatz.

502 Das Gutachten des BFH vom 8. 9. 1953 (BStBl. 1954 III S. 38) zur übermäßigen Ansammlung von Reserven aus Gewinnen (Überschüssen) bei steuerbefreiten landwirtschaftlichen Nutzungs- oder Verwertungsgenossenschaften ist auch auf steuerbefreite Vereine im Bereich der Land- und Forstwirtschaft (§ 5 Abs. 1 Nr. 14 KStG) anzuwenden (vgl. DB 1981 S. 1064). Bei der Prüfung der Frage, ob der Verein in übermäßiger Weise Reserven zu Dauerinvestitionen verwendet hat, ist davon auszugehen, daß solche offenen und stillen Rücklagen unschädlich sind, die bei vernünftiger kaufmännischer Beurteilung wirtschaftlich begründet sind.

i) Berufs- und Wirtschaftsverbände

503 Berufsverbände ohne öffentlich-rechtlichen Charakter, deren Zweck nicht auf einen wirtschaftlichen Geschäftsbetrieb gerichtet ist, sind nach § 5 Abs. 1 Nr. 5 KStG von der Körperschaftsteuer befreit.

(1) Begriffe

Brufsverbände sind Vereinigungen von natürlichen Personen oder von Unternehmen, die allgemeine, aus der beruflichen oder unternehmerischen Tätigkeit erwachsende ideelle oder wirtschaftliche Interessen des Berufsstandes oder Wirtschaftszweiges wahrnehmen. Es müssen die allgemeinen wirtschaftlichen Belange aller Angehörigen eines bestimmten Geschäftszweigs wahrgenommen werden. Die Zusammenschlüsse derartiger Vereinigungen sind ebenfalls Berufsverbände. Ein Berufsverband ist auch dann gegeben, wenn er die sich aus den Einzelinteressen der Mitglieder ergebenden allgemeinen wirtschaftlichen Belange eines Berufsstandes oder Wirtschaftszweiges vertritt, und die Ergebnisse der Interessenvertretung dem Berufsstand oder Wirtschaftszweig als solchem unabhängig von der Mitgliedschaft der Angehörigen des Berufsstandes oder Wirtschaftszweiges beim Verband zugute kommen (vgl. Abschn. 8 Abs. 1 KStR mit Hinweisen auf Rechtsprechung). **504**

Zu den Berufsverbänden ohne öffentlichen Charakter können Berufsverbände der Arbeitgeber und der Arbeitnehmer (z. B. Arbeitgeberverbände und Gewerkschaften) und andere Berufsverbände (z. B. Wirtschaftsverbände, Bauernvereine, Hausbesitzervereine u.a.) gehören. Auch Marketing-Clubs können als Berufsverbände anerkannt werden (BdF vom 26. 7. 1982 – StEK KStG 1977 § 5 Nr. 41). **505**

Keine Berufsverbände sind z. B. **506**

a) Ärztliche Verrechnungsstellen (RFH-Urteil vom 30. 10. 1928 – Bd. 24 S. 173),
b) Abrechnungsstellen von Apothekeninhabern (BFH-Urteil vom 26. 4. 1954 – BStBl. III S. 204),
c) Verein als Rechtsträger einer Getreidebörse (BFH-Urteil vom 16. 11. 1954 – BStBl. 1955 III S. 12),
d) Industrieclub für Arbeitnehmer (BFH-Urteil vom 27. 2. 1959 – BStBl. III S. 230),
e) Milchkontrollvereine (BFH-Urteil vom 17. 3. 1964 – StRK KStG § 8 R. 9),
f) Mieterverein (BFH-Urteil vom 17. 5. 1966 – BStBl. III S. 525),
g) Warenzeichenverband (BFH-Urteil vom 8. 6. 1966 – BStBl. III S. 632),
h) Werbeverband (BFH-Urteil vom 15. 7. 1966 – BStBl. III S. 638),
i) Rabattsparverein (BFH-Urteil vom 29. 11. 1967 – BStBl. 1968 II S. 236),
j) Güteschutzgemeinschaft der Beton- und Fertigteilwerke (BFH-Urteil vom 11. 8. 1972 – BStBl. 1973 II S. 39),
k) Interessengemeinschaft von Lohnsteuerzahlern (BFH-Urteil vom 29. 8. 1973 – BStBl. 1974 II S. 60).

Voraussetzung für die Anerkennung eines Berufsverbandes zum Zwecke der Befreiung von der Körperschaftsteuer ist, daß die tatsächliche Geschäftsführung des Verbandes mit den satzungsmäßigen Zielen übereinstimmt (vgl. BFH-Urteile vom 18. 9. 1984 – BStBl. 1985 II S. 92 und vom 7. 6. 1988 – BStBl. 1989 II S. 97). **507**

Die Steuerbefreiung eines Berufsverbands ohne öffentlich-rechtlichen Charakter wird nicht dadurch schädlich beeinflußt, daß er die dem Berufsstand **508** eigentümlichen allgemeinen wirtschaftlichen Interessen vertritt (BFH-Gutachten vom 17. 5. 1952 – BStBl. III S. 228). Zu den begünstigten Berufsverbänden gehören auch Wirtschaftsverbände, deren Zweck und tatsächliche Betätigung auf die Wahrnehmung der allgemeinen ideellen und wirtschaftlichen Interessen des Berufs- bzw. Wirtschaftszweiges gerichtet sind (BFH-Urteil vom 22. 7. 1952 – BStBl. III S. 221). Die Steuerfreiheit der Berufs- und Wirtschaftsverbände beruht auf der gesetzespolitischen Anerkennung ihres Wirkens für die allgemeinen wirtschaftlichen Interessen ihrer Mitglieder als eines Wirkens im Interesse der Allgemeinheit (BFH-Urteil vom 29. 11. 1967 – BStBl. 1968 III S. 236). Nach der neueren Rechtsprechung kommt es nicht darauf an, daß möglicherweise nach der Satzung des Berufsverbandes auch allgemeine politische und gesellschaftspolitische Bildung zu den Aufgaben des Verbandes gehört (vgl. BFH-Urteil vom 28. 11. 1980 – BStBl. 1981 II S. 368, 371). Auch ein Industrie-Club kann bei entsprechender Satzung und Zielsetzung die Eigenschaft eines Berufsverbandes annehmen (vgl. BFH-Urteil vom 16. 12. 1981 – BStBl. 1982 II S. 465). Verfolgt ein Verband auch allgemeinpolitische Ziele, z. B. die Erhaltung der bisherigen Eigentumsordnung, steht dies der Eigenschaft als Berufsverband nicht entgegen (vgl. BFH-Urteil vom 18. 9. 1984 – BStBl. 1985 II S. 92, 94).

509 Berufsverbände sind z. B. (Zitat KStR betrifft Abschn. 8 Abs. 2 KStR):

a) Arbeitgeberverbände (KStR),
b) Beamtenverbände (sinngemäß KStR),
c) Bauernverein und -verbände (KStR),
d) Beamtenbund (sinngemäß KStR),
e) Gewerkschaften (KStR),
f) Hauseigentümervereine (KStR),
g) Industrie-Club bei entsprechender Satzung und Zielsetzung (BFH-Urteil vom 16. 12. 1981 – BStBl. 1982 II S. 465),
h) Marketing-Club (StEK KStG 1977 § 5 Nr. 51),
i) Rechtsanwaltsvereine und -verbände (sinngemäß KStR),
j) Steuerberatervereine und -verbände (sinngemäß KStR),
k) Wirtschaftsrat der CDU (BFH-Urteil vom 7. 6. 1988 – BStBl. 1989 II S. 97).

510 Der Charakter einer Körperschaft als Berufsverband wird nicht durch Zuwendungen an Parteien berührt, sofern die Spenden im Rahmen der Aufgaben des Verbandes geleistet werden, nicht einen erheblichen Teil seiner Einnahmen ausmachen und ihm keinen beherrschenden Einfluß auf die Partei oder die Parteien verschaffen (BdF vom 13. 8. 1980 – StEK KStG 1977 § 5 Nr. 30). Fördergesellschaften und Fördervereine, die einen erheblichen Teil ihrer Einnahmen politischen Parteien zuführen oder die durch ihre Zuwendungen einen beherrschenden Einfluß auf eine Partei ausüben, sind nicht als Berufsverband anzusehen (Abschn. 8 Abs. 1 KStR).

(2) Aufgaben

511 Berufs- und Wirtschaftsverbände haben die Aufgabe, die allgemeinen wirtschaftlichen Interessen eines Berufsstandes oder Berufszweiges oder eines Industriezweiges gegenüber den gesetzgebenden Körperschaften, gegenüber den Verwaltungsbehörden oder gegenüber anderen Stellen oder Einrichtungen zu vertreten, seine Wünsche als eine gemeinsame einheitliche Vertretung geltend zu machen und – wenn möglich – durchzusetzen. Es ist nicht zu beanstanden, wenn sich dabei Mitglieder verschiedener, jedoch verwandter Berufe, aber auch verschiedener und nicht verwandter Zweige der gewerblichen Wirtschaft in einem Verband zusammenschließen. Es besteht kein Anlaß, allein wegen der Zugehörigkeit der Mitglieder zu verschiedenen Zweigen der gewerblichen Wirtschaft einem Verband die Steuerfreiheit zu versagen (vgl. BFH-Urteil vom 12. 7. 1955 – BStBl. III S. 271).

Die Entwicklung der Verhältnisse hat gezeigt, daß die allgemeinen wirt- 512
schaftlichen Interessen eines Berufsstandes (Berufszweiges) oder eines Industriezweiges nur Aussicht auf Verwirklichung haben, wenn sie gegenüber der Regierung, den gesetzgebenden Faktoren, den Behörden usw. durch eine gemeinsame einheitliche Vertretung geltend gemacht werden. Die Angehörigen des Berufs- oder Wirtschaftszweiges erwarten von ihrem Verband die Förderung ihrer wirtschaftlichen Belange, soweit diese die Gesamtheit ihrer Mitglieder als Angehörige des Erwerbszweiges grundlegend angehen. Gewerkschaftsmitglieder sehen es als Aufgabe ihres Verbandes an, für die Verbesserung der Entlohnung, der Arbeits- und Urlaubsbedingungen usw. der Gesamtheit ihrer Mitglieder einzutreten. Handwerks- oder Industrieunternehmer verlangen von ihrer Organisation einen wirksamen Einsatz für ihre wirtschaftlichen Interessen gegenüber gesetzgebenden Körperschaften, Behörden usw.

Die Steuerbefreiung findet ihre allgemeine volkswirtschaftliche Berechti- 513
gung in der Erwägung, daß die Vereinigungen von Berufsangehörigen oder Angehörigen eines Wirtschaftszweiges wie öffentlich-rechtliche berufsständische Vertretungen, z. B. Handelskammern, Innungen usw. die Interessen ihrer Berufsangehörigen wahrnehmen und daher im öffentlichen Interesse tätig sind (vgl. BFH-Urteil vom 22. 7. 1952 – BStBl. III S. 221). Dieser gesetzespolitische Gedanke zeigt auch die Grenzen auf, die dem Wesen und der Tätigkeit einer Vereinigung gesetzt sind, wenn die Eigenschaft eines Berufsverbandes (Wirtschaftsverbandes) anerkannt werden soll. Mit diesen Erwägungen verträgt sich die Wahrnehmung nur der allgemeinen wirtschaftlichen, allen Angehörigen des Berufs- oder Wirtschaftszweiges eigentümlichen Interessen, dagegen nicht die Wahrnehmung der besonderen geschäftlichen Belange der einzelnen Mitglieder, auch wenn die Betriebe sämtlicher Mitglieder an derartigen Geschäften interessiert sind.

(3) Wirtschaftlicher Geschäftsbetrieb

Unterhalten Berufs- und Wirtschaftsverbände einen wirtschaftlichen 514
Geschäftsbetrieb, so sind sie mit den Einnahmen aus dem wirtschaftlichen Geschäftsbetrieb insoweit körperschaftsteuerpflichtig. Voraussetzung für die Annahme eines wirtschaftlichen Geschäftsbetriebs ist, daß durch die Tätigkeit Einnahmen oder andere wirtschaftliche Vorteile erzielt werden. Das ist nicht der Fall, wenn für die Tätigkeit ausschließlich Mitgliedsbeiträge erhoben werden. Zu den Mitgliedsbeiträgen gehören auch Umlagen, die von allen Mitgliedern in gleicher Höhe oder nach einem bestimmten Maßstab, der von dem Maßstab der Mitgliedsbeiträge abweichen kann, erhoben werden (vgl. Abschn. 8 Abs. 3 KStR).

515 *Beispiele:*

(1) Beitragsähnliche Umlagen liegen z. B. vor bei der Gemeinschaftswerbung und bei der Durchführung von Betriebsvergleichen.

(2) In solchen Fällen ist jedoch dann ein wirtschaftlicher Geschäftsbetrieb anzunehmen, wenn mehr als 20 v.H. der Mitglieder des Berufsverbandes oder der Mitglieder eines zu dem Berufsverband gehörenden an der Gemeinchaftswerbung oder an der Durchführung von Betriebsvergleichen beteiligten Berufs- oder Wirtschaftszweiges zu der Umlage nicht herangezogen werden.

(3) Zu den mit Beitragscharakter versehenen Umlagen gehören auch Sonderumlagen zum Zweck der Garantie von Pensionszusagen an Mitarbeiter der Fachverbände (vgl. FR 1973 S. 569).

516 Es kann im Einzelfall notwendig sein, zu prüfen, ob die von dem Berufsverband erhobenen Beiträge in vollem Umfange als Mitgliedsbeiträge anzusehen oder ob darin Entgelte für die Gewährung besonderer wirtschaftlicher Vorteile enthalten sind. Die Gewährung derartiger Vorteile gegen Entgelt begründet einen wirtschaftlichen Geschäftsbetrieb.

517 Die Unterhaltung von wirtschaftlichen Geschäftsbetrieben jeder Art führt nur zur Steuerpflicht der Einkünfte aus den wirtschaftlichen Geschäftsbetrieben.

518 *Beispiele für wirtschaftliche Geschäftsbetriebe von Berufsverbänden (vgl. Abschn. 8 Abs. 4 KStR):*

(1) Herausgabe, Verlag oder Vertrieb von Fachzeitschriften, Fachzeitungen und anderen fachlichen Druckerzeugnissen des Berufsstandes oder Wirtschaftszweiges, einschließlich der Aufnahme von Fachanzeigen.

(2) Ausbildung und Fortbildung der Angehörigen des Berufsstandes oder Wirtschaftszweiges einschließlich des Unterhaltens von diesen Zwecken dienenden Einrichtungen.

(3) Beratung und Vertretung der Angehörigen des Berufsstandes oder Wirtschaftszweiges in Angelegenheiten, die sich aus der Zugehörigkeit zu dem Berufsstand oder Wirtschaftszweig ergeben.

(4) Durchführung sozialer, kultureller, staatspolitischer, gesellschaftspolitischer, sozialpolitischer und wirtschaftspolitischer Aufgaben einschließlich des Unterhaltens von diesen Zwecken dienenden Einrichtungen.

(5) Veranstaltungen zur Werbung und zur Förderung des Verbandslebens.

(6) Beteiligung von Berufsverbänden an den Kreditgarantiegemeinschaften des Handwerks und des Handels.

(7) Vorführung und Verleih von Filmen und Tonbändern.

(8) Hilfe bei der Buchführung, bei der Ausfüllung von Steuererklärungen, von sonstigen Vordrucken usw., wenn sie im Rahmen der Tätigkeit der Verbandsgeschäftsstelle geleistet wird, oder wenn für eine derartige Tätigkeit eine eigene organisatorische Einrichtung (z. B. Buchstelle) besteht.

(9) Die Einrichtung eines Kreditschutzes.

(10) Die Unterhaltung von Sterbekassen und der Abschluß von Versicherungen.

(11) Unterhaltung von Laboratorien und Untersuchungseinrichtungen, Veranstaltung von Märkten, Leistungsschauen und Fachausstellungen.

(12) Unterhaltung einer Kantine für die Arbeitskräfte der Verbandsgeschäftsstelle.

(13) Unterhaltung eines Beratungsdienstes durch einen genossenschaftlichen Prüfungsverband.

(14) Die nachhaltige Vermietung eines Sitzungssaales oder ähnlicher Räume für regelmäßig kurze Zeit, z. B. für Stunden oder einzelne Tage, an wechselnde Benutzer.

(15) Vermittlung von Dienstleistungen auf dem Gebiet der elektronischen Datenverarbeitung durch einen wirtschaftlichen Geschäftsbetrieb, an dem ein Berufsverband maßgeblich beteiligt ist.

Wirtschaftlicher Geschäftsbetrieb ist die einzelne Veranstaltung, es sei denn, **519** daß die ständige laufende Wiederholung der Veranstaltung die Summe der Veranstaltungen als eine einzige Veranstaltung erscheinen läßt. Bei einem zentralistisch organisierten Verband (z. B. Gewerkschaften) gilt diese Regelung bezogen auf jede örtliche Organisation. Steuerpflichtig ist nicht der einzelne wirtschaftliche Geschäftsbetrieb, sondern der Berufsverband.

Die Tätigkeit der Geschäftsstelle des Berufsverbands stellt keinen wirt- **520** schaftlichen Geschäftsbetrieb dar (Abschn. 8 Abs. 5 KStR). Der Verkauf von Altmaterial, Einrichtungsgegenständen, Maschinen, Kraftfahrzeugen u. dergl. bildet eine Einheit mit der Tätigkeit der Geschäftsstelle. Kein wirtschaftlicher Geschäftsbetrieb wird ferner in der Vereinnahmung von Entgelten gesehen, die für die Mitbenutzung der Geschäftsstelle oder einzelner Räume oder Einrichtungsgegenstände der Geschäftsstelle durch einen anderen Berufsverband vereinnahmt werden. Das gilt auch hinsichtlich der Vereinnahmung von Entgelten für die Zurverfügungstellung von Personal für einen anderen Berufsverband.

521 Steuerpflichtig ist nicht der einzelne wirtschaftliche Geschäftsbetrieb, sondern der Berufsverband (vgl. Abschn. 8 Abs. 6 KStR). Die Ergebnisse der wirtschaftlichen Geschäftsbetriebe werden für die Besteuerung zusammengefaßt.

(4) Vermögensverwaltung

522 Unter den Begriff des wirtschaftlichen Geschäftsbetriebs fällt nicht die Vermögensverwaltung. Vermögensverwaltung liegt in der Regel vor, wenn Vermögen genutzt wird, z. B. Kapitalvermögen verzinslich angelegt, unbewegliches Vermögen vermietet oder verpachtet wird (§ 14 AO). Die Beteiligung eines Berufsverbandes an einem Unternehmen, z. B. an einer Kapitalgesellschaft, ist grundsätzlich Vermögensverwaltung. Eine solche Beteiligung stellt jedoch dann einen wirtschaftlichen Geschäftsbetrieb dar, wenn mit Hilfe der Beteiligung ein entscheidender Einfluß auf die laufende Geschäftsführung des Unternehmens ausgeübt wird (Abschn. 8 Abs. 4 KStR).

523 *Beispiele:*

a) Die Beteiligung eines Berufsverbandes an einer GmbH geht über eine Vermögensverwaltung hinaus, wenn der Berufsverband durch seine Beteiligung die GmbH beherrscht (StEK KStG § 4 Nr. 11).

b) Eine geringfügige Beteiligung stellt dann einen wirtschaftlichen Geschäftsbetrieb dar, wenn der Berufsverband zusammen mit gleichartigen Berufsverbänden die Kapitalgesellschaft beherrscht und in Zusammenwirken mit diesen Berufsverbänden einen entscheidenden Einfluß auf die Geschäftsführung der Gesellchaft ausübt (Abschn. 8 Abs. 4 KStR und StEK KStG § 4 Nr. 49).

524 Die Beteiligung an einem Unternehmen, das ausschließlich der Vermögensverwaltung dient, ist kein wirtschaftlicher Geschäftsbetrieb. Die Beteiligung eines Berufsverbandes an einer Kapitalgesellschaft bleibt reine Vermögensverwaltung, wenn der Verband tatsächlich keinen entscheidenden Einfluß auf die Geschäftsführung der Kapitalgesellchaft nimmt und somit durch sie nicht selbst am allgemeinen wirtschaftlichen Verkehr teilnimmt (vgl. BFH-Urteil vom 30. 6. 1971 – BStBl. II S. 753). Nach dem Urteil des FG Münster vom 18. 5. 1967 (DStZ-E 1967 S. 495) stellt die Beteiligung an einem Gewerbebetrieb auch dann keinen wirtschaftlichen Geschäftsbetrieb dar, wenn zwar die Möglichkeit einer bestimmenden Einflußnahme auf die Geschäftsführung besteht, von dieser Möglichkeit aber kein Gebrauch gemacht wird.

525 Es kommt auch vor, daß Berufsverbände ihre Vermögensverwaltung auf selbständige Einrichtungen übertragen. Deshalb sind nach § 5 Abs. 1 Nr. 6 KStG solche Vereine (Körperschaften), deren Hauptzweck die Verwaltung des Vermögens für einen nichtrechtsfähigen Berufsverband ist, von der Körperschaftsteuer befreit. Voraussetzung ist, daß die Erträge solcher Ver-

eine im wesentlichen aus dieser Vermögensverwaltung herrühren und ausschließlich dem Berufsverband zufließen.

j) Politische Parteien

Politische Parteien und ihre Gebietsverbände sind nach § 5 Abs. 1 Nr. 7 KStG von der Körperschaftsteuer befreit. Wird ein wirtschaftlicher Geschäftsbetrieb unterhalten, ist die Steuerbefreiung insoweit ausgeschlossen, d. h. die Einkünfte aus einem wirtschaftlichen Geschäftsbetrieb sind in vollem Umfange körperschaftsteuerpflichtig. – Diese Vorschriften entsprechen denjenigen für Berufsverbände. **526**

Nach dem Parteiengesetz (§ 2 PartG) sind politische Parteien Vereinigungen von Bürgern, die dauernd oder für längere Zeit für den Bereich des Bundes oder eines Landes auf die politische Willensbildung Einfluß nehmen oder an der Vertretung des Volkes im Deutschen Bundestag oder einem Landtag mitwirken wollen, wenn sie nach dem Gesamtbild der tatsächlichen Verhältnisse, insbesondere nach Umfang und Festigkeit ihrer Organisation, nach der Zahl ihrer Mitglieder oder nach ihrem Hervortreten in der Öffentlichkeit eine ausreichende Gewähr für die Ernsthaftigkeit dieser Zielsetzung bieten. Mitglieder einer politischen Partei können nur natürliche Personen sein. Auch das Verfassungsrecht unterscheidet zwischen Parteien in Art. 21 GG und Vereinen in Art. 9 Abs. 1 GG. Gruppen, die sich in ihrer Tätigkeit auf die kommunale Ebene beschränken – z. B. Rathausparteien, Wählervereinigungen –, sind keine politischen Parteien im Sinne des Grundgesetzes und des Parteiengesetzes. **527**

Vereinigungen der CDU und CSU auf Bundes- und Landesebene sind Teilorganisationen der Partei und fallen damit unter die Befreiungsvorschrift des § 5 Abs. 1 Nr. 7 KStG (BdF-Schreiben vom 30. 3. 1990 – StEd S. 149). Bei Vorliegen gleicher Voraussetzungen gilt dies auch für die entsprechenden Organisationen der anderen Parteien. **528**

Im Gegensatz zu politischen Parteien sind politische Vereine nicht von der Körperschaftsteuer befreit. Als politischer Verein ist jeder Verein anzusehen, der eine Einwirkung auf politische Angelegenheiten bezweckt. Der allgemeinere Begriff des politischen Vereins weicht von dem der politischen Partei dadurch ab, daß der politische Verein nicht die Aufstellung von Kandidaten für Wahlkörperschaften verlangt. Man wird aber auch hier davon ausgehen müsen, daß zum Wesen eines politischen Vereins das Bestreben gehört, einen unmittelbaren Einfluß auf die staatliche Willensbildung zu gewinnen (vgl. BFH-Gutachten vom 17. 5. 1952 – BStBl. III S. 228). Politische Vereine i.S. des § 5 Abs. 1 Nr. 7 KStG sind i.d.R. nicht gleichzeitig gemeinnützig, weil es an der unmittelbaren Förderung gemeinnütziger Zwecke fehlt (FG Berlin, Urteil vom 10. 6. 1982 – EFG 1983 S. 197). **529**

k) Technische Vorschriften

Zur Berechnung der Körperschaftsteuer wird das Einkommen auf volle 10 DM nach unten abgerundet. Für Vereine beträgt die Körperschaftsteuer einheitlich 50 v.H. des Einkommens (§ 23 Abs. 2 KStG). Eine Tarifvergünstigung für ausgeschüttete Gewinne gibt es für Vereine nicht. Berliner Vereine **530** kommen jedoch in den Genuß der Steuerpräferenz nach dem Berlinförderungsgesetz. Die Körperschaftsteuer wird während des Veranlagungszeitraums im Wege der Vorauszahlungen erhoben, die endgültige Steuerschuld wird nach Ablauf des Veranlagungszeitraums durch eine förmliche Veranlagung zur Körperschaftsteuer festgestellt. Vorauszahlungen auf die Körperschaftsteuer sind zu leisten am 10. März, 10. Juni, 10. September und 10. Dezember eines Jahres. Die Höhe der Vorauszahlungen beträgt regelmäßig für jeden Vorauszahlungstermin ein Viertel der für den letzten Veranlagungszeitraum endgültig festgesetzten Steuer. Eine eventuelle Anpassung der Vorauszahlungen obliegt den Finanzämtern, in begründeten Fällen kann der Steuerpflichtige selbst eine Herabsetzung der Vorauszahlungen vom Finanzamt beantragen.

531 Unter Veranlagung ist allgemein die verfahrensmäßige Feststellung der Besteuerungsgrundlagen und die Steuerfestsetzung zu verstehen. Die Körperschaftsteuer wird nach Ablauf eines Veranlagungszeitraums nach dem Einkommen veranlagt, das der Körperschaftsteuerpflichtige in diesem Veranlagungszeitraum bezogen hat. Zur Durchführung der Veranlagung muß eine Körperschaftsteuererklärung abgegeben werden.

532 Wird von einem gemeinnützigen Verein ein wirtschaftlicher Geschäftsbetrieb unterhalten, muß der Verein grundsätzlich ohne besondere Aufforderung jährlich Steuererklärungen jeweils für das abgelaufene Kalenderjahr abgeben. Das Finanzamt überprüft anhand der Steuererklärung, ob die Besteuerungsgrenze (60 000 DM Einnahmen) für den wirtschaftlichen Geschäftsbetrieb überschritten ist und ob der erklärte Gewinn übernommen werden kann. Das Finanzamt ermittelt dann das steuerpflichtige Einkommen und setzt unter Berücksichtigung des Freibetrags von 7500 DM und unter Anwendung des Steuersatzes von 46 v.H. die zu entrichtende Körperschaftsteuer fest.

533 Vereine, die bisher in vollem Umfang von der Körperschaftsteuer befreit waren, werden in der Regel nach Ablauf von drei Kalenderjahren zur Abgabe von Körperschaftsteuererklärungen für jeden Veranlagungszeitraum innerhalb des Dreijahreszeitraums aufgefordert (vgl. StEK KStG § 4 Nr. 59). Diese Vereine werden im Veranlagungsverfahren daraufhin überprüft, ob die Voraussetzungen für die Steuerfreiheit wegen Gemeinnützigkeit noch erfüllt sind. Neu gegründete Vereine werden stets für das Jahr der Gründung zur Abgabe einer Körperschaftsteuererklärung aufgefordert. Diese erste Steuererklärung ist auch für den Verein von besonderer Wichtigkeit, weil in diesem Veranlagungsverfahren erstmalig über eine eventuelle Freistellung von der Körperschaftsteuer wegen Gemeinnützigkeit des Vereins entschieden wird.

2. Die Gewerbesteuer

534 Die Gewerbesteuer ist eine bundesrechtlich geregelte, jedoch den Gemeinden zufließende Steuer vom Gewerbebetrieb. Rechtsgrundlagen sind das Gewerbesteuergesetz (GewStG) und die Gewerbesteuer-Durchführungsverordnung (GewStDV).

Die Gewerbesteuer ist eine sog. Realsteuer, gelegentlich auch als Sach- oder Objektsteuer bezeichnet. Gegenstand der Besteuerung ist nicht eine Person, sondern ein Gewerbebetrieb. Der Gewerbebetrieb selbst ist steuerpflichtig, auf die Verhältnisse der Eigentümer kommt es nicht an. 535

a) Steuerpflicht

Der Gewerbesteuer unterliegt jeder stehende Gewerbebetrieb, soweit er im Inland betrieben wird. Als Gewerbebetrieb gilt stets und in vollem Umfang (vgl. § 2 Abs. 2 und 3 GewStG) die Tätigkeit 536

a) der offenen Handelsgesellschaften, Kommanditgesellschaften und anderer Gesellschaften, bei denen die Gesellschafter als Unternehmer oder Mitunternehmer des Gewerbebetriebs anzusehen sind;
b) der Kapitalgesellschaften, der Erwerbs- und Wirtschaftsgenossenschaften und der Versicherungsvereine auf Gegenseitigkeit;
c) der sonstigen juristischen Personen des privaten Rechts und der nicht rechtsfähigen Vereine, soweit sie einen wirtschaftlichen Geschäftsbetrieb (ausgenommen Land- und Forstwirtschaft) unterhalten.

Die Steuerpflicht kraft Rechtsform beginnt bei den rechtsfähigen und nicht rechtsfähigen Vereinen bei Vorliegen aller anderen Voraussetzungen mit der Aufnahme eines wirtschaftlichen Geschäftsbetriebs. Gewerbesteuerpflichtig sind alle Gewerbebetriebe, die im Inland betrieben werden. Inland im Sinne des Gewerbesteuergesetzes ist de facto das Gebiet der Bundesrepublik und Westberlins. 537

Vereine sind nur dann gewerbesteuerpflichtig, wenn und soweit sie einen wirtschaftlichen Geschäftsbetrieb, der nicht Land- und Forstwirtschaft ist, betreiben. Wegen des Begriffs des wirtschaftlichen Geschäftsbetriebs vgl. Tz. 268 ff. Gewerbebetrieb ist (vgl. § 15 Abs. 2 EStG) eine selbständige nachhaltige Betätigung, die mit Gewinnabsicht unternommen wird und sich als Beteiligung am allgemeinen wirtschaftlichen Verkehr darstellt. Im Gegensatz zum Begriff des Gewerbebetriebs gehören beim wirtschaftlichen Geschäftsbetrieb weder die Gewinnerzielungsabsicht noch die Teilnahme am allgemeinen wirtschaftlichen Verkehr zu den notwendigen Voraussetzungen. 538

b) Besteuerungsgrundlagen

Besteuerungsgrundlagen der Gewerbesteuer sind der Gewerbeertrag und das Gewerbekapital. Für die Steuerberechnung ist zwischen Steuermeßbetrag und Steuerhebesatz zu unterscheiden. Das Finanzamt setzt den Steuermeßbetrag fest, und zwar zunächst getrennt für den Gewerbeertrag und das Gewerbekapital mit Hilfe je einer Steuermeßzahl. Nach Anwendung der Steuermeßzahl ergibt sich der Steuermeßbetrag. Durch Zusammenrechnung der Steuermeßbeträge nach dem Gewerbeertrag und dem Gewerbekapital wird ein einheitlicher Steuermeßbetrag gebildet, auf Grund dessen von der hebeberechtigten Gemeinde der Hebesatz festgesetzt und die Steuer erhoben wird. 539

(1) Gewerbeertrag

540 Gewerbeertrag im Sinne des Gewerbesteuergesetzes (§ 7 GewStG) ist der nach den Vorschriften des Körperschaftsteuergesetzes zu ermittelnde Gewinn aus dem wirtschaftlichen Geschäftsbetrieb, vermindert und vermehrt um bestimmte Hinzurechnungen und Kürzungen. Der Gewerbeertrag ist ein objektiver Wert. Um zu diesem objektiven Wert zu gelangen, muß der subjektive Gewinn durch Hinzurechnungen und Kürzungen objektiviert werden.

541 Hinzugerechnet werden dem Gewinn aus Gewerbebetrieb (§ 8 GewStG) insbesondere (bei Vereinen)

a) die Hälfte der Entgelte für Schulden, die wirtschaftlich mit der Gründung oder dem Erwerb des Betriebs oder mit einer Erweiterung oder Verbesserung des Betriebs zusammenhängen oder der nicht nur vorübergehenden Verstärkung des Betriebskapitals dienen (sog. Dauerschulden);
b) Renten und dauernde Lasten, die wirtschaftlich mit der Gründung oder dem Erwerb des Betriebs zusammenhängen, wenn diese Beträge beim Empfänger nicht der Gewerbesteuer unterliegen;
c) die Hälfte der Miet- und Pachtzinsen für die Benutzung der nicht in Grundbesitz bestehenden Wirtschaftsgüter des Anlagevermögens, die im Eigentum eines anderen stehen, soweit sie nicht beim Vermieter oder Verpächter der Gewerbesteuer unterliegen; die Miet- oder Pachtzinsen müssen jedoch in jedem Fall hinzugerechnet werden, wenn ihr Jahresbetrag 250000 DM übersteigt und sie für die Miete oder Pacht eines Betriebs oder Teilbetriebs geleistet werden.

542 Gekürzt wird die Summe des Gewinns und der Hinzurechnungen (§ 9 GewStG) insbesondere (bei Vereinen) um

a) 1,2 v.H. des Einheitswerts des zum Betriebsvermögen gehörenden Grundbesitzes;
b) Miet- und Pachtzinsen für die Überlassung von nicht in Grundbesitz bestehenden Wirtschaftsgütern des Anlagevermögens, soweit diese dem Gewinn aus Gewerbebetrieb des Mieters oder Pächters hinzugerechnet worden sind;
c) Zinsen aus bestimmten festverzinslichen Papieren, von denen Kapitalertragsteuer erhoben worden ist.

543 Nachdem aus dem Gewerbegewinn zuzüglich der Hinzurechnungen und abzüglich der Kürzungen der gewerbesteuerlich maßgebende Gewerbeertrag ermittelt worden ist, wird auf diesen Gewerbeertrag die sog. Steuermeßzahl angewendet, um als Ergebnis den sog. Steuermeßbetrag zu erhalten. Der Gewerbeertrag ist auf voll 100 DM nach unten abzurunden und um einen Freibetrag in Höhe von 7500 DM (höchstens jedoch in Höhe des abgerundeten Gewerbeertrags) zu kürzen. Nach § 11 Abs. 2 GewStG beträgt die Steuermeßzahl für den Gewerbeertrag bei wirtschaftlichen Geschäftsbetrieben von Vereinen 5 v.H.

(2) Gewerbekapital

544 Als Gewerbekapital im Sinne des Gewerbesteuergesetzes (§ 12 GewStG) gilt der Einheitswert des gewerblichen Betriebs im Sinne des Bewertungsgeset-

zes, vermehrt um die Hinzurechnungen und vermindert um die Kürzungen. Die Hinzurechnungen und Kürzungen sind auf denselben Stichtag vorzunehmen, auf den der Einheitswert des gewerblichen Betriebs festgestellt worden ist.

Dem Einheitswert des gewerblichen Betriebs werden insbesondere (bei Vereinen) hinzugerechnet **545**

a) die Verbindlichkeiten, die den Dauerschuldzinsen entsprechen, d. h. die sog. Dauerschulden; nach Abzug eines Freibetrages von 50 000 DM wird der übersteigende Betrag nur zur Hälfte hinzugerechnet;
b) alle Werte oder Teilwerte der nicht in Grundbesitz bestehenden Wirtschaftsgüter, die dem Betrieb dienen, aber im Eigentum eines Mitunternehmers oder eines Dritten stehen, soweit sie nicht im Einheitswert des gewerblichen Betriebs enthalten sind. Diese Hinzurechnung entfällt, wenn diese Wirtschaftsgüter zum Gewerbekapital des Vermieters oder Verpächters gehören, es sei denn, daß ein Betrieb oder Teilbetrieb vermietet oder verpachtet wird und die im Gewerbekapital des Vermieters oder Verpächters enthaltenen Werte oder Teilwerte der überlassenen Wirtschaftsgüter des Betriebs oder Teilbetriebs 2,5 Mio. DM übersteigen.

Die Summe des Einheitswerts des gewerblichen Betriebs und der Hinzurechnungen wird gekürzt insbesondere (bei Vereinen) um **546**

a) die Summe der Einheitswerte, mit denen die Betriebsgrundstücke im Einheitswert des gewerblichen Betriebs enthalten sind;
b) die Werte oder Teilwerte der nicht in Grundbesitz bestehenden Wirtschaftsgüter, die dem Gewerbekapital eines anderen hinzugerechnet worden sind, soweit sie im Einheitswert des gewerblichen Betriebs des Eigentümers enthalten sind.

Maßgebend ist der Einheitswert, der auf den letzten Feststellungszeitpunkt **547** vor dem Ende des Erhebungszeitraums lautet. Nachdem aus dem Einheitswert des gewerblichen Betriebs zuzüglich der Hinzurechnungen und abzüglich der Kürzungen das gewerbesteuerlich maßgebende Gewerbekapital ermittelt worden ist, wird – wie bei der Steuer nach dem Gewerbeertrag – eine Steuermeßzahl angewendet, um den Steuermeßbetrag zu erhalten (§ 13 GewStG). Das Gewerbekapital ist auf volle 1000 DM nach unten abzurunden und um einen Freibetrag in Höhe von 120 000 DM, höchstens jedoch in Höhe des abgerundeten Gewerbekapitals, zu kürzen (§ 13 Abs. 1 GewStG). Die Steuermeßzahl für das Gewerbekapital beträgt 2 v.T. (§ 13 Abs. 2 GewStG).

(3) Einheitlicher Steuermeßbetrag

Nachdem zunächst für den Gewerbeertrag und für das Gewerbekapital **548** durch Anwendung der entsprechenden Steuermaßzahlen gesonderte Steuermeßbeträge festgestellt worden sind, wird durch Zusammenrechnung dieser beiden Steuermeßbeträge anschließend ein einheitlicher Steuermeßbetrag gebildet (§ 14 GewStG). Der einheitliche Steuermeßbetrag wird für den Erhebungszeitraum nach dessen Ablauf festgesetzt. Erhebungszeitraum ist das Kalenderjahr. Fällt die Steuerpflicht im Laufe des Erhebungszeitraums weg, so kann der einheitliche Steuermeßbetrag sofort festgesetzt werden.

549 Erst auf der Grundlage des einheitlichen Steuermeßbetrags wird die Gewerbesteuer endgültig festgesetzt und erhoben. Die Gewerbesteuer wird auf Grund des einheitlichen Steuermeßbetrags nach dem Hebesatz festgesetzt und erhoben, der von der hebeberechtigten Gemeinde für das dem Erhebungszeitraum entsprechende Rechnungsjahr festgesetzt ist (§ 16 GewStG). Die Gemeinden setzen die Hebesätze selbständig fest. Der Hebesatz muß für alle in der Gemeinde vorhandenen Unternehmen der gleiche sein.

c) Gemeinnützige Vereine

550 Vereine, die nach der Satzung und ihrer tatsächlichen Geschäftsführung ausschließlich und unmittelbar gemeinnützigen, mildtätigen oder kirchlichen Zwecken dienen, sind nach § 3 Nr. 6 GewStG von der Gewerbesteuer befreit. Ob diese Voraussetzungen vorliegen, wird von den Finanzämtern nach den Vorschriften der §§ 51 bis 68 AO (vgl. Tz. 59 ff.) festgestellt. Die Steuerbefreiung wegen Gemeinnützigkeit gilt nur für diejenigen Erhebungszeiträume, für die die Gemeinnützigkeit des Vereins festgestellt worden ist. Unterhalten gemeinnützige Vereine einen wirtschaftlichen Geschäftsbetrieb (ausgenommen Land- und Forstwirtschaft), der über den Rahmen einer Vermögensverwaltung hinausgeht, so sind sie insoweit gewerbesteuerpflichtig, sofern es sich nicht um einen Zweckbetrieb handelt. Ein wirtschaftlicher Geschäftsbetrieb ist eine selbständige nachhaltige Tätigkeit, durch die Einnahmen oder andere wirtschaftliche Vorteile erzielt werden und die über den Rahmen einer Vermögensverwaltung hinausgeht (§ 14 AO), wobei die Absicht der Gewinnerzielung nicht erforderlich ist.

551 *Beispiele:*

Folgende Betätigungen gehen beispielsweise über den Rahmen einer Vermögensverwaltung hinaus: Betrieb einer Kantine, Betrieb einer Volksküche, Betrieb eines Kasinos, Betrieb einer Druckerei, Herausgabe einer Zeitschrift, Erhebung von Eintrittsgeld bei Veranstaltung einer Festlichkeit (vgl. Abschn. 18 Abs. 5 GewStR).

552 Unterhält ein Verein einen wirtschaftlichen Geschäftsbetrieb, der nach § 65 AO ein sog. steuerlich unschädlicher Zweckbetrieb ist (vgl. Tz. 313 ff.), so wird dieser auch nicht zur Gewerbesteuer herangezogen (vgl. Abschn. 28 Abs. 2 GewStR). Im übrigen gilt für die Gewerbesteuer die Regelung für wirtschaftliche Geschäftsbetriebe bei der Körperschaftsteuer entsprechend (vgl. Tz. 481 ff.).

553 Krankenhäuser, Altenheime, Altenwohnheime und Altenpflegeheime sind unter den Voraussetzungen des § 3 Nr. 20 GewStG in vollem Umfange von der Gewerbesteuer befreit (vgl. auch Abschn. 34 c GewStR).

554 Land- und Forstwirtschaft ist kein Gewerbebetrieb (vgl. Abschn. 13 GewStR). Wird durch einen wirtschaftlichen Geschäftsbetrieb eines Vereins die Land- und Forstwirtschaft betrieben, so ist ein derartiger Betrieb nicht gewerbesteuerpflichtig. Land- und Forstwirtschaft ist die planmäßige Nutzung der natürlichen Kräfte des Bodens und die Verwertung der dadurch

gewonnenen Erzeugnisse. Beschränkt sich ein Betrieb nicht auf den Absatz selbst gewonnener Erzeugnisse, sondern kauft er dauernd und nachhaltig fremde Erzeugnisse hinzu, so ist zu prüfen, ob er steuerlich als land- und forstwirtschaftlicher Betrieb oder als Gewerbebetrieb zu behandeln ist (vgl. Abschn. 135 EStR). Nach dem BFH-Urteil vom 2. 2. 1951 (BStBl. III S. 65) ist ein solcher Betrieb als Gewerbebetrieb zu behandeln, wenn er dauernd und nachhaltig fremde Erzeugnisse über den betriebsnotwendigen Umfang hinaus zukauft. Als fremde Erzeugnisse gelten nur solche für die Weiterveräußerung zugekauften Erzeugnisse, die nicht im eigenen Betrieb im Wege des Erzeugungsprozesses bearbeitet werden.

d) Landwirtschaftliche Vereinigungen

Von der Gewerbesteuer befreit sind Vereinigungen, die die gemeinschaftli- 555
che Benutzung land- und forstwirtschaftlicher Betriebseinrichtungen oder Betriebsgegenstände oder die Bearbeitung oder Verwertung der von den Mitgliedern selbst gewonnenen land- und forstwirtschaftlichen Erzeugnisse zum Gegenstand haben, soweit die Bearbeitung oder Verwertung im Bereich der Land- und Forstwirtschaft liegt (§ 3 Nr. 8 GewStG). Zu dem steuerbefreiten Tätigkeitsbereich gehört auch die Vermittlung von Verträgen im Bereich der Land- und Forstwirtschaft, wie z. B. von Mietverträgen für Maschinenringe einschließlich der Gestellung von Personal (Abschn. 32 GewStR). Der Begriff Verwertung umfaßt auch die Vermarktung bzw. den Absatz, soweit die Tätigkeit im Bereich der Land- und Forstwirtschaft liegt. Nicht unter die Steuerbefreiung fällt dagegen die Rechts- und Steuerberatung.

In den Genuß der Befreiungsvorschrift für landwirtschaftliche Vereinigun- 556
gen kommen insbesondere Waldbauvereine, Winzervereine, Züchtervereine und ähnliche Vereinigungen. Eine Interessengemeinschaft von Landwirten, die eine Gemeinschaftsgefrieranlage unterhält, ist jedoch nicht nach § 3 Nr. 8 GewStG von der Gewerbesteuer befreit, wenn in der Gefrieranlage überwiegend Lebensmittel für den privaten Haushalt der Mitglieder gelagert werden (FG Münster, Urteil vom 28. 4. 1964 – EFG S. 598).

e) Technische Vorschriften

Die Gewerbesteuer nach dem Gewerbeertrag und dem Gewerbekapital wird 557
auf Grund des einheitlichen Steuermeßbetrags nach einem Hebesatz festgesetzt und erhoben (§ 16 GewStG). Der Hebesatz wird von der zuständigen Gemeinde für den Erhebungszeitraum festgesetzt. Der Hebesatz muß für alle in der Gemeinde vorhandenen Unternehmen der gleiche sein.

Vorauszahlungen auf die Gewerbesteuer sind am 15. Februar, 15. Mai, 15. 558
August und 15. November eines Jahres zu entrichten. Die Höhe der Vorauszahlungen beträgt grundsätzlich ein Viertel der Steuer, die sich bei der letzten Veranlagung ergeben hat. Der Vorauszahlungsbetrag ist auf volle DM nach unten abzurunden. Eine Vorauszahlung wird nur festgesetzt, wenn sie mindestens 100 DM beträgt. Die Vorauszahlungen können der Steuer angepaßt werden, die sich für den laufenden Erhebungszeitraum voraussichtlich ergeben wird. Die Anpassung obliegt grundsätzlich der Gemeinde. Hat aber das Finanzamt wegen einer voraussichtlichen Änderung des Gewinns aus

Gewerbebetrieb die Vorauszahlungen auf die Körperschaftsteuer angepaßt, so sollen derartige Ermittlungen auch für Zwecke der Gewerbesteuer nutzbar gemacht werden. Das Finanzamt setzt in diesen Fällen für Zwecke der Gewerbesteuer-Vorauszahlungen den voraussichtlichen einheitlichen Steuermeßbetrag fest, an den die Gemeinden bei der Anpassung der Vorauszahlungen gebunden sind (§ 19 Abs. 3 GewStG).

559 Die Gewerbesteuer wird nach Ablauf eines Erhebungszeitraums veranlagt, zur Durchführung der Veranlagung muß eine Gewerbesteuererklärung abgegeben werden. Die Vorauszahlungen für einen Erhebungszeitraum werden auf die Steuerschuld, die sich aus der Veranlagung endgültig ergibt, für diesen Erhebungszeitraum angerechnet (§ 20 GewStG). Ist die endgültige Steuerschuld höher als die Summe der anzurechnenden Vorauszahlungen, so ist der Unterschiedsbetrag innerhalb eines Monats nach Bekanntgabe des Steuerbescheids zu entrichten (sog. Abschlußzahlung). Etwaige noch rückständige Vorauszahlungen sind dagegen sofort fällig. Ist die Steuerschuld kleiner als die Summe der Vorauszahlungen, so wird der Unterschiedsbetrag nach Bekanntgabe des Steuerbescheids entweder durch Aufrechnung oder durch Rückzahlung ausgeglichen.

3. Die Vermögensteuer

560 Die Vermögensteuer ist eine vom steuerpflichtigen Gesamtvermögen laufend erhobene Steuer. Rechtsgrundlagen sind das Vermögensteuergesetz (VStG) sowie das Bewertungsgesetz (BewG) und die Durchführungsverordnungen zum Bewertungsgesetz (BewDV).

a) Steuerpflicht

561 Vereine sind unbeschränkt vermögensteuerpflichtig, wenn sie ihren Sitz im Inland haben (§ 1 VStG). Die unbeschränkte Steuerpflicht erstreckt sich auf das Gesamtvermögen. Vereine, die ihren Sitz nicht im Inland haben, sind nur beschränkt vermögensteuerpflichtig, d. h. die Steuerpflicht erstreckt sich dann nur auf das Inlandsvermögen. Für die Anwendung der Vorschriften über die beschränkte Vermögensteuerpflicht ist Voraussetzung, daß auch Vermögen im Inland vorhanden ist (vgl. StEK VStG § 2 Nr. 4).

562 Rechtsfähige Vereine mit Sitz im Inland sind grundsätzlich unbeschränkt vermögensteuerpflichtig (§ 1 Abs. 1 Nr. 2 Buchst. d VStG). Nicht rechtsfähige Vereine mit Sitz im Inland sind dann unbeschränkt vermögensteuerpflichtig (§ 1 Abs. 1 Nr. 2 Buchst. e VStG), wenn das Vermögen auf Grund der Satzung oder Verfassung dem nicht rechtsfähigen Verein selbst und nicht den Mitgliedern zusteht. Steuerlich kommt es nämlich für die Unterscheidung zwischen einem Verein und einer Gesellschaft des bürgerlichen Rechts vor allem darauf an, ob der Träger des Vermögens der Verein selbst oder anteilsmäßig dessen Mitglieder sind (vgl. *Rössler/Troll/Langner,* BewG und VStG, S. 1726).

b) Steuerpflichtiges Vermögen

Das steuerpflichtige Vermögen wird ermittelt nach den Vorschriften des Bewertungsgesetzes (§ 4 VStG). Bezüglich der Vermögensermittlung wird unterschieden zwischen mehreren Vermögensarten, und zwar **563**
a) dem land- und forstwirtschaftlichen Vermögen,
b) dem Grundvermögen,
c) dem Betriebsvermögen,
d) dem sonstigen Vermögen.

(1) Land- und forstwirtschaftliches Vermögen

Zum land- und forstwirtschaftlichen Vermögen (§ 33 BewG) gehören alle Wirtschaftsgüter, die einem Betrieb der Land- und Forstwirtschaft dauernd zu dienen bestimmt sind. Dafür, ob ein Wirtschaftsgut dem Betrieb der Landwirtschaft zu dienen bestimmt ist, ist die Zweckbestimmung am Bewertungsstichtag entscheidend. Derartige Wirtschaftsgüter sind insbesondere der Grund und Boden, die Wohn- und Wirtschaftsgebäude, die stehenden Betriebsmittel und ein normaler Bestand an umlaufenden Betriebsmitteln. Ein Betrieb der Land- und Forstwirtschaft umfaßt den Wirtschaftsteil und den Wohnteil, der Wirtschaftsteil umfaßt insbesondere die land- und forstwirtschaftlichen Nutzungen und die Nebenbetriebe. **564**

Die wirtschaftliche Einheit des land- und forstwirtschaftlichen Vermögens ist der Betrieb der Land- und Forstwirtschaft (vgl. Abschn. 1.05 BewRL). Er besteht aus der Gesamtheit der Wirtschaftsgüter, die ihm dauernd zu dienen bestimmt sind. Der Begriff des Betriebs der Land- und Forstwirtschaft setzt weder eine Mindestgröße noch vollen land- und forstwirtschaftlichen Besatz mit Wirtschaftsgebäuden, Betriebsmitteln usw. voraus. Der Ansatz für das land- und forstwirtschaftliche Vermögen erfolgt in einem Einheitswert. **565**

(2) Grundvermögen

Zum Grundvermögen gehören der Grund und Boden, die Gebäude, die sonstigen Bestandteile und das Zubehör (§ 68 Abs. 1 Nr. 1 BewG). Zum Grundvermögen gehören ferner auch das Erbbaurecht sowie das Wohnungseigentum und verwandte Rechte nach dem Wohnungseigentumsgesetz (§ 68 Abs. 1 Nrn. 2 und 3 BewG). Ein Bauwerk ist als Gebäude anzusehen, wenn es Menschen oder Sachen durch räumliche Umschließung Schutz gegen äußere Einflüsse gewährt, den Aufenthalt von Menschen gestattet, fest mit dem Grund und Boden verbunden, von einiger Beständigkeit und ausreichend standfest ist (BFH-Urteil vom 24. 5. 1963 – BStBl. III S. 376). Zu den wesentlichen Bestandteilen des Gebäudes gehören die zu seiner Herstellung eingefügten Sachen (§ 94 Abs. 2 BGB). Außer den Gebäuden gehören zum Grundvermögen auch andere Bestandteile, wie z. B. die Außenanlagen. Zubehör sind bewegliche Sachen, die, ohne Bestandteile der Hauptsache zu sein, dem wirtschaftlichen Zweck der Hauptsache zu dienen bestimmt sind und zu ihr in einem Verhältnis wirtschaftlicher Unterordnung stehen (§ 97 BGB). **566**

Nicht in das Grundvermögen einzubeziehen sind die Mineralgewinnungsrechte, auch wenn sie als subjektiv dingliche Rechte Bestandteile des Grund- **567** stücks sind (§ 68 Abs. 2 Nr. 1 BewG). Nicht in das Grundvermögen einzubeziehen sind ferner Maschinen und sonstige Vorrichtungen aller Art, die zu einer Betriebsanlage gehören – sog. Betriebsvorrichtungen –, auch wenn sie wesentliche Bestandteile eines Gebäudes sind (§ 68 Abs. 2 Nr. 2 BewG); einzubeziehen sind jedoch Verstärkungen von Decken und die nicht ausschließlich zu einer Betriebsanlage gehörenden Stützen und sonstigen Bauteile wie Mauervorlagen und Verstrebungen. Solche Vorrichtungen sind aber nur dann Betriebsvorrichtungen, wenn mit ihnen unmittelbar ein Gewerbe betrieben wird (BFH-Urteil vom 14. 8. 1958 – BStBl. III S. 400).

568 Die wirtschaftliche Einheit des Grundvermögens ist das Grundstück (§ 70 BewG). Zu unterscheiden ist dabei zwischen unbebauten und bebauten Grundstücken. Unbebaute Grundstücke sind Grundstücke, auf denen sich keine benutzbaren, d. h. bezugsfertigen Gebäude befinden. Bebaute Grundstücke sind Grundstücke, auf denen sich benutzbare Gebäude befinden (§ 74 BewG). Bei der Bewertung der bebauten Grundstücke werden verschiedene Grundstücksarten unterschieden (§ 75 BewG), und zwar Mietwohngrundstücke, Geschäftsgrundstücke, gemischtgenutzte Grundstücke, Einfamilienhäuser, Zweifamilienhäuser. Grundstücke, die sich in keine dieser genannten Grundstücksarten einordnen lassen, sind sonstige bebaute Grundstücke.

569 *Beispiele:*

(1) Sonstige bebaute Grundstücke sind z. B. Klubhäuser, Vereinshäuser, Bootshäuser, studentische Verbindungshäuser, Turnhallen, Schützenhallen und Jagdhütten (vgl. Abschn. 15 Abs. 6 BewRGr).

(2) In einem Vereinshaus, das ein Tennisverein auf dem ihm gehörenden Grundstück errichtet hat, befinden sich die Vereinsräume, die Wohnung des Platzwarts und ein kleines Ladengeschäft. Bei der Entscheidung der Frage, in welche Grundstücksart das Grundstück einzuordnen ist, bleiben die von der Grundsteuer befreiten Grundstücksteile außer Betracht. Das Gebäude wird – gemessen nach seiner restlichen Wohn- und Nutzfläche – zu 85 v.H. für sonstige Zwecke, zu 10 v.H. für Wohnzwecke und zu 5 v.H. für gewerbliche Zwecke genutzt. Das Grundstück ist daher ein sonstiges bebautes Grundstück (vgl. Abschn. 15 Abs. 7 BewRGr).

570 Die Bewertung der Grundstücke (§ 76 BewG) erfolgt überwiegend nach dem Ertragswertverfahren, für die sonstigen bebauten Grundstücke ist der Wert aber grundsätzlich nach dem Sachwertverfahren zu ermitteln. Der für ein bebautes Grundstück anzusetzende Wert darf nicht geringer sein als 50 v.H. des Werts, mit dem der Grund und Boden allein als unbebautes Grundstück zu bewerten wäre (§ 77 BewG). Der Wertansatz für das Grundvermögen erfolgt im Einheitswert.

(3) Betriebsvermögen

Zum Betriebsvermögen (§ 95 BewG) gehören alle Teile einer wirtschaftlichen Einheit, die dem Betrieb eines Gewerbes als Hauptzweck dient, soweit die Wirtschaftsgüter dem Betriebsinhaber gehören. Als Gewerbe gilt auch die gewerbliche Bodenbewirtschaftung, nicht jedoch die Land- und Forstwirtschaft, wenn sie den Hauptzweck des Unternehmens bildet. Grundsätzlich ist nach § 2 Abs. 1 Satz 2 BewG der Wert einer wirtschaftlichen Einheit im ganzen festzustellen. Dies gilt jedoch nicht für das Betriebsvermögen. Der Gesamtwert des gewerblichen Betriebs ist die Summe der Werte, die sich für die zum gewerblichen Betrieb gehörenden Wirtschaftsgüter ergeben, vermindert um die Summe der Schulden und Lasten des Betriebs (BFH-Urteil vom 8. 1. 1960 – BStBl. III S. 83). Das Ergebnis stellt den Wert der wirtschaftlichen Einheit des gewerblichen Betriebes dar. **571**

Nach dem Bewertungsgesetz sind für das Betriebsvermögen anzusetzen **572**
(vgl. Abschn. 42 Abs. 2 VStR):

a) bei den Besitzposten die Betriebsgrundstücke mit 140 v.H. des Einheitswerts, die Mineralgewinnungsrechte mit dem Einheitswert, die Beteiligungen an Personengesellschaften mit dem Anteil am Einheitswert, notierte Wertpapiere mit dem Kurswert, Investmentzertifikate und Anteile an offenen Immobilienfonds mit dem Rücknahmepreis, nicht notierte Anteile an Kapitalgesellschaften mit dem gemeinen Wert, die Kapitalforderungen mit dem Nennwert, die Rechte auf wiederkehrende Nutzungen und Leistungen mit dem Kapitalwert, alle anderen Wirtschaftsgüter mit dem Teilwert;
b) bei den Schuldposten die Kapitalschulden mit dem Nennwert, die Verpflichtungen auf wiederkehrende Nutzungen und Leistungen mit dem Kapitalwert, sonstige Schulden und Lasten mit dem Teilwert.

Betriebsgrundstück ist der zu einem gewerblichen Betrieb gehörige Grundbesitz. Bei der Feststellung des Einheitswerts eines Grundstücks ist auch darüber zu entscheiden, ob das Grundstück ein Betriebsgrundstück ist und zu welchem Betrieb es gehört (BFH-Urteil vom 24. 10. 1958 – BStBl. 1959 III S. 2). Grundstücke, die zum Vermögen eines Vereins gehören, sind stets Betriebsgrundstücke (Abschn. 21 Abs. 1 VStR). **573**

(4) Sonstiges Vermögen

Zum sonstigen Vermögen (§ 110 BewG) gehören alle die Wirtschaftsgüter, die nicht unter eine der bereits genannten drei Vermögensarten fallen. Zum sonstigen Vermögen gehören insbesondere verzinsliche und unverzinsliche Kapitalforderungen jeder Art, Spareinlagen, Bankguthaben, Postscheckguthaben und sonstige laufende Guthaben, inländische und ausländische Zahlungsmittel; Aktien, Kuxe, GmbH-Anteile, Genossenschaftsanteile; der Kapitalwert von Nießbrauchsrechten und von Rechten auf Renten und andere wiederkehrende Nutzungen und Leistungen; Erfindungen und Urheberrechte; noch nicht fällige Ansprüche aus Lebens-, Kapital- und Rentenversicherungen; der Überbestand an umlaufenden Betriebsmitteln eines Betriebs der Land- und Forstwirtschaft; Wirtschaftsgüter, die einem Betrieb der Land- und Forstwirtschaft oder einem gewerblichen Betrieb üblicher- **574** weise zu dienen bestimmt sind, tatsächlich an dem für die Veranlagung zur Vermögensteuer maßgebenden Zeitpunkt aber einem derartigen Betrieb des Eigentümers nicht dienen; Edelmetalle, Edelsteine, Perlen, Münzen und Medaillen; Schmuckgegenstände und Luxusgegenstände; Kunstgegenstände und Sammlungen.

575 Bei der Ermittlung des sonstigen Vermögens bleibt insgesamt ein Betrag von 10000 DM außer Ansatz (§ 110 Abs. 2 BewG). Anlagevermögen, das nicht betrieblich genutzt wird und nicht gewerbliches Vorratsvermögen ist, bleibt außer Ansatz, wenn der Wert jeweils 10000 DM (Freigrenze) nicht übersteigt, andernfalls ist der ganze Wert anzusetzen. Bei Edelmetallen, Edelsteinen, Perlen, Münzen und Medaillen gilt eine Freigrenze von 1000 DM, bei Schmuckgegenständen und Luxusgegenständen gilt eine Freigrenze von 10000 DM, für Kunstgegenstände und Sammlungsstücke gilt eine Freigrenze von 20000 DM.

(5) Gesamtvermögen

576 Das Gesamtvermögen ergibt sich aus der Summe der für das land- und forstwirtschaftliche Vermögen, für das Grundvermögen und für das Betriebsvermögen festgestellten Einheitswerte zuzüglich des Werts des sonstigen Vermögens (§ 114 BewG), abzüglich der nicht mit einem gewerblichen Betrieb zusammenhängenden Schulden und Lasten. Das Gesamtvermögen wird auf volle 1000 DM nach unten abgerundet (§ 4 Abs. 2 VStG).

577 Grundbesitz oder Teile von Grundbesitz für Kunstgegenstände, Kunstsammlungen, wissenschaftliche Sammlungen, Bibliotheken und Archive werden nur mit 40 v.H. des Werts angesetzt, wenn ihre Erhaltung wegen ihrer Bedeutung für Kunst, Geschichte oder Wissenschaft im öffentlichen Interesse liegt (§ 115 BewG). Die genannten Grundstücke, Grundstücksteile, Gegenstände oder Sammlungen werden gar nicht angesetzt, wenn sie der Forschung oder Volksbildung nutzbar gemacht werden oder wenn sie der Denkmalspflege unterstellt sind oder wenn sie in das Verzeichnis national wertvollen Kulturgutes oder national wertvoller Archive eingetragen sind.

578 Bei der Ermittlung des Gesamtvermögens von Krankenhäusern bleibt der Einheitswert oder der Teil des Einheitswerts außer Ansatz, der für das Betriebsvermögen eines vom Eigentümer betriebenen Krankenhauses festgestellt worden ist, wenn das Krankenhaus in dem Kalenderjahr, das dem Veranlagungszeitpunkt vorangeht, die Voraussetzungen des § 67 Abs. 1 oder 2 AO (vgl. Tz. 334 ff. erfüllt hat (§ 116 BewG).

c) Vereinsvermögen

579 Vereine mit Sitz im Inland sind unbeschränkt vermögensteuerpflichtig, und zwar mit ihrem Gesamtvermögen. Dieses Gesamtvermögen kann aus land- und forstwirtschaftlichem Vermögen, Grundvermögen, Betriebsvermögen und sonstigem Vermögen bestehen. In der Mehrzahl der Fälle – insbesondere bei allen gemeinnützigen Vereinen – spielt für die Vermögensteuer das Betriebsvermögen der wirtschaftlichen Geschäftsbetriebe eine besondere Rolle. Einen gewerblichen Betrieb bilden alle die Wirtschaftsgüter (§ 97 Abs. 2 BewG), die einem Verein gehören und einem wirtschaftlichen

Geschäftsbetrieb des Vereins – ausgenommen Land- und Forstwirtschaft – dienen. Bei Vereinen wird das einem oder mehreren Betrieben dienende Vermögen in einem Einheitswert festgestellt (Abschn. 13 VStR). Das übrige Vermögen ist in die jeweils zutreffende Vermögensart einzureihen.

Abgesehen von den Betriebsgrunstücken, den Wertpapieren und den Anteilen an Kapitalgesellschaften ist das Betriebsvermögen von Geschäftsbetrieben der Vereine mit dem Teilwert zu bewerten (§ 109 BewG). Teilwert ist nach § 10 BewG der Betrag, den ein Erwerber des ganzen Unternehmens im Rahmen des Gesamtkaufpreises für das einzelne Wirtschaftsgut ansetzen würde, wobei davon auszugehen ist, daß der Erwerber das Unternehmen fortführt. In der Regel findet der Teilwert seine obere Grenze in den Wiederbeschaffungskosten für ein Wirtschaftsgut gleicher Art und Güte am Feststellungszeitpunkt. Der Teilwert findet seine untere Grenze regelmäßig in dem Material- oder Schrottwert. Die Wiederbeschaffungskosten für ein Wirtschaftsgut umfassen alle Kosten, die unter Berücksichtigung des tatsächlichen Zustandes des Wirtschaftsgutes am Bewertungsstichtag bei einer Wiederbeschaffung aufzuwenden wären (vgl. Abschn. 51 VStR). **580**

Beim Vorratsvermögen sind die Wiederbeschaffungskosten in der Regel aus den Tagespreisen vom Bewertungsstichtag abzuleiten. Ebenfalls aus den Tagespreisen vom Bewertungsstichtag werden die Wiederbeschaffungskosten für Wirtschaftsgüter des beweglichen Anlagevermögens abgeleitet, die in den Betrieben allgemein vorkommen, wie z. B. Büroeinrichtungen, Kraftfahrzeuge, Betriebseinrichtungen, Werkzeuge, Betriebsmittel u. dergl. mehr. Geringwertige Wirtschaftsgüter, deren Anschaffungs- oder Herstellungskosten im Jahr der Anschaffung oder Herstellung zulässigerweise in voller Höhe als Betriebsausgabe abgesetzt werden, sind bei der Bewertung für die Vermögensteuer mit einem angemessenen Restwert anzusetzen. **581**

Betriebsgrundstück ist der zu einem Geschäftsbetrieb gehörige Grundbesitz (§ 99 BewG). Ein Grundstück, das teils gewerblichen, teils nicht gewerblichen Zwecken dient, gehört dann ganz zum Betriebsvermögen, wenn der betriebliche Nutzungsanteil mehr als 50 v.H. beträgt; ist der betriebliche Nutzungsanteil geringer, so gehört das ganze Grundstück zum Grundvermögen. **582**

Von dem Rohvermögen sind abzuziehen diejenigen Schulden, die mit dem Geschäftsbetrieb in wirtschaftlichem Zusammenhang stehen (§ 103 BewG). Dieser wirtschaftliche Zusammenhang ist gegeben, wenn die Entstehung der Schuld ursächlich und unmittelbar auf Vorgängen beruht, die das Betriebsvermögen betreffen (Abschn. 26 VStR). Zu den berücksichtigungsfähigen Betriebsschulden gehören auch die Steuerschulden. Eine Betriebsschuld ist nur abzugsfähig, wenn sie am Bewertungsstichtag bestanden hat. Schulden, die mit Wirtschaftsgütern in wirtschaftlichem Zusammenhang stehen, die nicht zum Betriebsvermögen gehören, können bei der Ermittlung des Betriebsvermögens nicht berücksichtigt werden. **583**

Der Einheitswert für das Betriebsvermögen wird in der Regel alle drei Jahre festgestellt (§ 21 BewG). Für diese Hauptfeststellungszeitpunkte sind die Verhältnisse zu Beginn eines Kalenderjahres maßgebend. Zwischen zwei **584**

Hauptfeststellungszeitpunkten wird der Einheitswert durch eine Wertfortschreibung neu festgestellt (§ 22 BewG), wenn der maßgebende Wert, der sich für den Beginn eines Kalenderjahres ergibt, entweder um mehr als ein Fünftel, mindestens aber um 5000 DM, oder um mehr als 100 000 DM von dem Einheitswert des letzten Feststellungszeitpunkts abweicht. Eine Nachfeststellung (§ 23 BewG) findet statt, wenn nach einem Hauptfeststellungszeitpunkt ein Geschäftsbetrieb neu gegründet wird oder wenn ein Steuerbefreiungsgrund wegfällt.

d) Freigrenzen

585 Von Vereinen wird nach § 8 Abs. 1 VStG die Vermögensteuer nur erhoben, wenn das Gesamtvermögen 20 000 DM übersteigt. Hierbei handelt es sich um eine Freigrenze, d. h. wird der Wert von 20 000 DM überschritten, dann ist das ganze Vermögen steuerpflichtig. Wegen der Freigrenze von 20 000 DM werden die kleineren Vereine überwiegend nicht zur Vermögensteuer herangezogen.

586 Bei der Veranlagung inländischer Vereine, deren Tätigkeit sich auf den Betrieb der Land- und Forstwirtschaft beschränkt, bleiben unter bestimmten Voraussetzungen 100 000 DM in den der Gründung folgenden zehn Kalenderjahren vermögensteuerfrei (§ 7 VStG). Begünstigt sind Vereine, deren Tätigkeit sich auf den Betrieb einer Land- und Forstwirtschaft beschränkt und bei denen eine rein kapitalistische Beteiligung ausgeschlossen ist.

e) Gemeinnützige Vereine

587 Vereine, die nach der Satzung und nach ihrer tatsächlichen Geschäftsführung selbstlos, ausschließlich und unmittelbar kirchlichen, gemeinnützigen oder mildtätigen Zwecken dienen, sind nach § 3 Abs. 1 Nr. 12 VStG von der Vermögensteuer befreit. Ob diese Voraussetzungen vorliegen, ist von den Finanzämtern nach den Vorschriften der §§ 51 bis 68 AO (vgl. Tz. 59 ff.) zu prüfen. Für die Beurteilung der Gemeinnützigkeit von Sportvereinen gelten die für die Körperschaftsteuer aufgestellten Richtlinien (vgl. Tz. 487 ff.) für die Vermögensteuer entsprechend. Obwohl nach dem BFH-Urteil vom 8. 5. 1953 (BStBl. III S. 194) bewertungsrechtlich ein verpachtetes gewerbliches Unternehmen immer dann als gewerblicher Betrieb des Verpächters anzusehen ist, wenn die wesentlichen Betriebsgegenstände mitverpachtet sind, wird die Verpachtung eines wirtschaftlichen Geschäftsbetriebs durch einen gemeinnützigen Verein meist als Vermögensverwaltung angesehen (vgl. Tz. 273 ff.). Ein gemeinnütziger Verein bleibt deshalb auch dann von der Vermögensteuer befreit, wenn er einen oder mehrere wirtschaftliche Geschäftsbetriebe verpachtet hat.

588 Unterhalten gemeinnützige Vereine einen wirtschaftlichen Geschäftsbetrieb, der über den Rahmen einer Vermögensverwaltung hinausgeht, so sind sie insoweit vermögensteuerpflichtig. Ist aber der wirtschaftliche Geschäftsbetrieb nach den Vorschriften des § 65 AO ein Zweckbetrieb und damit als steuerunschädlich anzusehen (vgl. Tz. 313 ff.), so gilt dies auch für die Vermögensteuer. Bei steuerschädlichen wirtschaftlichen Geschäftsbetrieben ist für das Betriebsvermögen ein Einheitswert festzustellen. Wegen der

Besteuerungsgrenze des § 8 Abs. 1 VStG unterbleibt bei gemeinnützigen Vereinen mit Sitz im Inland aber auch beim Vorhandensein eines wirtschaftlichen Geschäftsbetriebs die Heranziehung zur Vermögensteuer dann, wenn der Einheitswert des Betriebsvermögens des wirtschaftlichen Geschäftsbetriebs 20 000 DM nicht übersteigt.

f) Landwirtschaftliche Vereinigungen

Vereine, deren Tätigkeit sich auf Dienst- oder Werkleistungen oder auf die Beratung für die Produktion oder Verwertung land- und forstwirtschaftlicher Erzeugnisse der Mitgliedsbetriebe beschränkt, sind nach § 3 Abs. 1 Nr. 7 VStG von der Vermögensteuer befreit. Die Voraussetzungen entsprechen denen der Gewerbesteuer, vgl. deshalb Tz. 555. **589**

g) Berufs- und Wirtschaftsverbände

Berufsverbände ohne öffentlich-rechtlichen Charakter, deren Zweck nicht auf einen wirtschaftlichen Geschäftsbetrieb gerichtet ist, sind nach § 3 Abs. 1 Nr. 8 VStG von der Vermögensteuer befreit. Da diese Befreiungsvorschrift mit der entsprechenden Vorschrift für die Körperschaftsteuer inhaltlich übereinstimmt, werden deshalb die für die Körperschaftsteuer getroffenen Feststellungen (vgl. Tz. 503 ff.) für die Vermögensteuer übernommen. Ein Berufsverband im Sinne der Befreiungsvorschrift ist gegeben, wenn die Mitglieder einer beruflichen oder wirtschaftlichen Tätigkeit nachgehen, wobei es sich um eine beliebige Erwerbstätigkeit handeln kann (vgl. BFH-Urteil vom 17. 5. 1966 – StRK VStG § 3 R. 3). Vereinigungen, deren Mitglieder sich nicht mit Rücksicht auf eine Berufs- oder Erwerbstätigkeit zusammengeschlossen haben, können nicht zu den Berufsverbänden im Sinne der Befreiungsvorschrift gerechnet werden. **590**

Beispiele: **591**

(1) Ein früher als Berufsverband tätig gewesener Verein, der am Stichtag nur noch eigenes Vermögen verwaltet, fällt nicht unter die Befreiungsvorschrift des § 3 VStG (BFH-Urteil vom 15. 2. 1963 – StRK VStG § 3 R. 2).

(2) Mietervereine vertreten keine aus einer Erwerbstätigkeit abgeleiteten ideellen oder wirtschaftlichen Interessen (Erwerbsinteressen) ihrer Mitglieder, sie sind deshalb keine Berufsverbände und nicht von der Vermögensteuer befreit (BFH-Urteil vom 17. 5. 1966 – StRK VStG § 3 R. 3).

(3) Die ausschließliche Werbetätigkeit eines Verbandes für ein bestimmtes Wirtschaftsgut, das die Verbandsmitglieder herstellen, verarbeiten oder an dessen Verkauf und Publizität sie interessiert sind, beinhaltet nicht mehr eine Wahrnehmung der allgemeinen wirtschaftlichen Interessen des Wirtschaftszweiges; ein solcher Verband ist kein Berufsverband und deshalb nicht von der Vermögensteuer befreit (BFH-Urteil vom 15. 7. 1966 – BStBl. III S. 638).

(4) Ein Verein, dessen satzungsmäßiger Hauptzweck in der

Durchführung der Gütesicherung und Überwachung der gleichbleibenden Instandhaltung der Gütebedingungen bei den von seinen Mitgliedern erzeugten Betonzuschlagstoffen sowie in der Auszeichnung der Erzeugnisse der Mitglieder mit einem Gütezeichen bestehen, ist kein Berufsverband im Sinne des § 3 Abs. 1 Nr. 8 VStG (BFH-Urteil vom 11. 8. 1972 – BStBl. 1973 II S. 39).

592 Unterhält ein Berufsverband einen oder mehrere wirtschaftliche Geschäftsbetriebe, so ist der Verband nur mit diesen wirtschaftlichen Geschäftsbetrieben vermögensteuerpflichtig. Der Begriff des wirtschaftlichen Geschäftsbetriebs bei Berufsverbänden entspricht dem bei der Körperschaftsteuer, vgl. deshalb Tz. 514 ff. Für das einem oder mehreren wirtschaftlichen Geschäftsbetrieben dienende Vermögen wird nur ein Einheitswert festgestellt (vgl. Abschn. 13 VStR).

593 Von der Vermögensteuer sind außerdem befreit (§ 3 Abs. 1 Nr. 9 VStG) solche Körperschaften und Personenvereinigungen, deren Hauptzweck die Verwaltung des Vermögens für einen nicht rechtsfähigen Berufsverband ist, sofern ihre Erträge im wesentlichen aus dieser Vermögensverwaltung herrühren und ausschließlich dem Berufsverband zufließen.

h) Politische Parteien

594 Politische Parteien und ihre Gebietsverbände sind von der Vermögensteuer befreit (§ 3 Abs. 1 Nr. 10 VStG). Wegen des Begriffs der politischen Partei vgl. die zur Körperschaftsteuer gemachten Ausführungen (Tz. 526 ff.).

595 Unterhalten politische Parteien oder ihre Gebietsverbände einen wirtschaftlichen Geschäftsbetrieb, so sind sie insoweit vermögensteuerpflichtig.

i) Technische Vorschriften

596 Zur Berechnung der Vermögensteuer wird bei unbeschränkt Steuerpflichtigen der Wert des Gesamtvermögens, bei beschränkt Steuerpflichtigen der Wert des Inlandsvermögens auf volle 1000 DM nach unten abgerundet (vgl. § 4 Abs. 2 VStG). Die Vermögensteuer beträgt für Körperschaften, Personenvereinigungen und Vermögensmassen jährlich 0,6 v.H. des steuerpflichtigen Vermögens (§ 10 VStG).

597 Die Veranlagung zur Vermögensteuer erfolgt nicht wie z. B. bei der Körperschaftsteuer, der Gewerbesteuer oder der Umsatzsteuer nach Ablauf eines Kalenderjahres, sondern die Veranlagung zur Vermögensteuer wird nur alle drei Jahre durchgeführt (vgl. § 15 VStG). Bei den genannten anderen Steuern erfolgt die Veranlagung nachträglich für das abgelaufene Kalenderjahr, bei der Vermögensteuer erfolgt die Veranlagung im voraus für die kommenden drei Kalenderjahre. Ein solcher Dreijahreszeitraum wird als Hauptveranlagungszeitraum bezeichnet.

598 Der Hauptveranlagung wird der Wert des steuerpflichtigen Vermögens zugrunde gelegt, der auf den Beginn des Hauptveranlagungszeitraums ermittelt worden ist. Dieser Zeitpunkt ist der Hauptveranlagungszeitpunkt. Während eines Hauptveranlagungszeitraums wird dann eine Neuveranlagung durchgeführt, wenn der Wert des steuerpflichtigen Vermögens sich verändert. Die Vermögensteuer wird neu veranlagt, wenn der Wert des steuerpflichtigen Vermögens, der sich für den Beginn eines Kalenderjahres ergibt, entweder um mehr als ein Fünftel oder um mehr als 150 000 DM von dem Wert des letzten Veranlagungszeitpunkts abweicht (§ 16 Abs. 1 Nr. 1 VStG). Weicht der Wert nach oben ab, so muß die Wertabweichung mindestens 50 000 DM betragen; weicht der Wert nach unten ab, so muß die Wertabweichung mindestens 10 000 DM betragen. Die Vermögensteuer wird außerdem neu veranlagt, wenn sich die Verhältnisse für die Gewährung von Freibeträgen ändern (§ 16 Abs. 1 Nr. 2 VStG).

Beispiele: 599

(1) Für den wirtschaftlichen Geschäftsbetrieb eines gemeinnützigen Vereins ist auf den 1. 1. 1989 ein Einheitswert von 30 000 DM festgestellt. Durch Ausbau des wirtschaftlichen Geschäftsbetriebs im Jahre 1990 erhöht sich zwar der Einheitswert auf 50 000 DM, eine Neuveranlagung findet aber nicht statt, weil die Wertveränderung nach oben nicht mindestens 50 000 DM beträgt. Diese Wertzunahme wirkt sich daher für die Vermögensteuer erst bei der nächsten Hauptveranlagung aus.

(2) Für den wirtschaftlichen Geschäftsbetrieb eines gemeinnützigen Vereins ist auf den 1. 1. 1989 ein Einheitswert von 25 000 DM festgestellt. Durch Minderung des Geschäftsumfanges im Jahre 1990 ergibt sich für den 1. 1. 1991 ein Einheitswert von 10 000 DM. Hier ist eine Neuveranlagung durchzuführen, weil die Wertabweichung nach unten mehr als 10 000 DM und mehr als ein Fünftel beträgt. Da im Beispielsfall die Besteuerungsgrenze unterschritten wird, ist dieser Verein ab 1991 von der Vermögensteuer befreit.

Die Neuveranlagung wird auf den Beginn des Kalenderjahres vorgenommen, 600
für den sich die Wertabweichung ergibt oder der der Änderung der Verhältnisse für die Gewährung von Freibeträgen folgt (§ 16 Abs. 3 VStG). Der Beginn dieses Kalenderjahres ist der Neuveranlagungszeitpunkt. Im Falle einer Wertabweichung nach unten ist es zweckmäßig, eine Neuveranlagung beim Finanzamt zu beantragen, weil ohne Antrag in diesen Fällen eine Neuveranlagung im Ermessen des Finanzamtes liegt. Anträge auf Neuveranlagung wegen Herabsetzung der Vermögensteuer sind bis zum Ablauf des Kalenderjahres zu stellen, in dem die Voraussetzung für die Neuveranlagung eingetreten ist. Während des Hauptveranlagungszeitraums ist auch eine Nachveranlagung zur Vermögensteuer möglich. Die Vermögensteuer wird nachträglich veranlagt, wenn nach dem Hauptveranlagungszeitpunkt entwederdie persönliche Steuerpflicht neu begründet wird oder ein persönlicher Befreiungsgrund wegfällt oder ein Wechsel von unbeschränkter zu beschränkter Steuerpflicht oder umgekehrt eintritt (§ 17 VStG). Vereine mit Sitz im Inland haben dem Finanzamt unaufgefordert Anzeige zu erstatten, wenn ihr Gesamtvermögen die Grenze von 20 000 DM übersteigt (§ 19 VStG).

601 Die Vermögensteuer wird zu je einem Viertel der Jahressteuerschuld am 10. Februar, 10. Mai, 10. August und 10. November eines Jahres fällig (§ 20 VStG). Beträgt die Jahressteuer weniger als 500 DM, so ist sie in einem Betrag am 10. November zu entrichten. Ist die Jahressteuerschuld noch nicht bekanntgegeben worden, so sind zu den gleichen Terminen Vorauszahlungen in Höhe von einem Viertel der zuletzt festgestellten Jahressteuerschuld zu entrichten (§ 21 VStG). Das Finanzamt kann die Vorauszahlungen der Steuer anpassen, die sich für das Kalenderjahr voraussichtlich ergeben wird. Die Vorauszahlungen werden nach Bekanntgabe des Steuerbescheids mit der dann endgültig festgesetzten Steuer verrechnet (§ 22 VStG). Sind bis zur Bekanntgabe der Jahressteuerschuld keine Vorauszahlungen entrichtet worden, so ist die Steuerschuld auf Grund des Steuerbescheides für die vorangegangenen Fälligkeitstage innerhalb eines Monats nach Bekanntgabe des Steuerbescheids zu entrichten (§ 23 VStG). Von der Festsetzung der Vermögensteuer ist abzusehen, wenn die Jahressteuer den Betrag von 50 DM nicht übersteigt (§ 20 Abs. 2 VStG).

4. Die Grundsteuer

602 Die Grundsteuer ist eine für das ganze Geltungsgebiet einheitlich geregelte Gemeindesteuer. Rechtsgrundlagen sind das Grundsteuergesetz (GrStG) sowie das Bewertungsgesetz (BewG). Das Grundsteuergesetz gilt auch für den auf der Insel Helgoland belegenen Grundbesitz (BFH-Urteil vom 21. 7. 1961 – BStBl. 1962 III S. 11).

a) Steuerpflicht

603 Die Gemeinden erheben die Grundsteuer von dem in ihrem Gebiet gelegenen Grundbesitz (§ 1 GrStG). Erstreckt sich der Grundbesitz auf das Gebiet mehrerer Gemeinden, so wird die Grundsteuer von einem solchen Steuergegenstand nach einem besonderen Verfahren (§§ 22 ff. GrStG) auf die beteiligten Gemeinden verteilt. Grundbesitz im Sinne der Grundsteuer ist
a) das land- und forstwirtschaftliche Vermögen (§§ 33 ff. BewG),
b) das Grundvermögen (§§ 68 ff. BewG),
c) die Betriebsgrundstücke (§ 99 BewG).

604 Zum land- und forstwirtschaftlichen Vermögen (vgl. Tz. 564) gehören alle Wirtschaftsgüter, die einem Betrieb der Land- und Forstwirtschaft dauernd zu dienen bestimmt sind. Zum Grundvermögen (vgl. Tz. 566 ff.) gehören alle diejenigen bebauten und unbebauten Grundstücke, die nicht zu einem land- und forstwirtschaftlichen Betrieb gehören und die nicht Betriebsgrundstücke sind. Betriebsgrundstücke (vgl. Tz. 573) sind alle solchen Grundstücke, die zu einem gewerblichen Betrieb gehören.

605 Steuergegenstände (§ 2 GrStG) sind, soweit sie sich auf das Inland erstrecken,
a) land- und forstwirtschaftliche Betriebe und die ihnen gleichgestellten Betriebsgrundstücke,
b) die Grundstücke und die ihnen gleichgestellten Betriebsgrundstücke.

606 Die Steuergegenstände werden in wirtschaftlichen Einheiten zusammengefaßt. Jede wirtschaftliche Einheit wird für sich bewertet und ihr Wert im

ganzen festgestellt (§ 2 BewG). Eine wirtschaftliche Einheit kann aus mehreren Wirtschaftsgütern bestehen. Der Begriff der wirtschaftlichen Einheit ist gesetzlich nicht festgelegt, sondern was als wirtschaftliche Einheit zu gelten hat, ist nach den Anschauungen des Verkehrs zu entscheiden. Mit der Verkehrsanschauung sind die örtliche Gewohnheit, die tatsächliche Übung, die Zweckbestimmung und die wirtschaftliche Zusammengehörigkeit der einzelnen Wirtschaftsgüter zu berücksichtigen.

b) Besteuerungsverfahren

Das Verfahren bei der Grundsteuer gliedert sich in die folgenden drei Stufen: 607

a) Feststellung des Einheitswertes für den Steuergegenstand (Einheitswertverfahren),
b) Festsetzung des Steuermeßbetrags (Steuermeßbetragsverfahren),
c) Festsetzung und Erhebung der Grundsteuer.

Das Einheitswertverfahren und das Steuermeßbetragsverfahren werden von 608
den Finanzämtern im allgemeinen in einem Arbeitsgang durchgeführt. Das Ergebnis wird den Steuerpflichtigen in der Regel in einem zusammengefaßten Bescheid mitgeteilt. Das Verfahren über die Festsetzung und Erhebung der Grundsteuer obliegt den Gemeinden.

Der Steuermeßbetrag ergibt sich durch Anwendung der Steuermeßzahl auf 609
den Einheitswert. Die Steuermeßzahl beträgt für Betriebe der Land- und Forstwirtschaft 6 v.T. (§ 14 GrStG) und für Grundstücke 3,5 v.T. (§ 15 GrStG); für Einfamilienhäuser und Zweifamilienhäuser gelten Sonderregelungen. Auch unbebaute Grundstücke unterliegen der Grundsteuer.

Auf den Steuermeßbetrag wird dann der von der Gemeinde festgesetzte 610
Hebesatz angewendet, um die zu zahlende Grundsteuer zu ermitteln.

In der Festsetzung des Steuermeßbetrags liegt zugleich die Feststellung der 611
sachlichen Steuerpflicht und der persönlichen Steuerpflicht (§ 184 AO). Im Steuermeßbetragsverfahren wird somit über die Grundsteuerpflicht entschieden, ferner auch über die Frage, ob ein Grundstück unter eine der für die Grundsteuer geltenden Befreiungsvorschriften fällt.

c) Gemeinnützige Vereine

Vereine, die nach der Satzung und nach ihrer tatsächlichen Geschäftsführung 612
selbstlos, ausschließlich und unmittelbar gemeinnützigen oder mildtätigen Zwecken dienen, sind nach § 3 Abs. 1 Nr. 3 GrStG von der Grundsteuer befreit. Dies gilt allerdings nur unter der Voraussetzung, daß der Grundbesitz vom Eigentümer auch unmittelbar für gemeinnützige oder mildtätige Zwecke genutzt wird. Für die Begriffe gemeinnützige und mildtätige Zwecke gelten die §§ 51 bis 68 AO (vgl. Tz. 67 ff.) für die Grundsteuer entsprechend. Ist für Zwecke der Körperschaftsteuer eine Entscheidung über die Gemeinnützigkeit eines Vereins getroffen worden, so wird diese Entscheidung regelmäßig für Zwecke der Grundsteuer übernommen (Abschn. 12 Abs. 3 GrStR). Die Voraussetzungen für die Steuerbefreiung müssen zu Beginn eines Kalenderjahres vorliegen (vgl. BFH-Urteil vom 2. 12. 1955 – BStBl. 1956 III S. 22) und es muß anzunehmen sein, daß die

Voraussetzungen wenigstens auf die Dauer von zwölf Monaten vorliegen werden. Grundbesitz eines gemeinnützigen oder mildtätigen Vereins ist ferner nur dann von der Grundsteuer befreit, wenn und soweit der Grundbesitz unmittelbar für die begünstigten Zwecke benutzt wird. Es genügt eine unmittelbare Benutzung, nicht erforderlich ist eine ausschließliche Benutzung des Grundstücks für die begünstigten Zwecke (vgl. BFH-Urteil vom 10. 12. 1954 – BStBl. 1955 III S. 63).

613 *Beispiele:*

(1) Die Grundsteuerbefreiung wegen unmittelbarer Benutzung für gemeinnützige oder mildtätige Zwecke kommt erst in Betracht, wenn der Steuergegenstand dem steuerbegünstigten Zweck tatsächlich zugeführt worden ist (BFH-Urteil vom 30. 6. 1967 – BStBl. III S. 659).

(2) Land- und forstwirtschaftlich genutzter Grundbesitz ist nach § 25 GrStDV auch dann steuerpflichtig, wenn er den mildtätigen Zwecken einer Stiftung unmittelbar dient (BFH-Urteil vom 8. 8. 1969 – StRK GrStG § 4 Nr. 3 R. 8).

614 Bei der Frage, ob Grundbesitz, der von einem gemeinnützigen Verein für begünstigte Zwecke benutzt wird, von der Grundsteuer befreit ist, kommt es in erster Linie auf die tatsächliche Nutzung, nicht auf die Motive der Nutzung und auch nicht auf die durch den Einheitswertbescheid ausgewiesene Vermögensart an (vgl. BFH-Urteil vom 31. 7. 1985 – BStBl. II S. 632 und OFD München – DStR 1987 S. 805).

615 Grundbesitz eines gemeinnützigen Vereins, der nicht unmittelbar für die begünstigten Zwecke genutzt wird, ist von der Grundsteuer nicht befreit. Das gilt insbesondere für Grundbesitz, der einem wirtschaftlichen Geschäftsbetrieb (vgl. Tz. 268 ff.) dient. Grundsteuerfrei bleibt dagegen der Grundbesitz, auf dem steuerlich unschädliche Geschäftsbetriebe, sog. Zweckbetriebe (vgl. Tz. 313 ff.), unterhalten werden.

616 *Beispiele:*

(1) Ein Erholungsheim, das ausschließlich den Bediensteten einer Behörde und ihren Familienangehörigen zur Verfügung steht, ist als steuerpflichtiger wirtschaftlicher Geschäftsbetrieb nicht von der Grundsteuer befreit (vgl. FG München, Urteil vom 9. 11. 1972 – EFG 1973 S. 176).

(2) Grundbesitz, den ein eingetragener Verein seinen Mitgliedern zum sog. Sportfischen zur Verfügung stellt, ist nicht von der Grundsteuer befreit (BFH-Urteil vom 31. 7. 1985 – BStBl. II S. 632).

617 Grundsteuerfrei bleibt der Grundbesitz, auf dem die gemeinnützigen oder mildtätigen Zwecke unmittelbar verfolgt werden. Dazu rechnet auch der Grundbesitz, auf dem die Körperschaft ihre Verwaltungstätigkeit ausübt (vgl. Abschn. 12 Abs. 5 GrStR). Verwaltungsräume, die der Verwaltung

von steuerpflichtigem Grundbesitz dienen, sind dagegen steuerpflichtig (BFH-Urteile vom 10. 12. 1954 – BStBl. 1955 III S. 63 und vom 6. 10. 1961 – BStBl. III S. 571). Hat die Körperschaft auch einen oder mehrere wirtschaftliche Geschäftsbetriebe, die nicht Zweckbetriebe im Sinne der §§ 65 bis 68 AO sind, so ist der Grundbesitz oder Teil des Grundbesitzes steuerpflichtig, der für deren Verwaltung benutzt wird.

Grundbesitz eines gemeinnützigen Vereins, der Wohnzwecken dient, ist **618** nicht so zu beurteilen, als ob er unmittelbar für die begünstigten Zwecke benutzt wird (vgl. § 5 GrStG). Das gilt auch für die zugehörigen Hofräume mit Hausgärten. Solcher Grundbesitz fällt daher nicht unter die Befreiungsvorschrift, sondern er ist grundsteuerpflichtig, denn der Wohnzweck ist kein begünstigter Zweck (BFH-Urteil vom 6. 10. 1961 – BStBl. III S. 571).

Beispiele: **619**

(1) Bei einem gemeinnützigen Verein, der auf seinem Grundbesitz mehrtätige Zusammeneinkünfte seiner Mitglieder veranstaltet, um im Sinne des Zwecks des Vereins religöse Veranstaltungen durchzuführen, erstreckt sich die Befreiung von der Grundsteuer weder auf die gemeinschaftlichen Wohn-, Schlaf- und Waschräume der Veranstaltungsteilnehmer noch auf die zu ihrer Versorgung dienenden Küchenräume, Verpflegungsräume und Vorratsräume, noch auf die Wohn- und Bereitschaftsräume des Bedienungspersonals (BFH-Urteil vom 7. 10. 1966 – BStBl. 1967 III S. 30).

(2) Die Wohnräume der Hausgenossen eines gemeinnützigen Vereins, der religiöse Ziele verfolgt, sind nicht von der Grundsteuer befreit (BFH-Urteil vom 23. 2. 1979 – BStBl. II S. 524).

(3) Der Grundbesitz einer Gesellschaft mit beschränkter Haftung, die Rechtsträgerin eines nichtrechtsfähigen katholischen klösterlichen Verbandes (Ordensgenossenschaft) ist, ist insoweit nicht von der Grundsteuer befreit, als er für Wohnzwecke benutzt wird (BFH-Urteil vom 22. 7. 1987 – BStBl. II S. 725).

Grundbesitz eines gemeinnützigen Vereins, der zwar Wohnzwecken dient, **620** bleibt jedoch dann auch von der Grundsteuer befreit, wenn es sich bei den Räumlichkeiten handelt um (§ 5 GrStG)

a) die gemeinschaftlichen Wohnräume in Schülerheimen, Ausbildungsheimen und Erziehungsanstalten, in Prediger- und Priesterseminaren;
b) Wohnräume, wenn der steuerbegünstigte Zweck nur durch ihre Überlassung erreicht werden kann;
c) Räume, in denen sich Personen für die Erfüllung der begünstigten Zwekke ständig bereithalten müssen – sog. Bereitschaftsräume –, wenn sie nicht zugleich die Wohnung des Inhabers darstellen.

621 *Beispiel:*

Schulungsheime der Gewerkschaften können nach § 4 Nr. 5 GrStG von der Grundsteuer befreit sein (StEK GrStG § 4 Nr. 75).

622 Diese eben genannten Räume bzw. Wohnräume – nicht jedoch Wohnungen – sind nur dann von der Grundsteuer befreit, wenn auch die weiteren Voraussetzungen erfüllt sind, von denen die Befreiung des Grundstücks von der Grundsteuer abhängt. Es muß also zunächst ein Befreiungsgrund für den Grundbesitz aus den §§ 3 oder 4 GrStG gegeben sein; erst dann sind die steuerbegünstigten Räume, auch wenn sie zu den oben genannten Wohnzwekken benutzt werden, grundsteuerfrei.

623 Wird Grundbesitz, der von einem Verein für steuerbegünstigte Zwecke benutzt wird, zugleich land- und forstwirtschaftlich genutzt, so gilt die Befreiung von der Grundsteuer u. a. nur für Grundbesitz, der Lehr- oder Versuchszwecken dient (§ 6 GrStG). Betreibt eine gemeinnützige GmbH eine Gärtnerei in Form einer Werkstatt für Behinderte, so ist der dabei eingesetzte Grundbesitz nach § 6 Nr. 1 GrStG von der Grundsteuer befreit, weil er Lehrzwecken in dem dort bezeichneten Sinne dient (Niedersächsisches FG, Urteil vom 28. 2. 1989 – EFG S. 476).

624 Die Grundsteuerbefreiungen sind davon abhängig, daß der Grundbesitz für die steuerbegünstigten Zwecke unmittelbar benutzt wird (§ 7 GrStG). Unmittelbare Benutzung liegt vor, sobald der Grundbesitz für die steuerbegünstigten Zwecke hergerichtet wird. Ein Grundstück wird bei Neubauten schon dann für den begünstigten Zweck hergerichtet, wenn die ausführenden Bauunternehmen mit der Durchführung der Bauarbeiten auf dem Grundstück beginnen. Unmittelbare Benutzung bedeutet aber auch, daß das Grundstück im wesentlichen den steuerbegünstigten Zwecken dient, also nicht nur vorübergehend oder zeitweilig, der steuerbegünstigte Zweck muß wesentlich im Vordergrund der Grundstücksverwendung stehen.

625 Treffen bei einem Grundstück begünstigte und nichtbegünstigte Zwecke zusammen, so muß eine Aufteilung vorgenommen werden. Wird ein räumlich abgegrenzter Teil des Steuergegenstandes für steuerbegünstigte Zwecke benutzt, so ist nur dieser Teil des Steuergegenstandes steuerfrei (§ 8 Abs. 1 GrStG). Die räumliche Abgrenzung muß relativ leicht und vor allem genau möglich sein, wie z. B. bei zwei Gebäuden auf einem Grundstück oder bei Verwendung der ersten beiden Geschosse eines Gebäudes für begünstigte und der weiteren beiden Geschosse für nichtbegünstigte Zwecke. Dient ein Grundstück oder Grundstücksteil sowohl steuerbegünstigten Zwecken als auch anderen Zwecken, ohne daß eine räumliche Abgrenzung für die verschiedenen Zwecke möglich ist, so ist der Steuergegenstand oder der Teil des Steuergegenstandes nur befreit, wenn die steuerbegünstigten Zwecke überwiegen (§ 8 Abs. 2 GrStG). Die Steuerpflicht oder Steuerfreiheit beurteilt sich in solchen Fällen danach, für welche Zwecke der Steuergegenstand oder der Teil des Steuergegenstandes überwiegend geschaffen oder bereitgehalten wird (BFH-Urteil vom 7. 10. 1966 – BStBl. 1967 III S. 30).

Grundbesitz, der für Zwecke eines Krankenhauses benutzt wird, ist von der Grundsteuer befreit, wenn das Krankenhaus in dem Kalenderjahr, das dem Veranlagungszeitraum vorangeht, die Voraussetzungen des § 67 Abs. 1 oder 2 AO (vgl. Tz. 334 ff.) erfüllt hat (§ 4 Nr. 6 GrStG). Der Grundbesitz muß ausschließlich demjenigen, der ihn für Zwecke einer solchen Krankenanstalt benutzt, zuzurechnen sein. **626**

d) Sportvereine

Grundbesitz eines anerkannten Sportvereins, der von dem Verein für sportliche Zwecke benutzt wird, ist nach § 3 Abs. 1 Nr. 3 GrStG von der Grundsteuer befreit. Ein Sportverein dient in der Regel gemeinnützigen Zwecken und sein Grundbesitz wird durch die Benutzung zu Sportzwecken gleichzeitig zu gemeinnützigen Zwecken benutzt. Zu Fragen der grundsteuerlichen Behandlung von Grundbesitz, der für sportliche Zwecke benutzt wird, ist in dem gemeinsamen Länder-Erlaß vom 15. 3. 1984 (BStBl. I S. 323) wie folgt Stellung genommen: **627**

Ist ein Sportverein einschließlich seiner sportlichen Veranstaltungen gemeinnützig, d. h. bilden die sportlichen Veranstaltungen einen steuerbegünstigten Zweckbetrieb, sind die sportlichen Anlagen einschließlich der Zuschauerflächen mit oder ohne Tribünenaufbauten von der Grundsteuer befreit (§ 3 Abs. 1 Nr. 3 Buchst. b GrStG). Bilden die sportlichen Veranstaltungen des Sportvereins einen steuerpflichtigen wirtschaftlichen Geschäftsbetrieb und werden die sportlichen Anlagen ganz oder überwiegend für diese Veranstaltungen benutzt, so unterliegen sie der Grundsteuer. **628**

Grundbesitz, den ein privater Eigentümer an einen gemeinnützigen Sportverein zur Benutzung für sportliche Zwecke verpachtet hat, unterliegt der Grundsteuer. Wenn sportliche Anlagen öffentliche Sportplätze sind (Abschn. 36 Abs. 2 und 3 GrStR), ist die Grundsteuer durch die Gemeinde zu erlassen, falls die jährlichen Kosten in der Regel den Rohertrag übersteigen (§ 32 Abs. 1 Nr. 2 GrStG). In anderen Fällen können Billigkeitsmaßnahmen der Gemeinden nach § 227 AO in Betracht kommen. **629**

Zu den sportlichen Anlagen rechnen auch Unterrichts- und Ausbildungsräume, Übernachtungsräume für Trainingsmannschaften, Umkleide-, Bade-, Dusch- und Waschräume sowie Räume zur Aufbewahrung von Sportgeräten, auch wenn sie für diesen Zweck an Vereinsmitglieder ganz oder teilweise vermietet sind. Zu den sportlichen Anlagen gehören ferner Unterkunfts- und Schutzhütten von Bergsteiger-, Ski- und Wandervereinen. Die Grundsteuerbefreiung erstreckt sich auch auf die Befreiung kleinerer, einfach ausgestatteter Räume, die der Erfrischung der Sporttreibenden dienen. **630**

Nicht zu den sportlichen Anlagen rechnen solche Räume, die der Erholung oder der Geselligkeit dienen. **631**

Grundsteuerpflicht besteht nur insoweit, als die sportlichen Anlagen als Grundvermögen einzuordnen sind. Für Sportstätten ist dabei die Abgrenzung des Grundvermögens von den Betriebsvorrichtungen zu beachten. Eine Übersicht, welche Einrichtungen als Grundstücksteile bzw. Betriebs- **632** vorrichtungen anzusehen sind, ist in Abschn. 86 UStR enthalten (vgl. Tz. 730).

633 Grundbesitz von Sportvereinen, der nicht unmittelbar sportlichen Zwecken dient, oder als sportlichen Zwecken dienend angesehen wird, ist prinzipiell grundsteuerpflichtig.

e) Technische Vorschriften

634 Bei der Veranlagung zur Grundsteuer ist zu unterscheiden die Hauptveranlagung, die Fortschreibungsveranlagung und die Nachveranlagung. Die Steuermeßbeträge werden im Anschluß an die Hauptfeststellung der Einheitswerte durch die Hauptveranlagung allgemein festgesetzt (§ 16 GrStG). Der Hauptveranlagung wird dabei der Einheitswert zugrundegelegt, der auf den Hauptfeststellungszeitpunkt festgestellt worden ist. Im Falle einer Fortschreibung des Feststellungsbescheids wird der Fortschreibungsveranlagung des Steuermeßbetrags der Einheitswert zugrunde gelegt, der auf den Fortschreibungszeitpunkt festgestellt worden ist (§ 17 GrStG). Entsprechendes gilt für die anderen im Fortschreibungsbescheid getroffenen Feststellungen. Im Falle einer Nachfeststellung des Einheitswerts wird der Nachveranlagung des Steuermeßbetrags der Einheitswert zugrunde gelegt, der auf den Nachfeststellungszeitpunkt festgestellt worden ist (§ 18 GrStG). Entsprechendes gilt für die anderen im Nachfeststellungsbescheid getroffenen Feststellungen. Die Steuerpflicht für den ganzen Steuergegenstand fällt weg, wenn dieser untergeht oder wenn für ihn ein Befreiungsgrund eintritt (§ 20 GrStG).

635 Der Hebesatz für die Grundsteuer wird von der Gemeinde festgesetzt (§ 25 GrStG). Die Grundsteuer wird dabei jeweils für ein Kalenderjahr festgesetzt. Der Jahresbetrag der Grundsteuer errechnet sich durch Anwendung des Hebesatzes auf den Steuermeßbetrag. Der Hebesatz muß für alle in einer Gemeinde gelegenen land- und forstwirtschaftlichen Betriebe und für alle in einer Gemeinde gelegenen Grundstücke einheitlich sein. Der Hebesatz für die land- und forstwirtschaftlichen Betriebe kann jedoch von dem Hebesatz für die Grundstücke abweichen.

636 Hinsichtlich der Fälligkeit der Grundsteuer sind verschiedene Termine zu beachten. Die Grundsteuer wird fällig (§ 28 GrStG) am 15. Februar, 15. Mai, 15. August und 15. November zu je einem Viertel ihres Jahresbetrages. Abweichend von den genannten Terminen wird die Grundsteuer bei kleinen Beträgen fällig

a) am 15. August mit ihrem Jahresbetrag, wenn dieser 30 DM nicht übersteigt,
b) am 15. Februar und 15. August zu je einer Hälfte ihres Jahresbetrages, wenn dieser 60 DM nicht übersteigt.

637 Auf Antrag des Steuerschuldners kann die Grundsteuer am 1. Juli in einem Jahresbetrag entrichtet werden (§ 28 Abs. 3 GrStG). Der Antrag muß spätestens bis zum 30. September des vorangegangenen Kalenderjahres gestellt werden. Die jährliche Zahlungsweise in einer Summe bleibt dann solange maßgebend, bis ihre Änderung beantragt wird; die Änderung muß spätestens bis zum 30. September des vorangegangenen Jahres beantragt werden.

Bis zur Bekanntgabe eines neuen Steuerbescheids muß der Steuerschuldner zu den bisherigen Zahlungsterminen entsprechende Vorauszahlungen unter Zugrundelegung der zuletzt festgesetzten Jahressteuerschuld entrichten (§ 29 GrStG). Nach Bekanntgabe des neuen Steuerbescheids werden die Vorauszahlungen mit der dann festgesetzten endgültigen Steuer verrechnet (vgl. § 30 GrStG). Sind bis zur Bekanntgabe der Jahressteuerschuld keine Vorauszahlungen entrichtet worden, so ist die im Steuerbescheid festgesetzte Steuerschuld innerhalb eines Monats nach Bekanntgabe des Steuerbescheids zu entrichten (§ 31 GrStG). 638

Steuerschuldner der Grundsteuer ist in der Regel der Eigentümer des Grundstücks (§ 10 GrStG). Besteht der Steuergegenstand jedoch in einem grundstücksgleichen Recht, so ist der Berechtigte der Steuerschuldner. Gehört der Steuergegenstand mehreren Personen, so sind diese Gesamtschuldner. 639

Die Haftung für die Grundsteuer ist zweifach geregelt. Persönlich haftet der Steuerschuldner für die Grundsteuer (§ 11 GrStG). Neben dem Steuerschuldner haften als Gesamtschuldner aber auch der Nutznießer und der Nießbraucher und, wenn die Betriebsmittel oder Gebäude eines land- und forstwirtschaftlichen Betriebs einem anderen als dem Eigentümer des Grund und Bodens gehören, der Eigentümer der Betriebsmittel oder Gebäude für den auf diese entfallenden Steuerbetrag. Neben der persönlichen Haftung gibt es auch noch eine dingliche Haftung für die Grundsteuer. Die Grundsteuer ruht nämlich auf dem Steuergegenstand als öffentliche Last (§ 12 GrStG). Das Grundsteuergesetz hat der Grundsteuer den Charakter einer öffentlichen Grundstückslast beigelegt und damit diese Steuer mit einem dinglichen Recht an dem ihr unterworfenen Grundbesitz ausgestattet. 640

f) Grundsteuererlaß

In bestimmten Fällen (§§ 32 und 33 GrStG) ist auf Antrag die Grundsteuer ganz oder teilweise zu erlassen. Erlaßzeitraum ist jeweils das Kalenderjahr. Der Antrag auf Erlaß ist für jedes Kalenderjahr neu zu stellen, und zwar spätestens bis 31. März des folgenden Jahres. 641

(1) Ertragsminderung

Der Erlaß der Grundsteuer wegen Ertragsminderung kommt bei Betrieben der Land- und Forstwirtschaft und bei bebauten Grundstücken in Betracht, nicht aber bei unbebauten Grundstücken. Der Erlaß setzt voraus, daß 642

1. die Minderung des normalen Rohertrags mehr als 20 v.H. beträgt und
2. der Steuerschuldner die Minderung des Rohertrags nicht zu vertreten hat.

Bei Betrieben der Land- und Forstwirtschaft und bei eigengewerblich genutzten bebauten Grundstücken muß außerdem die Einbeziehung der Grundsteuer nach den wirtschaftlichen Verhältnissen des Betriebs unbillig sein. 643

(2) Andere Erlaßtatbestände

Die Grundsteuer ist auf Antrag zu erlassen für Grundbesitz, dessen Erhaltung wegen seiner Bedeutung für Wissenschaft, Kunst, Geschichte oder 644

Naturschutz im öffentlichen Interesse liegt, wenn die jährlichen Kosten in der Regel die erzielten Einnahmen und die sonstigen Vorteile übersteigen (§ 32 Abs. 1 Nr. 1 GrStG). Der Nachweis darüber, daß die Erhaltung von Grundbesitz wegen seiner Bedeutung für die genannten Zwecke im öffentlichen Interesse liegt, ist in Zweifelsfällen durch Vorlegung einer Bescheinigung der mit der Denkmalspflege betrauten Landesbehörde zu führen. Die Grundsteuer ist zu erlassen, wenn die jährlichen Kosten in der Regel die erzielten Einnahmen und die sonstigen Vorteile übersteigen. Wird für den Grundbesitz in der Regel kein Überschuß erzielt, so ist die Grundsteuer in vollem Umfange zu erlassen. Wird der Rohertrag des Grundbesitzes nur teilweise gemindert, so ist ein möglicher Steuererlaß nach den allgemeinen steuerlichen Billigkeitsvorschriften zu beurteilen. Bei Park- und Gartenanlagen von geschichtlichem Wert ist der Grundsteuererlaß von der weiteren Voraussetzung abhängig, daß sie in dem billigerweise zu fordernden Umfang der Öffentlichkeit zugänglich gemacht sind.

645 Die Grundsteuer ist auf Antrag zu erlassen für öffentliche Spiel- und Sportplätze, die nicht bereits nach § 4 GrStG befreit sind, wenn die jährlichen Kosten in der Regel die erzielten Einnahmen und die sonstigen Vorteile übersteigen (§ 32 Abs. 1 Nr. 2 GrStG). Unter diesen Erlaßtatbestand fallen vor allem der Öffentlichkeit zugängige Grünanlagen, Spielplätze und Sportplätze, die sich im Eigentum von Privatpersonen oder von nicht gemeinnützigen Vereinen oder von nicht anerkannten Sportvereinen befinden.

646 Die Grundsteuer ist auf Antrag zu erlassen für Grundbesitz, in dessen Gebäuden Gegenstände von wissenschaftlicher, künstlerischer oder geschichtlicher Bedeutung, insbesondere Sammlungen oder Bibliotheken, zum Zwecke der Forschung oder Volksbildung nutzbar gemacht sind (§ 32 Abs. 2 GrStG). Der Steuererlaß gilt nur unter der Voraussetzung und in dem Umfange, soweit der Rohertrag des Grundbesitzes durch eine solche Nutzbarmachung gemindert wird. Ein Erlaß der Grundsteuer für die genannten Grundstücke ist zu gewähren, wenn die wissenschaftliche, künstlerische oder geschichtliche Bedeutung durch die Landesregierung oder die von ihr beauftragte Stelle anerkannt ist. Weiter ist Voraussetzung, daß der Rohertrag des Grundstücks wegen seiner Verwendung als Museum, Sammlung oder Bibliothek gemindert ist. Liegen diese Voraussetzungen vor, so wird die Grundsteuer in dem Umfang erlassen, in dem eine Minderung des Rohertrags vorliegt.

5. Die Umsatzsteuer

647 Die deutsche Umsatzsteuer erfaßt nach dem sog. Allphasensystem jeden wirtschaftlichen Umsatzakt auf jeder Wirtschaftsstufe. Im sog. Mehrwertsteuersystem wird jedoch durch das Instrument des Vorsteuerabzugs eine Kumulierung der Umsatzsteuer vermieden, die Mehrwertsteuer mit Vorsteuerabzug ist deswegen prinzipiell wettbewerbsneutral. Dadurch, daß die Umsatzsteuer – und zwar nach dem Willen des Gesetzgebers – bei jedem Umsatzakt vom Leistenden auf den Leistungsempfänger überwälzt wird, wirkt sie wie eine allgemeine Verbrauchsteuer. Wegen ihrer Ausgestaltung als Allphasensteuer mit Fraktionierung der Steuerzahlung auf allen Wirt-

schaftsstufen, ist die Umsatzsteuer aber steuertechnisch als eine Verkehrsteuer anzusehen.

Rechtsgrundlagen sind das Umsatzsteuergesetz (UStG) sowie die Umsatz- **648**
steuer-Durchführungsverordnung (UStDV).

a) Steuerpflicht

Der Umsatzsteuer unterliegen die Lieferungen und sonstigen Leistungen, **649**
die ein Unternehmer im Inland (Erhebungsgebiet) gegen Entgelt im Rahmen seines Unternehmens ausführt (§ 1 Abs. 1 Nr. 1 UStG).

Ferner unterliegen der Umsatzsteuer die Lieferungen und sonstigen Leistun- **650**
gen, die Körperschaften und Personenvereinigungen i. S. d. § 1 Abs. 1 Nr. 1 bis 5 KStG, nichtrechtsfähige Personenvereinigungen sowie Gemeinschaften im Inland (Erhebungsgebiet) im Rahmen ihres Unternehmens an ihre Anteilseigner, Gesellschafter, Mitglieder, Teilhaber oder diesen nahestehende Personen, für die die Leistungsempfänger kein Entgelt aufwenden (§ 1 Abs. 1 Nr. 3 UStG), sowie für bestimmte Aufwendungen, die bei der Einkommensermittlung – auch der Vereine – nicht einkommensmindernd berücksichtigt werden dürfen (§ 1 Abs. 1 Nr. 2 c UStG).

Die Einfuhr von Gegenständen in das Zollgebiet unterliegt der Einfuhrum- **651**
satzsteuer (§ 21 UStG).

(1) Unternehmer

Unternehmer ist, wer eine gewerbliche oder berufliche Tätigkeit selbständig **652**
ausübt (§ 2 Abs. 1 UStG). Gewerblich oder beruflich ist jede nachhaltige Tätigkeit zur Erzielung von Einnahmen, auch wenn die Absicht, Gewinn zu erzielen, fehlt. Die Fähigkeit, Unternehmer im Sinne des Umsatzsteuergesetzes zu sein, wird durch die Vorschriften des Bürgerlichen Gesetzbuchs über die Rechtsfähigkeit und die Geschäftsfähigkeit nicht eingeschränkt. Unternehmer kann danach jede natürliche Person, jede rechtsfähige oder nicht rechtsfähige Personenvereinigung, jedes wirtschaftliche Gebilde sein, das selbständig gewerblich oder beruflich tätig ist und nach außen erkennbar entsprechend auftritt.

Weitere Voraussetzung ist, daß eine gewerbliche oder berufliche Tätigkeit **653**
gegen Entgelt ausgeübt wird, jedoch ist eine Gewinnerzielungsabsicht nicht erforderlich. Die gewerbliche oder berufliche Tätigkeit muß außerdem nachhaltig ausgeübt werden, d. h. eine tatsächlich einmalige Leistung begründet nicht den Unternehmerstatus im Sinne des Umsatzsteuergesetzes und löst daher keine Umsatzsteuerpflicht aus. Nachhaltigkeit setzt nicht eine Vielzahl von Handlungen und einen vorweg gefaßten, auf Wiederholung gerichteten Willensentschluß voraus (vgl. BdF – BStBl. 1971 I S. 189). Nachhaltigkeit ist schon dann gegeben, wenn tatsächlich mehrere Handlungen unter Ausnutzung derselben Gelegenheit oder desselben dauernden Verhältnisses vorgenommen werden.

Schließlich ist nur derjenige als Unternehmer anzusehen, der die gewerbli- **654**
che oder berufliche Tätigkeit selbständig ausübt, also der in eigener Verant-

wortung und auf eigenes Risiko tätig ist. Vereine sind dann als Unternehmer anzusehen, wenn sie eine selbständige nachhaltige Tätigkeit zur Erzielung von Einnahmen ausüben, und das gilt auch dann, wenn Vereine nur ihren eigenen Mitgliedern gegenüber tätig werden (§ 2 Abs. 1 UStG).

655 Soweit Vereine Mitgliederbeiträge vereinnahmen, um in Erfüllung ihres satzungsmäßigen Gemeinschaftszwecks die Gesamtbelange ihrer Mitglieder wahrzunehmen, ist ein Leistungsaustausch nicht gegeben (vgl. BFH-Urteil vom 12. 4. 1962 – BStBl. III S. 260); in Wahrnehmung dieser Aufgaben sind die Vereine daher nicht Unternehmer (vgl. BFH-Urteile vom 28. 11. 1963 – BStBl. 1964 III S. 114 und vom 30. 9. 1965 – BStBl. III S. 682). Hilfsgeschäfte, die der Betrieb des nichtunternehmerischen Bereichs bei Vereinen mit sich bringt, sind auch dann als nicht steuerbar zu behandeln, wenn sie wiederholt oder mit einer gewissen Regelmäßigkeit ausgeführt werden (vgl. Abschn. 22 Abs. 1 UStR).

656 Vereinnahmen Vereine neben echten Mitgliederbeiträgen und Zuschüssen auch Entgelte für Lieferungen oder sonstige Leistungen, sind sie nur insoweit Unternehmer, als ihre Tätigkeit darauf gerichtet ist, nachhaltig entgeltliche Lieferungen oder sonstige Leistungen zu bewirken (vgl. Abschn. 22 Abs. 1 UStR). Der unternehmerische Bereich umfaßt die gesamte zur Ausführung der entgeltlichen Leistungen entfaltete Tätigkeit einschließlich der unmittelbar hierfür dienenden Vorbereitungen.

657 Bei Sportveranstaltungen auf eigenem Sportplatz ist der Platzverein als Unternehmer anzusehen und mit den gesamten Einnahmen zur Umsatzsteuer heranzuziehen (vgl. Abschn. 16 Abs. 4 UStR). Der Gastverein hat die ihm aus dieser Veranstaltung zufließenden Beträge nicht zu versteuern. Bei Sportveranstaltungen auf fremdem Platz hat der mit der Durchführung der Veranstaltung und insbesondere mit der Erledigung der Kassengeschäfte und der Abrechnung beauftragte Verein als Unternehmer die gesamten Einnahmen der Umsatzsteuer zu unterwerfen, während der andere Verein die ihm zufließenden Beträge nicht zu versteuern hat.

658 Nach diesen Grundsätzen ist auch dann zu verfahren, wenn bei Sportveranstaltungen nicht einer der beteiligten Vereine, sondern der jeweilige Verband als Veranstalter auftritt. Das bedeutet, daß der veranstaltende Verband die Gesamteinnahmen aus der jeweiligen Veranstaltung versteuert, während die Einnahmeanteile der beteiligten Vereine nicht der Umsatzsteuer unterworfen werden.

(2) Unternehmen

659 Nach § 2 Abs. 1 Satz 2 UStG umfaßt das Unternehmen die gesamte gewerbliche oder berufliche Tätigkeit des Unternehmers. Alles, was in der Hand eines Unternehmers zusammengefaßt ist, gehört somit zu seinem Unternehmen, und zwar auch dann, wenn sich die Tätigkeit auf verschiedene Gewerbezweige oder Berufszweige von voneinander entfernte Räume erstreckt. Ein Unternehmer kann zwar mehrere Betriebe haben, er hat aber stets nur ein Unternehmen, für dessen Umsatzsteuer (nach § 21 AO) stets auch nur ein Finanzamt zuständig ist. Der Leistungsaustausch zwischen mehreren Betrieben des gleichen Unternehmens ist weder steuerbarer Umsatz, noch Eigenverbrauch.

Im Umsatzsteuerrecht ist auch eine nach bürgerlichem Recht nicht rechtsfähige Personenvereinigung – z. B. nicht rechtsfähiger Verein – als Unternehmer zu behandeln, wenn sie durch gewerbliche Leistungen am wirtschaftlichen Verkehr teilnimmt (vgl. BFH-Urteil vom 22. 11. 1963 – BStBl. 1964 III S. 147). **660**

Zum Unternehmen gehören sämtliche Betriebe oder berufliche Tätigkeiten desselben Unternehmers (vgl. Abschn. 20 UStR). In den Rahmen des Unternehmens fallen nicht nur die Grundgeschäfte, die den eigentlichen Gegenstand der geschäftlichen Betätigung bilden, sondern auch die Hilfsgeschäfte (vgl. BFH-Bescheid vom 30. 8. 1956 – BStBl. 1957 III S. 222). Zu den Hilfsgeschäften gehört jede Tätigkeit, die die Haupttätigkeit mit sich bringt (vgl. BFH-Urteil vom 28. 10. 1964 – BStBl. 1965 III S. 34). Ein Verkauf von Vermögensgegenständen fällt somit ohne Rücksicht auf die Nachhaltigkeit in den Rahmen des Unternehmens, wenn der Gegenstand zum unternehmerischen Bereich des Veräußerers gehört. **661**

(3) Erhebungsgebiet

Nur solche Lieferungen und sonstigen Leistungen, die ein Unternehmer im Erhebungsgebiet gegen Entgelt im Rahmen seines Unternehmens ausführt, unterliegen der Umsatzsteuer (§ 1 Abs. 1 Nr. 1 UStG). **662**

Erhebungsgebiet im Sinne des Umsatzsteuergesetzes (§ 1 Abs. 2 UStG) ist der Geltungsbereich des Umsatzsteuergesetzes, ausgenommen sind die Zollausschlüsse und Zollfreigebiete. Zollausschlüsse sind deutsche Hoheitsgebiete, die einem ausländischen Zollgebiet angeschlossen sind, wie z. B. die Exklave Büsingen. Zollfreigebiete sind vor allem die Insel Helgoland, deutsche Schiffe auf hoher See sowie die Freihäfen. **663**

(4) Lieferungen

Der häufigste Tatbestand, der die Umsatzsteuerpflicht auslöst, ist die Lieferung gegen Entgelt. Lieferungsgegenstände können sein körperliche Gegenstände, wie z. B. bewegliche Sachen, Gesamtsachen, Sachgesamtheiten u. dergl. aber auch Grundstücke, Energie, immaterielle Güter usw. Lieferungen eines Unternehmers sind Leistungen, durch die er oder in seinem Auftrag ein Dritter den Abnehmer oder in dessen Auftrag einen Dritten befähigt, im eigenen Namen über einen Gegenstand zu verfügen (§ 3 Abs. 1 UStG). Die Lieferung, die in der Regel auf einem Kaufvertrag beruht, ist danach die meist mit der Übertragung des bürgerlich-rechtlichen Eigentums zusammenfallende Verschaffung der Verfügungsmacht. Bei der Lieferung unter Eigentumsvorbehalt erfolgt die Verschaffung der Verfügungsmacht vor der Übertragung des Eigentums. Auch Vereine können Lieferungen ausführen. **664**

Beispiele: **665**

(1) Ein Sportverein kauft in eigenem Namen Sportgeräte und liefert diese gegen Entgelt weiter an seine Mitglieder.

(2) Im Rahmen sportlicher Veranstaltungen werden von einem Sportverein Speisen und Getränke verkauft.

(3) Ein Gesangverein kauft Noten, Gesangbücher, Musikinstrumente usw. und liefert diese gegen Entgelt weiter an seine Mitglieder.

(4) Im Rahmen geselliger Veranstaltungen werden vom Verein Speisen und Getränke verkauft.

(5) Ein Verein veräußert Einrichtungsgegenstände aus seinem Gaststättenbetrieb.

(6) Die planmäßige Verwertung im Erbwege erworbener Gegenstände durch einen gemeinnützigen Verein führt zu steuerpflichtigen Umsätzen (FG München, Urteil vom 15. 6. 1988 – EFG 1989 S. 142, EFG-Mtlg. 1989 S. 489).

666 Eine Lieferung wird dort ausgeführt – Ort der Lieferung –, wo sich der Gegenstand zur Zeit der Verschaffung der Verfügungsmacht befindet (§ 3 Abs. 6 UStG). Wird der Gegenstand der Lieferung an den Abnehmer oder in dessen Auftrag an einen Dritten befördert oder versendet, so gilt die Lieferung mit dem Beginn der Beförderung oder mit Übergabe des Gegenstandes an den Spediteur, Frachtführer oder Verfrachter als ausgeführt (§ 3 Abs. 7 UStG).

(5) Sonstige Leistungen

667 Sonstige Leistungen sind nach § 3 Abs. 9 UStG Leistungen, die keine Lieferungen sind. Sonstige Leistungen können auch in einem Unterlassen oder im Dulden einer Handlung oder eines Zustandes bestehen. In der Praxis bedeutet diese Gesetzesdefinition, daß außer den Lieferungen jedes aktive oder passive Verhalten eines Unternehmers, für das er im Wirtschaftsverkehr eine Gegenleistung erhält, als sonstige Leistung der Umsatzsteuer unterworfen werden kann. Hauptsächlichster Anwendungsfall der sonstigen Leistungen in der Praxis sind alle Dienstleistungen. Auch Vereine können sonstige Leistungen erbringen.

668 *Beispiele:*

(1) Die entgeltliche Rechtsberatung eines Haus- und Grundbesitzervereins, die Ablöseentschädigung an einen Fußballverein für die Freigabe eines Spielers, sie sind steuerpflichtige sonstige Leistungen.

(2) Abmahnvereine sind Unternehmer im Sinne von § 2 UStG und der von ihnen vereinnahmte Aufwendungsersatz ist als Entgelt für die steuerbare Leistung anzusehen (OFD Frankfurt/M. – BB 1987 S. 319).

(3) Ein Verein erbringt sonstige Leistungen gegen Entgelt im Rahmen eines Leistungsaustausches, wenn er seine auf Grundlagenforschung gerichteten satzungsmäßigen Ziele, z. B. durch Gutachtenerstellung, verfolgt und dafür eine Gegenleistung erhält (BFH-Urteil vom 5. 6. 1986 – BFH-NV 1987 S. 199).

Eine sonstige Leistung wird an dem Ort ausgeführt, von dem aus der Unternehmer sein Unternehmen betreibt (§ 3 a Abs. 1 UStG). Wird die sonstige Leistung von einer Betriebsstätte ausgeführt, so gilt die Betriebsstätte als Ort der sonstigen Leistung. Bei Körperschaften, Personenvereinigungen oder Vermögensmassen ist der Ort der Geschäftsleitung maßgebend. Für die Bestimmung des Leistungsorts nach der Belegenheit der Betriebsstätte ist Voraussetzung, daß die sonstige Leistung in tatsächlicher Hinsicht der Betriebsstätte zuzurechnen ist (vgl. BdF-Schreiben vom 4. 6. 1981 – BStBl. S. 481 – Tz. 5). Von dieser Grundsatzregelung des Leistungsorts gibt es verschiedene Ausnahmen, insbesondere für Beförderungsleistungen und Reiseleistungen. 669

Werden bei einer Sportveranstaltung keine Eintrittsgelder erhoben und gewährt der veranstaltende Verein seinem Gastverein Auslagenersatz, so muß unter Berücksichtigung der Umstände des Einzelfalles entschieden werden, ob der Auslagenersatz als Entgelt für eine Leistung des Gastvereins anzusehen ist (vgl. UR 1976 S. 55). 670

Die Freigabe eines Fußballvertragsspielers oder Lizenzspielers gegen Zahlung einer Ablöseentschädigung vollzieht sich im Rahmen eines steuerbaren Leistungsaustausches (vgl. BFH-Urteil vom 31. 8. 1955 – BStBl. III S. 333). Das gilt auch dann, wenn die Ablöseentschädigung für die Abwanderung eines Fußballspielers in das Ausland von dem ausländischen Verein gezahlt wird, weil die Spielerfreigabe eine im Inland ausgeführte sonstige Leistung des deutschen Vereins darstellt (vgl. Abschn. 1 Abs. 4 UStR, auch *Ziegler* in StBp 1974 S. 81). 671

Anläßlich einer Sportveranstaltung mit internationaler Beteiligung, bei welcher der veranstaltende Sportverband dem ARD oder ZDF entgeltlich gestattet, die Wettkämpfe aufzunehmen und im In- und Ausland sowohl im Fernsehen als auch im Hörfunk wiederzugeben, besteht der wesentliche Inhalt der Leistung des Sportverbandes in der Duldung der Aufnahmetätigkeit im Inland, so daß Umsatzsteuerpflicht besteht (vgl. Hess. FinMin. vom 8. 4. 1976 – NWB 1976 Fach 1 S. 205). 672

b) Steuerbemessungsgrundlage

(1) Entgelt

Der Umsatz wird bei Lieferungen und sonstigen Leistungen nach dem Entgelt bemessen (§ 10 Abs. 1 UStG). Entgelt ist dabei alles, was der Empfänger einer Lieferung oder sonstigen Leistung vereinbarungsgemäß aufzuwenden hat, um die Lieferung oder sonstige Leistung zu erhalten. Zum Entgelt gehört nicht die Umsatzsteuer. Entgelt ist somit die Gegenleistung an den Leistenden. Die Gegenleistung ist ein wesentlicher Bestandteil des Leistungsaustauschs, denn dadurch wird die Leistung erst zu einer entgeltlichen Leistung, ohne die ein steuerbarer Umsatz nicht denkbar ist. Das Entgelt ist nach der Gesetzesformulierung die Bemessungsgrundlage für den Umsatz und damit praktisch auch für die Umsatzsteuer, soweit es sich um Lieferungen und sonstige Leistungen handelt. Die Umsatzsteuer selbst ist nicht Teil des Entgelts, so daß eine Kumulationswirkung nicht entstehen kann. Daraus folgt, daß im Regelfall die Versteuerung nach vereinbarten Entgelten – Sollversteuerung – erfolgt. 673

674 Gewöhnlich ist das Entgelt ein Geldbetrag, der durch Barzahlung oder Überweisung beglichen wird. Nimmt der Leistende statt der Geldzahlung etwas anderes an Zahlungs statt an, so spielt sich dieser Vorgang in der Form ab, wie ein Tausch oder tauschähnlicher Vorgang, bei dem jeder der beiden Geschäftspartner gleichzeitig Leistender und Leistungsempfänger ist. Das Entgelt kann auch ganz oder teilweise in einer Schuldübernahme bestehen. Aus dem Grundsatz, daß das gesamte Entgelt, d. h. die volle Gegenleistung die Bemessungsgrundlage für den Umsatz ist, ergibt sich zwingend, daß keinerlei Abzüge den Bruttoerlös mindern dürfen. Der für vorzeitige Entgeltzahlung gewährte Zahlungsabzug, z. B. durch Skonto, mindert das vereinbarte Entgelt, ferner liegen Entgeltminderungen auch vor bei Forderungsausfällen, Preisnachlässen und Warenrabatten. Zahlungszuschläge erhöhen das Entgelt, Zahlungsabzüge mindern das Entgelt.

675 Wie das Entgelt bemessen ist, ob es sich z. B. um einen Marktpreis oder lediglich um Auslagenersatz handelt, spielt zur Erfüllung des steuerbaren Tatbestandes keine Rolle. Es ist ja auch unerheblich, ob bei dem Leistungsaustausch ein Gewinn erzielt wird oder nicht. Auf die Bezeichnung des Entgelts wie z. B. Preis, Prämie, Beitrag, Tantieme u. dergl. kommt es ebenfalls nicht an. Entscheidend ist allein, ob nach wirtschaftlicher Betrachtungsweise ein Leistungsaustausch gegeben ist.

676 Kein Entgelt ist der echte Schadenersatz, denn dieser wird nicht geleistet, weil eine Lieferung oder sonstige Leistung empfangen worden ist. Der Schadenersatz wird vielmehr gegeben, weil für ihn gehaftet wird, sei es auf Grund eigenen oder fremden Verschuldens, sei es nach besonderer rechtlicher Vorschrift, wegen Verletzung von Vertragspflichten oder weil man sich zum Schadenersatz verpflichtet hat. Ablöseentschädigungen für die Freigabe von Spielern sind kein Schadenersatz, sondern Entgelt für eine sonstige Leistung. Kein Entgelt sind auch die echten Mitgliederbeiträge des Vereins, weil hier kein steuerbarer Leistungsaustausch, sondern eine nicht steuerbare Leistungsvereinigung vorliegt.

677 Im System der Umsatzsteuer mit Vorsteuerabzug ist in der Regel das vereinbarte Entgelt die Bemessungsgrundlage, in Ausnahmefällen kann aber auch das vereinnahmte Entgelt als Bemessungsgrundlage dienen.

(2) Mindestbemessungsgrundlage

678 Nach § 10 Abs. 5 UStG gilt eine Mindestbemessungsgrundlage in den Fällen unentgeltlicher Lieferungen und sonstiger Leistungen von Vereinigungen an ihre Mitglieder. Bei Lieferungen, für die der Leistungsempfänger kein Entgelt aufwendet, ist der Teilwert anzusetzen, bei unentgeltlichen sonstigen Leistungen ist Bemessungsgrundlage die bei der Ausführung der sonstigen Leistungen entstandenen Kosten.

679 *Beispiel* (vgl. BStBl. 1980 I S. 418, Abschn. 158 Abs. 1 UStR, DStZ-E 1986 S. 292):
Ein Verein gestattet seinen Mitgliedern und auch Dritten die Benutzung seiner Vereinseinrichtungen gegen Entgelt. Das

von den Mitgliedern zu entrichtende Entgelt ist niedriger als das von Dritten zu zahlende Entgelt.

a) Der Verein ist nicht als gemeinnützig anerkannt:
Es ist zu prüfen, ob die bei der Überlassung der Vereinseinrichtungen entstandenen Kosten das vom Mitglied gezahlte Entgelt übersteigen. Ist dies der Fall, sind nach § 10 Abs. 5 Nr. 1 UStG die Kosten als Bemessungsgrundlage anzusetzen. Deshalb erübrigt sich künftig die Prüfung, ob ein Teil der Mitgliederbeiträge als Entgelt für Sonderleistungen anzusehen ist.

b) Der Verein ist als gemeinnützig anerkannt:
Mitglieder gemeinnütziger Vereine dürfen im Gegensatz zu Mitgliedern anderer Vereine nach § 55 Abs. 1 Nr. 1 AO keine Gewinnanteile und in ihrer Eigenschaft als Mitglieder auch keine sonstigen Zuwendungen aus Mitteln des Vereins erhalten. Soweit bei der Körperschaftsteuer-Veranlagung des Vereins keine Feststellungen getroffen werden, daß diese Grundsätze nicht beachtet wurden, kann für die Umsatzsteuer davon ausgegangen werden, daß die Entgelte für Sonderleistungen an Mitglieder gemeinnütziger Vereine mindestens kostendeckend sind. Das tatsächlich von den Mitgliedern gezahlte Entgelt entspricht danach in der Regel der Bemessungsgrundlage nach § 10 Abs. 4 Nr. 2 UStG, so daß § 10 Abs. 5 Nr. 1 UStG nicht eingreift.

c) Ideeller Bereich und Zweckbetriebe:
Im ideellen Bereich und im Bereich von Zweckbetrieben ist es gemeinnützigkeitsrechtlich unschädlich, wenn die Kosten für Sonderleistungen an Mitglieder teilweise durch Zuschüsse, Spenden, Mitgliederbeiträge anderer Mitglieder und Vermögenserträge gedeckt werden, weil insoweit kein Verstoß gegen das Gebot ausschließlicher Verwendung der Mittel für gemeinnützige Zwecke (§ 55 AO) vorliegt. Für Umsatzsteuerzwecke ist es daher erforderlich, bei Sonderleistungen eines Vereins an seine Mitglieder im Rahmen von Zweckbetrieben zu prüfen, ob die vereinnahmten Sonderentgelte tatsächlich kostendeckend sind. Übersteigen die bei der Ausführung der Umsätze entstandenen Kosten die Zahlungen der Mitglieder, sind die sonstigen Leistungen nach diesen Kosten (Mindestbemessungsgrundlage) zu bemessen.

Durch die Vorschrift des § 10 Abs. 5 UStG soll sichergestellt werden, daß **680**
bestimmte Umsätze, wenn sie zu unangemessen niedrigen Entgelten ausgeführt werden, entsprechend dem Grundsatz der Gleichmäßigkeit der Besteuerung erfaßt werden.

c) Vereinseinnahmen

(1) Vorbemerkungen

681 Mitgliederbeiträge sind bei vielen Vereinen die wichtigsten Einnahmen. Mitgliederbeiträge zur Erreichung der in der Vereinssatzung festgelegten Gemeinschaftsleistungen – sog. echte Mitgliederbeiträge – werden nicht als Leistungen oder Gegenleistungen in einem umsatzsteuerbaren Leistungsaustausch zwischen dem Verein und dem Mitglied, sondern als Bestandteil einer nicht umsatzsteuerbaren Leistungsvereinigung angesehen. Die Grenze zwischen Leistungsvereinigung – echte Mitgliederbeiträge – und Leistungsaustausch – Sonderleistungen des Vereins an das Mitglied – ist flüssig.

682 Die im Umsatzsteuergesetz (§ 2 Abs. 1 UStG) ausdrücklich als möglicher umsatzsteuerbarer Tatbestand erwähnten Sonderleistungen der Vereinigungen an ihre Mitglieder sind bei Vereinen häufig in den satzungsgemäßen Mitgliederbeiträgen mit abgegolten. In derartigen Fällen sind die Mitgliederbeiträge nur teilweise echte Mitgliederbeiträge, zum anderen Teil stellen sie Entgelte für Sonderleistungen der Vereine dar. Für eine derartige Doppelnatur der Beiträge spricht insbesondere eine Abstufung nach dem Ausmaß der vermutlichen Inanspruchnahme durch das einzelne Mitglied. Es ist in diesen Fällen Tatfrage, ob und inwieweit die Abstufung etwaigen Sonderleistungen oder nur der verschiedenen wirtschaftlichen Leistungsfähigkeit der Mitglieder Rechnung trägt. Entscheidend ist letzten Endes nicht die Art der Beitragsberechnung, sondern der Charakter der durch die Beiträge abgegoltenen Vereinsleistungen (vgl. BFH-Urteile vom 12. 4. 1962 – BStBl. III S. 260 und vom 22. 11. 1963 – BStBl. 1964 III S. 147).

(2) Mitgliederbeiträge

683 Echte Mitgliederbeiträge dienen dazu, den Verein in die Lage zu versetzen, auf Grund seiner Satzung die allgemeinen Vereinszwecke zu erfüllen. Einerseits werden vom Mitglied Beiträge erhoben ohne Rücksicht auf dessen vermutete, gewollte oder tatsächliche Inanspruchnahme der Vereinsleistungen. Andererseits erfüllt der Verein mit Hilfe der Beiträge die Gesamtbelange aller Mitglieder, er wird also nicht speziell gegenüber einem Mitglied, sondern nur im Interesse und gegenüber sämtlichen Mitgliedern tätig. Eine sehr wesentliche Voraussetzung zur Auslösung der Umsatzsteuerpflicht ist der Leistungsaustausch. Wenn aber der Verein lediglich der Gesamtheit der Interessen seiner Mitglieder dient, dann besteht zwischen dem einzelnen Mitglied und dem Verein keine echte Leistung gegen Entgelt, und es ist daher kein direkter Leistungsaustausch zwischen Verein und Mitglied gegeben. Ist demgemäß aber kein Leistungsaustausch anzunehmen, dann liegt auch kein steuerbarer Umsatz vor.

684 Echte Mitgliederbeiträge unterliegen also nicht der Umsatzsteuer, wenn sie dazu bestimmt sind, den Verein in den Stand zu setzen, seinen satzungsgemäßen Gemeinschaftszweck für die Gesamtbelange aller Mitglieder zu erfüllen. Bei echten Mitgliederbeiträgen müssen außerdem die Beiträge ohne Rücksicht auf die tatsächliche oder vermutete Inanspruchnahme der Vereinstätigkeit durch die einzelnen Mitglieder in gleicher Weise oder in glei-

cher Höhe erhoben werden. In der Regel werden die Mitgliederbeiträge der Vereine von allen Mitgliedern in gleichen Abständen und in gleicher Höhe erhoben. Ohne die Umsatzsteuerfreiheit zu gefährden, können echte Beiträge aber auch in ihrer Höhe unterschiedlich sein, etwa gestaffelt nach persönlichen Gesichtspunkten (z. B. Einkommen, Berufsangehörigkeit u. ä.) oder nach anderen Merkmalen, sofern die unterschiedliche Beitragshöhe nicht auch zu unterschiedlichen Vereinsleistungen gegenüber den Mitgliedern führt. Auch die Bezeichnung – z. B. Beiträge, Umlagen, Gebühren, Abgaben – ist unerheblich. Es kommt auch nicht darauf an, welche Zielsetzung der Verein verfolgt, ob er etwa wirtschaftlichen oder ideellen Zwecken dient. Echte Mitgliederbeiträge sind in jedem Fall mangels Leistungsaustausch nicht umsatzsteuerbar.

Aufnahmegebühren, die häufig von Vereinen beim Eintritt in den Verein **685** erhoben werden, sind regelmäßig als vorweggenommene Mitgliederbeiträge anzusehen und sie werden daher umsatzsteuerlich wie die Mitgliederbeiträge behandelt.

(3) Leistungsentgelte

Leistungsentgelte liegen immer dann vor, wenn die Entgelte an den Verein **686** nach dem tatsächlichen oder geschätzten Umfang der Inanspruchnahme der Vereinsleistungen bemessen sind. Derartige Entgelte sind oft in die Form von Mitgliederbeiträgen gekleidet; jedoch handelt es sich hierbei nicht um echte Mitgliederbeiträge, sondern um Leistungsentgelte, die als Gegenleistung für die Inanspruchnahme der Vereinsleistungen von einzelnen Mitgliedern oder Mitgliedergruppen gewährt werden. Leistungsentgelte sind auch dann gegeben, wenn die Beiträge nach dem Interesse des oder der Mitglieder am Vereinszweck gestaffelt sind. Da nach dem Wesen und Inhalt solcher Beiträge zwischen dem Mitglied oder der Mitgliedsgruppe einerseits und dem Verein andererseits ein echter Leistungsaustausch stattfindet, handelt es sich bei diesen Entgelten um steuerbare Umsätze. Leistungsentgelte sind also umsatzsteuerpflichtig.

Steuerbare Leistungsentgelte liegen auch dann vor, wenn ein Teil der echten **687** nicht steuerbaren Mitgliederbeiträge verwendet wird zur Deckung von Fehlbeträgen, die auf eine zu geringe Bemessung der Leistungsentgelte zurückzuführen sind (vgl. OFH-Urteil vom 30. 9. 1948 – StRK UStG § 1 Ziff. 1 R. 9). Erbringt ein Verein gegenüber seinen Mitgliedern Leistungen, die nicht den Gemeinbelangen aller Mitglieder, sondern den Sonderinteressen einzelner Mitglieder dienen, dann wird die Steuerpflicht auch nicht dadurch ausgeschlossen, daß der Verein sämtlichen Mitgliedern gegenüber gleichwertige Leistungen erbringt und von ihnen im Umlageverfahren Beiträge erhebt, die nach der wirtschaftlichen Leistungsfähigkeit der einzelnen Mitglieder gestaffelt sind (BFH-Urteil vom 12. 4. 1962 – BStBl. III S. 260). Entscheidend für die Beantwortung der Frage, wann ein steuerbares Leistungsentgelt – gleichgültig in welcher Form – vorliegt, ist es, ob nach wirtschaftlicher Betrachtungsweise ein tatsächlicher Leistungsaustausch zwischen dem Verein und einzelnen Mitgliedern, Mitgliedergruppen oder in Sonderfällen auch allen Mitgliedern gegenüber anzunehmen ist.

(4) Abgrenzungsfragen

688 Für die Abgrenzung zwischen echten Mitgliederbeiträgen und Leistungsentgelten können folgende Richtlinien (vgl. UR 1956 S. 204) als Hinweis dienen:

a) Ungleiche Beiträge, die nach der tatsächlichen oder mutmaßlichen Inanspruchnahme des Vereins durch das einzelne Mitglied bemessen sind, können niemals als echte Mitgliederbeiträge anerkannt werden.
b) Gleiche Beiträge für typische Vereinsleistungen sind als echte Mitgliederbeiträge nicht steuerbar. Gleiche Beiträge in diesem Sinne liegen auch dann vor, wenn die Beiträge auf Grund einer für alle Mitglieder einheitlichen Staffel nach persönlichen Verhältnissen erhoben werden.
c) Gleiche Beiträge für Sonderleistungen sind steuerpflichtig, wenn die Sonderleistungen allen Mitgliedern gleichmäßig gewährt werden, d. h. wenn alle Mitglieder durch die Vereinsleistungen einen Nutzen davontragen, aber nicht in Gemeinschaft, sondern jedes Mitglied für sich.
d) Wenn bei im übrigen gleichen Beiträgen nur einzelnen Mitgliedern gegenüber Sonderleistungen gewährt werden, liegt Steuerpflicht hinsichtlich der Sonderleistungen nur dann vor, wenn ein Leistungsaustausch erkennbar ist, d. h. wenn das Mitglied für die Sonderleistung ein besonderes Entgelt neben dem allgemeinen Beitrag, wie ihn alle anderen Mitglieder auch zahlen, aufwendet.

689 Solange ein Verein lediglich echte Mitgliederbeiträge erhebt, unterliegt er mit allen diesen Einnahmen nicht der Umsatzsteuer. Erhebt ein Verein Beiträge, die ausschließlich Leistungsentgelte sind, dann ist er mit der Gesamtheit dieser Einnahmen umsatzsteuerpflichtig. In der Praxis kommt es jedoch häufig vor, daß die von einem Verein erhobenen Beiträge teils echte Mitgliederbeiträge, teils Leistungsentgelte sind – Mischbeiträge –. In diesen Fällen muß eine Aufteilung in steuerfreie (echte Mitgliederbeiträge) und in steuerpflichtige (Sonderleistungen) Entgelte erfolgen, notfalls auf dem Wege der Schätzung. – Vgl. hierzu auch *Matheja* in UR 1981 S. 221.

(5) Sonstige Entgelte

690 Vereine können aber auch noch sonstige Entgelte erhalten. Unter sonstigen Entgelten sind alle die Entgelte zu verstehen, die ein Verein neben den Beiträgen für gesonderte oder bestimmte Vereinsleistungen erhält. Diese sonstigen Entgelte sind regelmäßig steuerbare Umsätze. Hierbei handelt es sich zunächst einmal um die Sonderleistungen an Mitglieder, die von den Vereinen gegen Entgelt erbracht werden. Alle Sonderleistungen, die ein Verein – gleichgültig ob innerhalb oder außerhalb des Vereinsrechts – seinen Mitgliedern gegen ein spezielles und nur für diese Leistung gefordertes Entgelt erbringt, sind umsatzsteuerpflichtig.

691 *Beispiele:*

(1) Haus- und Grundbesitzervereine erteilen Rechtsberatungen in Einzelfragen oder Prozeßvertretungen gegen Sonderentgelte.

(2) Entgelteinnahmen beim Verkauf von Sportgeräten durch Sportvereine.

(3) Ein als gemeinnützig anerkannter Tennisclub erhebt neben den einheitlichen festen Jahresbeiträgen zusätzlich für die Tennisplatzbenutzung eine Gebühr von 2,– DM je Stunde; bei dieser Benutzungsgebühr handelt es sich nach Auffassung der Finanzverwaltung um umsatzsteuerpflichtige Sonderentgelte (vgl. UR 1977 S. 97).

Die Höhe dieser Entgelte ist umsatzsteuerlich ohne Bedeutung. Es spielt **692**
hierbei keine Rolle, ob das Entgelt dem Marktpreis entspricht oder ob es sich z. B. lediglich um eine Anerkennungsgebühr oder um Auslagenersatz handelt. Sonstige Entgelte können auch entstehen bei Leistungen an Nichtmitglieder des Vereins. Vereinsleistungen gegen Entgelt an Nichtmitglieder sind stets umsatzsteuerpflichtig, da in diesen Fällen immer ein Leistungsaustausch stattfindet.

Beispiele: **693**

(1) Ein Mieterverein erteilt Auskünfte an Nichtmitglieder gegen Entgelt.

(2) Ein Sportverein gestattet auch Nichtmitgliedern die Benutzung der Sportanlagen gegen Entgelt.

(3) Ein Verein erbringt sonstige Leistungen gegen Entgelt im Rahmen eines Leistungsaustausches, wenn er seine auf Grundlagenforschung gerichteten satzungsmäßigen Ziele, z. B. durch Gutachtenerstellung, verfolgt und dafür eine Gegenleistung erhält (BFH-Urteil vom 5. 6. 1986 – BFH-NV 1987 S. 199).

(4) Ein Verein fertigt Auftragsgutachten gegen Entgelt im Rahmen eines Leistungsaustausches an, wenn der öffentliche Auftraggeber das Honorar – wie erwartet – für das Gutachten zahlt und nicht nur leistet, um die Tätigkeit des Vereins zu ermöglichen oder allgemein zu fördern (BFH-Urteil vom 5. 6. 1986 – BFH-NV 1987 S. 199).

(5) Beträge, die eine Gemeinde vereinbarungsgemäß an einen Verein zahlt, damit dieser – wie im gleichen Vertrag versprochen – eine Werbeveranstaltung durchführt, gehören zum umsatzsteuerpflichtigen Entgelt (BFH-Urteil vom 15. 7. 1987 – BFH-NV 1988 S. 56).

Sonstige Entgelte sind auch die Eintrittsgelder, die aus Anlaß von Sportver- **694**
anstaltungen bei sportlichen Wettkämpfen und Wettspielen erhoben werden. Die sportlichen Veranstaltungen können dabei entweder Zweckbetriebe oder wirtschaftliche Geschäftsbetriebe sein.

(6) Spenden und Zuschüsse

Spenden und Zuschüsse an Vereine sind nicht steuerbar, wenn sie der Erfül- **695**
lung der allgemeinen Vereinszwecke dienen, weil in diesen Fällen kein Lei-

stungsaustausch vorliegt. Wird ein Verein oder eine Vereinigung durch die Zuschüsse lediglich in den Stand gesetzt, die satzungsmäßigen Aufgaben gegenüber allen Mitgliedern zu erfüllen, so fehlt der erforderliche unmittelbare wirtschaftliche Zusammenhang; es gelten deshalb hier die gleichen Grundsätze wie bei den Mitgliederbeiträgen (vgl. BFH-Urteil vom 20. 1. 1955 – BStBl. III S. 112). Bezüglich der umsatzsteuerrechtlichen Beurteilung ist es unerheblich, ob diese Zuwendungen von privater oder öffentlicher Seite gegeben werden.

696 Steuerpflicht besteht aber immer dann, wenn trotz der Bezeichnung Spende, Zuschuß u. dergl. die Hingabe mit einer bestimmten Vereinsleistung in Zusammenhang steht.

697 *Beispiel:*

Bei einer Sportveranstaltung wird kein Eintrittsgeld erhoben, aber eine Sammlung durchgeführt; diese Einnahmen sind umsatzsteuerpflichtig.

698 Zuschüsse sind dann steuerbar, wenn sie von einem am Leistungsaustausch nicht beteiligten Dritten dem Unternehmer für die von ihm einem anderen gegenüber erbrachte Leistung zusätzlich gewährt werden oder wenn zwischen dem Zuschußgeber und dem Zuschußempfänger ein Leistungsaustausch vorliegt (vgl. FG Kassel, Urteil vom 17. 12. 1958 – EFG 1959 S. 331).

699 Zu den Vereinseinnahmen gehören nicht selten und oft auch in nicht unerheblichem Maße die meist von verschiedenen Seiten gegebenen Zuschüsse an die Vereine. Zuschüsse sind dann umsatzsteuerpflichtig, wenn sie als zusätzliche Entgeltteile für Vereinsleistungen anzusehen sind. Zuschüsse, die nicht zur Preisauffüllung und ohne irgendwelche Gegenleistungen gegeben werden, unterliegen mangels eines Leistungsaustausches nicht der Umsatzsteuer. Es handelt sich hierbei um sog. echte Zuschüsse, wie z. B. die Ausschüttungen der Toto-Gesellschaften an Fußballverbände und Fußballvereine.

(7) Lexikon von Einzelfällen

700 Rechtsprechung und Verwaltungspraxis haben in zahlreichen Fällen hinsichtlich der umsatzsteuerrechtlichen Beurteilung von Vereinseinnahmen Stellung genommen, wie die nachfolgende Übersicht zeigt:

(1) ADAC: Von den Mitgliederbeiträgen des ADAC sind 10 v.H. steuerbares Entgelt für steuerpflichtige Sonderleistungen. Hierbei handelt es sich um einen Bruttobetrag. Der Anteil der Gauvereine am Mitgliederbeitrag wird als durchlaufender Posten behandelt (vgl. StEK UStG 1980 § 1 Abs. 1 Ziff. 1 Nr. 19).

(2) Ärztliche Verrechnungsstelle: Behält eine ärztliche Verrechnungsstelle für Privatpatienten einen für alle Mitglieder gleichen Hundertsatz der eingegangenen Honorare zur Deckung ihrer Geschäftsunkosten zurück, so handelt es sich bei diesen Abzügen um umsatzsteuerpflichtige Entgelte (RFH-Urteil vom 1. 5. 1931 – Bd. 29, 88). Macht die Stelle einen höheren Abzug, als zur Deckung der Geschäftsunkosten erfor-

derlich ist, um aus dem Überschuß satzungsgemäß Rücklagen zu machen für Unterstützungen ihrer Mitglieder oder Angehörigen, so liegen in Höhe dieser Rücklagen keine Entgelte vor, sondern umsatzsteuerfreie Vereinsbeiträge.

(3) Berufsverband: Mitgliederbeiträge eines Berufsverbandes sind dann in echte Mitgliederbeiträge und in einen Teil als umsatzsteuerbares Entgelt im Schätzungswege aufzuteilen, wenn der Verband kostenlos eine Fachzeitschrift an seine Mitglieder liefert (FG Düsseldorf/Köln, Urteil vom 12. 2. 1969 – USt-HA 1975 § 3 E 22).

(4) Bierwerbung: Die von den Brauereien an den Verein Deutsche Bierwerbung e.V. gezahlten Werbebeiträge sind Entgelt für eine umsatzsteuerpflichtige Tätigkeit des Vereins (StEK UStG 1967 § 1 Nr. 38).

(5) Börsenverein: Beiträge, die ein Börsenverein von seinen Mitgliedern erhebt, dienen in der Regel zu einem Teil der Abgeltung von Sonderleistungen des Vereins an die einzelnen Mitglieder, zu einem anderen Teil der Erfüllung von Gemeinschaftszwecken des Vereins (FG Hannover, Urteil vom 28. 3. 1958 – EFG S. 354).

(6) Brieftauben-Reisevereinigungen: Beiträge, die von solchen Zusammenschlüssen von Brieftaubenvereinen erhoben werden, sind als echte Mitgliederbeiträge nicht steuerbar. Umsatzsteuerpflichtig sind dagegen Einsatzgelder bei Preisflügen, Eintritts- und Standgelder bei Ausstellungen, Einnahmen aus Versteigerungen, Einnahmen aus dem Verkauf von Programmen, Katalogen, Drucksachen usw.

(7) Dampfkesselüberwachungsverein: Ein solcher Verein ist mit den Beiträgen umsatzsteuerpflichtig, da diese sich nach Zahl und Größe der überwachten Kessel richten (RFH-Urteil vom 23. 3. 1923 – Bd. 12, 53). Soweit Beiträge für allgemeine Zwecke, z. B. für Forschungs- und Versuchstätigkeit erhoben werden, liegen echte nicht steuerbare Mitgliederbeiträge vor.

(8) Filmclub: Werden satzungsgemäß den Clubmitgliedern unentgeltlich Filme vorgeführt, so ist der Verein mit seinen Beiträgen nicht umsatzsteuerpflichtig; werden jedoch für die einzelnen Vorführungen Eintrittspreise – auch verbilligte – erhoben, so handelt es sich um umsatzsteuerpflichtige Einnahmen (vgl. FG Hannover, Urteil vom 20. 11. 1953 – EFG 1954 S. 66).

(9) Flugtag: Die Überlassung von Flugzeugen gegen Zahlung eines Startgeldes durch einen gemeinnützigen Verein an sog. Flugtagen ist eine umsatzsteuerpflichtige sonstige Leistung (vgl. StEK UStG 1980 § 2 Abs. 1 Nr. 6).

(10) Forstverbände: Aus Vereinfachungsgründen behandelt die Finanzverwaltung bei der Umsatzbesteuerung der Forstverbände und Waldwirtschaftsvereinigungen von den nach der Satzung erhobenen Mitgliederbeiträgen einen Teilbetrag von 10 v.H. der Gesamtausgaben, höchstens jedoch die tatsächlich vereinnahmten Beträge als echte nicht steuerbare Mitgliederbeiträge; der in der Regel größere Teil der Beiträge ist umsatzsteuerpflichtig (vgl. StEK UStG 1951 § 1 Nr. 24).

(11) Fremdenverkehrsvereine: Auf Antrag werden bei den von den Landesverkehrsverbänden anerkannten gemeindlichen Fremdenverkehrsvereinen die Beitragseinnahmen pauschal so aufgeteilt, daß davon 50 v.H.

als steuerpflichtige Entgelte für Sonderleistungen und 50 v. H. als nicht steuerbare Mitgliederbeiträge behandelt werden (vgl. UR 1953 S. 50).

(12) Genossenschaftsumlage: Bei einer Genossenschaft, deren Aufgabe in der Werbung für den erhöhten Milchverbrauch besteht, stellen Umlagen, die bestimmte Mitglieder (Molkereien) zum Ausgleich eingetretener Verluste nach gleichen Maßstäben leisten, nicht steuerbare Mitgliedsbeiträge dar (FG Hannover, Urteil vom 19. 12. 1961 – EFG 1962 S. 465).

(13) Haus- und Grundeigentümervereine: Von den Mitgliederbeiträgen zu Haus- und Grundeigentümervereinen werden 20 v.H. der Beitragseinnahmen der Umsatzsteuer unterworfen. Dieser Anteil wird noch gekürzt um die an die übergeordneten Verbände abgeführten Beiträge. Der Anteil von 20 v.H. stellt einen Bruttowert dar, aus dem im Falle der Besteuerung nach den allgemeinen Vorschriften des UStG 1967 die Umsatzsteuer herauszurechnen ist (vgl. USt-Kartei S 7100 K. 2). Beraten diese Vereine in Steuersachen, so ist aus Gründen der Vereinfachung der Anteil von 20 v.H. der Mitgliederbeiträge im Schätzungswege so aufzuteilen, daß 40 v.H. davon als Einnahmen aus der Hilfe in Steuersachen angesehen werden; der Bruttobetrag ist um die darin enthaltene Umsatzsteuer zu kürzen (vgl. UR 1969 S. 174). Die Steuerpflicht der Leistungen, für die ein besonderes Entgelt erhoben wird, bleibt unberührt.

(14) Hudegemeinschaft: Beiträge, die Hudeberechtigte an die Hudegemeinschaft zahlen, unterliegen der Umsatzsteuer, denn es handelt sich hierbei nicht um echte Mitgliederbeiträge, sondern um sonstige Leistungsentgelte (FG Münster, Urteil vom 22. 12. 1953 – EFG 1954 S. 92).

(15) Kirchentag: Vereine zur Durchführung von Kirchentagen sind insoweit, als ihre Tätigkeit der Erfüllung satzungsgemäßer Aufgaben dient und sie hierfür Zuschüsse erhalten, keine Unternehmer (vgl. StEK UStG 1980 § 2 Abs. 1 Nr. 8). Teilnehmergebühren unterliegen dem ermäßigten Steuersatz, da die Veranstaltungen Zweckbetriebe sind.

(16) Kreditreform: Die Geschäftsführer der Vereine Kreditreform sind nicht Angestellte der Vereine, sondern selbständige Gewerbetreibende. Die Geschäftsführer der Vereine Kreditreform werden deshalb umsatzsteuerlich als Unternehmer angesehen und müssen die gesamten Einnahmen aus ihrer Tätigkeit der Umsatzsteuer unterwerfen (vgl. UR 1954 S. 180).

(17) Landesfremdenverkehrsverbände: Auf Antrag werden bei den Landesfremdenverkehrsverbänden die Beitragseinnahmen pauschal so aufteteilt, daß davon 20 v.H. als steuerpflichtige Entgelte für Sonderleistungen und 80 v.H. als nicht steuerbare Mitgliederbeiträge behandelt werden (vgl. UR 1953 S. 50).

(18) Landwirtschaftliche Buchstelle: Eine solche Stelle ist mit ihren gesamten Einnahmen – Beiträgen und sonstigen Entgelten – voll umsatzsteuerpflichtig, da die gesamte Tätigkeit des Vereins als Summe individueller Leistungen an die Mitglieder anzusehen ist (OFD Münster in *Juretzek,* UStG 1951, Teil 5, § 1 Ziff. 1 Nr. 54).

(19) Lohnsteuerhilfevereine: Beitragszahlungen, die Mitglieder erbringen, um die satzungsgemäße Hilfe in Lohnsteuersachen in Anspruch neh-

men zu können, sind Entgelte für umsatzsteuerpflichtige Leistungen dieser Vereinigungen (BFH-Urteil vom 9. 5. 1974 – BStBl. II S. 530).

(20) Maschinen- und Betriebshilfsringe: Mindestens 50 v.H. der Grundbeiträge, Sonderbeiträge und Vermittlungsprovisionen der Maschinen- und Betriebshilfsringe sind steuerbares Entgelt (vgl. StEK UStG 1980 § 1 Abs. 1 Ziff. 1 Nr. 8 und 20). Eintrittsgelder, öffentliche Zuschüsse und Beiträge berufsfremder fördernder Mitglieder sind nicht steuerbar.

(21) Mietervereine: Von den Mitgliederbeiträgen zu den Mietervereinen werden 20 v.H. der Beitragseinnahmen der Umsatzsteuer unterworfen. Dieser Anteil wird noch gekürzt um die an die übergeordneten Verbände abgeführten Beiträge. Der Anteil von 20 v.H. stellt einen Bruttowert dar, aus dem im Falle der Besteuerung nach den allgemeinen Vorschriften des UStG 1967 die Umsatzsteuer herauszurechnen ist (vgl. USt-Kartei S 7100 K. 2). Beraten diese Vereine in Steuersachen, so ist aus Gründen der Vereinfachung der Anteil von 20 v.H. der Mitgliederbeiträge im Schätzungswege so aufzuteilen, daß 40 v.H. davon als Einnahmen aus der Hilfe in Steuersachen angesehen werden; der Bruttobetrag ist um die darin enthaltene Umsatzsteuer zu kürzen (vgl. UR 1969 S. 174). Die Steuerpflicht der Leistungen, für die ein besonderes Entgelt erhoben wird, bleibt unberührt.

(22) Milchkontrollvereine: Beiträge der Milchkontrollvereine, die nach der Größe des Milchviehbestandes des einzelnen Mitgliedes bemessen werden, sind keine echten Mitgliederbeiträge, sondern in vollem Umfang Entgelte für pauschalierte Gegenleistungen des Vereins an seine Mitglieder, die nach § 12 Abs. 2 Nr. 4 UStG nur dem ermäßigten Steuersatz unterliegen (vgl. UR 1971 S. 380).

(23) Rabattsparvereine: Beiträge, die der Rabattsparverein zur Deckung seiner Unkosten behält, unterliegen der Umsatzsteuerpflicht (RFH-Urteil vom 8. 7. 1932 – zitiert bei *Hartmann/Metzenmacher,* UStG 1967, Tz. 121 zu § 1 Abs. 1 Nr. 1).

(24) Reit- und Fahrverein: Die Jahresbeiträge sind als echte Mitgliederbeiträge nicht umsatzsteuerbar. Dagegen sind die Entgelte für Sonderleistungen umsatzsteuerpflichtig, wie insbesondere monatliche Reitbeiträge, Zusatzreitkarten, Benutzungsgebühren für Halle und Reitbahn, Gebühren für Einzelunterricht, Gebühren für das Halten von Pensionspferden sowie für das Zureiten von Pferden (vgl. UR 1967 S. 212).

(25) Skatvereinigung: Eine Skatvereinigung, die ständig Skatwettspiele veranstaltet und von den teilnehmenden Mitgliedern jeweils einen Einsatz zur Deckung der Unkosten und zur Auszahlung von Preisen nach einem Wettspielprospekt nimmt, ist mit der gesamten Einnahme umsatzsteuerpflichtig (RFH-Urteil vom 10. 2. 1933 – zitiert bei *Hartmann/Metzenmacher,* UStG 1967, Tz. 122 zu § 1 Abs. 1 Nr. 1).

(26) Tennisverein: Die von aktiven Mitgliedern erhobenen Benutzungsgebühren pro Stunde für die Überlassung der Tennisanlagen sind umsatzsteuerpflichtige Entgelte der Mitglieder für Sonderleistungen des Vereins (OFD Koblenz – BB 1977 S. 832).

(27) Tierzuchtvereine: Die Herdbuchaufnahmegebühren und sonstige Bei-

träge sind, soweit sie Entgelte für Sonderleistungen des Vereins darstellen, z. B. für die Zulassung zur Deckung oder zur Versteigerung, umsatzsteuerpflichtig (vgl. RFH-Urteil vom 11. 2. 1941 – GW-StRK UStG 1934 § 1 Ziff. 1 R. 39).

(28) Vereinszeitschrift: Umlagen zur Finanzierung einer Zeitschrift können Entgelte für ihre Lieferung oder nicht steuerbare Mitgliederbeiträge darstellen; es kommt darauf an, inwieweit nach wirtschaftlicher Betrachtungsweise ein Leistungsaustausch anzunehmen ist oder nicht (vgl. BFH-Urteil vom 2. 2. 1967 – BStBl. III S. 502).

(29) Verkehrsverein: Sind die Mitgliederbeiträge eines Verkehrsvereins nach dem Interesse gestaffelt, das das einzelne Mitglied an der Verkehrsförderung hat, so unterliegen sie der Umsatzsteuer (RFH-Urteil vom 4. 10. 1940 – zitiert bei *Hartmann/Metzenmacher,* UStG 1967, Tz. 124 zu § 1 Abs. 1 Nr. 1). Zahlt eine Gemeinde Zuschüsse an einen Verkehrsverein, so stellen die Zuschüsse dann kein umsatzsteuerpflichtiges Entgelt dar, wenn mit der Zuschußgewährung keinerlei Auflagen verbunden sind (vgl. UR 1955 S. 140). Zuschüsse einer Stadt an einen Verkehrsverein gehören aber dann zum umsatzsteuerpflichtigen Entgelt, wenn der Verein im wesentlichen die Aufgaben des Verkehrsamtes übernimmt, finanziell von der Stadt abhängig ist und leitende Beamte des Kultur- und Verkehrsdezernats der Stadt den Vorstand bilden (FG Kassel, Urteil vom 17. 12. 1958 – EFG 1959 S. 331).

(30) Vermittlungssyndikat: Eine solche Vereinigung ist mit den gesamten zur Deckung der Kosten erhobenen Umlagen umsatzsteuerpflichtig, wenn die Umlagen nach der Inanspruchnahme der Verbandstätigkeit bemessen sind; bei gemischter Tätigkeit muß eine Aufteilung in echte und unechte Beiträge erfolgen (vgl. RFH-Urteil vom 5. 10. 1934 – M-Kartei UStG 1934 § 1 Ziff. 1 R. 1). Bei einem Vermittlungssyndikat mit gemischter Tätigkeit unterliegen nur die Syndikatsumlagen der Umsatzsteuer, die zur Abgeltung von Sonderleistungen des Verbands für die Belange einzelner Mitglieder, insbesondere zur Abgeltung der Vermittlungsleistungen dienen (RFH-Urteil vom 5. 4. 1935 – M-Kartei UStG 1934 § 1 Ziff. 1 R. 19).

(31) Waldvereine: Die Umlagebeträge, die Interessengemeinschaften zur gemeinsamen Bewirtschaftung von Gemeindewaldungen von den beteiligten Gemeinden nach dem Verhältnis ihres flächenmäßigen Waldbesitzes zur Gesamtfläche des betreuten Waldes erheben, sind – ggf. im Wege der Schätzung – in steuerbare Entgelte für Einzelleistungen und in nicht steuerbare echte Mitgliedsbeiträge für Gemeinschaftsleistungen aufzuteilen (BFH-Urteil vom 22. 11. 1963 – BStBl. 1964 III S. 147).

(32) Werbegemeinschaft: Die Staffelung der Mitgliedsbeiträge bei einer Werbegemeinschaft führt allein nicht zur Bejahung eines Leistungsaustausches mit den Mitgliedern (vgl. StEK UStG 1980 § 2 Abs. 1 Nr. 30).

(8) Berufsverbände

701 Zu besonderen umsatzsteuerrechtlichen Fragen von Berufsverbänden ist in dem BdF-Schreiben vom 16. 7. 1979 (UR S. 172) wie folgt Stellung genommen worden:

Die Abgabe von Druckerzeugnissen an die Verbandsmitglieder unterliegt nicht der Umsatzsteuer, wenn es sich um Informationen und Nachrichten aus dem Verbandsleben handelt. Etwas anderes muß jedoch gelten, wenn es sich um Fachzeitschriften handelt, die das Mitglied andernfalls gegen Entgelt im freien Handel beziehen müßte. 702

Betreibt ein Berufsverband ein Erholungsheim und decken die von den Mitgliedern oder ihren Angehörigen für die Unterbringung in dem Heim gezahlten Beiträge nicht die Kosten des Erholungsheims, so ist der von dem Berufsverband zur Verlustdeckung aufgewendete Teil der Mitgliedsbeiträge nicht als Entgelt für eine umsatzsteuerpflichtige Leistung zu betrachten. 703

Gewährt ein Berufsverband im Rahmen seiner satzungsmäßigen Aufgaben seinen Mitgliedern unmittelbaren Rechtsschutz, so kann dahingestellt bleiben, ob diese Leistung überhaupt steuerbar ist. Im Fall der Steuerbarkeit wäre sie nach § 4 Nr. 9 a UStG von der Umsatzsteuer befreit, da die Gewährung von Rechtsschutz durch einen Berufsverband unter das Versicherungssteuergesetz fällt. 704

d) Wirtschaftlicher Geschäftsbetrieb und Zweckbetrieb

Abgesehen von den unechten Mitgliederbeiträgen und den Sonderentgelten für spezielle Vereinsleistungen an Mitglieder oder Nichtmitglieder wird bei Vereinen in einer Vielzahl von Fällen die Umsatzsteuerpflicht dann ausgelöst, wenn ein wirtschaftlicher Geschäftsbetrieb oder ein Zweckbetrieb oder wenn sowohl ein wirtschaftlicher Geschäftsbetrieb als auch ein Zweckbetrieb unterhalten werden. 705

Ein wirtschaftlicher Geschäftsbetrieb (vgl. Tz. 268 ff.) ist eine selbständige nachhaltige Tätigkeit, durch die Einnahmen oder andere wirtschaftliche Vorteile erzielt werden und die über den Rahmen einer Vermögensverwaltung hinausgeht; die Absicht, Gewinn zu erzielen, ist nicht erforderlich. Der Begriff des wirtschaftlichen Geschäftsbetriebs setzt voraus, daß der Verein mit dem wirtschaftlichen Geschäftsbetrieb durch eigene Tätigkeit nachhaltig am wirtschaftlichen Verkehr teilnimmt (vgl. BFH-Urteil vom 8. 3. 1967 – BStBl. III S. 373). Die Umsätze von wirtschaftlichen Geschäftsbetrieben unterliegen bei der Umsatzsteuer dem allgemeinen Steuersatz. 706

Ein Zweckbetrieb (vgl. Tz. 313 ff.) ist zwar auch ein wirtschaftlicher Geschäftsbetrieb, jedoch wird ein solcher Betrieb unter bestimmten Voraussetzungen dem begünstigten Bereich des Vereins zugerechnet. Die Umsätze von Zweckbetrieben unterliegen bei der Umsatzsteuer nur dem ermäßigten Steuersatz. 707

Sportveranstaltungen (vgl. Tz. 367 ff.) sind grundsätzlich entweder Zweckbetriebe oder wirtschaftliche Geschäftsbetriebe, was sich im Rahmen der Umsatzbesteuerung durch die Anwendung verschiedener Steuersätze auswirkt. 708

Bei Sportveranstaltungen (vgl. Abschn. 16 Abs. 4 UStR) auf eigenem Platz ist der Platzverein mit den gesamten Einnahmen an Eintrittsgeldern zur Umsatzsteuer heranzuziehen. Der Gastverein hat die ihm aus einem solchen Spiel zufließenden Beträge nicht zu versteuern. Bei Wettspielen auf frem- 709 dem Platz hat der mit der Durchführung des Spiels und insbesondere mit der Erledigung der Kassengeschäfte und der Abrechnung beauftragte Verein die gesamten Einnahmen an Eintrittsgeldern zu versteuern. Der andere Verein ist mit den aus einem solchen Spiel vereinnahmten Beträgen nicht zur Umsatzsteuer heranzuziehen.

710 Als Unternehmer ist bei Wettspielen also stets der Platzverein oder der mit der Durchführung des Spiels beauftragte Verein anzusehen. Diese Regelung gilt sowohl für Freundschaftsspiele als auch für Pflichtspiele. Diese Regelung gilt auch, wenn es sich um Spiele mit Auswahlmannschaften oder mit ausländischen Mannschaften handelt. Leistungsentgelte sind die gesamten Einnahmen an Eintrittsgeldern, ferner eventuelle Entgelte für Rundfunk- und Fernsehübertragungen oder -aufzeichnungen.

711 Erheben Vereine bei sportlichen Veranstaltungen von den Zuschauern neben dem Eintrittspreis einen sog. Sportgroschen, der an den Landessportverband abgeführt wird, so handelt es sich dabei nur dann um einen durchlaufenden Posten, wenn der Verein den Sportgroschen im Namen und für Rechnung des Landessportverbandes erhebt und dies den Besuchern eindeutig zum Ausdruck bringt (z. B. durch Aufdruck auf den Eintrittskarten) und wenn der Besucher (nicht der Verein) den Betrag unmittelbar dem Landesverband schuldet. Liegen diese Voraussetzungen vor, dann ist der Sportgroschen beim Verein als durchlaufender Posten nicht umsatzsteuerpflichtig (vgl. UR 1972 S. 124).

712 Für die Freigabe von Spielern erhält nach den Statuten des Deutschen Fußballbundes der bisherige Verein von dem neuen Verein regelmäßig eine Ablösungssumme. Diese Ablösungssummen fließen den Vereinen als Einnahmen aus dem Zweckbetrieb oder dem wirtschaftlichen Geschäftsbetrieb der Sportveranstaltungen zu. Zur Frage der Steuerbarkeit von Ablösungsentschädigungen beim Vereinswechsel von Fußballspielern hat der BFH im Urteil vom 31. 8. 1955 (BStBl. III S. 333) entschieden, daß die Ablöseentschädigung, die der alte Verein für die Freigabe des Spielers von dem übernehmenden Verein erhält, kein Schadensersatz ist, sondern ein Entgelt für eine Leistung des alten Vereins, die er im Rahmen seines Unternehmens bewirkt und die demgemäß der Umsatzsteuer unterliegt. Hinsichtlich der Frage, wie umsatzsteuerrechtlich Ablöseentschädigungen zu behandeln sind, die deutsche Fußballvereine von ausländischen Vereinen erhalten, vertritt die Finanzverwaltung (vgl. Abschn. 1 Abs. 4 UStR) die Auffassung, daß die Ablöseentschädigung das Entgelt für eine im Inland ausgeführte sonstige Leistung des deutschen Vereins darstellt. Wo die Vereinbarungen zwischen dem deutschen und dem ausländischen Verein getroffen werden, ist für die umsatzsteuerrechtliche Beurteilung unerheblich. Der deutsche Verein hat daher den im Rahmen eines Leistungsaustausches vereinnahmten Ablösebetrag – auch wenn er von einem ausländischen Verein gezahlt wird – der Umsatzsteuer zu unterwerfen.

713 Einnahmen aus Werbung und aus dem Verkauf von Speisen und Getränken bei sportlichen Veranstaltungen gehören stets in den Bereich der wirtschaftlichen Geschäftsbetriebe; derartige Umsätze unterliegen dem allgemeinen Steuersatz.

e) Steuerbefreiungen

Grundsätzlich sind die Einnahmen aus wirtschaftlichen Geschäftsbetrieben und Zweckbetrieben umsatzsteuerbar, allerdings können bestimmte Umsätze von wirtschaftlichen Geschäftsbetrieben von der Umsatzsteuer befreit sein, wenn sie unter eine der gesetzlich vorgesehenen Befreiungsvorschriften fallen. **714**

Eine Reihe von Umsätzen ist von der Steuer befreit. Welche Umsätze dies im einzelnen sind, ergibt sich aus den Vorschriften des § 4 UStG i.V.m. den §§ 5 bis 8 UStG sowie den §§ 8 bis 23 UStDV. **715**

(1) Vorbemerkungen

Im System der Umsatzsteuer mit Vorsteuerabzug wirkt eine Steuerbefreiung überhaupt nur dann, wenn sie für die Lieferung oder Leistung an den Endverbraucher ausgesprochen wird. Steuerbefreiungen auf vorgelagerten Wirtschaftsstufen werden innerhalb der Unternehmerkette durch die sog. Nachholwirkung auf der folgenden Wirtschaftsstufe wieder aufgehoben. Steuerbefreiungen innerhalb der Unternehmerkette wirken sich dadurch sogar nachteilig aus, weil sie mit einem Verbot des Vorsteuerabzugs gekoppelt sind und weil die nichtabzugsfähigen Vorsteuern in die Kosten des steuerbefreiten Unternehmers eingehen und damit auch zur Grundlage der in der nächsten Stufe nachgeholten Steuer werden. Im Falle einer Steuerbefreiung des Umsatzes an den Endverbraucher gehen ebenfalls die nicht abzugsfähigen Vorsteuern in die Preise ein, so daß eine solche befreite Lieferung oder Leistung dennoch nicht vollständig von Umsatzsteuer entlastet ist. **716**

Unter den Befreiungsvorschriften sind bezüglich des Vorsteuerabzugs und eines möglichen freiwilligen Verzichts auf die Steuerbefreiung folgende drei Gruppen zu unterscheiden: **717**

a) Bei Ausfuhrlieferungen und verwandten Vorgängen wird der Vorsteuerabzug nicht untersagt, so daß die Umsätze völlig von Umsatzsteuer entlastet sind.
b) Bei einer Reihe steuerfreier Umsätze, die jedoch überwiegend oder zum großen Teil innerhalb der Unternehmerkette ausgeführt werden, hat der Unternehmer die Möglichkeit, durch Verzicht auf die Steuerfreiheit der nachteiligen Wirkung des Steuerabzugsverbots und der Nachholwirkung zu entgehen.
c) Alle anderen Steuerbefreiungen treten zwangsläufig ein und haben den Ausschluß des Vorsteuerabzugs zur Folge.

Von der Umsatzsteuer sind u. a. befreit die Ausfuhrlieferungen, die Lohnveredelungen für ausländische Auftraggeber, bestimmte Umsätze für die Seeschiffahrt und für die Luftfahrt, die Beförderungen von Gegenständen im grenzüberschreitenden Beförderungsverkehr, bestimmte Umsätze im Bereich der Binnenwirtschaft, Umsätze der Post, Umsätze im Geld- und Kreditverkehr, unter andere Verkehrsteuergesetze fallende Umsätze, Versicherungsleistungen, Umsätze der Bausparkassen und Versicherungsvertreter, die Vermietungen und Verpachtungen von Grundstücken, bestimmte Leistungen der Gemeinschaften der Wohnungseigentümer, Umsätze der Heilberufe, Umsätze der Sozialversicherungsträger, bestimmte Umsätze **718** der Krankenanstalten und Altersheime, Lieferungen von Blutkonserven, Leistungen der amtlich anerkannten Wohlfahrtsverbände, Umsätze der Blinden, bestimmte Umsätze im kulturellen Bereich, unmittelbar dem Schul- und Bildungszweck dienende Leistungen privater Schulen und berufsbildender Einrichtungen unter bestimmten Voraussetzungen, bestimmte Veranstaltungen wissenschaftlicher oder belehrender Art, in gewissen Fällen die Gewährung von Naturalleistungen an Personen im Bereich der Jugendfürsorge und Jugendpflege, Leistungen des Deutschen Jugendherbergswerks, Leistungen im Bereich der Jugendhilfe, bestimmte ehrenamtliche Tätigkeiten, die Gestellung von Mitgliedern geistlicher Genossenschaften und Angehörigen von Mutterhäusern für gemeinnützige, mildtätige, kirchliche oder schulische Zwecke.

719 Von diesen zahlreichen Steuerbefreiungen sollen nachfolgend diejenigen näher erläutert werden, die für Vereine von besonderer Bedeutung sein können.

(2) Verkehrsteuergesetze

720 Von der Umsatzsteuer befreit sind die Umsätze, die unter das Grunderwerbsteuergesetz (§ 4 Nr. 9 a UStG) oder das Versicherungsteuergesetz (§ 4 Nr. 10 a UStG) fallen. Diese Befreiungen setzen nur voraus, daß der Umsatz unter eines der genannten zwei Verkehrsteuergesetze fällt. Die Befreiungsvorschrift soll insbesondere eine doppelte Besteuerung solcher Umsätze vermeiden, die anderen Verkehrsteuern unterliegen. Neben dem Hauptzweck der Vermeidung von Doppelbesteuerungen wird auch der weitere Zweck verfolgt, Steuerbefreiungen oder Billigkeitserlasse bei einer der in Frage kommenden Verkehrsteuern nicht durch die Heranziehung zur Umsatzsteuer ganz oder teilweise wertlos zu machen.

721 Von der Umsatzsteuer befreit sind auch die Umsätze, die unter das Rennwett- und Lotteriegesetz fallen, jedoch entfällt die Umsatzsteuerfreiheit hierbei für solche Umsätze, die von der Rennwett- und Lotteriesteuer befreit sind oder von denen diese Steuer allgemein nicht erhoben wird (§ 4 Nr. 9 b UStG).

(3) Vermietung und Verpachtung

722 Von der Umsatzsteuer befreit (§ 4 Nr. 12 UStG) sind die Vermietungen und Verpachtungen von Grundstücken, von Berechtigungen, für die die Vorschriften des bürgerlichen Rechts über Grundstücke gelten und von staatlichen Hoheitsrechten, die Nutzungen von Grund und Boden betreffen. Nicht befreit sind dagegen die Vermietung von Wohn- und Schlafräumen, die ein Unternehmer zur kurzfristigen Beherbergung von Fremden bereithält, die kurzfristige Vermietung von Plätzen für das Abstellen von Fahrzeugen, die kurzfristige Vermietung auf Campingplätzen sowie die Verpachtung und Vermietung von Maschinen und sonstigen Vorrichtungen aller Art, die zu einer Betriebsanlage gehören, auch wenn sie wesentliche Bestandteile des Grundstücks sind.

723 Ob eine Vermietung oder Verpachtung vorliegt, wird nach bürgerlichem Recht entschieden (BFH-Urteile vom 25. 3. 1971 – BStBl. II S. 473 und vom

4. 12. 1980 – BStBl. 1981 II S. 231; vgl. auch Abschn. 76 UStR). Danach liegt eine Vermietung vor, wenn die Gewährung des Gebrauchs einer Sache gegen Entrichtung eines Mietzinses Gegenstand des Vertrags ist (§ 535 BGB). Eine Verpachtung liegt vor, wenn der Vertrag auf die Gewährung des Gebrauchs eines Gegenstandes (Sachen oder Rechte) und des Genusses der Früchte gegen Entrichtung eines Pachtzinses gerichtet ist (§ 581 BGB). Unterpachtverträge und Untermietverträge stehen Pachtverträgen und Mietverträgen gleich. Auch die Gewährung eines nur beschränkten Sachgebrauchs gegen Entgelt ist Miete. Die Länge der Vertragsdauer ist ohne Bedeutung.

Bei reinen Miet- oder Pachtverhältnissen wird von der Umsatzsteuerfreiheit **724** nicht nur die Hauptleistung erfaßt, sondern auch die üblichen Nebenleistungen (z. B. Beleuchtung, Heizung u. dergl.), und zwar ohne Rücksicht darauf, ob für diese Nebenleistungen ein besonderes Entgelt berechnet wird oder ob diese Leistungen im Mietzins oder Pachtzins mit abgegolten sind.

Ein sog. gemischter Vertrag liegt vor, wenn der Vertrag sowohl die Merk- **725** male einer Vermietung als auch die Merkmale anderer Leistungen aufweist, ohne daß ein so starkes Zurücktreten der Merkmale der einen oder anderen Gruppe gegeben ist, daß sie umsatzsteuerrechtlich nicht mehr zu beachten wären (BFH-Urteil vom 7. 4. 1960 – BStBl. III S. 261). Bei einem gemischten Vertrag ist das Entgelt in einen auf die steuerfreie Grundstücksvermietung und einen auf die steuerpflichtige Leistung anderer Art – erforderlichenfalls durch Schätzung – aufzugliedern (vgl. Abschn. 80 UStR).

Ein Vertrag besonderer Art liegt vor, wenn die Gebrauchsüberlassung des **726** Grundstücks gegenüber anderen wesentlicheren Leistungen zurücktritt und das Vertragsverhältnis ein einheitliches unteilbares Ganzes darstellt (BFH-Urteil vom 19. 12. 1952 – BStBl. 1953 III S. 98).

Beispiele: **727**

(1) Ein Schützenverein vergibt für die Dauer eines von ihm veranstalteten Schützenfestes Teilflächen des Festplatzes unter bestimmten Auflagen entgeltlich zur Aufstellung von Verkaufsständen, Schankzelten, Schaubuden, Karussels u. dergl. (BFH-Urteil vom 21. 12. 1954 – BStBl. 1955 III S. 59).

(2) Einzelpersonen wird die Benutzung eines Sportplatzes oder eines Schwimmbades im Rahmen des allgemeinen Sport- bzw. Badebetriebes gegen Eintrittsgeld gestattet (Abschn. 81 UStR).

Bei gemischten Vertragsverhältnissen ist wegen des Zusammentreffens ver- **728** schiedenartiger Leistungen eine Aufteilung des Entgelts stets erforderlich. Bei einem Vertrag besonderer Art kommt die Steuerbefreiung weder für die gesamte Leistung noch für einen Teil der Leistung in Betracht. Leistungen, deren wesentlicher Inhalt die Verwahrung oder Beaufsichtigung ist, sind voll steuerpflichtig.

729 Die entgeltliche Überlassung von Sportanlagen stellt einen umsatzsteuerbaren Vorgang dar. Sportanlagen umfassen aber regelmäßig Grundstücke und Betriebsvorrichtungen. Umsatzsteuerfrei ist nur die Vermietung und Verpachtung von Grundstücken oder Grundstücksteilen, nicht dagegen die Überlassung von Betriebsvorrichtungen.

730 Bei der Vermietung von Sportanlagen ist die Vermietungsleistung aufzuteilen in einen steuerfreien Teil für die Vermietung des Grundstücks und in einen steuerpflichtigen Teil für die Vermietung der Betriebsvorrichtungen. Nach den Vorschriften des Bewertungsrechts und damit auch nach § 4 Nr. 12 UStG sind bei den nachstehend aufgeführten Sportanlagen insbesondere folgende Einrichtungen als Grundstücksteile bzw. Betriebsvorrichtungen anzusehen (vgl. Abschn. 86 UStR):

1. Sportplätze und Sportstadien
   a) Grundstücksteile:
   Überdachungen von Zuschauerflächen, wenn sie nach der Verkehrsauffassung einen Raum umschließen und dadurch gegen Witterungseinflüsse Schutz gewähren, allgemeine Beleuchtungsanlagen, Einfriedigung, allgemeine Wege- und Platzbefestigungen, Kassenhäuschen – soweit nicht transportabel –, Kioske, Umkleideräume, Duschen im Gebäude, Toiletten, Saunas, Unterrichts- und Ausbildungsräume, Übernachtungsräume für Trainingsmannschaften.
   b) Betriebsvorrichtungen:
   Besonders hergerichtete Spielfelder – Spielfeldbefestigung, Drainage, Rasen, Rasenheizung –, Laufbahnen, Sprunggruben, Zuschauerwälle, Zuschauertribünen – soweit nicht Grundstücksteil nach Buchstabe a –, spezielle Beleuchtungsanlagen, z. B. Flutlicht, Abgrenzungszäune und Sperrgitter zwischen Spielfeld und Zuschaueranlagen, Anzeigetafeln, Schwimm- und Massagebecken, Küchen- und Ausschankeinrichtungen.
2. Schwimmbäder (Frei- und Hallenbäder)
   a) Grundstücksteile:
   Überdachungen von Zuschauerflächen unter den unter Nummer 1 Buchstabe a bezeichneten Voraussetzungen, Kassenhäuschen – soweit nicht transportabel –, Kioske, allgemeine Wege- und Platzbefestigungen, Duschräume, Toiletten, technische Räume, allgemeine Beleuchtungsanlagen, Emporen, Galerien.
   b) Betriebsvorrichtungen:
   Schwimmbecken, Sprunganlagen, Duschen im Freien und im Gebäude, Rasen von Liegewiesen, Kinderspielanlagen, Umkleidekabinen, Zuschauertribünen – soweit nicht Grundstücksteil nach Nummer 1 Buchstabe a –, technische Ein- und Vorrichtungen, Einrichtungen der Saunas, der Solarien und der Wannenbäder, spezielle Beleuchtungsanlagen, Bestuhlung der Emporen und Galerien.
3. Tennisplätze und Tennishallen
   a) Grundstücksteile:
   Überdachungen von Zuschauerflächen unter den unter Nummer 1 Buchstabe a bezeichneten Voraussetzungen, open-air-Hallen, allgemeine Beleuchtungsanlagen, Duschen, Umkleideräume, Toiletten.

b) Betriebsvorrichtungen:
Besonders hergerichtete Spielfelder – Spielfeldbefestigung mit Unterbau bei Freiplätzen, spezielle Oberböden bei Hallenplätzen –, Drainage, Bewässerungsanlagen der Spielfelder, Netz mit Haltevorrichtungen, Schiedsrichterstühle, freistehende Übungswände, Zuschauertribünen – soweit nicht Grundstücksteil nach Nummer 1 Buchstabe a –, Einfriedungen der Spielplätze, Zuschauerabsperrungen, Brüstungen, Traglufthallen, spezielle Beleuchtungsanlagen, Ballfangnetze, Ballfanggardinen, zusätzliche Platzbeheizung, durch Münzeinwurf, in Hallen.

4. Schießstände
   a) Grundstücksteile:
   Allgemeine Einfriedungen.
   b) Betriebsvorrichtungen:
   Anzeigevorrichtungen, Zielscheibenanlagen, Schutzvorrichtungen, Einfriedungen als Sicherheitsmaßnahmen.
5. Kegelbahnen
   a) Grundstücksteile:
   Allgemeine Beleuchtungsanlagen.
   b) Betriebsvorrichtungen:
   Bahnen, Kugelfangeinrichtungen, Kugelrücklaufeinrichtungen, automatische Kegelaufstelleinrichtungen, automatische Anzeigeeinrichtungen, spezielle Beleuchtungsanlagen, Schallisolierungen.
6. Squashhallen
   a) Grundtücksteile:
   Zuschauertribünen, allgemeine Beleuchtungsanlagen, Umkleideräume, Duschräume, Toiletten.
   b) Betriebsvorrichtungen:
   Trennwände zur Aufteilung in Boxen – nicht tragende Wände –, besondere Herrichtung der Spielwände, Ballfangnetze, Schwingböden, Bestuhlung der Zuschauertribünen, spezielle Beleuchtungsanlagen.
7. Reithallen
   a) Grundstücksteile:
   Stallungen – einschließlich Boxenaufteilungen und Futtertraufen –, Futterböden, Nebenräume, allgemeine Beleuchtungsanlagen, Galerien, Emporen.
   b) Betriebsvorrichtungen:
   Spezieller Reithallenboden, Befeuchtungseinrichtungen für den Reithallenboden, Bande an den Außenwänden, spezielle Beleuchtungsanlagen, Tribünen – soweit nicht Grundstücksteil nach Nummer 1 Buchstabe a –, Richterstände, Pferdesolarium, Pferdewaschanlage, Schmiede – technische Einrichtungen –, Futtersilos, automatische Pferdebewegungsanlage, sonstiges Zubehör wie Hindernisse, Spiegel, Geräte zur Aufarbeitung des Bodens, Markierungen.
8. Turn-, Sport- und Festhallen, Mehrzweckhallen
   a) Grundstücksteile:
   Galerien, Emporen, Schwingböden in Mehrzweckhallen, allgemeine Beleuchtungsanlagen, Duschen, Umkleidekabinen und -räume, Toiletten, Saunas, bewegliche Trennwände.

b) Betriebsvorrichtungen:
Zuschauertribünen – soweit nicht Grundstücksteil nach Nummer 1 Buchstabe a –, Schwingböden in reinen Turn- und Sporthallen, Turngeräte, Bestuhlung der Tribünen, Galerien und Emporen, spezielle Beleuchtungsanlagen, Kücheneinrichtungen, Ausschankeinrichtungen, Bühneneinrichtungen, Kühlsystem bei Nutzung für Eissportzwecke.

9. Eissportstadien, -hallen, -zentren

a) Grundstücksteile:
Unterböden von Eislaufflächen, Eisschnellaufbahnen und Eisschießbahnen, Unterböden der Umgangszonen und des Anschnallbereichs, allgemeine Beleuchtungsanlagen, Klimaanlagen im Hallenbereich, Duschräume, Toiletten, Umkleideräume, Regieraum, Werkstatt, Massageräume, Sanitätsraum, Duschen, Heizungs- und Warmwasserversorgungsanlagen, Überdachungen von Zuschauerflächen unter den unter Nummer 1 Buchstabe a bezeichneten Voraussetzungen, Emporen und Galerien, Kassenhäuschen – soweit nicht transportabel –, Kioske, allgemeine Wege- und Platzbefestigungen, Einfriedungen, Ver- und Entsorgungsleitungen.

b) Betriebsvorrichtungen:
Oberböden von Eislaufflächen, Eisschnellaufbahnen und Eisschießbahnen, Schneegruben, Kälteerzeuger, schlittschuhschonender Bodenbelag, Oberbodenbelag des Anschnallbereichs, spezielle Beleuchtungsanlagen, Lautsprecheranlagen, Spielanzeige, Uhren, Anzeigetafeln, Abgrenzungen, Sicherheitseinrichtungen, Sperrgitter zwichen Spielfeld und Zuschauerbereich, Massagebecken, Trafo und Schalteinrichtungen, Notstromaggregat, Zuschauertribünen – soweit nicht Grundstücksteil nach Nummer 1 Buchstabe a –, Bestuhlung der Zuschauertribünen, der Emporen und Galerien, Küchen- und Ausschankeinrichtungen.

10. Golfplätze

a) Grundstücksteile:
Einfriedungen, soweit sie nicht unmittelbar als Schutzvorrichtungen dienen, allgemeine Wege- und Platzbefestigungen, Kassenhäuschen – soweit nicht transportabel –, Kioske, Klubräume, Wirtschaftsräume, Büros, Aufenthaltsräume, Umkleideräume, Duschräume, Toiletten, Verkaufsräume, Caddy-Räume, Lager- und Werkstatträume.

b) Betriebsvorrichtungen:
Besonders hergerichtete Abschläge, Spielbahnen, roughs und greens (Spielbefestigung, Drainage, Rasen), Spielbahnhindernisse, Übungsflächen, Einfriedungen, soweit sie unmittelbar als Schutzvorrichtungen dienen, Abgrenzungseinrichtungen zwischen Spielbahnen und Zuschauern, Anzeige- und Markierungseinrichtungen oder -gegenstände, Unterstehhäuschen, Küchen- und Ausschankeinrichtungen, Bewässerungsanlagen – einschließlich Brunnen und Pumpen – und Drainagen, wenn sie ausschließlich der Unterhaltung der für das Golfspiel notwendigen Rasenflächen dienen.

Für die Aufteilung der Vermietung der Sportanlage in den steuerfreien Teil für die Vermietung des Grundstücks (Grund und Boden, Gebäude, Gebäudeteile, Außenanlagen) sowie in den steuerpflichtigen Teil für die Vermietung der Betriebsvorrichtungen sind die jeweiligen Verhältnisse des Einzelfalles maßgebend. Bei der Aufteilung ist im Regelfall von dem Verhältnis der Gestehungskosten der Grundstücke zu den Gestehungskosten der Betriebsvorrichtungen auszugehen. Zu berücksichtigen sind hierbei die Nutzungsdauer und die kalkulatorischen Zinsen auf das eingesetzte Kapital. Die Aufteilung ist erforderlichenfalls im Schätzungswege vorzunehmen. Der Vermieter kann das Aufteilungsverhältnis aus Vereinfachungsgründen für die gesamte Vermietungsdauer beibehalten und – soweit eine wirtschaftliche Zuordnung nicht möglich ist – auch der Aufteilung der Vorsteuern zugrunde legen. 731

Soweit Einzelpersonen die Benutzung einer Sportanlage im Rahmen des allgemeinen Sportbetriebes gegen Eintrittsgeld gestattet wird, liegen keine Mietverträge, sondern Verträge besonderer Art vor (vgl. Abschn. 86 Abs. 3 UStR). 732

Die Steuerbefreiung der Vermietung von Grundstücken entfällt für die kurzfristige Vermietung von Plätzen für das Abstellen von Fahrzeugen und für die kurzfristige Vermietung auf Campingplätzen. Eine kurzfristige Vermietung liegt nach dem BdF-Schreiben vom 9. 5. 1980 (BStBl. I S. 236) dann vor, wenn der Zeitraum der tatsächlichen Gebrauchsüberlassung weniger als sechs Monate beträgt. 733

Steuerpflichtig ist die Beherbergung in Wohn- und Schlafräumen, die ein Unternehmer zur vorübergehenden Beherbergung von Fremden bereithält. Neben Hotels, Gasthöfen und Fremdenheimen sind alle diejenigen umsatzsteuerpflichtig, die nachhaltig Zimmer an Fremde vermieten. Auch Vereine können durch Zimmervermietung etwa in Clubhäusern, Ferienheimen usw. umsatzsteuerpflichtig sein. 734

Unternehmer, die steuerfreie Vermietungen und Verpachtungen von Grundstücken u. dergl. an andere Unternehmer für deren Unternehmen ausführen, können durch Option dem Finanzamt erklären, daß sie diese Umsätze der Besteuerung nach dem Umsatzsteuergesetz unterwerfen wollen (§ 9 UStG). In diesem Falle muß der Unternehmer nachweisen, daß das Grundstück weder Wohnzwecken noch anderen nichtunternehmerischen Zwecken dient oder zu dienen bestimmt ist. 735

(4) Krankenhäuser und Altenheime

Von der Umsatzsteuer befreit (§ 4 Nr. 16 UStG) sind die mit dem Betrieb der Krankenhäuser, Altenheime, Altenwohnheime und Altenpflegeheime eng verbundenen Umsätze. Werden derartige Einrichtungen von Vereinen betrieben, ist es erforderlich, daß die Krankenhäuser die Voraussetzungen des § 67 Abs. 1 AO (vgl. Tz. 334 ff.) und die Altenheime und anderen Pflegeeinrichtungen die Voraussetzungen des § 68 Nr. 1 a AO (vgl. Tz. 339 ff.) erfüllen. 736

Befreit sind die mit dem Betrieb dieser Einrichtungen eng verbundenen Umsätze. Dazu gehört neben den Leistungen, die sich aus dem Zweck der 737

Anstalten und Einrichtungen unmittelbar ergeben, wie z. B. ärztliche und ähnliche Hilfeleistungen, Lieferungen von Arznei-, Heil- und Hilfsmitteln an Kranke, Beherbergung und Beköstigung sowie übliche Naturalleistungen an Kranke und Alte, ferner auch die Gewährung von Beköstigung und anderen üblichen Naturalleistungen an das Heim- und Pflegepersonal.

(5) Verbände der freien Wohlfahrtspflege

738 Von der Umsatzsteuer befreit (§ 4 Nr. 18 UStG) sind die Leistungen der amtlich anerkannten Verbände der freien Wohlfahrtspflege und der der freien Wohlfahrtspflege dienenden Körperschaften, Personenvereinigungen und Vermögensmassen, die einem Wohlfahrtsverband als Mitglied angeschlossen sind. Die Steuerfreiheit wird nur gewährt, wenn

a) diese Unternehmer ausschließlich und unmittelbar gemeinnützigen, mildtätigen oder kirchlichen Zwecken dienen,
b) die Leistungen unmittelbar dem nach der Satzung, Stiftung oder sonstigen Verfassung begünstigten Personenkreis zugute kommen und
c) die Entgelte für die in Betracht kommenden Leistungen hinter den durchschnittlich für gleichartige Leistungen von Erwerbsunternehmen verlangten Entgelten zurückbleiben.

739 Steuerfrei sind auch die Beherbergung, Beköstigung und die üblichen Naturalleistungen, die diese Unternehmer den Personen, die für sie im Rahmen der genannten Leistungen tätig sind, als Vergütung für die geleisteten Dienste gewähren.

740 Ist ein Altenheim (eine Altenbegegnungsstätte) als Zweckbetrieb anerkannt, bestehen seitens der Finanzverwaltung (vgl. FinMin BaWü – UR 1988, S. 169) keine Bedenken, eine Cafeteria, die im Zusammenhang mit einem Altenheim (einer Altenbegegnungsstätte) betrieben wird, dem begünstigten Zweckbetrieb zuzuordnen, soweit die Umsätze an die Heimbewohner (nicht Besucher) erbracht werden; dies hätte Umsatzsteuerfreiheit (§ 4 Nr. 18 UStG) zur Folge.

741 Als amtlich anerkannte Verbände gelten (§ 23 UStDV):

1. Diakonisches Werk der Evangelischen Kirche in Deutschland e.V.,
2. Deutscher Caritasverband e.V.,
3. Deutscher Paritätischer Wohlfahrtsverband e.V.,
4. Deutsches Rotes Kreuz,
5. Arbeiterwohlfahrt – Bundesverband e.V. –,
6. Zentralwohlfahrtsstelle der Juden in Deutschland e.V.,
7. Deutscher Blindenverband e.V.,
8. Bund der Kriegsblinden Deutschlands e.V.,
9. Verband Deutscher Wohltätigkeitsstiftungen e.V.,
10. Bundesarbeitsgemeinschaft »Hilfe für Behinderte« e.V.

742 Ob die Unternehmer ausschließlich und unmittelbar gemeinnützigen, mildtätigen oder kirchlichen Zwecken dienen, ist nach den §§ 51 bis 68 AO zu beurteilen (vgl. Tz. 59ff.).

743 Für Erlöse aus Altkleidersammlungen kommt die Umsatzsteuerfreiheit für Wohlfahrtsverbände nicht in Betracht (vgl. UR 1986 S. 20).

Die Beförderungen von kranken und verletzten Personen sind nach § 4 Nr. 17 UStG nur umsatzsteuerfrei, wenn zur Beförderung spezielle Fahrzeuge, z. B. Krankenwagen, verwendet werden. Die Beförderung solcher Personen in anderen Fahrzeugen, z. B. Taxis oder gewöhnliche Personenkraftwagen, ist dagegen umsatzsteuerpflichtig (vgl. BStBl. 1983 I S. 599); das gilt auch dann, wenn solche Fahrten durch gemeinnützige und mildtätige Organisationen durchgeführt werden (vgl. Abschn. 103 Abs. 10 UStR). 744

(6) Vorträge, Kurse, kulturelle und sportliche Veranstaltungen

Von der Umsatzsteuer befreit (§ 4 Nr. 22 UStG) sind Vorträge, Kurse und andere Veranstaltungen wissenschaftlicher oder belehrender Art, die von juristischen Personen des öffentlichen Rechts, von Verwaltungs- und Wirtschaftsakademien, von Volkshochschulen oder von Einrichtungen, die gemeinnützigen Zwecken oder dem Zweck eines Berufsverbandes dienen, durchgeführt werden, wenn die Einnahmen überwiegend zur Deckung der Unkosten verwendet werden. Ebenfalls befreit sind andere kulturelle und sportliche Veranstaltungen, soweit das Entgelt in Teilnehmergebühren besteht. Als andere kulturelle und sportliche Veranstaltungen kommen z. B. Musikwettbewerbe, Trachtenfeste und Sportwettkämpfe in Betracht (vgl. Abschn. 116 UStR). 745

Zu beachten ist, daß Umsatzsteuerfreiheit nur dann eintritt, wenn bei den Vorträgen, Kursen usw. die Einnahmen überwiegend zur Deckung der Unkosten verwendet werden, d. h. die Einnahmen dürfen nicht wesentlich über die Kostendeckung hinausgehen; bei anderen kulturellen und sportlichen Veranstaltungen darf das Entgelt nur in Teilnehmergebühren bestehen. 746

Beispiele: 747

(1) Die Erteilung von Reitunterricht durch einen Reitsportverein ist als Veranstaltung belehrender Art umsatzsteuerfrei (BMF-Schreiben vom 22. 9. 1978 – Inf. 1979 S. 66). Die Steuerfreiheit erstreckt sich auch auf die Vermietung von Reitpferden zur Teilnahme am Reitunterricht.

(2) Die Erhebung von Startgeldern durch einen Aero-Club bei Flugtagen für die Überlassung von Flugzeugen ist umsatzsteuerpflichtig, weil es sich hierbei um eine sonstige Leistung handelt (vgl. UStR 1982 S. 12).

Als Teilnehmergebühren sind solche Entgelte anzusehen, die gezahlt werden, um an den Veranstaltungen aktiv teilnehmen zu können (z. B. Startgelder). Soweit das Entgelt für die Veranstaltungen in Eintrittsgeldern der Zuschauer besteht, kommt die Steuerbefreiung nicht in Betracht (vgl. Abschn. 116 Abs. 2 UStR). Steuerbefreiung kommt ebenfalls nicht in Betracht für Gebühren, die übergeordnete Gliederungen der Sportverbände für die Erteilung der Genehmigung zum Anbringen von Werbung auf Spiel- und Trainingskleidung erhalten (vgl. OFD Hannover – UR 1988 S. 262). 748

Zur Umsatzsteuerbefreiung für Sportunterricht durch Sportvereine gilt nach dem BMF-Schreiben vom 22. 9. 1978 (UR S. 199) folgendes: Der von 749 gemeinnützigen Sportvereinen gegen Entgelt erteilte Sportunterricht kann unter die Steuerbefreiung des § 4 Nr. 22 UStG fallen. Nach dieser Vorschrift sind unter anderem Veranstaltungen belehrender Art, die von Einrichtungen, die gemeinnützigen Zwecken dienen, durchgeführt werden, von der Umsatzsteuer befreit, wenn die Einnahmen überwiegend zur Deckung der Unkosten verwendet werden.

750 Zu den Veranstaltungen belehrender Art gehört auf dem Gebiet des Sports die Erteilung von Sportunterricht, z. B. die Erteilung von Schwimm-, Tennis-, Reit-, Segel- und Skiunterricht (vgl. Abschn. 115 Abs. 3 UStR). Der Sportunterricht ist nur dann steuerfrei, soweit er von einem Sportverein im Rahmen eines Zweckbetriebs durchgeführt wird. Ein bestimmter Stunden- und Stoffplan sowie eine von den Teilnehmern abzulegende Prüfung sind nicht erforderlich. Die Steuerbefreiung gilt unabhängig davon, ob der Sportunterricht Mitgliedern des Vereins oder anderen Personen erteilt wird.

751 Zur umsatzsteuerlichen Behandlung von Leistungen der Volksbühnen- und Theatergemeinden-Vereine gilt nach dem BMF-Schreiben vom 7. 7. 1989 (UR 1990 S. 162) folgendes: Bewirkt eine Besucherorganisation Leistungen, die zum Teil den Einzelbelangen, zum Teil den Gesamtbelangen der Mitglieder dienen, und werden hierfür Beitragszahlungen eingesetzt, so sind die Beitragszahlungen in Entgelte für steuerbare Leistungen und in echte Mitgliederbeiträge aufzuteilen. Die jeweilige Besucherorganisation bewirkt mit der Beschaffung von verbilligten Eintrittskarten zu Theateraufführungen u. dergl. grundsätzlich Sonderleistungen an ihre Mitglieder. Bei Annahme eines Vermittlungsverhältnisses sind alle etwaigen Zahlungen, die die Besucherorganisation für ihre Tätigkeit vereinnahmt (insbesondere die Provisionen), umsatzsteuerbares Leistungsentgelt der Besucherorganisation. Wenn die tatsächlichen Verhältnisse bei der Beschaffung von Eintrittskarten so gestaltet sind, daß umsatzsteuerrechtlich eine Besorgungsleistung angenommen werden kann, dann ist die Leistung der Besucherorganisation bei der Beschaffung von Eintrittskarten zu Veranstaltungen der mit ihren Leistungen steuerfreien Theater ebenfalls steuerfrei.

(7) Jugendbetreuung

752 Von der Umsatzsteuer befreit (§ 4 Nr. 23 UStG) ist die Gewährung von Beherbergung, Beköstigung und der üblichen Naturalleistungen durch Personen und Einrichtungen, wenn sie überwiegend Jugendliche für Erziehungs-, Ausbildungs- oder Fortbildungszwecke oder für Zwecke der Säuglingspflege bei sich aufnehmen. Voraussetzung ist, daß die Leistungen an die Jugendlichen oder an die bei ihrer Erziehung, Ausbildung, Fortbildung oder Pflege tätigen Personen ausgeführt werden. Jugendliche im Sinne dieser Vorschrift sind alle Personen vor Vollendung des 27. Lebensjahres. Steuerfrei sind auch die Beherbergung, Beköstigung und die üblichen Naturalleistungen, die diese Unternehmer den Personen, die für sie im Rahmen der genannten Leistungen tätig sind, als Vergütung für die geleisteten Dienste gewähren.

753 Der Begriff der Aufnahme setzt nicht voraus, daß den Jugendlichen auch Unterkunft während der Nachtzeit und volle Verpflegung gewährt wird (BFH-Urteil vom 19. 12. 1963 – BStBl. 1964 III S. 110). Unter die Steuerbefreiung fallen daher grundsätzlich auch Kindergärten, Kindertagesstätten oder Halbtags-Schülerheime, die Schüler bei der Anfertigung der Schularbeiten beaufsichtigen und bei der Freizeitgestaltung überwachen. Bei Kindergärten, Kindertagesstätten und Kinderheimen kann ein Erziehungszweck angenommen werden, wenn die Aufnahmedauer mindestens einen Monat beträgt. Die Erziehungs-, Ausbildungs- und Fortbildungszwecke umfassen nicht nur den beruflichen Bereich, sondern die gesamte geistige, sittliche und körperliche Erziehung und Fortbildung von Jugendlichen (vgl. BFH-Urteil vom 21. 11. 1974 – BStBl. 1975 II S. 389).

Von der Umsatzsteuer befreit (§ 4 Nr. 24 UStG) sind die Leistungen des **754**
Deutschen Jugendherbergswerks, Hauptverband für Jugendwandern und Jugendherbergen e. V., einschließlich der diesem Verband angeschlossenen Untergliederungen, Einrichtungen und Jugendherbergen. Voraussetzung ist, daß die Leistungen den Satzungszwecken unmittelbar dienen oder Personen, die bei diesen Leistungen tätig sind, Beherbergung, Beköstigung und die üblichen Naturalleistungen als Vergütung für die geleisteten Dienste gewährt werden. Die Steuerfreiheit gilt auch für die entsprechenden Leistungen anderer Vereinigungen, wenn diese die gleichen Aufgaben unter denselben Voraussetzungen erfüllen.

Die Steuerfreiheit gilt nur für die Leistungen, die den Satzungszwecken **755**
unmittelbar dienen. Hierzu gehören insbesondere die Beherbergung und die Beköstigung von Jugendlichen. Soweit diese Leistungen vereinzelt und in geringem Umfang auch gegenüber Erwachsenen erbracht werden und hierfür die Steuerbefreiung beansprucht wird, wird dies von der Finanzverwaltung im allgemeinen nicht beanstandet (vgl. BdF-Schreiben vom 20. 8. 1982 – BStBl. I S. 695).

Die Steuerbefreiung gilt auch für andere Vereinigungen, die gleiche Aufga- **756**
ben unter denselben Voraussetzungen erfüllen. Hierbei ist es insbesondere erforderlich, daß die Unterkunftsstätten der anderen Vereinigungen nach der Satzung und ihrer tatsächlichen Durchführung überwiegend Jugendlichen dienen. Zu den hiernach begünstigten sog. anderen Vereinigungen gehören der Touristenverein »Die Naturfreunde«, Bundesgruppe Deutschland e. V. in Stuttgart, und die ihm angeschlossenen Landesverbände, Bezirke und Ortsgruppen sowie die Pächter der von diesen Unternehmen unterhaltenen Naturfreundehäuser (vgl. Abschn. 118 Abs. 5 UStR).

Von der Umsatzsteuer befreit (§ 4 Nr. 25 UStG) sind die folgenden Leistun- **757**
gen der förderungswürdigen Träger und Einrichtungen der freien Jugendhilfe und der Organe der öffentlichen Jugendhilfe:

a) Die Durchführung von Lehrgängen, Freizeiten, Zeltlagern, Fahrten und Treffen sowie von Veranstaltungen, die dem Sport oder der Erholung dienen, soweit diese Leistungen Jugendlichen oder Mitarbeitern in der Jugendhilfe unmittelbar zugute kommen.
b) Ferner in Verbindung mit den unter Buchstabe a bezeichneten Leistungen die Beherbergung, Beköstigung und die üblichen Naturalleistungen, die den Jugendlichen und Mitarbeitern in der Jugendhilfe sowie den bei diesen Leistungen tätigen Personen als Vergütung für die geleisteten Dienste gewährt werden.

> *Beispiel:*
>
> Ein als Träger der freien Jugendhilfe anerkanntes Jugendzentrum ist mit der Lieferung von Speisen und Getränken im Rahmen seiner Jugendveranstaltungen umsatzsteuerfrei (FG Düsseldorf, Urteil vom 30. 4. 1980 – UStR 1981 S. 59).

c) Die Durchführung von kulturellen Veranstaltungen im Rahmen der Jugendhilfe, wenn die Darbietungen von den Jugendlichen selbst erbracht oder die Einnahmen überwiegend zur Deckung der Unkosten verwendet werden.

758 Förderungswürdig im Sinne dieser Vorschrift sind Träger und Einrichtungen der freien Jugendhilfe, die von der obersten Landesjugendbehörde oder einer von dieser beauftragten Stelle öffentlich anerkannt sind. Jugendliche im Sinne dieser Vorschrift sind alle Personen vor Vollendung des 27. Lebensjahres.

759 Ein Sportverein kommt in den Genuß der Umsatzsteuerfreiheit nach § 4 Nr. 25 UStG hinsichtlich der Betätigung angeschlossener Jugendabteilungen, wenn er Veranstaltungen durchführt, die allein der Leibeserziehung Jugendlicher dienen (vgl. FG Niedersachsen, Urteil vom 31. 10. 1975 – EFG 1976 S. 374). Diese steuerfreien Einnahmen sind zu schätzen, wenn sie nach den vorliegenden Aufzeichnungen nicht ohne weiteres festgestellt werden können.

760 Nach dem BdF-Schreiben vom 20. 5. 1977 (BStBl. I S. 308) umfaßt der Begriff der Veranstaltung, die dem Sport dient, alle Tätigkeiten, durch die die Ausbildung und Fortbildung in einer Sportart und auch die Ausübung des Sports unmittelbar gefördert werden. Der auf dem Gebiete des Sports erteilte Unterricht jeglicher Art ist deshalb im Sinne der Vorschrift eine Veranstaltung, die der Leibeserziehung dient. Ein bestimmter Stunden- und Stoffplan und eine von den Teilnehmern abzulegende Prüfung sind nicht erforderlich.

761 Bei dem Sportunterricht muß es sich um eine Betätigung der dem betreffenden Sportverein angeschlossenen Jugendgruppe handeln. Außerdem muß der Sportunterricht den Jugendlichen unmittelbar zugute kommen. Diese Voraussetzungen sind erfüllt, wenn der Sportunterricht im Namen der Jugendgruppe durchgeführt wird und soweit der Sportunterricht Jugendlichen unmittelbar zugute kommt. Hierbei ist es nicht erforderlich, daß die Jugendlichen Mitglieder des Vereins und der Jugendgruppe sind. Nehmen auch Erwachsene am Sportunterricht teil, entfällt insoweit die Steuerbefreiung.

(8) Ehrenamtliche Tätigkeit

762 Von der Umsatzsteuer befreit (§ 4 Nr. 26 UStG) ist die ehrenamtliche Tätigkeit, entweder wenn sie für juristische Personen des öffentlichen Rechts ausgeübt wird, oder wenn das Entgelt für diese Tätigkeit nur in Auslagenersatz und einer angemessenen Entschädigung für Zeitversäumnisse besteht. Die zweite Alternative kann für eine ehrenamtliche Tätigkeit bei Vereinen von Wichtigkeit sein. Für die ehrenamtliche Tätigkeit für Organisationen des Privatrechts tritt Steuerfreiheit ein, wenn das Entgelt für diese Tätigkeit nur in Auslagenersatz und einer angemessenen Entschädigung für Zeitversäumnis besteht. Geht das Entgelt über den Auslagenersatz und die Zeitentschädigung hinaus, besteht in vollem Umfang Steuerpflicht. Was als angemessene Entschädigung für Zeitversäumnisse anzusehen ist, muß nach den Verhältnissen des Einzelfalles beurteilt werden. Dabei sind die berufliche Stellung des ehrenamtlich Tätigen, insbesondere der Verdienstausfall zu berücksichtigen (vgl. Abschn. 120 Abs. 4 UStR).

f) Steuervergütung

Körperschaften, die ausschließlich und unmittelbar gemeinnützige, mildtätige oder kirchliche Zwecke verfolgen, wird nach § 4 a UStG auf Antrag eine Steuervergütung zum Ausgleich der Steuer gewährt, die auf der an sie bewirkten Lieferung eines Gegenstandes oder dessen Einfuhr lastet, wenn die folgenden Voraussetzungen erfüllt sind: 763

1. Die Lieferung des Gegenstandes oder dessen Einfuhr muß steuerpflichtig gewesen sein.
2. Die auf die Lieferung des Gegenstandes entfallende Steuer muß in einer Rechnung gesondert ausgewiesen und mit dem Kaufpreis bezahlt worden sein.
3. Die für die Einfuhr des Gegenstandes geschuldete Steuer muß entrichtet worden sein.
4. Der Gegenstand muß in das Außengebiet gelangt sein.
5. Der Gegenstand muß im Außengebiet zu humanitären, karitativen oder erzieherischen Zwecken verwendet werden.
6. Der Erwerb oder die Einfuhr des Gegenstandes und seine Ausfuhr dürfen von einer Körperschaft, die steuerbegünstigte Zwecke verfolgt, nicht im Rahmen eines wirtschaftlichen Geschäftsbetriebes vorgenommen worden sein.
7. Die vorstehenden Voraussetzungen müssen nachgewiesen sein.

Der Antrag ist nach amtlich vorgeschriebenem Vordruck zu stellen, in dem der Antragsteller die zu gewährende Vergütung selbst zu berechnen hat. 764

Im Ergebnis stellt die Regelung des § 4 a UStG die Gewährung eines Vorsteuerabzugsbetrages für jene dem Allgemeinwohl dienenden nichtunternehmerischen Institutionen dar, die Gegenstände außerhalb des Bereiches der Deutschen Wirtschaft für ihre Wohlfahrtszwecke einsetzen. Die Vorschrift des § 4 a UStG ist mit Wirkung vom 1. Januar 1980 neu in das Umsatzsteuergesetz eingefügt worden. Sie hat den Zweck, ausgeführte Güter, die zu bestimmten Hilfeleistungen – z. B. in Katastrophenfällen – im Außengebiet verwendet werden, von der Belastung mit Umsatzsteuer freizustellen. Die umsatzsteuerliche Entlastung wird durch eine Vergütung der Umsatzsteuer (Vorsteuer) herbeigeführt, die beantragt werden muß. 765

Beispiele: 766

(1) Bei einer Hungersnot in Afrika helfen hiesige gemeinnützige Institutionen z. B. durch Sachzuwendungen, die im Inland gegen Entgelt erworben wurden.

(2) Der Förderkreis eines Kinderhospitals in Indien unterstützt

das Hospital mit Geld- und Sachspenden. Für die unter den Sachspenden befindlichen im Inland käuflich erworbenen oder gegen Entgelt eingeführten Gegenstände hat der als gemeinnützig anerkannte Verein Anspruch auf Umsatzsteuererstattung.

767 Humanitär in diesem Sinne (§ 4 a UStG) ist nicht nur die Beseitigung und Milderung besonderer Notlagen, sondern auch die Verbesserung der wirtschaftlichen und sozialen Verhältnisse und der Umweltbedingungen (vgl. Abschn. 124 Abs. 6 UStR). Karitative Zwecke werden verfolgt, wenn anderen selbstlose Hilfe gewährt wird. Erzieherischen Zwecken dienen auch Gegenstände, die für die berufliche und nichtberufliche Aus- und Weiterbildung einschließlich der Bildungsarbeit auf politischem, weltanschaulichem, küntlerischem und wissenschftlichem Gebiet verwendet werden.

768 Umsatzsteuervergütung wird nach § 4 a Abs. 1 Satz 1 Nr. 5 UStG nur gewährt, wenn der ausgeführte Gegenstand im Außengebiet zu humanitären, karitativen oder erzieherischen Zwecken verwendet wird. Nicht erforderlich ist es, daß der Vergütungsberechtigte diese Zwecke im Außengebiet selbst erfüllt (z. B. mit eigenen Einrichtungen und Hilfskräften). Ein Anspruch auf Umsatzsteuervergütung entsteht vielmehr auch dann, wenn der Gegenstand einem Empfänger im Außengebiet übereignet wird (z. B. einer nationalen oder internationalen Institution), der ihn im Außengebiet zu den begünstigten Zwecken verwendet.

769 Die Steuererstattung wird nur auf Antrag gewährt und die entsprechenden Voraussetzungen müssen buchmäßig nachgewiesen werden.

g) Steuersätze

(1) Vorbemerkungen

770 Die Umsatzsteuer beträgt nach § 12 Abs. 1 UStG für jeden steuerpflichtigen Umsatz 14 v.H. der Bemessungsgrundlage. Dieser allgemeine Steuersatz gilt grundsätzlich für alle steuerbaren Umsätze, soweit diese nicht ausdrücklich von der Steuer befreit sind oder dem ermäßigten Steuersatz unterliegen. Die Umsatzsteuer ermäßigt sich – ermäßigter Steuersatz – auf 7 v.H. der Bemessungsgrundlage für die in § 12 Abs. 2 UStG im einzelnen aufgeführten Umsätze. Bei den Umsätzen, die dem ermäßigten Steuersatz unterliegen, handelt es sich insbesondere um Leistungen und Erzeugnisse der Land- und Forstwirtschaft, um Waren des Buchhandels, um Kunstgegenstände und Sammlungsstücke, Körperersatzstücke, um bestimmte kulturelle Leistungen, um Leistungen der Einrichtungen gemeinnütziger, mildtätiger und kirchlicher Art, um Leistungen der Schwimmbäder und Heilbäder sowie Umsätze im Personen-Nahverkehr.

771 Die Anwendung des allgemeinen Steuersatzes bereitet keine Schwierigkeiten, weil dieser Steuersatz für alle diejenigen Umsätze gilt, die unter keine Sonderregelung fallen. Von den Umsätzen, auf die der ermäßigte Steuersatz anzuwenden ist, sind für Vereine insbesondere die Vorschriften über die Begünstigung der Einrichtungen gemeinnütziger, mildtätiger oder kirchlicher Art sowie bestimmter kultureller Leistungen von Interesse.

(2) Gemeinnützige Vereine

Dem ermäßigten Steuersatz unterliegen nach § 12 Abs. 2 Nr. 8 a UStG die Leistungen solcher Vereine, die gemeinnützigen, mildtätigen oder kirchlichen Zwecken dienen. Ausgenommen von dieser Steuervergünstigung sind die im Rahmen eines wirtschaftlichen Geschäftsbetriebs ausgeführten Leistungen. Hinsichtlich der Begriffe gemeinnützige, mildtätige oder kirchliche Zwecke verweist das UStG auf die §§ 51 bis 68 der Abgabenordnung (vgl. Tz. 59 ff.). **772**

Die Anerkennung der Gemeinnützigkeit ist ein deklaratorischer Akt, der grundsätzlich für jede Steuerart und bei jedem neuen Steuerabschnitt (Veranlagungszeitraum) oder Stichtag überprüft werden muß (BFH-Urteil vom 11. 8. 1961 – StRK StAnpG § 17 R. 11). Wenn aber bereits für andere Steuern, insbesondere für die Körperschaftsteuer, darüber entschieden ist, ob und ggf. in welchen Bereichen das Unternehmen oder der Verein den steuerbegünstigten Zwecken dient, so ist nach dem BdF-Erlaß vom 31. 3. 1969 (BStBl. I S. 141) einem solchen Entscheid im allgemeinen auch für Zwecke der Umsatzsteuer zu folgen. Liegen die Voraussetzungen der Gemeinnützigkeit nicht vor, dann darf der Verein den ermäßigten Steuersatz auf seine Umsätze nicht anwenden. Voraussetzung für die steuerliche Anerkennung von gemeinnützigen, von mildtätigen oder von kirchlichen Zwecken ist stets, daß diese Zwecke selbstlos, ausschließlich und unmittelbar verfolgt werden. In diesem Zusammenhang kommt ferner der Satzung und der Geschäftsführung besondere Bedeutung zu. **773**

Der ermäßigte Umsatzsteuersatz gilt nicht für Leistungen, die im Rahmen eines wirtschaftlichen Geschäftsbetriebs (vgl. Tz. 268 ff.) ausgeführt werden. Diese Leistungen unterliegen dem allgemeinen Umsatzsteuersatz. Auch für das Umsatzsteuerrecht gilt der im Gemeinnützigkeitsrecht bestimmte Begriff des wirtschaftlichen Geschäftsbetriebs (vgl. BdF-Erlaß vom 31. 3. 1969 – BStBl. I S. 141). Die Steuerermäßigung wird bei Unternehmern, die im übrigen wegen der Verfolgung gemeinnütziger, mildtätiger oder kirchlicher Zwecke begünstigt sind, nur hinsichtlich der Leistungen ausgeschlossen, die im Rahmen steuerlich schädlicher wirtschaftlicher Geschäftsbetriebe bewirkt werden. Unterhält ein gemeinnütziger Verein einen wirtschaftlichen Geschäftsbetrieb, so geht dadurch die Begünstigung der gemeinnützigen Leistungen des Vereins nicht verloren, die voll steuerpflichtigen Leistungen aus dem wirtschaftlichen Geschäftsbetrieb werden insoweit isoliert betrachtet und behandelt. **774**

Beispiele: **775**

(1) Ein als gemeinnützig anerkannter Reit- und Fahrverein betreibt in eigener Regie eine Gaststätte; die Einnahmen aus dem Gaststättenbetrieb unterliegen dem allgemeinen Umsatzsteuersatz.

(2) Umsätze eines gemeinnützigen Vereins aus dem Betrieb einer Arbeitslosen-Werkstätte sind dann voll umsatzsteuerpflichtig, wenn der Verein mit der Veräußerung der hergestellten Gegenstände zu gewerblichen Unternehmen in grö-

ßeren Wettbewerb tritt, als es für die Erfüllung der satzungsmäßigen Zwecke unvermeidbar und unschädlich ist (vgl. OFD Koblenz – UR 1987 S. 278); dies gilt vor allem für Einrichtungen zur Betreuung nicht schwer zu vermittelnder Arbeitsloser.

(3) Soweit ein gemeinnütziger Golfclub seine Anlage auch clubfremden Spielern gegen sog. Greenfee zur Verfügung stellt, erbringt er entgeltliche umsatzsteuerpflichtige Leistungen im Rahmen eines wirtschaftlichen Geschäftsbetriebs (vgl. BFH-Urteil vom 9. 4. 1987 – BStBl. II S. 659); die Leistungen unterliegen dem Regelsteuersatz.

776 Nicht jeder wirtschaftliche Geschäftsbetrieb führt für sich zum Verlust der steuerlichen Vergünstigungen. Die sich aus § 65 AO ergebende Regelung, daß bestimmte Geschäftsbetriebe als sog. Zweckbetriebe (vgl. Tz. 313 ff.) steuerlich unschädlich sind, ist auch für das Gebiet der Umsatzsteuer zu beachten. Durch die Einrichtung sog. Zweckbetriebe wird die Steuervergünstigung des gemeinnützigen Vereins nicht berührt, Umsätze von Zweckbetrieben unterliegen bei der Umsatzsteuer nur dem ermäßigten Steuersatz. Ein Zweckbetrieb ist gegeben,

a) wenn er in seiner Gesamtrichtung dazu dient, die steuerbegünstigten satzungsmäßigen Zwecke zu verwirklichen,
b) wenn die steuerbegünstigten satzungsgemäßen Zwecke nur durch den wirtschaftlichen Geschäftsbetrieb erreicht werden können,
c) wenn der wirtschaftliche Geschäftsbetrieb zu steuerpflichtigen Betrieben derselben oder ähnlicher Art nicht in größerem Umfang in Wettbewerb tritt, als es bei der Erfüllung der steuerbegünstigten Zwecke unvermeidbar ist.

777 *Beispiele:*

(1) Umsätze eines gemeinnützigen Vereins aus dem Betrieb einer Arbeitslosen-Werkstätte unterliegen dann als Zweckbetrieb dem ermäßigten Steuersatz, wenn der Zweck des Vereins darauf gerichtet ist, durch Angebot von Arbeit und sozialer Betreuung an schwer zu vermittelnde Arbeitslose deren Eingliederung in das Arbeitsleben zu fördern (vgl. OFD Koblenz – UR 1989 S. 391).

(2) Auf Umsätze von Werkstätten für Behinderte ist der ermäßigte Steuersatz nach § 12 Abs. 2 Nr. 8 UStG anzuwenden (OFD Köln – StEK UStG 1980 § 12 Abs. 2 Nr. 7).

(3) Teilnehmergebühren, die Vereine zur Durchführung von Kirchentagen erheben, unterliegen dem ermäßigten Steuersatz nach § 12 Abs. 2 Nr. 8 UStG, da die Veranstaltungen Zweckbetriebe sind (OFD Düsseldorf – StEK UStG 1980 § 2 Abs. 1 Nr. 8).

Die Leistungen der Zweckbetriebe unterliegen zwar grundsätzlich der Umsatzsteuer aber nur zum ermäßigten Steuersatz. 778

Sportliche Veranstaltungen (vgl. Tz. 367 ff.) sind entweder Zweckbetriebe oder wirtschaftliche Geschäftsbetriebe (§ 67 a AO). Sind die sportlichen Veranstaltungen eines Sportvereins als Zweckbetrieb zu werten, wird Umsatzsteuer nur zum ermäßigten Steuersatz erhoben; sind die sportlichen Veranstaltungen eines Sportvereins als wirtschaftlicher Geschäftsbetrieb zu werten, wird Umsatzsteuer mit dem allgemeinen Steuersatz erhoben. 779

> *Beispiel:* 780
>
> Die Entgelte aus Schauauftritten einer Formationstanzgruppe eines Tanzsportvereins unterliegen als Zweckbetrieb dem ermäßigten Umsatzsteuersatz, sofern diese Auftritte zur Durchführung des satzungsmäßigen Leistungstanzsports, d. h. zur sportlichen Vorbereitung auf Turniere und Meisterschaften, unentbehrlich sind und hierdurch der Verein nicht in Konkurrenz zu rein professionellen Tanzgruppen tritt (FG Düsseldorf, Urteil vom 5. 9. 1989 – EFG 1990 S. 81).

Ablösesummen, die einem Verein für die Freigabe von Sportlern zufließen, gehören zu den Einnahmen aus sportlichen Veranstaltungen und damit entweder zu den Einnahmen aus Zweckbetrieb oder aus wirtschaftlichem Geschäftsbetrieb. Auch Genehmigungsgebühren, die Sportverbände oder ihre Untergliederungen für die Genehmigung von Trikotwerbung erhalten, sind entweder Einnahmen aus Zweckbetrieb oder aus wirtschaftlichem Geschäftsbetrieb (vgl. OFD Hannover – UR 1988 S. 262). 781

Einnahmen aus dem Verkauf von Speisen und Getränken und aus Werbung anläßlich sportlicher Veranstaltungen gehören grundsätzlich (vgl. § 67 a Abs. 1 AO) zu den wirtschaftlichen Geschäftsbetrieben; derartige Umsätze unterliegen dem allgemeinen Steuersatz. 782

Die Lieferung von Speisen und Getränken, die zum Verzehr an Ort und Stelle abgegeben werden, unterliegen grundsätzlich dem allgemeinen Steuersatz (§ 12 Abs. 2 Nr. 1 UStG). Die Verabreichung von Speisen und Getränken z. B. in Wirtschaften, Vereinskasinos usw. unterliegt dem allgemeinen Umsatzsteuersatz, sofern der Verzehr an Ort und Stelle vorgenommen wird. Speisen und Getränke werden dann zum Verzehr an Ort und Stelle geliefert, wenn der Unternehmer den Verzehr von Speisen und Getränken durch ihre Zubereitung und/oder die Art und Weise ihrer Darreichung, mithin durch Dienstleistungen ermöglicht, die über die übliche Verteilerfunktion im Lebensmittelhandel und -handwerk hinausgehen (BFH-Urteil vom 16. 12. 1982 – BStBl. 1983 II S. 349). 783

(3) Gemeinnützige Personenvereinigungen

Dem ermäßigten Umsatzsteuersatz unterliegen nach § 12 Abs. 2 Nr. 8 b UStG (mit Wirkung ab 1. 1. 1990) die Leistungen der nichtrechtsfähigen Personenvereinigungen und Gemeinschaften der Körperschaften, die aus- 784 schließlich und unmittelbar gemeinnützige, mildtätige oder kirchliche Zwecke verfolgen. Voraussetzung ist, daß diese Leistungen – falls sie von den Körperschaften selbst ausgeführt würden – insgesamt dem ermäßigten Umsatzsteuersatz unterliegen würden.

785 Vereine (Körperschaften), die ausschließlich und unmittelbar gemeinnützige, mildtätige oder kirchliche Zwecke verfolgen (z. B. gemeinnützige Sportvereine und Verbände der Freien Wohlfahrtspflege) schließen sich häufig zu nichtrechtsfähigen Personenvereinigungen (z. B. Gesellschaften bürgerlichen Rechts) zusammen oder bilden Gemeinschaften. Diese Vereinigungen oder Gemeinschaften haben in der Regel sachlich und zeitlich begrenzte Aufgaben zu erfüllen (z. B. Sportveranstaltungen, Lotterien, Ausspielungen).

786 Die nichtrechtsfähigen Personenvereinigungen und die Gemeinschaften sind umsatzsteuerrechtlich Unternehmer. Insbesondere unter dem Gesichtspunkt der steuerrechtlichen Gleichbehandlung erschien es dem Gesetzgeber (vgl. GesBegr. – UR 1990 S. 44) sachlich geboten, den nichtrechtsfähigen Personenvereinigungen und den Gemeinschaften ebenfalls insoweit Umsatzsteuerermäßigung zuzubilligen, als sie gleiche Leistungen bewirken, wie sie die steuerbegünstigten Körperschaften z. B. im Rahmen von Zweckbetrieben ausführen.

787 Voraussetzung für die Steuerermäßigung ist, daß

a) die Mitglieder der nichtrechtsfähigen Personenvereinigung oder der Gemeinschaft ausschließlich steuerbegünstigte Körperschaften (Vereine) wegen Verfolgung gemeinnütziger, mildtätiger oder kirchlicher Zwecke sind,

b) die Leistungen, würden sie anteilig von den Mitgliedern der Personenvereinigung oder der Gemeinschaft ausgeführt werden, nur ermäßigt zu besteuern wären.

788 Daraus folgt, daß die einzelne Personenvereinigung oder Gemeinschaft für ihre Leistungen nur dann Umsatzsteuerermäßigung beanspruchen kann, wenn sie sich lediglich auf steuerbegünstigte Bereiche (z. B. Zweckbetriebe) ihrer Mitglieder erstreckt.

h) Vorsteuerabzug

(1) Grundsätze

789 Eines der wichtigsten Instrumente des Systems der Mehrwertsteuer ist der in § 15 UStG geregelte Vorsteuerabzug. Berechtigt zum Vorsteuerabzug sind alle Unternehmer, die im Erhebungsgebiet oder in einem Zollfreigebiet Lieferungen oder sonstige Leistungen ausführen oder in diesen Gebieten ihren Sitz oder eine Betriebsstätte haben. Voraussetzung für den Vorsteuerabzug ist, daß dem Unternehmer die Vorsteuerbeträge von anderen Unternehmern gesondert in Rechnung gestellt worden sind, und zwar für Lieferungen und sonstige Leistungen, die für das Unternehmen des Unternehmers ausgeführt worden sind. Jeder Unternehmer muß nach § 14 UStG auf Verlangen des anderen Unternehmers Rechnungen ausstellen, in denen die Umsatzsteuer gesondert ausgewiesen ist. Diese offen in Rechnung gestellten

Vorsteuern sind sofort bei der nächsten Voranmeldung von der eigenen Steuerschuld abzugsfähig, und zwar nach dem Sollprinzip unabhängig davon, ob der Rechnungsbetrag und die gesondert ausgewiesene Steuer an den Vorunternehmer bereits entrichtet sind.

Beispiel: 790

Ein Verein erhält für seine Gaststätte am 15. März eine Lieferung Bier für 1000 DM zuzüglich 140 DM Umsatzsteuer. Die Rechnung bezahlt der Verein erst zwei Monate später. Die in Rechnung gestellte Vorsteuer kann jedoch im Voranmeldungszeitraum des Liefermonats in voller Höhe abgesetzt werden.

Von dem Grundsatz des gesonderten Steuerausweises auf den Rechnungen 791 innerhalb der Unternehmerkette wird abgewichen bei den sog. Kleinbetragsrechnungen und bei den Fahrausweisen. Zum Zwecke des Vorsteuerabzugs muß der Unternehmer die darin enthaltenen Vorsteuern durch Herausrechnung aus dem Bruttobetrag selbst ermitteln.

Bei Vereinen kommt ein Vorsteuerabzug nur insoweit in Betracht, als wirt- 792 schaftliche Geschäftsbetriebe betrieben oder sonst steuerpflichtige Umsätze getätigt werden (vgl. FG Münster, Urteil vom 10. 5. 1972 – EFG S. 465). Der Vorsteuerabzug ist für alle Vorlieferungen, die zur Ausführung der steuerpflichtigen Umsätze notwendig sind, möglich, wobei es unerheblich ist, welchem Steuersatz die steuerpflichtigen Umsätze unterliegen. Der Vorsteuerabzug ist aber nicht möglich für Vorumsätze, die zur Ausführung steuerfreier Umsätze oder gar überhaupt nicht steuerbarer Umsätze benötigt werden. Das bedeutet, daß alle die den Vereinen gesondert in Rechnung gestellten Umsatzsteuerbeträge nicht von der eigenen Steuerschuld abgezogen werden dürfen, soweit die Lieferungen zur Ausführung der allgemeinen Vereinsleistungen oder zur Ausführung steuerfreier Vereinsleistungen erforderlich sind.

Beispiele: 793

(1) Die durch echte Mitgliederbeiträge gedeckten allgemeinen Vereinsleistungen sind nicht umsatzsteuerbar. Die in den Vorbezügen für solche Leistungen in Rechnung gestellte Umsatzsteuer ist keine abzugsfähige Vorsteuer.

(2) Die bei Vorbezügen für umsatzsteuerpflichtige Sonderleistungen der Vereine an Mitglieder oder Nichtmitglieder der Vereine in Rechnung gestellte Umsatzsteuer kann als Vorsteuer geltend gemacht werden.

(3) Sonderleistungen eines Vereins, die zwar grundsätzlich umsatzsteuerbar sind, werden aber auf Grund einer Befreiungsvorschrift (z. B. Vermietung von Grundstücksflächen) nicht von der Umsatzsteuer erfaßt. Die für die Vorbezüge in Rechnung gestellte Umsatzsteuer ist deshalb keine abzugsfähige Vorsteuer.

(4) Vereine, die mit allen ihren Leistungen umsatzsteuerpflich-

tig sind, können auch alle ihnen in Rechnung gestellten Umsatzsteuern als Vorsteuern von ihrer Steuerschuld absetzen.

(5) Vereine, die sowohl umsatzsteuerpflichtige als auch umsatzsteuerfreie oder nicht umsatzsteuerbare Umsätze tätigen, müssen die ihnen in Rechnung gestellten Vorsteuern in abzugsfähige und nicht abzugsfähige aufteilen.

794 Auch bei der Anschaffung von Wirtschaftsgütern des Anlagevermögens ist der Abzug der darauf lastenden Vorsteuern grundsätzlich möglich.

795 *Beispiele:*

(1) Ein als gemeinnützig anerkannter Sportverein errichtet einen Sportplatz, ein anderer errichtet eine Mehrzweckhalle. Die darauf entfallenden Vorsteuern sind in vollem Umfang abzugsfähig, wenn der Sportplatz bzw. die Mehrzweckhalle zu mindestens 10 v.H. unternehmerischen Zwecken dienen (vgl. OFD Koblenz – NWB-DokSt Fach 7 §§ 15–15 a, Rz. 13/78 und 17/79).

(2) Die im Zusammenhang mit Aufwendungen für die Anschaffung und Unterhaltung einer dem Trainingsbetrieb dienenden Flutlichtanlage eines als gemeinnützig anerkannten Fußballvereins stehende Umsatzsteuer ist als Vorsteuer abzugsfähig, wenn für Mannschaftsspiele ein Entgelt erhoben wird (Hessisches FG, Urteil vom 30. 9. 1982 – EFG 1983 S. 316).

796 Unternehmern, die steuerfreie Umsätze tätigen, wird der Vorsteuerabzug für die dafür erforderlichen Vorumsätze versagt (§ 15 Abs. 2 UStG). Der Vorsteuerabzug wird jedoch nicht versagt, wenn es sich um Vorumsätze zur Ausführung von Exportleistungen handelt.

(2) Vorsteueraufteilung

797 Die Versagung des Vorsteuerabzugs bereitet dann keine Schwierigkeit, wenn der Unternehmer ausschließlich nur steuerfreie Umsätze – ausgenommen Exportleistungen – ausführt, weil diese steuerfreien Umsätze mit dem Vorsteuerabzugsverbot gekoppelt sind. Zu technischen Schwierigkeiten kann es aber dann kommen, wenn der Unternehmer sowohl nicht zum Vorsteuerabzug berechtigende steuerfreie Umsätze als auch andere, d. h. zum Vorsteuerabzug berechtigende Umsätze ausführt, weil dann eine Aufteilung der Gesamtsumme der Vorsteuern in abzugsfähige und in nicht abzugsfähige Vorsteuern erfolgen muß.

798 Bei diesen sog. Mischfällen hat der Gesetzgeber in § 15 Abs. 5 UStG für den Normalfall eine einfache schematische Aufgliederung vorgesehen, wonach die Summe der Vorsteuerbeträge nach dem Verhältnis der beiden Umsatzgruppen aufzuteilen ist in nicht abziehbare und in abziehbare Vorsteuern.

Die Berechnung der nicht abziehbaren Vorsteuern erfolgt in der Weise, daß die Vorsteuern aufgeteilt werden in abzugsfähige und in nicht abzugsfähige Vorsteuern im Verhältnis der Umsätze mit Vorsteuerabzug und der Umsätze ohne Vorsteuerabzug zum Gesamtumsatz. Gesamtumsatz ist die Summe der Umsätze ohne Vorsteuerabzug zuzüglich der Umsätze mit Vorsteuerabzug. Maßgebend sind also folgende zwei Umsatzgruppen, nämlich

a) die Umsätze, die zum Ausschluß vom Vorsteuerabzug führen, weil sie nach § 4 Nrn. 6 bis 28 UStG von der Umsatzsteuer befreit sind,
b) die übrigen Umsätze, die zum Vorsteuerabzug berechtigen.

Beispiel: 799

Ein Verein hat steuerpflichtige Umsätze von 20 000 DM und steuerfreie Umsätze ohne Vorsteuerabzug von 80 000 DM, mithin insgesamt Umsätze von 100 00 DM. Die Gesamtsumme der Vorsteuern soll im Beispielsfall 4000 DM betragen. Der Anteil der steuerpflichtigen Umsätze am Gesamtumsatz beträgt 20 v.H. Abzugsfähig sind bei schematischer Aufteilung 20 v.H. der Vorsteuern, also 800 DM.

Die schematische Aufteilung der Vorsteuern nach dem Umsatzverhältnis **800** kann dann für den Unternehmer zum Nachteil führen, wenn die Vorsteuern, die wirtschaftlich zu den steuerfreien Umsätzen mit Vorsteuerabzugsverbot gehören, relativ gering sind. In diesen Fällen kann nach § 15 Abs. 4 UStG der Unternehmer die Vorsteuern so aufteilen, wie sie wirtschaftlich den beiden Umsatzgruppen zuzurechnen sind. Der Unternehmer kann die nicht abziehbaren Teilbeträge auch im Wege einer sachgerechten Schätzung ermitteln.

Wegen Einzelregelungen beim Vorsteuerabzug von Fremdenverkehrsver- **801** bänden vgl. UR 1971 S. 223, beim Vorsteuerabzug von Sportvereinen, die für die Regelbesteuerung optiert haben, vgl. UR 1971 S. 224 und bei Vorsteueraufteilung im Falle eines Gesangvereins vgl. UR 1975 S. 82.

Im Falle der Anschaffung von Wirtschaftsgütern des Anlagevermögens, die **802** einem steuerpflichtigen wirtschaftlichen Geschäftsbetrieb dienen, können die in der Rechnung ausgewiesenen Vorsteuern abgesetzt werden. Dieser Vorsteuerabzug für Investitionsgüter muß dann korrigiert werden, wenn sich die Nutzung oder Verwendung des Investitionsguts innerhalb von fünf Jahren (bei Grundstücken 10 Jahre) seit der Anschaffung so ändert, daß es nicht mehr ausschließlich dem steuerpflichtigen wirtschaftlichen Geschäftsbetrieb dient (vgl. § 15 a UStG).

Bei gemeinnützigen Vereinen, die nur mit ihren wirtschaftlichen Geschäfts- **803** betrieben umsatzsteuerpflichtig sind, wird eine Aufteilung der Vorsteuer nach der wirtschaftlichen Zugehörigkeit der Vorumsätze vielfach möglich sein. Denn bei diesen Vereinen werden regelmäßig für die wirtschaftlichen Geschäftsbetriebe besondere Aufzeichnungen geführt und in der Regel können dann auch die Vorbezüge genau ermittelt und zugerechnet werden.

(3) Vorsteuerpauschalierung

804 Der durch das Vereinsförderungsgesetz mit Wirkung ab 1. 1. 1990 in das Umsatzsteuergesetz neu eingefügte § 23 a UStG enthält eine Sonderregelung für gemeinnützige, mildtätige und kirchliche Vereine bzw. Körperschaften. Derartige Vereine (Körperschaften), deren steuerpflichtiger Vorjahresumsatz (ohne Umsatzsteuer) nicht mehr als 60 000 DM betragen hat, können die abziehbaren Vorsteuern pauschal mit einem Durchschnittsatz von 7 v.H. des steuerpflichtigen Umsatzes berechnen. Voraussetzung ist, daß die Vereine nicht verpflichtet sind, Bücher zu führen und auf Grund jährlicher Bestandsaufnahmen regelmäßig Abschlüsse zu machen.

805 *Beispiel:*

Steuerpflichtiger Umsatz 1990 = 50 000 DM. Der Verein hat die Wahl, ab 1991 die Vorsteuerpauschalierung in Anspruch zu nehmen.

806 Wird das Wahlrecht zugunsten der Vorsteuerpauschalierung ausgeübt, ist jeder weitere Vorsteuerabzug ausgeschlossen.

807 Bei Inanspruchnahme der Vorsteuerpauschalierung entfällt die Notwendigkeit der Zuordnung der Vorsteuern zum unternehmerischen und nichtunternehmerischen Bereich des Vereins und es entfällt die Aufteilung der Vorsteuern nach steuerpflichtigen und steuerfreien Umsätzen des Vereins.

808 Für Vereine, die nur Umsätze zum Steuersatz von 7 v.H. erbringen, wie z. B. bei Zweckbetrieben, entfällt bei der Pauschalierung der Vorsteuern eine Zahllast gegenüber dem Finanzamt.

809 *Beispiel:*

Umsatz des Zweckbetriebs = 50 0000 DM, Umsatzsteuer 7 v.H. = 3500 DM.
Vorsteuerpauschalierung 7 v.H. des steuerpflichtigen Umsatzes von 50 000 DM = 3500 DM.
Umsatzsteuer und Vorsteuerpauschale heben sich gegenseitig auf.

810 Im Falle der Vorsteuerpauschalierung wird für kleinere gemeinnützige Vereine die Ermittlung der abziehbaren Vorsteuerbeträge wesentlich erleichtert. Allerdings muß andererseits auch die Bindungswirkung beachtet werden, denn der Verein (die Körperschaft) ist bei Ausübung der Wahl an die Vorsteuerpauschalierung für mindestens fünf Kalenderjahre gebunden.

811 *Beispiel:*

Steuerpflichtiger Umsatz 1990 = 50 000 DM. Der Verein wählt ab 1991 die Vorsteuerpauschalierung, er kann frühestens ab 1996 auf die Anwendung der Vorsteuerpauschalierung verzichten.

Liegen die sonstigen Voraussetzungen vor und will der Verein (die Körperschaft) von der Vorsteuerpauschalierung Gebrauch machen, muß er spätestens bis zum zehnten Tag nach Ablauf des ersten Voranmeldungszeitraums eines Kalenderjahres dem Finanzamt erklären, daß er den Durchschnittsatz in Anspruch nehmen will. Nach Ablauf der Bindungswirkung ist ein Widerruf ebenfalls spätestens bis zum zehnten Tag nach Ablauf des ersten Voranmeldungszeitraums eines Kalenderjahres zu erklären. Wird ein derartiger Widerruf erklärt, ist eine erneute Anwendung des Durchschnittsatzes frühestens nach Ablauf von weiteren fünf Kalenderjahren möglich. **812**

Vereine (Körperschaften), die die Vorsteuerpauschalierung in Anspruch nehmen, sind von ihren Aufzeichnungspflichten befreit (§ 66 a UStDV). **813**

i) Kleinunternehmer

(1) Freigrenze

Nach § 19 UStG wird die Umsatzsteuer nicht erhoben, wenn im vorangegangenen Kalenderjahr die Freigrenze von 25 000 DM nicht überschritten wurde. Die Anwendung des § 19 Abs. 1 UStG ist davon abhängig, daß der Umsatz des Unternehmers zuzüglich der darauf entfallenden Steuer **814**
1. im vorangegangenen Kalenderjahr 25 000 DM nicht überstiegen hat und
2. im laufenden Kalenderjahr 100 000 DM voraussichtlich nicht übersteigen wird.

Beide Voraussetzungen müssen gemeinsam erfüllt sein.

Bei der Ermittlung der maßgebenden Grenzwerte von 25 000 DM und 100 000 DM ist jeweils vom Gesamtumsatz (vgl. Tz. 819 ff.) auszugehen. Der Gesamtumsatz ist hier jedoch stets nach vereinnahmten Entgelten zu berechnen. **815**

Bei der Grenze von 100 000 DM kommt es darauf an, ob der Unternehmer diese Bemessungsgröße voraussichtlich nicht überschreiten wird. Maßgebend sind die Verhältnisse zu Beginn des laufenden Kalenderjahres. Ist danach ein voraussichtlicher Umsatz zuzüglich der Steuer von nicht mehr als 100 000 DM zu erwarten, so ist dieser Betrag auch dann maßgebend, wenn der tatsächliche Umsatz zuzüglich der Steuer im Laufe des Kalenderjahres die Grenze von 100 000 DM überschreitet (vgl. Abschn. 246 Abs. 3 UStR). Der Unternehmer hat dem Finanzamt auf Verlangen die Verhältnisse darzulegen, aus denen sich ergibt, wie hoch der Umsatz des laufenden Kalenderjahres voraussichtlich sein wird. **816**

Unternehmer, bei denen wegen Nichtüberschreitens der Freigrenze Umsatzsteuer nicht erhoben wird, sind nicht berechtigt, die Steuer für ihre Umsätze in der Rechnung gesondert auszuweisen, ferner ist für diese Unternehmer die Anwendung der Vorschriften über den Vorsteuerabzug ausgeschlossen. **817**

(2) Verzicht auf Steuerbefreiung

Der Unternehmer kann nach § 19 Abs. 2 UStG dem Finanzamt erklären, daß er auf die Steuerfreiheit für Kleinunternehmer verzichtet. Die Steuerfreiheit kann nämlich insbesondere wegen des damit verbundenen Vorsteuerab- **818** zugsverbots in bestimmten Fällen zu wirtschaftlichen Nachteilen führen. Hat der Unternehmer verzichtet, dann unterliegt er der Besteuerung nach den allgemeinen Vorschriften des Umsatzsteuergesetzes. Die Verzichtserklärung kann bis zum Eintritt der Unanfechtbarkeit der Steuerfestsetzung des entsprechenden Kalenderjahres abgegeben werden. Ist eine Verzichtserklärung wirksam abgegeben worden, ist der Unternehmer an diese Erklärung mindestens fünf Kalenderjahre gebunden.

(3) Gesamtumsatz

819 Bei der Ermittlung des Gesamtumsatzes im Sinne des § 19 Abs. 3 UStG ist von der Summe der steuerbaren Umsätze (z. B. Lieferungen, sonstige Leistungen, Eigenverbrauch) auszugehen. Von den steuerbaren Umsätzen sind (abgesehen von wenigen Ausnahmen, die für Vereine kaum eine Rolle spielen) abzuziehen die steuerfreien Umsätze, die mit einem Vorsteuerabzugsverbot gekoppelt sind.

820 Nicht zum Gesamtumsatz gehören vor allem die nicht steuerbaren Umsätze, also für Vereine insbesondere die echten Mitgliederbeiträge und die Spenden.

821 *Beispiel:*

Ein Turnverein hat folgende Einnahmen:

– Mitgliederbeiträge	20 000 DM
– Spenden	8 000 DM
– Einnahmen aus Schauturnveranstaltungen	32 000 DM
– Einnahmen aus geselligen Veranstaltungen	28 000 DM
– Einnahmen aus Verpachung	12 000 DM
– Einnahmen insgesamt	100 000 DM

Von den Einnahmen sind die Mitgliederbeiträge und Spenden nicht steuerbar und die Pachtzinsen sind steuerfrei.

Mithin verbleibt ein Gesamtumsatz von 60 000 DM

822 Beginnt oder endet die unternehmerische Tätigkeit im Laufe eines Kalendermonats, so ist der tatsächliche Gesamtumsatz in einen Jahresgesamtumsatz umzurechnen. Angefangene Kalendermonate sind bei der Umrechnung als volle Kalendermonate zu behandeln. Führt die Umrechnung nach Tagen zu einem niedrigeren Jahresgesamtumsatz, so ist sie anstelle der Umrechnung nach Kalendermonaten vorzunehmen.

j) Technische Vorschriften

(1) Aufzeichnungen

823 Jeder Unternehmer – also auch jeder umsatzsteuerpflichtige Verein – ist zur Aufzeichnung der steuerbaren Umsätze verpflichtet. Aus den Aufzeichnungen müssen ersichtlich sein die vereinbarten bzw. vereinnahmten Entgelte

für die vom Unternehmer ausgeführten Lieferungen und sonstigen Leistungen (§ 22 Abs. 2 Nr. 1 UStG). Ferner muß ersichtlich sein, wie sich die Entgelte auf steuerfreie und steuerpflichtige Umsätze und wie sich die steuerpflichtigen Umsätze wiederum auf die einzelnen Steuersätze verteilen. Entgelt ist der Preis ohne Umsatzsteuer. Der Unternehmer hat aber auch die von ihm für seine Umsätze geschuldeten Steuerbeträge aufzuzeichnen (§ 63 Abs. 3 UStDV). Der Unternehmer kann die Aufzeichnungspflicht für Lieferungen und sonstige Leistungen auch in der Weise erfüllen, daß er Entgelt und Steuerbetrag in einer Summe anstelle des Entgelts aufzeichnet (§ 63 Abs. 4 UStDV). Der Unternehmer muß aber dann spätestens zum Schluß jedes Voranmeldungszeitraums die Bruttobeträge trennen und die Summe der Entgelte sowie die darauf entfallenden Steuerbeträge errechnen und aufzeichnen.

Aus den Aufzeichnungen müssen auch ersichtlich sein die Entgelte für steu- 824
erpflichtige Lieferungen und sonstige Leistungen, die an den Unternehmer für sein Unternehmen ausgeführt worden sind, und die auf diese Umsätze entfallende Steuer (§ 22 Abs. 5 Nr. 5 UStG). Dieser Vorschrift entspricht der gesonderte Steuerausweis auf den Rechnungen. Der Unternehmer kann die Aufzeichnungspflicht für empfangene Umsätze aber auch in der Weise erfüllen, daß er Entgelt und Steuerbetrag in einer Summe aufzeichnet, jedoch müssen dann die Bruttobeträge nach den in den Eingangsrechnungen angewandten Steuersätzen getrennt werden (§ 63 Abs. 6 UStDV). Spätestens zum Schluß jedes Voranmeldungszeitraums hat der Unternehmer dann aus der Summe der Bruttobeträge die Summe der Entgelte und die Summe der Steuerbeträge zu errechnen und getrennt aufzuzeichnen.

Kleinere Vereine, die von der Vorsteuerpauschalierung (§ 23 a UStG) 825
Gebrauch machen, sind von der Aufzeichnung der Vorsteuern befreit (§ 66 a UStDV).

Kleinere Vereine, die von der Steuerfreiheit für Kleinunternehmer Gebrauch 826
machen, brauchen anstelle der sonst üblichen Aufzeichnungspflichten nur die vereinnahmten Entgelte für die von ihnen ausgeführten Lieferungen und sonstigen Leistungen sowie ggf. den Eigenverbrauch aufzuzeichnen (§ 65 UStDV).

(2) Voranmeldung und Vorauszahlung

Der Veranlagungszeitraum für die Umsatzsteuer ist in mehrere Voranmel- 827
dungszeiträume aufgeteilt. Voranmeldungszeitraum ist nach § 18 Abs. 2 UStG in der Regel der Kalendermonat, für kleinere Unternehmer das Kalendervierteljahr. Hat die Steuerschuld für das vorangegangene Kalenderjahr weniger als 6000 DM betragen, so gilt das Kalendervierteljahr als Voranmeldungszeitraum, auf Antrag des Unternehmers kann aber das Finanzamt gestatten, daß anstelle des Kalendervierteljahres auch hier der Kalendermonat als Vorauszahlungszeitraum gilt.

Binnen zehn Tagen nach Ablauf eines jeden Voranmeldungszeitraums 828
(Kalendermonat oder Kalendervierteljahr) muß der Unternehmer eine Voranmeldung nach amtlichem Muster abgeben, worin die Steuer für den Voranmeldungszeitraum d. h. die Vorauszahlung selbst berechnet ist. Das Finanzamt kann einen Unternehmer von der Verpflichtung zur Abgabe von

Voranmeldungen ganz entbinden, wenn zu erwarten ist, daß die Steuerschuld für das laufende Kalenderjahr den Betrag von 600 DM nicht übersteigt. Insbesondere durch den Vorsteuerabzug kann sich in der Voranmeldung zugunsten des Steuerpflichtigen auch ein Überschuß ergeben.

829 Bei nicht entschuldbarer verspäteter Abgabe oder Nichtabgabe der Voranmeldung kann das Finanzamt nach § 152 Abs. 2 AO einen Zuschlag in Höhe von bis zu 10 v.H. der endgültig festgesetzten Steuer, höchstens jedoch in Höhe von 10 000 DM festsetzen. Bei einer Verspätung von höchstens fünf Tagen ist aber grundsätzlich von der Festsetzung eines Verspätungszuschlages abzusehen (vgl. AEAO zu § 152), jedoch gilt dies nicht in Mißbrauchsfällen.

830 Gleichzeitig mit der Abgabe der Voranmeldung ist die darin ausgewiesene, vom Steuerpflichtigen selbst berechnete Vorauszahlung zu entrichten. Die Vorauszahlungen sind jeweils am zehnten Tag des folgenden Kalendermonats nach Ablauf des Voranmeldungszeitraums zu entrichten. Bei einer Verspätung von Vorauszahlungen bis zu höchstens fünf Tagen wird auf die Erhebung eines Säumniszuschlages wegen verspäteter Zahlung verzichtet (§ 240 Abs. 3 AO).

(3) Veranlagung

831 Veranlagungszeitraum ist nach § 16 UStG grundsätzlich das Kalenderjahr. Das gilt auch dann, wenn bei einem Unternehmer das Wirtschaftsjahr vom Kalenderjahr abweicht. Hat ein Unternehmer seine gewerbliche oder berufliche Tätigkeit nur in einem Teil des Kalenderjahres ausgeübt, so tritt als Veranlagungszeitraum dieser Teil an die Stelle des Kalenderjahres.

832 Durch die Ausgestaltung der Umsatzsteuer als Jahresveranlagungssteuer ist bei der endgültigen Berechnung der Umsatzsteuerschuld grundsätzlich von dem innerhalb des Veranlagungszeitraums von einem Unternehmer im Inland im Rahmen seines Unternehmens ausgeführten Lieferungen und sonstigen Leistungen sowie vom Eigenverbrauch auszugehen; hinzurechnen sind noch etwaige zu hoch oder unberechtigt ausgewiesene Steuerbeträge, abzuziehen sind die im gleichen Veranlagungszeitraum angefallenen und abziehbaren Vorsteuerbeträge. Das Ergebnis dieses Rechenvorgangs ist die Jahressteuerschuld oder der Jahreserstattungsanspruch.

833 Nach Ablauf des Veranlagungszeitraums wird der Unternehmer zur Umsatzsteuer veranlagt (§ 18 Abs. 1 UStG). Der Unternehmer hat zum Zwecke der Umsatzsteuer-Veranlagung eine Steuererklärung auf einem amtlichen Vordruck abzugeben sowie die Steuer selbst zu berechnen. Die Umsatzsteuer ist aufgrund dieses Verfahrens eine sog. Selbstveranlagungssteuer. Aufgrund der Veranlagung ergibt sich die eventuell noch zu leistende Abschlußzahlung oder der Erstattungsanspruch.

834 Übersteigt die vom Unternehmer für den Veranlagungszeitraum selbst berechnete Steuer die Summe der von ihm für den Veranlagungszeitraum entrichteten Vorauszahlungen, so ist der Unterschiedsbetrag binnen einem Monat nach Abgabe der Steuererklärung vom Unternehmer ohne Aufforderung des Finanzamts zu entrichten (§ 18 Abs. 4 UStG). Wird vom Finanzamt bei der Veranlagung die Steuer höher festgesetzt, als sie vom Unternehmer in seiner Erklärung berechnet war, dann ist dieser Unterschiedsbetrag binnen einem Monat nach Bekanntgabe des Steuerbescheides zu entrichten. Ergibt sich durch die Veranlagung ein Überschuß zugunsten des Unternehmers, so wird ein solcher Überschuß nach Durchführung der Veranlagung an den Unternehmer zurückgezahlt.

6. Die Lohnsteuer

Der Steuerabzug vom Arbeitslohn, die Lohnsteuer, ist ein besonderes Ver- 835
fahren der Erhebung der Einkommensteuer bei den Einkünften aus nichtselbständiger Arbeit. Die Lohnsteuer ist die Einkommensteuer der Arbeitnehmer. Die Lohnsteuer ist also keine Sondersteuer, sondern lediglich eine besondere Erhebungsform der Einkommensteuer für eine ganz bestimmte Einkunftsart, nämlich der Einkünfte aus nichtselbständiger Arbeit. Wegen der großen praktischen Bedeutung des Steuerabzugs bei den Einkünften aus nichtselbständiger Arbeit hat die Lohnsteuer eine gewisse Eigenständigkeit entwickelt, die eine besondere Darstellung rechtfertigt.

Rechtsgrundlagen für den Steuerabzug vom Arbeitslohn sind die §§ 38 bis 836
42 f des Einkommensteuergesetzes (EStG) in Verbindung mit der Lohnsteuer-Durchführungsverordnung (LStDV).

a) Arbeitnehmer

(1) Begriffe

Dem Steuerabzug vom Arbeitslohn unterliegen die Einnahmen der Arbeit- 837
nehmer, die ihnen aus einem oder mehreren Dienstverhältnissen zufließen. Vereine sind juristische Personen und können deshalb niemals Arbeitnehmer sein. Vereine können aber Arbeitgeber sein und für solche Vereine ist die richtige Kenntnis der Lohnsteuervorschriften notwendig. Arbeitgeber ist derjenige, dem der Arbeitnehmer die Arbeitsleistung schuldet, unter dessen Leitung er tätig wird und dessen Weisungen er zu folgen hat.

Arbeitnehmer sind Personen, die in öffentlichem oder privatem Dienst 838
angestellt oder beschäftigt sind oder waren und die aus diesem Dienstverhältnis Arbeitslohn beziehen (§ 1 Abs. 1 LStDV). Arbeitnehmer sind auch die Rechtsnachfolger dieser Personen, soweit sie Arbeitslohn aus dem früheren Dienstverhältnis ihres Rechtsvorgängers beziehen. Ein Dienstverhältnis liegt vor, wenn der Arbeitnehmer dem Arbeitgeber seine Arbeitskraft schuldet. Dies ist der Fall, wenn die tätige Person in der Betätigung ihres geschäftlichen Willens unter der Leitung des Arbeitgebers steht oder im geschäftlichen Organismus des Arbeitgebers dessen Weisungen zu folgen verpflichtet ist (§ 1 Abs. 2 LStDV).

Die Arbeitskraft wird auf Grund eines Dienstvertrages geschuldet. Auf die 839
Dauer der Tätigkeit kommt es ebensowenig an wie auf die Höhe der Vergütung. Entscheidend ist die Weisungsgebundenheit des Arbeitnehmers und seine Eingliederung in den geschäftlichen Organismus des Arbeitgebers. Die Frage, ob jemand Arbeitnehmer ist, beurteilt sich nach dem Gesamtbild des zwischen den Beteiligten bestehenden Verhältnisses.

(2) Einzelfälle

840 *Einzelfälle für das Vorliegen von Arbeitsverhältnissen unter besonderer Berücksichtigung der Vereinspraxis:*

(1) Arzt: Der im Krankenhaus eines Vereins angestellte Arzt ist Arbeitnehmer. Falls der Arzt gleichzeitig eine freiberufliche Tätigkeit entfaltet, ist er dennoch im Rahmen der in seinem Anstellungsvertrag festgelegten Tätigkeit ein Arbeitnehmer.

(2) Büfettier: Arbeitnehmer ist der auf Grund eines Dienstvertrages von einem Verein angestellte Leiter des Vereinslokals, auch wenn der Büfettier eine Umsatzbeteiligung erhält (vgl. BFH-Urteil vom 31. 1. 1963 – BStBl. III S. 230). Zur Frage, wann ein Gaststättenleiter Unternehmer oder Angestellter ist, vgl. BFH-Urteil vom 6. 12. 1956 (BStBl. 1957 III S. 42).

(3) Ehrenamtliche Helfer von Wohlfahrtsverbänden, die Kinder und Jugendliche auf Ferienreisen betreuen, sind Arbeitnehmer (BFH-Urteil vom 28. 2. 1975 – BStBl. 1976 II S. 134).

(4) Fußballspieler: Nicht nach dem Bundesligastatut spielende Spieler sind zwar Mitglieder des Vereins, sie werden jedoch steuerlich insoweit als Arbeitnehmer angesehen, als ihre Tätigkeit für den Verein nach den Statuten des Deutschen Fußballbundes vergütungsfähig ist und auch tatsächlich vergütet wird. Lizenzspieler von Bundesliga-Vereinen sind regelmäßig nicht Mitglieder des Vereins, sondern deren Angestellte, d. h. Arbeitnehmer.

(5) Fußballtrainer: Von einem Verein für eine bestimmte Zeit vertraglich verpflichtete Fußballtrainer sind Arbeitnehmer.

(6) Geschäftsführer: Von einem Verein oder Verband angestellte Geschäftsführer sind Arbeitnehmer. Das gilt auch dann, wenn der angestellte Geschäftsführer z. B. als Rechtsanwalt gleichzeitig freiberuflich tätig ist.

(7) Jugendhilfe: Personen, die für die Betreuung von Kindern und Jugendlichen z. B. in Heimen, Lagern, bei Wanderungen und Fahrten, auf Spielplätzen sowie in Kinder- und Jugendsonderzügen angestellt sind, sind Arbeitnehmer der veranstaltenden Einrichtungen (vgl. StEK LStDV § 1 Nr. 19 a).

(8) Musiker: Musiker und andere Unterhaltungskünstler, die für einen Verein tätig werden, sind nach ständiger BFH-Rechtsprechung regelmäßig nichtselbständig (vgl. BdF-Schreiben vom 27. 6. 1975 – BStBl. I S. 923). Der Verein als Veranstalter ist für die Einbehaltung und Abführung der Lohnsteuer verantwortlich.

(9) Platzkassierer: Nach dem BFH-Urteil vom 25. 10. 1957 (BStBl. 1958 III S. 15) sind Platzkassierer im Rahmen dieser Tätigkeit regelmäßig Arbeitnehmer des Vereins, auch wenn sie Vereinsmitglieder sind.

(10) Vereinsvorsitzender: Erhält der Vereinsvorsitzende eine nicht nur geringe Vergütung und beansprucht die Erledigung der Vereinsgeschäfte einen größeren Arbeitsaufwand, so kann der Vereinsvorsitzende insoweit Arbeitnehmer des Vereins sein (vgl. *Hartz/Meeßen/Wolf*, Lohnsteuer-ABC).

(11) Vorstand: Bezüge des geschäftsführenden Vorstandes einer rechtsfähigen Stiftung – auch eines rechtsfähigen Vereins – gehören regelmäßig

zu den Einkünften aus nichtselbständiger Arbeit (BFH-Urteil vom 31. 1. 1975 – BStBl. II S. 358).

Personen, die bezüglich ihrer Tätigkeit nicht an Weisungen anderer natürlicher oder juristischer Personen gebunden sind, sind keine Arbeitnehmer. Kein Arbeitnehmer ist, wer im wesentlichen auf eigenes Risiko handelt, die Arbeitsweise und die Arbeitszeit selbständig festlegt und keiner ständigen Dienstaufsicht unterliegt.

Einzelfälle für das Nichtvorliegen von Arbeitsverhältnissen unter besonderer Berücksichtigung der Vereinspraxis: **841**

(1) Amateursportler: Zwischen einem Sportverein und seinen aktiven Amateursportlern bestehen keine Arbeitsverhältnisse, auch wenn den Sportlern (unregelmäßige) Zuschüsse zu den ihnen entstehneden Aufwendungen bei Sportveranstaltungen usw. gezahlt werden (FG Rheinland-Pfalz, Urteil vom 10. 3. 1986 – EFG S. 494 und FG Köln, Urteil vom 1. 4. 1987 – EFG S. 524).

(2) Gesangverein: Der Dirigent eines Gesangvereins ist gewöhnlich nicht dessen Arbeitnehmer (vgl. *Hartz/Meeßen/Wolf*, Lohnsteuer-ABC mit RFH-Zitat). Chor- und Kapellenleiter bei Gesang- und Musikvereinen, die für mehrere Vereine tätig sind und die sich ihre Tätigkeit in der Art eines Freiberuflers einrichten können, sind keine Arbeitnehmer des Vereins (FinMin Rhld.-Pf.).

(3) Jugendhilfe: Personen, die eine nicht weisungsgebundene Beratungstätigkeit oder Vortrags- und Lehrtätigkeit im Rahmen der Jugendhilfe ausüben, sind nicht Arbeitnehmer (vgl. StEK LStDV § 1 Nr. 19 b).

(4) Ordensangehörige: Von der Finanzverwaltung (vgl. StEK EStG § 19 Nr. 115) wird die Auffassung vertreten, daß grundsätzlich zwischen einem Mitglied eines katholischen Ordens oder dem Mitglied einer evangelischen Gemeinschaft (z. B. einer Diakonissin) einerseits und dem Orden bzw. der evangelischen Gemeinschaft (z. B. Diakonieverband, Diakonissenanstalt) andererseits ein Dienstverhältnis im steuerlichen Sinn nicht besteht. Dies gilt auch dann, wenn das Mitglied des Ordens oder der evangelischen Gemeinschaft im Rahmen eines mit einem Dritten (Behörde) abgeschlossenen Gestellungsvertrags zur Dienstleistung auf einer Außenstation (Schule, Krankenhaus, Kindergarten oder dgl.) verpflichtet ist. Auch die Tatsache, daß ein Ordensmitglied im Rahmen eines von einem Orden betriebenen wirtschaftlichen Geschäftsbetriebs (Land- und Forstwirtschaft, Brennerei, Verlag) tätig ist und die für das Ordensmitglied aufgewandten Unterhaltsleistungen bei der Gewinnermittlung des wirtschaftlichen Geschäftsbetriebs als Betriebsausgaben abgezogen werden, führt nicht dazu, ein Dienstverhältnis zwischen dem Ordensangehörigen und dem Orden anzunehmen. Das Entsprechende gilt für den von einer evangelischen Gemeinschaft betriebenen wirtschaftlichen Geschäftsbetrieb. Etwas anderes kann sich nur dann ergeben, wenn ausdrücklich ein Dienstverhältnis vereinbart wird.

(5) Sportvereine: Berufstrainer, die für mehrere Vereine tätig sind und die sich ihre Tätigkeit in der Art eines Freiberuflers einrichten können, sind nicht Arbeitnehmer des Vereins (FinMin Rhld.–Pf.).

(6) Turnvereine: Berufstrainer, die für mehrere Vereine tätig sind und die

sich ihre Tätigkeit in der Arbeit eines Freiberuflers einrichten können, sind nicht Arbeitnehmer des Vereins (FinMin Rhld.-Pf.).

842 Arbeitnehmer, die im Inland einen Wohnsitz oder ihren gewöhnlichen Aufenthalt haben, sind unbeschränkt lohnsteuerpflichtig. Arbeitnehmer, die im Inland weder einen Wohnsitz noch den gewöhnlichen Aufenthalt haben, unterliegen der beschränkten Steuerpflicht, wenn die nichtselbständige Arbeit im Inland ausgeübt oder verwertet wird.

(3) Übungsleiter, Ausbilder, Erzieher

843 Nach § 3 Nr. 26 EStG sind Aufwandsentschädigungen für nebenberufliche Tätigkeiten als Übungsleiter, Ausbilder, Erzieher oder für eine vergleichbare nebenberufliche Tätigkeit oder für die nebenberufliche Pflege alter, kranker oder behinderter Menschen bis zur Höhe von insgesamt 2400 DM im Jahr steuerfrei. Voraussetzung ist, daß die Tätigkeiten der Förderung gemeinnütziger, mildtätiger oder kirchlicher Zwecke im Dienste oder Auftrag einer entsprechenden Einrichtung, d. h. insbesondere eines als gemeinnützig anerkannten Vereins dienen. Diese Nebentätigkeiten können sowohl selbständig als auch nichtselbständig ausgeübt werden. Vgl. hierzu auch BdF-Schreiben vom 19. 6. 1981 (BStBl. I S. 502) und *Scholtz,* DStR 1981 S. 613.

844 Unter einer Tätigkeit als Übungsleiter, Ausbilder oder Erzieher ist beispielsweise zu verstehen die Tätigkeit eines Sporttrainers, die Tätigkeit eines Chorleiters oder Dirigenten, die Lehr- und Vortragstätigkeit im Rahmen der allgemeinen Bildung und Ausbildung oder der beruflichen Ausbildung und Fortbildung.

845 Wird die Tätigkeit im Rahmen der Erfüllung der Satzungszwecke einer juristischen Person ausgeübt, die wegen Verfolgung gemeinnütziger, mildtätiger oder kirchlicher Zwecke steuerbegünstigt ist, so kann im allgemeinen davon ausgegangen werden, daß die Tätigkeit ebenfalls der Förderung dieser steuerbegünstigten Zwecke dient. Dies gilt auch dann, wenn die nebenberufliche Tätigkeit in einem sog. Zweckbetrieb im Sinne der §§ 65–68 AO ausgeübt wird (z. B. nebenberuflicher Übungsleiter bei sportlichen Veranstaltungen nach § 68 Nr. 7 AO, nebenberuflicher Erzieher in einer Einrichtung der Fürsorgeerziehung oder der freiwilligen Erziehungshilfe nach § 68 Nr. 5 AO).

846 Wird die nebenberufliche Tätigkeit in einem Dienstverhältnis ausgeübt, kann beim Lohnsteuerabzug der Höchstbetrag der Aufwandsentschädigung von 2400 DM voll berücksichtigt werden; eine dem Lohnzahlungszeitraum entsprechende zeitanteilige Aufteilung ist nicht erforderlich, selbst wenn feststeht, daß das Dienstverhältnis nicht bis zum Ende des Kalenderjahres besteht. Der allgemeine Arbeitnehmer-Pauschbetrag (§ 9 a EStG) in Höhe von 2000 DM ist neben dem Freibetrag von 2400 DM bei den den Freibetrag übersteigenden steuerpflichtigen Einnahmen aus der nebenberuflichen Ausbildertätigkeit zu berücksichtigen (vgl. Niedersächsisches FG, Urteil vom 23. 10. 1986 – EFG 1987 S. 339).

847 Um sicherzustellen, daß die Steuerbefreiung nicht mehrfach in Anspruch

genommen wird, hat der Arbeitgeber sich von dem Arbeitnehmer schriftlich bestätigen zu lassen, daß die Steuerbefreiung nicht bereits in einem anderen Dienst- oder Auftragsverhältnis berücksichtigt worden ist oder berücksichtigt wird. Diese Erklärung ist zum Lohnkonto zu nehmen.

Übersteigen die Einnahmen die Aufwandsentschädigung von 2400 DM **848** oder die nachgewiesenen höheren Aufwendungen, so unterliegen sie – falls sie nicht nach anderen Vorschriften steuerfrei sind – insoweit der Einkommensteuer bzw. dem normalen Lohnsteuerabzug. Bei der Pauschalierung der Lohnsteuer nach § 40 a EStG (vgl. Tz. 861 ff.) bleibt die steuerfreie Aufwandsentschädigung nach § 3 Nr. 26 EStG sowohl für die Feststellung, ob die in § 40 a EStG bezeichneten Grenzen eingehalten sind, als auch für die Lohnsteuererhebung außer Betracht.

Der Freibetrag wird nur für eine nebenberufliche Tätigkeit gewährt. Der **849** Begriff der nebenberuflichen Tätigkeit setzt die Ausübung eines Hauptberufs voraus. Der Hauptberuf muß jedoch nicht mit der Erzielung von Einkünften verbunden sein, wie z. B. bei einem Studenten (vgl. FG Saarland, Urteil vom 23. 9. 1983 – EFG 1984 S. 110). Der Steuerfreibetrag von 2400 DM ist bei Vorliegen der sonstigen Voraussetzungen auch dann zu gewähren, wenn die Einkünfte aus der nebenberuflichen Tätigkeit der Bestreitung des Lebensunterhalts dienen.

b) Arbeitslohn

Zum Arbeitslohn im Sinne des Lohnsteuerrechts gehören alle Einnahmen, **850** die einem Arbeitnehmer aus einem gegenwärtigen oder früheren Dienstverhältnis zufließen. Einnahmen sind alle Güter, die in Geld oder Geldeswert bestehen. Es ist gleichgültig, ob es sich um einmalige oder laufende Einnahmen handelt, ob ein Rechtsanspruch auf sie besteht und unter welcher Bezeichnung oder in welcher Form sie gewährt werden. Arbeitslohn ist also nicht nur der vertraglich vereinbarte Lohn bzw. das vertraglich vereinbarte Gehalt, sondern alles, was im Rahmen des Dienstverhältnisses dem Arbeitnehmer zufließt. Die Bezeichnung der Vorteile ist unerheblich, entscheidend ist stets die wirtschaftliche Bedeutung der Gegenleistung im Rahmen des Dienstverhältnisses.

Zum Arbeitslohn gehören insbesondere (§ 19 EStG und § 2 LStDV): **851**
a) Gehälter, Löhne, Provisionen, Gratifikationen, Tantiemen und andere Bezüge und Vorteile aus einem Dienstverhältnis;
b) Wartegelder, Ruhegelder, Witwen- und Waisengelder und andere Bezüge und Vorteile für eine frühere Dienstleistung, gleichgültig, ob sie dem zunächst Bezugsberechtigten oder seinem Rechtsnachfolger zufließen;
c) besondere Zuwendungen, die auf Grund des Dienstverhältnisses oder eines früheren Dienstverhältnisses gewährt werden;
d) zusätzliche Entlohnung für Überstunden, Sonntagsarbeit usw.;
e) Lohnzuschläge, die wegen der Besonderheit der Arbeit gewährt werden;
f) Entschädigungen für Nebenämter und Nebenbeschäftigungen im Rahmen eines Dienstverhältnisses.

Zu den Gütern, die in Geldeswert bestehen, gehört insbesondere der Bezug **852** von freier Kleidung, freier Wohnung, Heizung, Beleuchtung, Kost, Deputaten und anderen Sachbezügen, die aus einem Dienstverhältnis gewährt werden (§ 8 EStG). Der Wert von bestimmten, in der Praxis häufiger vorkommenden Sachbezügen wird regelmäßig allgemein verbindlich festgestellt und bekanntgegeben.

853 Grundsätzlich ist Arbeitslohn alles das, was einem Arbeitnehmer auf Grund des Arbeitsvertrags vom Arbeitgeber für die Zurverfügungstellung der Arbeitskraft als Gegenleistung gewährt wird.

854 Nicht zum steuerpflichtigen Arbeitslohn gehören insbesondere:

a) Erstattungen von Reisekosten und Umzugskosten, soweit sie die tatsächlichen Mehraufwendungen nicht übersteigen oder soweit sie im Rahmen bestimmter Pauschsätze gewährt werden (§ 3 Nr. 16 EStG);
b) Beträge, die der Arbeitnehmer vom Arbeitgeber erhält, um sie für ihn auszugeben – sog. durchlaufende Gelder –, und die Beträge, durch die Auslagen des Arbeitnehmers für den Arbeitgeber ersetzt werden – sog. Auslagenersatz – (§ 3 Nr. 50 EStG);
c) Trinkgelder, die dem Arbeitnehmer von Dritten gezahlt werden, ohne daß ein Rechtsanspruch hierauf besteht, soweit sie 2400 DM im Kalenderjahr nicht übersteigen (§ 3 Nr. 51 EStG);
d) Jubiläumsgeschenke des Arbeitgebers an seine Arbeitnehmer anläßlich eines Arbeitnehmerjubiläums und Jubiläumsgeschenke des Arbeitgebers an seine Arbeitnehmer aus Anlaß eines Firmenjubiläums, jedoch nur aus Anlaß bestimmter Jubiläen und innerhalb bestimmter Höchstgrenzen (§ 3 LStDV);
e) Abfindungen wegen einer vom Arbeitgeber veranlaßten oder gerichtlich ausgesprochenen Auflösung des Dienstverhältnisses bis zu bestimmten Höchstgrenzen (§ 3 Nr. 9 EStG);
f) Heiratsbeihilfen und Geburtsbeihilfen, die vom Arbeitgeber an seine Arbeitnehmer gezahlt werden, jedoch jeweils nur bis 700 DM (§ 3 Nr. 15 EStG);
g) Aufwendungsersatz bis zu 8,– DM bei Spielen und Trainingsveranstaltungen am Ort und bis zu 24,– DM bei auswärtigen Veranstaltungen für Amateur-Fußballspieler, sofern den Spielern tatsächlich Aufwendungen entstehen (vgl. StEK EStG § 3 Nr. 265).

855 Von Versorgungsbezügen bleibt ein Betrag in Höhe von 40 v.H. dieser Bezüge, höchstens jedoch insgesamt ein Betrag von 4800 DM im Kalenderjahr, steuerfrei (§ 19 Abs. 2 EStG). Versorgungsbezüge sind Bezüge und Vorteile aus früheren Dienstleistungen, die entweder als Ruhegehalt, Witwen- oder Waisengeld, Unterhaltsbeitrag oder als gleichartiger Bezug oder die in anderen Fällen wegen Erreichens einer Altersgrenze, Berufsunfähigkeit, Erwerbsunfähigkeit, oder als Hinterbliebenenbezüge gewährt werden.

856 Werden sog. Siegerprämien oder Verliererprämien von Dritten an als Arbeitnehmer eines Vereins tätige Lizenzfußballspieler zur Beeinflussung eines Spielausgangs gezahlt, so sind diese grundsätzlich steuerpflichtig; ob es sich hierbei um Einkünfte aus nichtselbständiger Arbeit oder um sonstige Einkünfte handelt, hängt vom Einzelfall ab (vgl. FG Berlin, Urteil vom 25. 11. 1977 – EFG 1978 S. 280).

Streikunterstützungen, die eine Gewerkschaft an ihre streikenden Mitglieder zahlt, gehören zu den Entschädigungen i.S. von § 24 Nr. 1 a EStG und sind damit grundsätzlich steuerpflichtig (vgl. BFH-Urteile vom 30. 10. 1970 – BStBl. 1971 S. 138 und vom 30. 3. 1982 – BStBl. II S. 552). Seitens der auszahlenden Gewerkschaft ist aber keine Lohnsteuer einzubehalten, die steuerliche Erfassung der Streikunterstützungen erfolgt im Wege der Veranlagung der Arbeitnehmer zur Einkommensteuer. 857

c) Steuerabzug

Der Lohnsteuer unterliegen die laufenden und einmaligen Bezüge der Arbeitnehmer. Bei den Einkünften aus nichtselbständiger Arbeit wird die Einkommensteuer durch Abzug vom Arbeitslohn erhoben (§ 38 EStG). Verpflichtet zur Einbehaltung und Abführung der Lohnsteuer ist der Arbeitgeber. Die Gesetzesvorschrift, wonach die Arbeitgeber zur Mitwirkung bei der Erhebung der Lohnsteuer ihrer Arbeitnehmer verpflichtet sind, verstößt nicht gegen das Grundgesetz (BFH-Urteil vom 5. 7. 1963 – BStBl. III S. 468). 858

Bei der Berechnung, Einbehaltung und Abführung der Lohnsteuer wird der Arbeitgeber als Hilfsorgan des Finanzamts tätig. Maßgebende Unterlage für diese Tätigkeit des Arbeitgebers ist die ihm von jedem Arbeitnehmer vorzulegende Lohnsteuerkarte. Aus der Lohnsteuerkarte kann der Arbeitgeber die für die Steuerpflicht des Arbeitnehmers wesentlichen Angaben entnehmen, wie Familienstand und Alter des Arbeitnehmers, Zahl der berücksichtigungsfähigen Kinder und etwaige steuerfreie Beträge, die bei der Berechnung der Lohnsteuer zu berücksichtigen sind. Für das Lohnsteuerabzugsverfahren gilt der Grundsatz der Maßgeblichkeit der Lohnsteuerkarte, d. h. der Arbeitgeber kann sich grundsätzlich auf die Eintragungen auf der Lohnsteuerkarte verlassen. Der Arbeitgeber muß bei der Berechnung der Lohnsteuer und bei der Anwendung der Lohnsteuertabelle die Eintragungen auf der Lohnsteuerkarte als richtig unterstellen. 859

Die Berechnung der vom Arbeitnehmer zu zahlenden Lohnsteuer wird vom Arbeitgeber nach den betriebsüblichen Lohnabrechnungszeiträumen mit Hilfe von Lohnsteuertabellen vorgenommen. Grundlage aller Lohnsteuertabellen ist die dem Einkommensteuergesetz als Anlage beigefügte Einkommensteuertabelle. Aus dieser Einkommensteuertabelle wird zunächst die Jahreslohnsteuertabelle entwickelt und bekannt gemacht. Die Jahreslohnsteuertabelle enthält bereits alle Merkmale der weiteren Lohnsteuertabellen, d. h. in ihr sind Steuerklassen gebildet und alle allgemein in Betracht kommenden Freibeträge eingearbeitet. Aus der Jahreslohnsteuertabelle werden entsprechend den allgemein üblichen Lohnzahlungszeiträumen die Lohnsteuertabellen für monatliche, wöchentliche und tägliche Lohnzahlungen abgeleitet. Sind auf der Lohnsteuerkarte besondere Freibeträge eingetragen, so ist vor Anwendung der Lohnsteuertabelle der Bruttolohn um diese Freibeträge zu kürzen. 860

d) Aushilfskräfte

Oft werden Arbeitnehmer nur gelegentlich (z. B. bei Veranstaltungen) oder nur in geringem Umfang (z. B. nur wenige Stunden täglich) und gegen 861 geringen Arbeitslohn beschäftigt. Zur Vereinfachung des Lohnsteuerabzugsverfahrens kann in solchen Fällen die Lohnsteuer pauschaliert werden (§ 40 a EStG), die Arbeitnehmer brauchen dann keine Lohnsteuerkarte vorzulegen.

(1) Kurzfristige Beschäftigung

862 Werden Arbeitnehmer kurzfristig beschäftigt, so kann der Arbeitgeber die Lohnsteuer nach einem besonderen Pauschsteuersatz erheben (§ 40 a Abs. 1 EStG). Eine kurzfristige Beschäftigung ist anzunehmen, wenn es sich nur um eine gelegentliche, nicht regelmäßig wiederkehrende Tätigkeit handelt, die über 18 zusammenhängende Arbeitstage nicht hinausgeht. Für die Erhebung der Lohnsteuer mit einem besonderen Pauschsteuersatz gilt dabei folgendes:

a) Der Arbeitslohn darf während der Dauer der kurzfristigen Tätigkeit im Durchschnitt je Arbeitstag 120 DM nicht übersteigen. Voraussetzung ist ferner, daß der Arbeitgeber die Lohnsteuer übernimmt. Der besondere Pauschsteuersatz beträgt unter Verzicht auf die Vorlage von Lohnsteuerkarten 25 v.H. des Arbeitslohnes.
b) Wird bei einem Arbeitgeber zu einem unvorhergesehenen Zeitpunkt der sofortige Einsatz von kurzfristig beschäftigten Arbeitnehmern erforderlich, so kann ein besonderer Pauschsteuersatz unter Verzicht auf die Vorlage von Lohnsteuerkarten auch dann angewendet werden, wenn der Arbeitslohn voraussichtlich im Durchschnitt je Arbeitstag 120 DM übersteigt. Hier ist auch Voraussetzung, daß der Arbeitgeber die Lohnsteuer übernimmt; der besondere Pauschsteuersatz beträgt 25 v.H. des Arbeitslohns.
c) In allen Fällen ist die Pauschalierung der Lohnsteuer nur zulässig bei Arbeitnehmern, deren Arbeitslohn während der Beschäftigungsdauer 18 DM durchschnittlich je Arbeitsstunde nicht übersteigt.

(2) Geringfügige Beschäftigung

863 Der Arbeitgeber kann unter Verzicht auf die Vorlage einer Lohnsteuerkarte bei solchen Arbeitnehmern, die nur in geringem Umfang und gegen geringen Arbeitslohn beschäftigt werden, die Lohnsteuer mit einem besonderen Pauschsteuersatz erheben (§ 40 a Abs. 2 EStG). Eine geringfügige Beschäftigung liegt in diesem Sinne vor,

a) wenn der Arbeitnehmer bei dem Arbeitgeber zwar laufend beschäftigt wird, aber bei monatlicher Lohnzahlung die Beschäftigungsdauer 86 Stunden und der Arbeitslohn 520 DM nicht übersteigen;
b) wenn der Arbeitnehmer bei dem Arbeitgeber zwar laufend beschäftigt wird, aber bei kürzeren Lohnzahlungszeiträumen (kürzer als einen Monat) die Beschäftigungsdauer 20 Stunden und der Arbeitslohn 120 DM wöchentlich nicht übersteigen;
c) in allen Fällen ist die Pauschalierung der Lohnsteuer nur zulässig bei Arbeitnehmern, deren Arbeitslohn während der Beschäftigungsdauer 18 DM durchschnittlich je Arbeitsstunde nicht übersteigt.

864 Die pauschale Lohnsteuer, die vom Arbeitgeber übernommen werden muß, beträgt bei geringfügig Beschäftigten 15 v.H. des Arbeitslohns.

Der Arbeitgeber hat Aufzeichnungen zu führen, aus denen sich für den einzelnen Arbeitnehmer Namen und Anschrift, Dauer der Beschäftigung, Tag der Zahlung und Höhe des Arbeitslohns ergeben. **865**

Die pauschalierte und vom Arbeitgeber übernommene Lohnsteuer für Aushilfskräfte hat für die Arbeitnehmer zur Folge, daß diese Einnahmen bei einer eventuellen Veranlagung zur Einkommensteuer und beim Lohnsteuer-Jahresausgleich nicht angegeben zu werden brauchen. **866**

e) Aufzeichnungspflichten

Der Arbeitgeber hat am Ort der Betriebsstätte für jeden Arbeitnehmer und jedes Kalenderjahr ein Lohnkonto zu führen (§ 41 EStG). In das Lohnkonto sind die für den Lohnsteuerabzug erforderlichen Merkmale aus der Lohnsteuerkarte oder aus einer entsprechenden Bescheinigung zu übernehmen. Bei jeder Lohnzahlung für das Kalenderjahr, für das das Lohnkonto gilt, sind im Lohnkonto die Art und Höhe des gezahlten Arbeitslohns einschließlich der steuerfreien Bezüge sowie die einbehaltene oder übernommene Lohnsteuer einzutragen. **867**

Zur Führung eines Lohnkontos ist jeder Arbeitgeber verpflichtet, der den Lohnsteuerabzug durchzuführen hat. Das Lohnkonto, in das alle für den Lohnsteuerabzug erforderlichen Merkmale einzutragen sind, stellt den wesentlichsten Nachweis des Arbeitgebers über die vorschriftsmäßige Berechnung der Lohnsteuer dar. Das Lohnkonto muß sechs Jahre aufbewahrt werden. Eine bestimmte Form des Lohnkontos ist nicht vorgeschrieben. **868**

Der Inhalt des Lohnkontos ist in § 4 LStDV zwingend vorgeschrieben: **869**
Der Arbeitgeber hat in das Lohnkonto den Vornamen und Familiennamen, den Geburtstag, den Wohnsitz, die Wohnung, die Steuerklasse sowie die auf der Lohnsteuerkarte eingetragene Zahl der Kinder, das Religionsbekenntnis, die Gemeinde, die die Lohnsteuerkarte ausgestellt hat, und das Finanzamt, in dessen Bezirk die Lohnsteuerkarte ausgestellt worden ist, anzugeben. Ändern sich im Laufe des Jahres die Steuerklasse oder die auf der Lohnsteuerkarte eingetragene Zahl der Kinder, ist auch der Zeitpunkt, von dem an die Änderung gilt, anzugeben. Ferner ist der steuerfreie Jahresbetrag und der Monatsbetrag, Wochenbetrag oder Tagesbetrag, der auf der Lohnsteuerkarte eingetragen ist, und der Zeitraum, für den die Eintragung gilt, im Lohnkonto festzuhalten.

Der Arbeitgeber hat in dem Lohnkonto bei jeder Lohnabrechnung über den laufenden Arbeitslohn und über sonstige Bezüge insbesondere den Tag der Lohnzahlung und den Lohnzahlungszeitraum sowie den Arbeitslohn, getrennt nach Barlohn und Sachbezügen, sowie die davon einbehaltene Lohnsteuer einzutragen. Ferner sind aufzuzeichnen die sonstigen Bezüge für Zeiträume, die zu mehreren Kalenderjahren gehören, und die davon einbehaltene Lohnsteuer, auch die Vergütungen für Arbeitnehmererfindungen und die davon einbehaltene Lohnsteuer, sowie Prämien für Verbesserungsvorschläge. Schließlich sind die Bezüge, die nach einem festen Pauschsteuersatz (vgl. Tz. 861 ff.) besteuert werden, einschließlich der darauf entfallenden Lohnsteuer aufzuzeichnen. **870**

f) Technische Vorschriften

871 Der Arbeitgeber hat die einbehaltene Lohnsteuer in einem Betrag an das Finanzamt abzuführen, und zwar an das Finanzamt der Betriebsstätte oder in Ausnahmefällen an eine von der Oberfinanzdirektion bestimmte Kasse. Der Arbeitgeber wird von seiner Zahlungspflicht erst frei, wenn die Finanzkasse den Betrag vereinnahmt hat. Vorheriger Verlust geht zu Lasten des Arbeitgebers.

872 Nach § 41 a EStG ist die Lohnsteuer am zehnten Tag nach Ablauf eines jeden Kalendermonats für den abgelaufenen Monat zu entrichten. Hat die Lohnsteuerschuld im vorangegangenen Kalenderjahr mehr als 600 DM, jedoch nicht mehr als 6000 DM betragen, so ist die Lohnsteuer am zehnten Tag nach Ablauf eines jeden Kalendervierteljahres für das abgelaufene Vierteljahr zu entrichten. Hat die Lohnsteuerschuld im vorangegangenen Kalenderjahr nicht mehr als 600 DM betragen, so ist die einbehaltene Lohnsteuer am zehnten Tag des folgenden Kalenderjahres für das abgelaufene Kalenderjahr abzuführen.

873 Der Arbeitgeber hat nach § 41 a EStG der Kasse des Finanzamts der Betriebsstätte eine Lohnsteueranmeldung zu übersenden, und zwar bei monatlicher Abführung der Lohnsteuer spätestens am zehnten Tag nach Ablauf eines jeden Kalendermonats, bei vierteljährlicher Abführung der Lohnsteuer spätestens am zehnten Tag nach Ablauf eines jeden Kalendervierteljahres, bei jährlicher Abführung der Lohnsteuer spätestens am zehnten Tag nach Ablauf eines jeden Kalenderjahres. Diese Verpflichtung zur Übersendung der Lohnsteueranmeldung gilt unabhängig davon, ob die einbehaltene Lohnsteuer an die Kasse des Finanzamts auch abgeführt worden ist. Der Arbeitgeber hat in der Lohnsteueranmeldung nach bestem Wissen und Gewissen zu versichern, wieviel Lohnsteuer er im angegebenen Zeitraum einbehalten hat.

874 Der Arbeitgeber hat nach § 41 b EStG unter Angabe des Orts der Betriebsstätte nach Ablauf des Kalenderjahres auf der Lohnsteuerkarte des Arbeitnehmers zu bescheinigen, während welcher Zeit der Arbeitnehmer im abgelaufenen Kalenderjahr bei ihm beschäftigt gewesen ist und wieviel in dieser Zeit der Arbeitslohn einschließlich Sachbezüge sowie die davon einbehaltene Lohnsteuer betragen haben. Endet das Dienstverhältnis schon vor dem Ende des Kalenderjahres, so hat der Arbeitgeber die Lohnsteuerbescheinigung bereits bei Beendigung des Dienstverhältnisses auszuschreiben. Für jeden Arbeitnehmer hat der Arbeitgeber außerdem ein Lohnkonto zu führen. Die Aufzeichnungen in den Lohnkonten sind bis zum Ablauf des fünften Kalenderjahres aufzubewahren, das auf die Lohnzahlung folgt.

875 Der Arbeitnehmer ist beim Lohnsteuerabzug zwar Steuerschuldner, der Arbeitgeber haftet jedoch für die Einbehaltung und Abführung der Lohnsteuer seiner Arbeitnehmer (§ 42 d EStG). Hinsichtlich der Haftung der Lohnsteuer ist davon auszugehen, daß es zu den Pflichten des Arbeitgebers gehört, dafür zu sorgen, daß bei der Zahlung von Löhnen und Gehältern die darauf entfallenden Steuerabzüge richtig vorgenommen und die abgezogenen Beträge an das Finanzamt abgeführt werden. Arbeitgeber, die diese durch § 34 AO begründete Verpflichtung verletzen, haften gemäß § 69 AO persönlich für die nicht abgeführten Steuerabzugsbeträge, wenn sie die Verpflichtung schuldhaft verletzen (vgl. BFH-Urteil vom 19. 2. 1953 – BStBl. III S. 161). Der Arbeitgeber haftet aber grundsätzlich nicht für Lohnsteuer, die er infolge unrichtiger Angaben des Arbeitnehmers zuwenig einbehalten hat; dies ist nur dann der Fall, wenn er gegen die Richtigkeit der Angaben des Arbeitnehmers keine Bedenken haben mußte (vgl. BFH-Urteil vom 4. 10. 1963 – BStBl. 1964 III S. 7).

Der Arbeitnehmer wird aus Haftungsgründen nur in Anspruch genommen, **876**
wenn der Arbeitgeber den Arbeitslohn nicht vorschriftsmäßig gekürzt hat oder wenn der Arbeitnehmer weiß, daß der Arbeitgeber die einbehaltene Lohnsteuer nicht vorschriftsmäßig abgeführt hat und dies dem Finanzamt nicht unverzüglich mitteilt, oder wenn der Arbeitnehmer seine Verpflichtung, die Lohnsteuerkarte berichtigen zu lassen, nicht rechtzeitig erfüllt oder wenn eine Nachversteuerung durchzuführen ist.

Wer vorsätzlich oder leichtfertig seiner Verpflichtung, Steuerabzugsbeträge **877**
einzubehalten und abzuführen, nicht vollständig und nicht rechtzeitig nachkommt, begeht eine Steuerordnungswidrigkeit (§ 380 AO). In der Praxis wird dieser Tatbestand der Steuerordnungswidrigkeit vor allem von Arbeitgebern erfüllt, die zwar Lohnsteueranmeldungen dem Finanzamt einreichen und damit ihrer Offenbarungspflicht genügen, die es aber dann unterlassen, die angemeldeten Lohnsteuerbeträge auch rechtzeitig an die Finanzkasse abzuführen. Derartige Steuergefährdungen können mit einer Geldbuße geahndet werden.

IV. Spenden an Vereine und Parteien

878 Ausgaben zur Förderung mildtätiger, kirchlicher, religiöser, wissenschaftlicher und der als besonders förderungswürdig anerkannten und gemeinnützigen Zwecke sind beim Geber im Rahmen der Einkommensteuer und Körperschaftsteuer innerhalb gewisser Höchstgrenzen berücksichtigungsfähig. Entsprechendes gilt für Beiträge und Spenden an politische Parteien. Rechtsgrundlagen für den Spendenabzug sind § 10 b EStG i. V. m. den §§ 48 bis 50 EStDV, § 34 g EStG sowie § 9 Nr. 3 KStG.

879 Für viele Vereine sind die Spenden eine wichtige Finanzierungsquelle für die Durchführung ihrer Aufgaben. Aber nur solche Vereine, die vom zuständigen Finanzamt als gemeinnützig anerkannt sind, können für den Geber abzugsfähige Spenden entgegennehmen. Der Antrag auf Erlaß einer einstweiligen Anordnung gegen das Finanzamt, eine vorläufige Bescheinigung über die Anerkennung der Gemeinnützigkeit zu erteilen, damit Spenden entgegengenommen werden können, ist unzulässig (vgl. BFH-Beschluß vom 19. 7. 1978 – BStBl. II S. 598).

1. Spenden an Vereine

a) Spendenbegriff

880 Spenden sind freiwillige Leistungen, die ohne Erwartung von Gegenleistungen hingegeben werden. Es ist nicht erforderlich, daß der Spender uneigennützig handelt (BFH-Urteil vom 21. 5. 1953 – BStBl. III S. 210). Geldbeträge, die auf Grund einer Bewährungsauflage nach einem abgeschlossenen gerichtlichen Strafverfahren an eine gemeinnützige Einrichtung kraft Urteil geleistet werden, sind keine Spenden, weil diese Zahlungen weder freiwillig noch ohne Gegenleistung geschehen (vgl. BFH-Urteil vom 8. 4. 1964 – BStBl. III S. 233 und StEK EStG § 10 b Nr. 6). Die Zahlung von Geldbeträgen an gemeinnützige Einrichtungen anläßlich der Einstellung eines Strafverfahrens sind keine abzugsfähigen Spenden (Hessisches FG, Urteil vom 24. 4. 1986 – EFG S. 492). Als Spenden kommen nicht nur Zuwendungen in Geld, sondern auch Zuwendungen von Wirtschaftsgütern mit Ausnahme von Nutzungen und Leistungen in Betracht. Bei der Spende muß es sich in jedem Fall um eine Ausgabe des Spenders handeln (BFH-Urteil vom 25. 7. 1969 – BStBl. II S. 681).

881 Die unentgeltliche Bereitstellung von Arbeitskraft ist keine Spende im steuerrechtlichen Sinne, weil in diesem Fall keine Ausgabe vorliegt. Besteht aber gegenüber dem gemeinnützigen Verein ein Rechtsanspruch auf Ersatz der mit der Tätigkeit verbundenen Kosten und wird auf diesen Kostenersatz verzichtet, dann liegt steuerrechtlich eine Spende vor, wenn der Verein selbst steuerbegünstigte Spenden in Empfang nehmen darf (vgl. BFH-Urteil vom 28. 4. 1978 – BStBl. 1979 II S. 297 und BB 1979 S. 1484). Der Zuwendungsempfänger muß erkennen, daß auf einen bestehenden Erstattungsanspruch in bestimmter Höhe verzichtet wird (vgl. FG Hamburg, Urteil vom 17. 1. 1983 – EFG S. 282); Ansprüche, die bereits aus rechtlichen Gründen verfallen sind, können nicht mehr durch Verzicht zugewendet werden.

Beispiele: 882

(1) PKW-Fahrten: Aufwendungen durch PKW-Fahrten für das Rote Kreuz zur Beförderung gehbehinderter Personen (BFH-Urteil vom 25. 7. 1969 – BStBl. II S. 681), durch Fahrten eines DLRG-Übungsleiters von der Wohnung zu den jeweiligen Einsatzorten (BFH-Urteil vom 28. 4. 1978 – BStBl. 1979 II S. 297) und durch Fahrten für die Initiativgruppe Heimkinder e.V. (BFH-Urteil vom 24. 9. 1985 – BStBl. 1986 II S. 726).

(2) Reisekosten: Aufwendungen einer Ärztin, die einen Pilgerzug betreut, für die damit verbundenen Reisekosen (BFH-Urteil vom 24. 2. 1979 – BStBl. II S. 613).

Aufwendungen zugunsten eines Vereins, der zum Empfang steuerlich 883 abzugsfähiger Zuwendungen berechtigt ist, werden aber nur dann als abzugsfähige Spende anerkannt, wenn ein Anspruch auf die Erstattung der Aufwendungen durch Vertrag oder Satzung eingeräumt und auf die Erstattung verzichtet worden ist (§ 10 b Abs. 3 EStG). Bei sog. Durchlaufspenden sind derartige Aufwendungen nicht abzugsfähig.

Auch Sachspenden durch Zuwendung von Wirtschaftsgütern sind möglich. 884 Nutzungen und Leistungen sind jedoch ausgeschlossen. Bei Sachspenden bestimmt sich die Höhe der Spenden nach dem gemeinen Wert des zugewendeten Wirtschaftsguts (§ 10 b Abs. 3 EStG). Auch gebrauchte Wirtschaftsgüter können Gegenstand einer Sachspende sein (BFH-Urteil vom 23. 5. 1989 – BStBl. II S. 879).

Beispiel: 885

Der Wert einer Sachspende durch Hingabe gebrauchter Wirtschaftsgüter richtet sich nach dem gemeinen Wert der zugewendeten Wirtschaftsgüter. Soweit gebrauchte Kleidung überhaupt einen gemeinen Wert (Marktwert) hat, sind die für eine Schätzung des Wertes maßgeblichen Faktoren wie Neupreis, Zeitraum zwischen Anschaffung und Weggabe und der tatsächliche Erhaltungszustand im einzelnen durch den Spender (den Steuerpflichtigen) nachzuweisen (BFH-Urteil vom 23. 5. 1989 – BStBl. II S. 879).

Ist das Wirtschaftsgut, das gespendet worden ist, unmittelbar vor seiner 886 Zuwendung einem Betriebsvermögen entnommen worden, so darf bei der Ermittlung der Ausgabenhöhe der bei der Entnahme angesetzte Wert nicht überschritten werden (§ 10 b Abs. 3 EStG). Zur Problematik von Sachspenden im Steuerrecht vgl. *Schleder* (DB 1988 S. 1132).

Zuwendungen, die als Einkommensverwendung anzusehen sind, sind keine 887 Spenden. Der BFH hat mit Urteil vom 1. 2. 1989 (BStBl. II S. 471) entschieden, daß eine Einkommensverteilung (verdeckte Gewinnausschüttung) anzunehmen ist, wenn eine Sparkasse den Teil des Jahresüberschusses gemeinnützigen Zwecken zuführt, auf dessen Auszahlung der Gewährträger zuvor verzichtet hat oder dessen Verwendung der Gewährträger zugestimmt hat. Die Annahme einer Einkommensverwendung führt dazu, daß ein Spendenabzug ausgeschlossen ist. Die Grundsätze dieses Urteils sind ab 1989 anzuwenden (BdF-Schreiben vom 4. 10. 1989 – DStZ-E S. 315).

888 Bei Zahlungen, die als Aufbauspenden, Eintrittsspenden oder ähnlich bezeichnet werden, ist ohne Rücksicht auf die Bezeichnung im Einzelfall zu prüfen, ob es sich um echte Spenden oder um nicht abziehbare Aufnahmegebühren, Beiträge oder Umlagen handelt (vgl. BdF-Schreiben vom 11. 12. 1980 – NWB-DoKSt Nr. 7/81 zu § 10 b EStG). Hängt die Aufnahme in den Verein oder der Verbleib in ihm praktisch davon ab, daß derartige Zahlungen versprochen werden, so handelt es sich nicht um freiwillige Zuwendungen und damit nicht um Spenden.

889 Auch Mitgliederbeiträge können steuerlich als berücksichtigungsfähige Spenden gelten. Es darf sich aber hierbei nur um die echten Mitgliederbeiträge handeln, denn echte Mitgliederbeiträge dienen dazu, den Verein in die Lage zu versetzen, aufgrund seiner Satzung die allgemeinen Vereinszwecke zu erfüllen. Es sind die Beiträge, die zur Erreichung der in der Vereinssatzung festgelegten Gemeinschaftsleistungen von den Mitgliedern lediglich wegen ihrer Eigenschaft als Mitglied satzungsgemäß entrichtet werden. Mitgliederbeiträge an nicht selbst zum Empfang von Spenden berechtigte Einrichtungen sind auch dann nicht abzugsfähig, wenn sie über eine juristische Person des öffentlichen Rechts oder eine öffentliche Dienststelle geleistet werden (vgl. Inf. 1980 S. 516). Mitgliederbeiträge sind deshalb nur dann als Spenden anzuerkennen, wenn sie an eine Einrichtung geleistet werden, die ohne Zwischenschaltung einer juristischen Person des öffentlichen Rechts oder einer öffentlichen Dienststelle zur Entgegennahme von steuerbegünstigten Zuwendungen berechtigt ist.

b) Begünstigte Zwecke

890 Ausgaben zur Förderung mildtätiger, kirchlicher, religiöser, wissenschaftlicher und der als besonders förderungswürdig anerkannten gemeinnützigen Zwecke sind steuerbegünstigt. Es handelt sich hierbei um die gemeinnützigen Zwecke im engeren und im weiteren Sinne.

(1) Mildtätige, kirchliche, religiöse, wissenschaftliche Zwecke

891 Mildtätig sind solche Zwecke, die ausschließlich und unmittelbar darauf gerichtet sind, bedürftige Personen zu unterstützen; die Bedürftigkeit richtet sich nicht nur nach der wirtschaftlichen Lage, sondern auch nach der körperlichen und geistigen Beschaffenheit der unterstützten Personen (§ 53 AO, vgl. Tz. 160 ff). Kirchlich sind solche Zwecke, durch deren Erfüllung eine Religionsgemeinschaft des öffentlichen Rechts ausschließlich und unmittelbar gefördert wird (§ 54 AO, vgl. Tz. 171 ff). Religiös sind solche Zwecke, die Religionsgesellschaften jeder Art wie auch sonstige Vereinigungen zur Verfolgung religiöser Zwecke dienen (vgl. Tz. 96). Wissenschaftlich sind solche Zwecke, durch deren Erfüllung die Gesamtheit der menschlichen Erkenntnis insbesondere im Rahmen der an den Hochschulen gelehrten Disziplinen gefördert wird (vgl. Tz. 82). Für diese steuerbegünstigten Zwecke bedarf es nicht einer besonderen behördlichen Anerkennung, Voraussetzung ist jedoch, daß diese begünstigten Zwecke ausschließlich und unmittelbar verfolgt werden.

Freiwillige Zuwendungen der Mitglieder der Neuapostolischen Kirche an ihre Religionsgemeinschaft sind keine Kirchensteuern, sondern Spenden i. S. des Steuerrechts (FG Berlin, Urteil vom 19. 10. 1977 – EFG 1978 S. 278). **892**

(2) Gemeinnützige Zwecke

Gemeinnützig sind solche Zwecke, durch deren Erfüllung die Allgemeinheit auf materiellem, geistigem und sittlichem Gebiet ausschließlich und unmittelbar gefördert wird (§ 52 AO, vgl. Tz. 67 ff.). Gemeinnützige Zwecke dieser Art müssen zur Spendenfähigkeit durch Anordnung der Bundesregierung mit Zustimmung des Bundesrates allgemein als besonders förderungswürdig anerkannt sein. **893**

Die nachstehend aufgeführten gemeinnützigen Zwecke (vgl. Anlage 7 zu EStR) sind als besonders förderungswürdig anerkannt: **894**

1. Die Förderung der öffentlichen Gesundheitspflege, insbesondere die Bekämpfung von Seuchen und seuchenähnlichen Krankheiten; dies gilt auch für Krankenhäuser im Sinne des § 67 AO;
2. die Förderung der Jugendpflege und Jugendfürsorge;
3. die Förderung des Sports, wenn der Empfänger der Zuwendung eine juristische Person des öffentlichen Rechts oder eine öffentliche Dienststelle ist;
4. die Förderung kultureller Zwecke, wenn der Empfänger der Zuwendung eine juristische Person des öffentlichen Rechts oder eine öffentliche Dienststelle ist.
   Förderung kultureller Zwecke ist die ausschließliche und unmittelbare Förderung der Kunst, die Förderung der Pflege und Erhaltung von Kulturwerten sowie die Förderung der Denkmalpflege.
   a) Die Förderung der Kunst umfaßt die Bereiche der Musik, der Literatur, der darstellenden und bildenden Kunst und schließt die Förderung von kulturellen Einrichtungen, wie Theater und Museen, sowie von kulturellen Veranstaltungen, wie Konzerte und Kunstausstellungen, mit ein.
   b) Kulturwerte sind Gegenstände von künstlerischer und sonstiger kultureller Bedeutung, Kunstsammlungen und künstlerische Nachlässe, Bibliotheken, Museen, Archive sowie andere vergleichbare Einrichtungen.
   c) Die Förderung der Denkmalpflege bezieht sich auf die Erhaltung und Wiederherstellung von nach den jeweiligen landesrechtlichen Vorschriften anerkannten Baudenkmälern. Die Anerkennung ist durch eine Bescheinigung der nach Landesrecht zuständigen oder von der Landesregierung bestimmten Stelle nachzuweisen;
5. die Förderung der Erziehung, Volks- und Berufsbildung einschließlich der Studentenhilfe;
6. die Förderung des Küstenschutzes, wenn der Empfänger der Zuwendung eine juristische Person des öffentlichen Rechts oder eine öffentliche Dienststelle ist;

7. die Förderung der Heimatpflege und Heimatkunde, wenn der Empfänger der Zuwendungen eine juristische Person des öffentlichen Rechts oder eine öffentliche Dienststelle oder eine Vereinigung von außerhalb des Bundesgebiets beheimatet gewesener Personen ist;
8. die Zwecke der Spitzenverbände der freien Wohlfahrtspflege (Arbeiterwohlfahrt, Diakonisches Werk der Evangelischen Kirche in Deutschland, Deutscher Caritasverband, Der Paritätische Wohlfahrtverband, Deutsches Rotes Kreuz, Zentralwohlfahrtsstelle der Juden in Deutschland), ihrer Unterverbände und der diesen Verbänden angeschlossenen Einrichtungen und Anstalten;
9. unbesetzt;
10. die Förderung der Fürsorge für politisch, rassisch oder religiös Verfolgte, für Flüchtlinge, Vertriebene, Kriegsopfer, Kriegshinterbliebene, Kriegs- und Körperbeschädigte und Blinde, für Kriegsgefangene, ehemalige Kriegsgefangene, die sich noch im Ausland befinden, und Heimkehrer, ferner die Förderung der Kriegsgräberfürsorge, des Suchdienstes für Vermißte und der Altersfürsorge;
11. die Förderung der Rettung aus Lebensgefahr (Rettung Ertrinkender und Schiffbrüchiger, Bergwacht und ähnliches);
12. die Förderung internationaler Gesinnung, der Toleranz auf allen Gebieten der Kultur und des Völkerverständigungsgedankens;
13. Feuerschutz, Arbeitsschutz, Katastrophenschutz, Zivilschutz und Unfallverhütung;
14. die Errichtung von Ehrenmalen für Kriegsopfer, Gedenkstätten für Katastrophenopfer und Gedenkstätten für ehemalige KZ-Häftlinge;
15. unbesetzt;
16. die Förderung des Tierschutzes;
17. die Bekämpfung der Tierseuchen;
18. die Förderung des Naturschutzes und der Landschaftspflege im Sinne des Bundesnaturschutzgesetzes und der Naturschutzgesetze der Länder, wenn der Empfänger der Zuwendungen eine juristische Person des öffentlichen Rechts oder eine öffentliche Dienststelle ist;
19. die Förderung der Verbundenheit der Bevölkerung von Berlin (West) mit der Bevölkerung im übrigen Bundesgebiet, wenn der Empfänger der Zuwendungen eine juristische Person des öffentlichen Rechts oder eine öffentliche Dienststelle ist;
20. die Förderung der Wiedervereinigung in Frieden und Freiheit, wenn der Empfänger der Zuwendungen eine juristische Person des öffentlichen Rechts oder eine öffentliche Dienststelle ist;
21. die Förderung der Tierzucht, der Pflanzenzucht, der Kleingärtnerei, des traditionellen Brauchtums einschließlich des Karnevals, der Fastnacht und des Faschings, der Soldaten- und Reservistenbetreuung, des Amateurfunkens, des Modellflugs und des Hundesports, wenn der Empfänger der Zuwendung eine juristische Person des öffentlichen Rechts oder eine öffentliche Dienststelle ist;
22. die Förderung der Entwicklungshilfe, wenn der Empfänger der Zuwendungen eine juristische Person des öffentlichen Rechts oder eine öffentliche Dienststelle ist;
23. Verbraucherbratung;

24. der Umweltschutz, soweit die Reinhaltung von Luft und Wasser, die Bekämpfung des Lärms, die Abfallbeseitigung, die Verringerung der Strahlenbelastung durch kerntechnische Anlagen und die Verbesserung der Sicherheit kerntechnischer Anlagen gefördert werden, wenn der Empfänger der Zuwendung eine juristische Person des öffentlichen Rechts oder eine öffentliche Dienststelle ist;
25. die Förderung der Fürsorge für Strafgefangene und ehemalige Strafgefangene;
26. die Förderung der Gleichberechtigung von Männern und Frauen, wenn der Empfänger der Zuwendung eine juristische Person des öffentlichen Rechts oder eine öffentliche Dienststelle ist.

Zu beachten ist, daß bei bestimmten als besonders förderungswürdig aner- **895** kannten gemeinnützigen Zwecken die Spenden nur an eine Körperschaft des öffentlichen Rechts oder an eine öffentliche Dienststelle gegeben werden dürfen, wenn die Steuerbegünstigung beansprucht wird. Unter Körperschaften des öffentlichen Rechts sind hier zu verstehen Gebietskörperschaften (Gemeinden, Gemeindeverbände, Länder, Bund) sowie deren Dienststellen (vgl. StEK EStG § 10 b Nr. 35), andere öffentliche Dienststellen sind z. B. Universitäten und Forschungsinstitute (vgl. § 48 Abs. 3 Nr. 1 EStDV). In Fällen der Durchlaufspende für Zwecke, die im Ausland verwirklicht werden, ist das Bundesministerium, in dessen Aufgabenbereich der jeweilige Zweck fällt, zur Spendenannahme verpflichtet (§ 48 Abs. 3 Nr. 2 EStDV); für Entwicklungshilfevereine ist regelmäßig das Bundesministerium für wirtschaftliche Zusammenarbeit zuständig, für andere Projekte im Ausland regelmäßig das Auswärtige Amt (BMF).

Beispiele: **896**

(1) Ausgaben zur Förderung sportlicher Zwecke sind nur dann steuerbegünstigt, wenn der Empfänger der Zuwendung eine Körperschaft des öffentlichen Rechts oder eine öffentliche Dienststelle ist; eine Spende unmittelbar an den Sportverein genügt zur Inanspruchnahme der Steuervergünstigung nicht (BFH-Urteil vom 4. 4. 1963 – HFR S. 299). Wird die Spende z. B. an die Stadtverwaltung gegeben, so ist es zwar möglich, daß ein bestimmter Sportverein einen der Spende entsprechenden Betrag später zur Förderung erhält; es besteht aber keineswegs eine Zwangsläufigkeit, daß eine solche Spende zugunsten des Sports einem bestimmten Verein zugute kommt. Deshalb besteht ein bedeutsamer Unterschied zwischen einer Spende an die Stadtverwaltung und einer Spende unmittelbar an den Sportverein. In der Praxis werden jedoch allgemein weitgehend bestimmte Wünsche des Spenders berücksichtigt.

(2) Die zur Erreichung der Steuerbegünstigung von Spenden für sportliche Zwecke vorgeschriebene Zwischenschaltung von Körperschaften des öffentlichen Rechts oder öffentlicher Dienststellen hat zur Folge, daß Mitgliederbeiträge an

Sportvereine nicht wie Spenden steuerbegünstigt sind, weil die Mitgliederbeiträge dem Verein unmittelbar geschuldet und an ihn gezahlt werden, der Sportverein aber selbst kein begünstigter Empfänger für Spenden ist (vgl. FR 1956 S. 408).

(3) Werden einem Sportverein geschuldete Mitgliedsbeiträge als sog. Spenden an einen Dachverband mit der Maßgabe gezahlt, daß dieser die Mitgliedsbeiträge an den zum unmittelbaren Spendenempfang nicht befugten Sportverein weiterleitet, so handelt es sich um einen Mißbrauch von Gestaltungsmöglichkeiten des Rechts, der dem Spendenabzug entgegensteht (BFH-Urteil vom 28. 4. 1987 – BStB. II S. 814).

897 Durchlaufspenden können auch im sog. Listenverfahren abgewickelt werden (vgl. BdF-Schreiben vom 3. 1. 1986 – BStBl. I S. 52). Bei diesem Verfahren zahlen die Spender unmittelbar auf ein vom gemeinnützigen Verein eingerichtetes aber vom übrigen Vereinsvermögen streng getrenntes Sonderkonto ein. Dieses Sonderkonto kann entweder vom Verein selbst oder von einem beauftragten Mitglied des Vereins eingerichtet sein. Die auf diesem Sonderkonto angesammelten Spendenbeträge werden von Zeit zu Zeit in Vertretung der Spender in einer Summe an die infrage kommende Durchlaufstelle überwiesen. Gleichzeitig wird vom Verein oder seinem Beauftragten eine Liste der Spender übersandt, damit die Durchlaufstelle den Spendern ihre Spendenbestätigungen ausstellen kann. Anschließend überweist die Durchlaufstelle die Spenden an den begünstigten Verein zurück.

898 In allen anderen Fällen müssen die Empfänger der Spenden solche Personenvereinigungen sein, die nach der Satzung, Stiftung oder sonstigen Verfassung und nach ihrer tatsächlichen Geschäftsführung ausschließlich und unmittelbar gemeinnützigen Zwecken dienen.

(3) Bestimmte Vereine

899 Neben den bisher genannten steuerbegünstigten Zwecken kann die Bundesregierung mit Zustimmung des Bundesrates durch Anordnung auch andere Ausgaben als steuerbegünstigt anerkennen (§ 48 Abs. 4 EStDV), auch wenn die sonst erforderlichen Voraussetzungen nicht vorliegen. Aufgrund dieser Ermächtigung sind Zuwendungen an die nachfolgend aufgeführten Vereine als steuerbegünstigt anerkannt (vgl. Abschn. 111 Abs. 2 EStR):

1. den Deutschen Alpenvererin e. V., München,
2. die Arbeitsgemeinschaft Deutsches Schleswig e. V., Flensburg,
3. die Deutsche Olympische Gesellschaft e. V., Frankfurt a. M.,
4. die Gesellschaft für den Zivilschutz in Berlin e. V., Berlin,
5. den Deutschen Aero-Club e. V., Frankfurt a. M.,
6. den Bund für Umwelt und Naturschutz Deutschland e. V. (Bund), Bonn,
7. den Deutschen Bund für Vogelschutz e.V., Bundesgeschäftsstelle Bonn/Kornwestheim,
8. die Gesellschaft der Freunde der Berliner Philharmonie e. V., Berlin-Halensee,

9. den Weißen Ring – Gemeinnütziger Verein zur Unterstützung von Kriminalitätsopfern und zur Verhütung von Straftaten e.V., Mainz,
10. die Arbeitsgemeinschaft Staat und Gesellschaft e.V., Tübingen,
11. den Deutschen Verein für öffentliche und private Fürsorge e.V., Frankfurt a.M.,
12. die Vereinigung Deutscher Gewässerschutz e.V., Geschäftsleitung Bad Godesberg,
13. den Kulturkreis im Bundesverband der Deutschen Industrie, Köln,
14. den Deutschen Heimatbund e.V., Bonn,
15. den Deutschen Naturkundeverein e.V., Stuttgart,
16. den Deutschen Naturschutzring e.V., Bonn,
17. die Deutsche Gesellschaft für Photographie e.V., Köln,
18. die Bundesvereinigung Deutscher Blas- und Volksmusikverbände e.V., Stuttgart,
19. den Verband deutscher Gebirgs- und Wandervereine e.V., Stuttgart,
20. die Deutsche Gesellschaft für Volkskunde e.V., Marburg,
21. den Verein Greenpeace e.V., Hamburg,
22. den Verein Naturschutzpark e.V., Stuttgart,
23. das Internationale Design – Zentrum Berlin e.V., Berlin,
24. die Deutsche Gartenbau-Gesellschaft (DGG) e.V., Bonn,
25. den Südschleswigschen Verein e.V., Flensburg,
26. den Familienbund der Deutschen Katholiken e.V., – Bundesgeschäftsführung –, München,
27. den Deutschen Familienverband e.V., Bonn,
28. den Deutschen Schutzverband gegen Wirtschaftskriminalität e.V., Frankfurt a.M.,
29. den Deutschen Sängerbund e.V., Sitz Stuttgart, Köln,
30. den Verein Pro Honore, Verein für Treu und Glauben im Geschäftsleben e.V., Hamburg,
31. den Verband der Reservisten der Deutschen Bundeswehr e.V., Bonn,
32. den Weserbund e.V., Bremen,
33. den Deutschen Rat für Landespflege, Bonn,
34. die Kulturstiftung der Länder, Berlin,
35. den Deutschen Sportbund e.V., Frankfurt (Main), und die Landessportbünde,
36. die Stiftung Deutsche Sporthilfe, Frankfurt (Main),
37. der Deutsche Kanal- und Schiffahrtsverein Rhein-Main-Donau e.V., Nürnberg,
38. den Deutschen Allgemeinen Sängerbund e.V., Frankfurt am Main,
39. den Touristenverein »Die Naturfreunde«, Bundesgruppe Deutschland e.V., Stuttgart,
40. den Ausschuß für Fragen der Wiedervereinigung Deutschlands – Unteilbares Deutschland e.V., Bonn,
41. die Bayerische Einigung e.V., München,
42. die Schutzgemeinschaft Deutscher Wald – Bundesverband e.V., Bonn,
43. den Verband Deutscher Oratorien- und Kammerchöre e.V., Neuss,
44. die Arbeitsgemeinschaft für Umweltfragen e.V., Bonn,
45. die Stiftung zum Schutze gefährdeter Pflanzen, Bonn,
46. den Deutschen Literaturfonds e.V., Darmstadt,

47. den Verein der Freunde der Nationalgalerie, Berlin,
48. den Kunstfonds e.V., Bonn,
49. die Gesellschaft der Freunde von Bayreuth e.V., Bayreuth,
50. die Stiftung Ostdeutsche Galerie, Regensburg,
51. den Rat für Formgebung/Deutscher Design-Rat, Frankfurt am Main,
52. die Stiftung »Wald in Not«, Mainz,
53. den Verein zum Schutz der Bergwelt e.V., München,
54. den Verein zur Förderung des Israel-Museums in Jerusalem e.V., Berlin,
55. das Bischöfliche Hilfswerk MISEREOR e.V., Aachen.

900 Spenden an Schulvereine (z.B. Freie Waldorfschulen, Rudolf-Steiner-Schulvereine und ähnliche Schulvereine) sind nur dann steuerbegünstigt, wenn die Zuwendungen bei wirtschaftlicher Betrachtung nicht als Entgelt für eine Leistung des Empfängers anzusehen sind. Für Zuwendungen an gemeinnützige Schulvereine gilt regelmäßig folgendes (vgl. DStR 1988 S. 615 und StEd 1990 S. 89):

a) Zuwendungen – z.B. Beiträge, Spenden, Patengelder – von Personen, die selbst keine Kinder in der Schule haben (fördernde Mitglieder), sind als Spenden zu berücksichtigen, weil in diesen Fällen regelmäßig die Verknüpfung der Zuwendung mit einer konkreten Gegenleistung des Vereins nicht besteht.
b) Schulgeld, das Eltern an den Trägerverein einer Privatschule für die Unterrichtung ihrer Kinder zahlen, ist nicht – auch nicht teilweise – als Spende abziehbar (BFH-Urteil vom 25. 8. 1987 – BStBl. II S. 850).
c) Bei Personen, deren Kinder die Schule besuchen, kommen als Spenden nur freiwilige Leistungen, die über den Elternbeitrag hinausgehen, in Betracht, wie z.B. Übernahme von Patenschaften, Einzelspenden für besondere Veranstaltungen oder Anschaffungen außerhalb des Schulbetriebs.
d) Zuwendungen für Schulbaukosten (Investitionen) können bei Eltern nur dann Spenden sein, wenn hierfür allgemein zu Spenden aufgerufen wird; Zuwendungen der Eltern im Rahmen einer sog. Bauumlage sind keine Spenden.
e) Zuwendungen der Eltern an Schulfördervereine sind nur dann steuerbegünstigte Spenden, wenn die Kosten des Schulbetriebs durch die Elternbeiträge und etwaige zweckgebundene Zuschüsse oder Zuwendungen gedeckt sind.

901 Elternspenden zur Förderung der Unterrichts- und Erziehungsarbeit an öffentlichen Schulen sind steuerbegünstigt, wenn die Eltern einen anerkannten Förderverein gebildet haben und die Spenden an diesen Förderverein geleistet werden (vgl. StEK EStG § 10 b Nr. 94 und 100).

c) Berücksichtigungsfähige Aufwendungen

902 Steuerbegünstigt sind die Spenden nur dann, wenn sie zur Förderung der genannten begünstigten Zwecke hingegeben werden. Der Spender muß dem zuständigen Finanzamt nachweisen, daß die erforderlichen Voraussetzungen für die Steuerbegünstigung der Spenden erfüllt sind.

(1) Nachweis

Der Nachweis (§ 48 Abs. 3 EStDV) muß sich darauf erstrecken, daß der 903
Empfänger der Spende zu den begünstigten Körperschaften oder Vereinen gehört und daß die Spenden für die begünstigten Zwecke verwendet werden. Der Nachweis ist in der Regel durch Vorlage einer Spendenbescheinigung zu erbringen, die zu den materiell-rechtlichen Voraussetzungen für die Abzugsfähigkeit gehört (StEK EStG § 10 b Nr. 102). Können Spenden nicht durch eine Spendenbescheinigung belegt werden – wie z. B. bei Aufwendungen anläßlich von Haus- und Straßensammlungen –, dann liegen hinsichtlich dieser Aufwendungen, auch wenn sie auf andere Weise glaubhaft gemacht sind, die Voraussetzungen für die Steuerbegünstigung nicht vor. Bei Sachspenden muß aus der Spendenbestätigung der Wert der Sache ersichtlich sein (BFH-Urteil vom 22. 10. 1971 – BStBl. 1972 II S. 55).

Die Spendenbestätigung muß grundsätzlich von mindestens einer durch 904
Satzung oder Auftrag zur Entgegennahme von Zahlungen berechtigten Person unterschrieben sein (Abschn. 111 Abs. 5 EStR). Als Nachweis reicht eine maschinell erstellte Spendenbestätigung ohne eigenhändige Unterschrift einer zeichnungsberechtigten Person aus, wenn das zuständige Finanzamt dies der Empfängerkörperschaft bzw. dem gemeinnützigen Verein nach Prüfung des angewandten Verfahrens genehmigt hat.

Auf eine besondere Bescheinigung des Spendenempfängers über den Ver- 905
wendungszweck kann ausnahmsweise dann verzichtet werden, wenn der Verwendungszweck auf dem vom Spendenempfänger hergestellten Einzahlungsbeleg des Spenders (z. B. Zahlkartenabschnitt) aufgedruckt ist. Auf eine besondere Spendenbescheinigung kann auch verzichtet werden, wenn es sich nachweislich um Mitgliedsbeiträge an solche Vereine handelt, die ausdrücklich zur Entgegennahme von Spenden berechtigt sind.

Nach Abschnitt 111 Abs. 6 EStR genügt für den Nachweis der Zahlungsbe- 906
leg der Post oder eines Kreditinstituts, wenn

1. die Zuwendung zur Linderung der Not in Katastrophenfällen innerhalb eines von den obersten Finanzbehörden der Länder im Benehmen mit dem Bundesminister der Finanzen zu bestimmenden Zeitraums auf ein für den Katastrophenfall eingerichtetes Sonderkonto einer juristischen Person des öffentlichen Rechts, einer öffentlichen Dienststelle oder eines Spitzenverbandes der freien Wohlfahrtspflege einschließlich seiner Mitgliedsorganisation eingezahlt worden ist oder
2. die Zuwendung den Betrag von 100 DM nicht übersteigt und
   a) der Empfänger eine juristische Person des öffentlichen Rechts, eine öffentliche Dienststelle, eine Religionsgemeinschaft, ein Spitzenverband der freien Wohlfahrtspflege einschließlich seiner Mitgliedsorganisationen, der Deutsche Sportbund einschließlich der Landessportbünde oder die Stiftung Deutsche Sporthilfe ist
   oder
   b) der Empfänger eine andere steuerbegünstigte Körperschaft ist, die steuerlich wirksame Spendenbescheinigungen ausstellen darf, und der Verwendungszweck der Zuwendung und die Angaben über die Freistellung der Körperschaft von der Körperschaftsteuer nach § 5 Abs. 1

Nr. 9 KStG auf dem vom Empfänger hergestellten Einzahlungsbeleg aufgedruckt sind.

907 Ist der Empfänger der Spende eine inländische juristische Person des öffentlichen Rechts, eine inländische öffentliche Dienststelle oder ein inländischer Spitzenverband der freien Wohlfahrtspflege einschließlich seiner Mitgliedsorganisationen und geht aus der Spendenbescheinigung der Verwendungszweck der Spenden hervor, so kann im allgemeinen davon ausgegangen werden, daß die Spenden für steuerbegünstigte Zwecke verwendet werden. Das gilt auch dann, wenn der Verwendungszweck im Ausland liegt. Wird die Spende an eine andere inländische Körperschaft gegeben, so muß die Verwendung der Spende im Einzelfall geprüft werde (Abschn. 111 Abs. 7 EStR).

908 Wird die Steuerbegünstigung eines Sportvereins rückwirkend aufgehoben, so ist der Abzug sog. Durchlaufspenden als Sonderausgaben nicht rückgängig zu machen, wenn der Spender bei Hingabe der Spende hinsichtlich der Steuerbegünstigung des Sportvereins gutgläubig war (BFH-Urteil vom 18. 7. 1980 – BStBl. 1981 II S. 52).

909 Spenden, die gemeinnützige Körperschaften oder Vereine aus ihrem der Besteuerung unterliegenden Einkommen aus wirtschaftlichen Geschäftsbetrieben solchen Empfängern zuwenden, die steuerbegünstigte Spenden empfangen dürfen, sind auch dann berücksichtigungsfähig, wenn die Empfänger der Spenden gleichartige gemeinnützige Zwecke wie die Spenderin verfolgen (BFH-Urteil vom 3. 12. 1963 – BStBl. 1964 III S. 81).

910 Zuwendungen an einen begünstigten Verein sind beim Geber nur dann steuerlich berücksichtigungsfähig, wenn die Empfängerin tatsächlich von der Körperschaftsteuer befreit ist; das Veranlagungsfinanzamt des Zuwendenden ist an die körperschaftsteuerrechtliche Beurteilung des Betriebsfinanzamts der Empfängerin gebunden (BFH-Urteil vom 15. 6. 1973 – BStBl. II S. 850).

911 Die Frage, ob eine Körperschaft wegen Verfolgung gemeinnütziger, mildtätiger oder kirchlicher Zwecke steuerbegünstigt ist oder nicht, unterliegt grundsätzlich dem Steuergeheimnis. Auskünfte können jedoch zulässig sein, wenn die Frage der Abzugsfähigkeit von Spenden an eine Körperschaft für das Besteuerungsverfahren anderer von Bedeutung ist (vgl. BdF-Schreiben vom 16. 3. 1978 – BStBl. I S. 169). Macht ein Spender im Besteuerungsverfahren eine Spende geltend, so darf dem Spender mitgeteilt werden, ob die Körperschaft zur Entgegennahme steuerlich abzugsfähiger Spenden berechtigt ist oder nicht. Hat die Körperschaft dem Steuerpflichtigen den Tatsachen entsprechend mitgeteilt, daß sie zur Entgegennahme steuerlich abzugsfähiger Spenden berechtigt ist, so ist das Finanzamt durch das Steuergeheimnis nicht gehindert, dies dem Steuerpflichtigen zu bestätigen. Behauptet eine Körperschaft wahrheitswidrig, sie sei zur Entgegennahme steuerlich abzugsfähiger Spenden berechtigt, so steht das Steuergeheimnis einer Richtigstellung gegenüber dem Steuerpflichtigen nicht entgegen.

(2) Höchstbeträge

912 Spenden sind nicht unbegrenzt, sondern nur bis zu bestimmten Höchstbeträgen berücksichtigungsfähig. Ausgaben zur Förderung mildtätiger, kirchlicher, religiöser und wissenschaftlicher Zwecke und der als besonders förderungswürdig anerkannten gemeinnützigen Zwecke sind bei natürlichen Personen bis zur Höhe von insgesamt 5 v.H. des Gesamtbetrags der Einkünfte als Sonderausgaben abzugsfähig. Als Gesamtbetrag der Einkünfte ist bei Ehegatten, die getrennt veranlagt werden, die Summe aller Einkünfte der Ehegatten zugrunde zu legen. Ausgaben zur Förderung mildtätiger, kirchlicher, religiöser und wissenschaftlicher Zwecke und der als besonders förderungswürdig anerkannten gemeinnützigen Zwecke sind bei juristischen Personen bis zur Höhe von 5 v.H. des Einkommens abzugsfähig. Als Einkommen in diesem Sinne gilt das Einkommen vor Abzug der Spenden und vor Berücksichtigung eines etwaigen Verlustabzugs.

913 Bei Spenden für wissenschaftliche, mildtätige und als besonders förderungswürdig anerkannte kulturelle Zwecke erhöht sich der steuerlich berücksichtigungsfähige Betrag von 5 v.H. des Gesamtbetrags der Einkünfte bzw. von 5 v.H. des Einkommens um jeweils weitere 5 v.H. Der erhöhte Abzugssatz von 10 v.H. gilt für Zuwendungen an kirchliche Körperschaften und Einrichtungen nur, wenn der Empfänger die Zuwendungen zur Förderung mildtätiger Zwecke verwendet (Abschn. 113 Abs. 1 EStR). Der erhöhte Abzugssatz gilt nicht, wenn die kirchliche Körperschaft oder Einrichtung die Zuwendungen zur Förderung wissenschaftlicher oder als besonders förderungswürdig anerkannter kultureller Zwecke verwendet (BFH-Urteil vom 18. 11. 1966 – BStBl. 1967 III S. 365).

914 Anstelle der bezeichneten Vomhundertsätze des Gesamtbetrags der Einkünfte bzw. des Einkommens kann auch der Satz von 2 v.T. der Summe der gesamten Umsätze und der im Kalenderjahr aufgewendeten Löhne und Gehälter gewählt werden. Zu den gesamten Umsätzen gehören außer den steuerbaren Umsätzen auch nicht steuerbare Umsätze, z. B. Umsätze im Ausland, in Freihäfen und Zollausschlüssen und auf Schiffen außerhalb der Hoheitszone (vgl. Abschn. 113 Abs. 2 EStR). Zu den gesamten Umsätzen gehören ferner auch die steuerfreien Umsätze (vgl. BFH-Urteil vom 4. 2. 1970 – BStBl. II S. 349). Entsprechend der Berechnung bei der Umsatzsteuer ist bezüglich der Ermittlung der gesamten Umsätze von den Isteinnahmen oder den Solleinnahmen auszugehen.

915 Die Höchstbeträge für die abzugsfähigen Spenden hat der Gesetzgeber zur wirtschaftlichen Leistungsfähigkeit der Steuerpflichtigen in Beziehung setzen wollen. Da die Einkünfte, die in den einzelnen Jahren erheblichen Schwankungen unterliegen können, nicht immer ein zuverlässiges Bild der wirtschaftlichen Leistungsfähigkeit ergeben und eine Begrenzung nach einem Vomhundertsatz der Einkünfte sogar zur Versagung der Spendenabzugsfähigkeit in Verlustjahren führen könnte, hat der Gesetzgeber neben den Einkünften noch einen zweiten Rahmen für die Höchstbeträge der abzugsfähigen Spenden geschaffen, nämlich die Begrenzung nach den Umsätzen und Löhnen. Zur Ermittlung des Höchstbetrags der abzugsfähigen Spenden stehen also die beiden gesetzlich möglichen Berechnungsgrundlagen den Steu-

erpflichtigen prinzipiell wahlweise zur Verfügung (BFH-Urteil vom 4. 2. 1970 – BStBl. II S. 349).

(3) Vertrauensschutz

916 Durch das Vereinsförderungsgesetz ist ab 1990 eine neue Vertrauensschutzregelung geschaffen worden (§ 10 b Abs. 4 EStG). Der gutgläubige Spender kann danach grundsätzlich auf die Richtigkeit der Bestätigung über Spenden und Mitgliederbeiträge vertrauen.

917 Der gutgläubige Spender trägt kein Risiko, wenn bei einer Prüfung des Spendenempfängers festgestellt wird, daß Spenden nicht für begünstigte Zwecke verwendet worden sind oder daß die Gemeinnützigkeit aberkannt wird. Der Gesetzgeber hat sich dabei von der Überlegung leiten lassen, daß es unbillig und darüber hinaus schädlich für die Spendenbereitschaft ist, wenn der gutgläubige Spender bei zwecktentfremdeter Verwendung seiner Spende durch den Spendenempfänger damit rechnen muß, daß seine spendenbedingte Steuerersparnis – unter Umständen Jahre nach dem Zeitpunkt der Spende – wieder rückgängig gemacht wird (BMF).

918 Der Vertrauensschutz gilt allerdings dann nicht, wenn
a) der Spender die Bestätigung durch unlautere Mittel oder falsche Angaben erwirkt hat
oder
b) dem Spender die Unrichtigkeit der Bestätigung bekannt oder infolge grober Fahrlässigkeit nicht bekannt war.

919 Der Vertrauensschutzregelung für Spender entspricht eine neue Haftungsregelung beim Spendenempfänger (§ 10 b Abs. 4 EStG). Wer
a) vorsätzlich oder grob fahrlässig eine unrichtige Bestätigung ausstellt
oder
b) veranlaßt, daß Zuwendungen nicht zu den in der Bestätigung angegebenen steuerbegünstigten Zwecken verwendet werden,

haftet für die entgangene Steuer. Die Haftungssumme beträgt pauschal 40 v.H. der Zuwendungen.

920 Die entgangene Steuer wird somit unabhängig von den individuellen Verhältnissen des den Vertrauensschutz genießenden Spenders pauschal mit 40 v.H. des zugewendeten und zweckentfremdeten Betrags festgesetzt und vom Haftenden gefordert. Beim gutgläubigen Spender bleibt es dafür bei dem gewährten Spendenabzug.

2. Politische Parteien und Wählervereinigungen

921 Beiträge und Spenden an politische Parteien im Sinne des Parteiengesetzes können bei natürlichen Personen bis zu bestimmten Höchstgrenzen von der Einkommensteuer und darüber hinaus als Sonderausgaben vom Gesamtbetrag der Einkünfte abgezogen werden; für Wählervereinigungen gilt nur der Abzug von der tariflichen Einkommensteuer (§§ 10 b und 34 g EStG). Bei Körperschaften dürfen Spenden an Parteien sowie Beiträge und Spenden an Wählervereinigungen nur bis zu bestimmten Höchstgrenzen vom Einkommen abgezogen werden (§ 9 Nr. 3 Buchstaben b und c KStG).

a) Parteien

Berücksichtigungsfähig und steuerlich begünstigt sind nur Beiträge und Spenden an politische Parteien im Sinne des Parteiengesetzes. 922

Nach § 2 des Parteiengesetzes sind Parteien solche Vereinigungen von Bürgern, die dauernd oder für längere Zeit für den Bereich des Bundes oder eines Landes auf die politische Willensbildung Einfluß nehmen und an der Vertretung des Volkes im Deutschen Bundestag oder einem Landtag mitwirken wollen, wenn sie nach dem Gesamtbild der tatsächlichen Verhältnisse, insbesondere nach Umfang und Festigkeit ihrer Organisation, nach der Zahl ihrer Mitglieder und nach ihrem Hervortreten in der Öffentlichkeit eine ausreichende Gewähr für die Ernsthaftigkeit dieser Zielsetzung bieten. Mitglieder einer Partei können nur natürliche Personen sein. Eine Vereinigung verliert ihre Rechtsstellung als Partei, wenn sie sechs Jahre lang weder an einer Bundestagswahl noch an einer Landtagswahl mit eigenen Wahlvorschlägen teilgenommen hat. 923

Politische Vereinigungen sind nicht Parteien, wenn ihre Mitglieder oder die Mitglieder ihres Vorstands in der Mehrheit Ausländer sind oder wenn ihr Sitz oder ihre Geschäftsleitung sich außerhalb des Geltungsbereichs des Parteiengesetzes befindet. Auch politische Vereine sind keine Parteien. 924

Die für steuerliche Zwecke zuletzt für das Jahr 1985 veröffentlichte Zusammenstellung der Organisationen, bei denen die Voraussetzungen für die Parteieigenschaft als erfüllt anzusehen waren (vgl. FR 1986 S. 294), dürfte durch die Entwicklung der Verhältnisse überholt sein. 925

b) Wählervereinigungen

Berücksichtigungsfähig und steuerlich begünstigt sind nur Beiträge und Spenden an unabhängige Wählervereinigungen in der Rechtsform des eingetragenen oder des nichteingetragenen Vereins, wenn 926

a) der Zweck des Vereins ausschließlich darauf gerichtet ist, durch Teilnahme mit eigenen Wahlvorschlägen an Wahlen auf Bundes-, Landes- oder Kommunalebene bei der politischen Willensbildung mitzuwirken und
b) der Verein auf Bundes-, Landes- oder Kommunalebene bei der jeweils letzten Wahl wenigstens ein Mandat errungen oder der zuständigen Wahlbehörde oder dem zuständigen Wahlorgan angezeigt hat, daß er mit eigenen Wahlvorschlägen auf Bundes-, Landes- oder Kommunalebene an der jeweils nächsten Wahl teilnehmen will.

Die gegebenenfalls erforderlichen Anzeige gegenüber der zuständigen Wahlbehörde oder dem zuständigen Wahlorgan kann formlos in der Zeit vom ersten Tag nach der letzten Wahl bis zu dem Tag erfolgen, an dem die Anmeldefrist für die nächste Wahl abläuft (vgl. Abschn. 213 b Abs. 4 EStR). Die Anzeige kann der zuständigen Wahlbehörde oder dem zuständigen Wahlorgan bereits mehrere Jahre vor der nächsten Wahl zugehen; sie muß ihr spätestens am Ende des Jahres vorliegen, für das eine Tarifermäßigung für Zuwendungen an die unabhängige Wählervereinigung beantragt wird. 927

Nimmt der Verein an der jeweils nächsten Wahl nicht Teil, wird die Ermäßi- 928 gung nur für die bis zum Wahltag an ihn geleisteten Beiträge und Spenden gewährt. Die Ermäßigung für Beiträge und Spenden an den Verein wird erst wieder gewährt, wenn er sich mit eigenen Wahlvorschlägen an einer Wahl beteiligt hat. Die Ermäßigung wird in diesem Falle nur für Beiträge und Spenden gewährt, die nach Beginn des Jahres, in dem die Wahl stattfindet, geleistet werden.

929 Der Zweck einer unabhängigen Wählervereinigung ist auch dann ausschließlich auf die erforderlichen politischen Zwecke gerichtet, wenn gesellige Veranstaltungen durchgeführt werden, die allerdings im Vergleich zur politischen Tätigkeit der Wählervereinigung von untergeordneter Bedeutung sind, und wenn eine etwaige wirtschaftliche Betätigung die politische Tätigkeit nicht überwiegt (vgl. Abschn. 213 b Abs. 3 EStR). Der Zweck einer Wählervereinigung ist dagegen z. B. nicht ausschließlich auf die politische Tätigkeit gerichtet, wenn die Vereinigung neben dem politischen Zweck auch einen anderen Satzungszweck, z. B. gemeinnütziger oder wirtschaftlicher Art, hat.

c) Steuerermäßigung

(1) Natürliche Personen

930 Mitgliederbeiträge und Spenden an politische Parteien werden zunächst in Höhe von 50 v.H. der Ausgaben, jedoch höchstens 600 DM – im Fall der Zusammenveranlagung von Ehegatten höchstens 1200 DM – im Jahr von der tariflichen Einkommensteuer, vermindert um die sonstigen Ermäßigungen, abgezogen. Ausgaben, die die Beträge von 1200 bzw. 2400 DM übersteigen, können als Sonderausgaben vom Gesamtbetrag der Einkünfte abgezogen werden. Ein Wahlrecht zwischen dem Abzug der Zuwendungen von der Steuer nach § 34 g EStG und dem Sonderausgabenabzug nach § 10 b EStG besteht nicht. Mitgliedsbeiträge und Spenden an politische Parteien sind insgesamt bis höchstens 60000 DM – im Fall der Zusammenveranlagung von Ehegatten bis höchstens 120000 DM – im Kalenderjahr berücksichtigungsfähig.

931 Mitgliedsbeiträge und Spenden an unabhängige Wählervereinigungen werden nur in Höhe von 50 v.H. der Ausgaben, höchstens 600 DM – im Fall der Zusammenveranlagung von Ehegatten höchstens 1200 DM – von der tariflichen Einkommensteuer, vermindert um die sonstigen Ermäßigungen, abgezogen. Die Tarifermäßigung wird nur für Mitgliedsbeiträge und Spenden an unabhängige Wählervereinigungen in der Rechtsform des eingetragenen oder des nichteingetragenen Vereins gewährt. Ein weiterer Sonderausgabenabzug wie für Beiträge und Spenden an politische Parteien ist bei unabhängigen Wählervereinigungen nicht möglich.

932 Die Höchstbeträge von 600 DM bzw. 1200 DM für Zuwendungen an politische Parteien und unabhängige Wählervereinigungen gelten gesondert und nebeneinander (vgl. Abschn. 213 b Abs. 1 EStR).

(2) Körperschaften

Spenden an politische Parteien sind bis zur Höhe von 60 000 DM, Beiträge und Spenden an unabhängige Wählervereinigungen sind bis zur Höhe von 1200 DM im Kalenderjahr vom Einkommen abziehbar. 933

(3) Größere Zuwendungen

Nach § 25 Abs. 2 des Parteiengesetzes sind Spenden an eine Partei oder einen oder mehrere ihrer Gebietsverbände, deren Gesamtwert in einem Kalenderjahr (Rechnungsjahr) 40 000 DM übersteigt, unter Angabe des Namens und der Anschrift des Spenders sowie die Gesamthöhe der Spende im Rechenschaftsbericht der Partei zu verzeichnen. Kommt die Partei dieser Verpflichtung nicht nach, so ist der Sonderausgabenabzug (bei Körperschaften Abzug vom Einkommen) für die Spende an diese Partei zu versagen (vgl. Abschn. 112 Abs. 3 EStR). 934

Spenden verschiedener Personen sind für die Ermittlung der Grenze von 40 000 DM nicht zusammenzurechnen. Einer Angabe im Rechenschaftsbericht einer Partei bedarf es daher z. B. nicht, wenn im Fall der Zusammenveranlagung sowohl der Steuerpflichtige als auch sein Ehegatte im eigenen Namen Spenden von jeweils nicht mehr als 40 000 DM an eine Partei leisten. 935

Übersteigen die von einer Personengesellschaft an eine Partei geleisteten Spenden die Grenze von 40 000 DM, sind die Anteile der Mitunternehmer an den Spenden nur abzugsfähig, wenn die Personengesellschaft als Spender im Rechenschaftsbericht verzeichnet ist. Die vom Steuerpflichtigen unmittelbar an eine Partei geleisteten Spenden und die ihm als Mitunternehmer zuzurechnenden Spenden an diese Partei sind für die Ermittlung der Grenze von 40 000 DM nicht zusammenzufassen. 936

Der Steuerpflichtige hat bei Zuwendungen über 40 000 DM den Nachweis zu führen, daß seine Spende im Rechenschaftsbericht der Partei verzeichnet ist. Die Rechenschaftsberichte sind von den Parteien bis zum 30. September des dem Rechnungsjahr folgenden Jahres zu erstellen und dem Präsidenten des Deutschen Bundestages vorzulegen. Dieser kann die Frist aus besonderen Gründen bis zu drei Monaten verlängern (§ 23 Abs. 2 Parteiengesetz). Kann der Nachweis deshalb im Zeitpunkt der Veranlagung noch nicht erbracht werden, so ist die Steuer vorläufig nach § 165 AO festzusetzen, soweit nicht eine Steuerfestsetzung unter dem Vorbehalt der Nachprüfung (§ 164 AO) in Betracht kommt. 937

Beiträge und Spenden an politische Parteien sind nur dann abzugsfähig, wenn die Partei im Kalenderjahr der Zuwendung die in § 2 des Parteiengesetzes geforderten Voraussetzungen erfüllt. 938

d) Nachweise

Der Steuerpflichtige hat dem Finanzamt durch eine besondere Spendenbestätigung der politischen Partei nachzuweisen, daß die Voraussetzungen für den Abzug der Spende erfüllt sind (vgl. Abschn. 112 Abs. 2 EStR). 939

Die Spendenbestätigung muß grundsätzlich von mindestens einer durch 940

Satzung oder Auftrag zur Entgegennahme von Zahlungen berechtigten Person unterschrieben sein. Die Spendenbestätigung muß außerdem eine Erklärung darüber enthalten, daß die Partei den ihr zugewendeten Betrag nur für ihre satzungsmäßigen Zwecke verwendet. Als Nachweis reicht eine maschinell erstellte Spendenbestätigung ohne eigenhändige Unterschrift einer zeichnungsberechtigten Person aus, wenn das zuständige Finanzamt dies der Empfängerkörperschaft nach Prüfung des angewandten Verfahrens genehmigt hat. Bei Sachspenden müssen der Wert und die genaue Bezeichnung der Spende angegeben sein.

941 Als Nachweis für die Zahlung von Mitgliedsbeiträgen genügt die Vorlage von Einzahlungsbelegen oder Beitragsquittungen. Als Nachweis für die Zahlung von Spenden genügt der Zahlungsbeleg der Post oder eines Kreditinstituts, wenn die Spende den Betrag von 100 DM nicht übersteigt und der Verwendungszweck der Spende auf dem vom Empfänger hergestellten Einzahlungsbeleg aufgedruckt ist.

942 Auch für Spenden an politische Parteien und an unabhängige Wählergemeinschaften gilt die durch das Vereinsförderungsgesetz ab 1990 neu geschaffene Vertrauensschutzregelung zugunsten gutgläubiger Spender. Bezüglich der Voraussetzungen und der Folgen vgl. Tz. 916 ff.

Mustersatzung

für einen gemeinnützigen Verein

(BMF-Hinweise auf die nur aus steuerlichen Gründen notwendigen Bestimmungen ohne Berücksichtigung der vereinsrechtlichen Vorschriften des BGB)

§ 1 Der ______________________________ (e. V.)
mit Sitz in ______________________________
verfolgt ausschließlich und unmittelbar – gemeinnützige – mildtätige – kirchliche – Zwecke (nicht verfolgte Zwecke streichen) im Sinne des Abschnitts »Steuerbegünstigte Zwecke« der Abgabenordnung.

Zweck des Vereins ist ______________________________
____
____

(z. B. die Förderung von Wissenschaft und Forschung, Bildung und Erziehung, Kunst und Kultur, des Umwelt-, Landschafts- und Denkmalschutzes, der Jugend- und Altenhilfe, des öffentlichen Gesundheitswesens, des Sports, Unterstützung hilfsbedürftiger Personen).

Der Satzungszweck wird verwirklicht insbesondere durch __________
____

(z. B. Durchführung wissenschaftlicher Veranstaltungen und Forschungsvorhaben, Vergabe von Forschungsaufträgen, Unterhaltung einer Schule, einer Erziehungsberatungsstelle, Pflege von Kunstsammlungen, Pflege des Liedgutes und des Chorgesanges, Errichtung von Naturschutzgebieten, Unterhaltung eines Kindergartens, Kinder-, Jugendheimes, Unterhaltung eines Altenheimes, eines Erholungsheimes, Bekämpfung des Drogenmißbrauchs, des Lärms, Errichtung von Sportanlagen, Förderung sportlicher Übungen und Leistungen).

§ 2 Der Verein ist selbstlos tätig; er verfolgt nicht in erster Linie eigenwirtschaftliche Zwecke.

§ 3 Mittel des Vereins dürfen nur für die satzungsmäßigen Zwecke verwendet werden. Die Mitglieder erhalten keine Zuwendungen aus Mitteln des Vereins.

§ 4 Es darf keine Person durch Ausgaben, die dem Zweck der Körperschaft fremd sind, oder durch unverhältnismäßig hohe Vergütungen begünstigt werden.

§ 5 Bei Auflösung des Vereins oder bei Wegfall steuerbegünstigter Zwecke fällt das Vermögen des Vereins

a) an – den – die – das ______________________________
(Bezeichnung einer juristischen Person des öffentlichen Rechts oder einer anderen steuerbegünstigten Körperschaft)

– der – die – das – es unmittelbar und ausschließlich für gemeinnützige, mildtätige oder kirchliche Zwecke zu verwenden hat,

oder

b) an eine juristische Person des öffentlichen Rechts oder eine andere steuerbegünstigte Körperschaft zwecks Verwendung für

____

(Angabe eines bestimmten gemeinnützigen, mildtätigen oder kirchlichen Zwecks, z. B. Förderung von Wissenschaft und Forschung, Bildung und Erziehung, der Unterstützung von Personen, die im Sinne von § 53 AO wegen

____

bedürftig sind, Unterhaltung des Gotteshauses in

____

Alternative zu § 5

Kann aus zwingenden Gründen der künftige Verwendungszweck jetzt noch nicht angegeben werden (§ 61 Abs. 2 AO), so kommt folgende Bestimmung über die Vermögensbindung in Betracht:

»Bei Auflösung des Vereins oder bei Wegfall steuerbegünstigter Zwecke ist das Vermögen zu steuerbegünstigten Zwecken zu verwenden.

Beschlüsse über die künftige Verwendung des Vermögens dürfen erst nach Einwilligung des Finanzamts ausgeführt werden.«

Mustersatzung

Kurzfassung der Satzung eines gemeinnützigen rechtsfähigen Vereins

§ 1: Name, Sitz und Geschäftsjahr

Der Verein führt den Namen »Turnverein Wartberg e. V.«. Er ist im Vereinsregister des Amtsgerichts Wartberg eingetragen.
Der Verein hat seinen Sitz in Wartberg.
Geschäftsjahr ist das Kalenderjahr.

§ 2: Zweck

Zweck des Vereins ist die Pflege von Leibesübungen aller Art.
Er verfolgt ausschließlich und unmittelbar gemeinnützige Zwecke im Sinne der §§ 51 ff. AO. Der Satzungszweck wird insbesondere durch Förderung der körperlichen Ertüchtigung der Mitglieder verwirklicht. Der Verein stellt hierfür seine Anlagen zur Verfügung; die Übungen finden unter der Leitung von Sportfachkräften statt.
Der Verein ist selbstlos tätig; er verfolgt nicht in erster Linie eigenwirtschaftliche Zwecke.
Mittel des Vereins dürfen nur für die satzungsmäßigen Zwecke verwendet werden. Die Mitglieder erhalten keine Gewinnanteile und in ihrer Eigenschaft als Mitglieder auch keine sonstigen Zuwendungen aus Mitteln des Vereins.
Es darf keine Person durch Ausgaben, die dem gesetzten Zweck des Vereins fremd sind, oder durch unverhältnismäßig hohe Vergütungen begünstigt werden.

§ 3: Mitgliedschaft

Mitglied des Vereins kann jede Person werden, die das 18. Lebensjahr vollendet hat und im Besitz der bürgerlichen Ehrenrechte ist.
Über das schriftlich einzureichende Beitrittsgesuch entscheidet der Vorstand. Gegen eine ablehnende Entscheidung kann innerhalb eines Monats ab Zugang der schriftlichen Ablehnung Berufung zur nächsten ordentlichen Mitgliederversammlung eingelegt werden.

§ 4: Mitgliedsbeitrag; Streichung aus der Mitgliederliste

Der Mitgliedsbeitrag beträgt jährlich 120 DM. Er ist am 1. April eines Jahres zur Zahlung fällig.
Ein Mitglied, das länger als sechs Monate mit seinem Jahresbeitrag im Rückstand ist, wird schriftlich an die fällige Zahlung erinnert. Wird auch dann keine Zahlung geleistet, so ist das Mitglied am 1. April des folgenden Jahres aus der Mitgliederliste zu streichen. § 5 Abs. II der Satzung findet entsprechend Anwendung.

§ 5: Austritt

Der Austritt aus dem Verein ist nur zum Jahresende möglich. Die Austrittserklärung muß schriftlich abgefaßt sein und muß spätestens bis zum 30. September einem Vorstandsmitglied zugehen.
Ein ausgetretenes Mitglied hat keinen Anspruch auf einen Anteil am Vereinsvermögen.

§ 6: Ausschluß

Ein Mitglied kann aus dem Verein ausgeschlossen werden, wenn es vorsätzlich den Interessen des Vereins zuwiderhandelt. Über den Ausschluß entscheidet die Mitgliederversammlung mit ⅔ Mehrheit.
Der Antrag auf Ausschließung ist dem betroffenen Mitglied zwei Wochen vor der Mitgliederversammlung in Abschrift zu übersenden. Eine schriftliche Stellungnahme des Betroffenen ist in der Versammlung zu verlesen. Der begründete Ausschließungsbeschluß wird dem nicht in der Versammlung anwesenden Mitglied vom Vorstand schriftlich bekanntgemacht. § 5 Abs. II der Satzung gilt entsprechend.

§ 7: Organe

Organe des Vereins sind die Mitgliederversammlung und der Vorstand.
Durch Beschluß der Mitgliederversammlung können weitere Organe gebildet werden.

§ 8: Vorstand

Der Vorstand besteht aus dem 1. und 2. Vorsitzenden, dem Kassenwart und dem Schriftführer.
Der Vorstand führt die Geschäfte des Vereins ehrenamtlich.
Für die Beschlußfassung gilt § 28 Abs. I i.V.m. § 32 BGB mit der Maßgabe, daß bei Stimmengleichheit die Stimme des 1. Vorsitzenden den Ausschlag gibt.
Der Verein wird gerichtlich und außergerichtlich aktiv vom 1. oder 2. Vorsitzenden vertreten. Der 2. Vorsitzende wird im Innenverhältnis angewiesen, von seiner Einzelvertretungsbefugnis nur im Falle der Verhinderung des 1. Vorsitzenden Gebrauch zu machen.
Die Mitglieder des Vorstandes werden in der Mitgliederversammlung in geheimer Abstimmung auf die Dauer von zwei Jahren gewählt. Der Vertretungsvorstand (1. und 2. Vorsitzender) bleibt jedoch solange im Amt, bis ein neuer Vorstand gewählt ist.

§ 9: Mitgliederversammlung

Die Mitgliederversammlung ist zuständig für
- die Satzungsänderungen,
- die Wahl des Vorstands sowie dessen Entlastung,
- die geänderte Beitragsfestsetzung,
- die Aufnahme eines Mitglieds nach Berufung des Abgelehnten gegen die ablehnende Entscheidung des Vorstands,

– die Ausschließung eines Mitglieds,
– die Auflösung des Vereins.

Jährlich im November muß eine ordentliche Mitgliederversammlung stattfinden.

Eine außerordentliche Mitgliederversammlung muß einberufen werden, wenn es das Interesse des Vereins erfordert, wenn ein Vorstandsmitglied vorzeitig ausgeschieden ist oder wenn der zehnte Teil der Mitglieder schriftlich vom Vorstand unter Angabe von Zweck und Grund die Einberufung verlangt hat.

Zuständig für die Festsetzung der Tagesordnung und für die Einberufung ist der Vorstand. Zur ordentlichen Mitgliederversammlung ist mit einer Frist von mindestens vier Wochen, zu einer außerordentlichen Mitgliederversammlung mit einer Frist von mindestens drei Wochen unter Bekanntgabe der Tagesordnung einzuladen. Die Einberufung muß in der Samstagsausgabe der »Wartberger Post« veröffentlicht werden.

Wahlen sind geheim. Jeder stimmberechtigte Teilnehmer vermerkt auf einem Blatt den Kandidaten, den er wählen will, und gibt das Blatt in einem verschlossenen Umschlag beim Versammlungsleiter ab. Gewählt ist der Kandidat, der die meisten Stimmen auf sich vereinigt.

Bei sonstigen Abstimmungen entscheidet die einfache Mehrheit. Eine ⅔ Mehrheit ist jedoch erforderlich, wenn Gegenstand der Abstimmung die Ausschließung eines Mitglieds, eine Satzungsänderung oder die Auflösung des Vereins ist; eine Zweckänderung bedarf einer Mehrheit von vier Fünftel; Stimmenthaltungen werden nicht mitgezählt.

Über die Mitgliederversammlung ist ein Ergebnisprotokoll zu fertigen, das vom Versammlungsleiter und vom Schriftführer zu unterschreiben ist.

§ 10: Auflösung

Über die Auflösung des Vereins kann nur in einer mit diesem Tagesordnungspunkt einberufenen außerordentlichen Mitgliederversammlung Beschluß gefaßt werden.

§ 11: Liquidatoren

Ist die Liquidation des Vereinsvermögens erforderlich (Auflösung, Entziehung der Rechtsfähigkeit), so sind die im Amt befindlichen Mitglieder des Vertretungsvorstands die Liquidatoren.

§ 12: Vermögensanfall

Das nach Durchführung der Abwicklung noch vorhandene Vereinsvermögen fällt an die Stadt Wartberg, die es unmittelbar und ausschließlich für gemeinnützige Zwecke zu verwenden hat.

Muster-Spendenbestätigung

Hinweise für gemeinnützige Vereine

Aussteller

Name und Wohnort des Zuwendenden		
Betrag/Wert d. Zuwend. i. Ziffern	in Buchstaben	Tag d. Zuwend.
Bei Sachzuwendungen genaue Bezeichnung des Gegenstandes		

Wir sind wegen Förderung der (genaue Angabe der Zwecke)

____

☐ nach dem letzten uns zugegangenen Steuerbescheid/Freistellungsbescheid des Finanzamts als

______________________________ Zwecken dienend

anerkannt und nach § 5 Abs. 1 Nr. 9 des Körperschaftsteuergesetzes von der Körperschaftsteuer befreit.

☐ durch Bescheinigung des Finanzamts vorläufig als

______________________________ Zwecken dienend

und zu den in § 5 Abs. 1 Nr. 9 des Körperschaftsteuergesetzes bezeichneten Körperschaften, Personenvereinigungen oder Vermögensmassen gehörig anerkannt worden.

Bezeichnung des Finanzamts	Steuernummer	Datum des Bescheids/ der Bescheinigung

Es wird bestätigt, daß die Zuwendung nur zu folgenden – angekreuzten – Zwecken verwendet wird, und zwar zu

☐ mildtätigen Zwecken (§ 53 Abgabenordnung).

☐ kirchlichen oder religiösen Zwecken (§§ 53, 54 Abgabenordnung).

☐ wissenschaftlichen Zwecken (§ 52 Abgabenordnung).

☐ kulturellen Zwecken im Sinne der Nummer 4 (nur bei nach § 48 Abs. 4 EStDV anerkannten Körperschaften).

☐ als besonders förderungswürdig anerkannten gemeinnützigen Zwecken im Sinne der Nummer ________

} der Anlage 7 Einkommensteuer-Richtlinien/ der Anlage 3 Lohnsteuer-Richtlinien.

☐ Der Verwendungszweck liegt im Ausland.

Ort, Datum und Unterschrift

Muster-Spendenbestätigung

Hinweise für politische Parteien

Die ______________________________ bestätigt,
(Bezeichnung der politischen Partei)

von ______________________________
(Name und Wohnort des Zuwendenden)

am ____________ eine Spende in Höhe von ________ DM

in Worten: ______________________ Deutsche Mark

(bei Sachspenden zusätzlich genaue Bezeichnung des Gegenstandes:

______________________________)

empfangen zu haben, und bescheinigt, daß sie diese ausschließlich für ihre satzungsgemäßen Zwecke verwenden wird.

____

(Ort und Datum der Ausstellung) Unterschrift(en) und Angabe der Funktion der(s) Unterzeichner(s)

Muster-Spendenbestätigung

Hinweise für unabhängige Wählervereinigungen

Aussteller (Bezeichnung des Vereins)

Name und Wohnort des Zuwendenden		
Betrag/Wert d. Zuwend. i. Ziffern	in Buchstaben	Tag d. Zuwend.
Bei Sachzuwendungen genaue Bezeichnung des Gegenstandes		

Wir sind ein

☐ rechtsfähiger ☐ nichtrechtsfähiger Verein ohne Parteicharakter.

Der Zweck unseres Vereins ist ausschließlich darauf gerichtet, durch Teilnahme mit eigenen Wahlvorschlägen bei der politischen Willensbildung mitzuwirken, und zwar an Wahlen auf

☐ Bundesebene. ☐ Landesebene. ☐ Kommunalebene.

Wir bestätigen, daß wir die Zuwendung nur für diesen Zweck verwenden werden.

☐ Wir sind mit mindestens einem Mandat vertreten im (Parlament, Rat)

____

☐ Wir haben der Wahlbehörde/dem Wahlorgan der ____________________

am __________ angezeigt, daß wir uns an der folgenden Wahl mit eigenen Wahlvorschlägen beteiligen werden:

________________________ am __________

☐ An der letzten Wahl haben wir uns mit eigenen Wahlvorschlägen beteiligt, und zwar an der

____

________________________ am __________

☐ An der letzten oder an einer früheren Wahl haben wir uns nicht mit eigenen Wahlvorschlägen beteiligt und eine Beteiligung der zuständigen Wahlbehörde/dem zuständigen Wahlorgan auch nicht angezeigt.

Wir werden geführt beim Finanzamt Steuernummer

____

Ort, Datum und Unterschrift

____

Stichwortverzeichnis

Die Ziffern im Verzeichnis beziehen sich auf die Randnummern im Text.